丛书策划：郭洁

21世纪新概念教材
高等学校金融学教材新系

NEW CONCEPT TEXTBOOK TOWARDS THE 21ST CENTURY

NEW TEXTBOOK SERIES IN FINANCE

东北财经大学出版社
Dongbei University of Finance & Economics Press
大连

王玉霞

辽宁省沈阳市人，1962年生。中央财经大学MBA教授，硕士生导师；MBA教育中心案例与课程开发部主任。曾任东北财经大学金融学院教授。

长期从事金融领域的理论研究与教学工作。主要研究领域为资本市场、证券投资、基金管理等。目前主要讲授证券投资学、货币银行学、金融市场等课程。

近年来主编专著、教材10多部；在《投资研究》、《经济理论与管理》、《财经问题研究》等刊物上发表学术论文40多篇。主要代表作有《中国投资银行论》、《投资学》、《证券投资学》、《证券与投资》、《对发展我国企业债券市场的思考》、《风险投资运行机制研究》、《开放式证券投资基金赎回风险管理研究》、《中国工商管理案例精选》等。2010年开发的教学案例《飞鸿公司的燃眉之急》在全国MBA教育指导委员会和中国管理案例共享中心举办的全国首届"百篇优秀教学案例"评选活动中成功入选百优案例。

曾多次荣获辽宁省自然科学学术成果奖、东北财经大学优秀教学成果奖、东北财经大学奖学奖教基金优秀教师奖、中央财经大学MBA教育中心最受学生欢迎的教师奖等奖项和荣誉。

证 券 投 资 学

SECURITY INVESTMENT

王玉霞　编著

© 王玉霞 2011

图书在版编目（CIP）数据

证券投资学／王玉霞编著．—大连：东北财经大学出版社，2011.8
（高等学校金融学教材新系）
ISBN 978-7-5654-0462-7

Ⅰ．证…　Ⅱ．王…　Ⅲ．证券投资-高等学校-教材　Ⅳ．F830.91

中国版本图书馆 CIP 数据核字（2011）第 140513 号

东北财经大学出版社出版
（大连市黑石礁尖山街 217 号　邮政编码　116025）
教学支持：（0411）84710309
营 销 部：（0411）84710711
总 编 室：（0411）84710523
网　　址：http：// www. dufep. cn
读者信箱：dufep @ dufe. edu. cn
大连北方博信印刷包装有限公司印刷　东北财经大学出版社发行
幅面尺寸：186mm×230mm　　字数：462 千字　　印张：26　　插页：1
2011 年 8 月第 1 版　　　　　　　2011 年 8 月第 1 次印刷

责任编辑：郭　洁　　　　　　　责任校对：赵　楠
封面设计：张智波　　　　　　　版式设计：钟福建

ISBN 978-7-5654-0462-7
定价：42.00 元

前言

近几年来，我国市场经济取得了长足发展，证券市场作为其中的一个重要组成部分亦发生了革命性的变革，成为推动中国经济改革和发展的重要桥梁和平台，并且，伴随中国经济的成长而逐渐发展成为一个具有国际竞争力的市场，在国际金融体系中发挥着应有的作用。证券投资也已成为当今每一个机构、家庭都要参与的一项重要经济活动。

本书系统地介绍了各类证券投资的理论与实务，内容共分四大部分16章。第一部分是基础知识模块，由1至5章组成，详细地介绍了证券投资所必备的证券和证券市场的基础知识，这是进行具体的证券投资之前必须要先了解的知识，否则，很容易出现原本可以避免的错误。特别是美国次贷危机爆发以后，强化对金融衍生产品的学习已经是证券投资者的当务之急。第二部分是市场运行模块，由6至9章组成，所涉及的是证券市场运行机制和市场监管，是投资者进入市场所应掌握的常识性知识。第三部分是投资分析模块，由10至13章组成，详细介绍了证券投资常用的投资分析方法和实际操作技巧，是全书的核心内容。第四部分是投资理论模块，由14至16章组成，主要介绍现代组合管理、风险资产定价和有效市场理论等，对于读者提高理论水平有一定的帮助。本书的结构安排既适合作为高等学校财经类各专业特别是金融投资专业的本专科教学选择使用，也可满足研究生层次的教学需要，还可以作为金融证券从业人员和证券投资者系统学习相关理论知识和操作技巧的参考用书。

本书是对我的教案进行整理、总结、提炼而成的，其内容体现了我多年的教学心得。既注重了知识内容讲授的系统性，更注重实用性，力求贴近中国证券市场的改革实践，如中国的股权分置改革、对价方案、限售股解禁、三板市场、绿鞋期权等最新知识都被及时纳入教案、编入教材中。除此之外，在结构安排上，遵循从基础知识、市场运行、投资分析，最后升华到现代投资理论的逻辑思路，循序渐进、由浅入深、化繁杂于简易，力求通俗易懂。全书整体知识内容的安排设计采用对比联系的思维逻辑，并且时刻跟踪我国证券从业人员考试大纲的变化，这使本书具有很强的通用性、实用性和可读性。

为方便教学，各章后都附有相关案例、基本概念和复习思考题，目的是进一步深化和丰富教学内容，培养学生分析和解决实际问题的能力，提高教学质量和水平。另外，在书后还以附录形式列出了各章分析计算题的答案，以方便学生自学。

在本书的写作过程中，参考了大量有关证券市场的著作、同行的教材以及各大门户网站的资讯和股评高手的评论，将他们的精华融会渗透和充实到我的教案和课堂当中，今天，我已经无法在参考文献当中一一列举出这些著述及其作者的大名，只能诚挚地一并向他们致谢。我还要感谢邢天才教授、李秉祥教授对本书的指导与帮助，以及东北财经大学出版社对本书出版的大力支持，特别感谢我的责任编辑郭洁女士的诚挚付出。希望我用自己的最大努力、最高热情完成的书稿，能够不辜负大家的期望。

翘首展望，随着中国加快转变经济发展方式、调整优化经济结构，资本市场将在未来和谐社会的建设中发挥越来越重要的作用，证券投资学领域中许多投资理论和实践问题还有待于在证券市场的发展过程中不断探索和完善，这会使得本书不可避免地需要不断更新、修改和补充，在此恳请专家、同仁和广大读者不吝赐教，以帮助我使本书日臻完善。谢谢！

王玉霞

2011 年 6 月·中央财经大学

目 录

第1篇 基础知识篇

第 3 篇　投资分析篇

第4篇　投资理论篇

第 1 篇
基础知识篇

第 1 章 证券投资概述

──◇学习目标─────────────────────────────

- 了解证券的含义、特征及种类
- 了解世界及中国证券市场的发展历程及未来发展趋势
- 掌握证券市场的含义和功能
- 理解证券发行市场与证券流通市场的关系
- 了解证券市场的参与者与管理者
- 理解理性投资者应具备的素质条件及投资选择过程

1.1 证券与证券市场概述

1.1.1 证券概述

1) 证券的含义

所谓证券，是指各类记载并代表一定权利的法律凭证或证书。它用以证明持有人有权依其所持有凭证记载的内容取得应有的权益。证券可以采取纸面形式或证券监管机构规定的其他形式。

有价证券是证券的一种，是指标有票面金额，用于证明持有人或该证券指定的特定主体对特定财产拥有所有权或债权的凭证。所谓"有价"，顾名思义就是被赋予价值，使其标明的权益可以用一定的货币额来衡量。有价证券因为有"价"，所以可以自由让渡。

2) 证券的分类

有价证券种类很多，按其所表明的财产权利的不同性质可分为三类——商品证

本章建议阅读资料：
 1. 中国证券业协会：证券业从业资格考试统编教材（2010）——《证券市场基础知识》，北京，中国财政经济出版社，2010。
 2. 霍文文：《证券投资学》，3 版，北京，高等教育出版社，2008。
 3. 曹凤岐·刘力·姚长辉：《证券投资学》，2 版，北京，北京大学出版社，2000。
 4. ［美］弗兰克·赖利·埃德加·A. 诺顿：《投资学》，6 版，李月平译，北京，机械工业出版社，2005。
 5. 中国证监会：《中国资本市场发展报告（2010）》，北京，中国金融出版社，2010。

券、货币证券及资本证券。

商品证券是指证明持有人有权领取商品的凭证。取得这种证券就等于取得这种商品的所有权或使用权，持有人对这种证券所代表的商品的所有权受法律保护。属于商品证券的有提货单、运货单、仓库栈单等。

货币证券是指证券本身能使持有人或第三者取得货币索取权的有价证券。货币证券的权利标的物是一定的货币额。货币证券主要包括两大类：一类是商业证券，如商业汇票、商业本票；另一类是银行证券，如银行支票、银行汇票、银行本票等。

资本证券是指由金融投资或与金融投资有直接联系的活动而产生的证券。资本证券的标的物也是一定的货币额，但是与货币证券不同的是，它侧重于持有人对一定的本金所带来的收益的请求权。这类证券主要包括：股票、债券。资本证券是有价证券的主要形式。

有价证券有广义和狭义之分。广义的有价证券可以指前面所述的商品证券、货币证券、资本证券和其他证券，甚至更多；而狭义的有价证券一般是指货币证券和资本证券，更多的时候又专指股票、债券之类的资本证券，这时往往直接简称为证券。我们平时说到证券发行、证券交易、证券市场时，提及的"证券"这个词就是特指资本证券。

资本证券是随着商品经济和社会化大生产的发展而产生和发展起来的。在商品经济制度中，生产的目的是追求利润的最大化，它是通过不断提高企业的经济效益来实现的。而企业经济效益的高低是以利润大小来衡量的。企业为了实现利润最大化，在资本的使用上，一方面尽可能地节约在不直接产生利润的流通领域发挥作用的资本，另一方面则尽可能扩大使用资本的规模，以适应竞争和生产社会化的需要。而扩大使用资本规模的途径有三条：一是进行资本积累，即将企业的部分利润进行再投资；二是借入别人的闲置资本，即以发行债券的方式集中和分配资本；三是将各个独立的资本结合起来，集中成大规模的资本，即出现了以发行股票方式组建股份公司的情况。由于资本的集中，在经济生活中就产生了资本的有价证券——股票、债券。并且，资本证券化已经成为现代经济发展的必然趋势。

3）证券的特性

（1）收益性。证券的收益性是指持有证券本身可以获得一定数额的收益，这是投资者转让资本所有权或使用权的回报。证券代表的是对一定数额的某种特定资产的所有权或债权，由于这种资产的所有权或债权属于证券投资者，投资者持有证券也就同时拥有取得这部分资产增值收益的权利，因而证券本身具有收益性。有价证券的收益表现为利息收入、红利收入和买卖证券的差价。收益的多少通常取决于该资产增值数额的多少和证券市场的供求状况。

（2）流动性。证券的流动性又称变现性，是指证券持有人可按自己的需要灵活地转让证券以换取现金。流动性是证券的生命力所在。证券的流动性是通过到期兑付、承兑、贴现、转让等方式实现的。不同证券的流动性是不同的。证券流动性的强弱受证券期限、利率水平及计息方式、信用度、知名度、市场便利程度等多种因素的制约。

（3）风险性。证券的风险性是指证券持有者面临着实际收益与预期投资收益的背离，或者说是证券投资收益的不确定性。这是由证券的期限性和未来经济状况的不确定性所致。在现有的社会生产条件下，未来经济的发展变化有些是投资者可以预测的，而有些则无法预测，因此，投资者难以确定他所持有的证券将来能否取得收益和能获得多少收益，从而就使持有证券具有风险。通常情况下，证券的收益和风险成正比：风险越大的证券，投资者要求的预期收益越高；风险越小的证券，投资者要求的收益越低。

（4）期限性。债券一般有明确的还本付息期限，以满足不同投资者和筹资者对融资期限以及与此相关的收益率的需求。债券的期限具有法律的约束力，是对融资双方权益的保护。股票没有期限，可视为无期证券。

1.1.2 证券市场概述

1）证券市场的含义

证券市场是股票、债券、投资基金份额等有价证券发行和交易的场所。证券市场是市场经济发展到一定阶段的产物，是为解决资本供求矛盾和流动性而产生的市场。证券市场以证券发行与交易的方式实现了筹资与投资的对接，有效地化解了资本的供求矛盾和资本结构调整的难题。在现代发达的市场经济中，证券市场是完整的市场体系的重要组成部分，它不仅反映和调节货币资金的运动，而且对整个经济的运行具有重要影响。

2）证券市场的分类

证券市场按照不同的标准，可以划分为以下类型：

（1）按市场的职能分类，可分为证券发行市场和证券流通市场。

证券发行市场是指各发行主体发行、推销各种新证券的市场。它是发行者与初始投资者交易的市场，因此也称初级市场或一级市场。

证券流通市场亦称交易市场，是已发行的有价证券交易与转让的市场。在发行市场购得有价证券者或以其他方式持有证券者，可以在市场上重新出售，新投资者可以随时购买。这是已发行的有价证券所有权的转移，因此流通市场也称次级市场或二级市场。流通市场又可分为有组织的场内交易市场（即证券交易所市场）和场外交易市场（即柜台交易市场）两部分。

总体而言，证券发行市场与证券流通市场共同构成整个证券市场，同时二者又是相辅相成、相互依存、相互制约的，是一个不可分割的整体。证券发行市场是证券流通市场的基础和前提，假设没有证券发行市场，筹资者就无法通过发行各种证券来筹集资金，投资者也无法购买到各种证券来进行证券投资，当然也就不可能有证券交易市场的存在了。可见，证券发行市场的存在是证券交易市场存在的前提条件。另外，证券的种类、数量和发行方式决定着流通市场的规模和运行。但是，我们也应该注意，证券交易市场又是证券发行市场的保证。这是因为，证券的变现能力以及所反映的资产流动性，是人们选择证券投资的重要标准之一，如果没有证券交易市场，投资者购买证券后就不能随时转让卖出，就不能在需要的时候及时变现，也不能根据经济效益的高低有效地调整投资目标，投资者就无法灵活地运用资金，由此也就决定了人们不愿购买证券或持有证券，这样势必会反过来影响证券发行市场的正常运行。此外，流通市场的交易价格制约和影响着证券的发行价格，是证券发行时需要考虑的首要因素。所以，只有当证券交易市场与证券发行市场相互配合，协调、高效率地运转，才能形成一个具有生机和活力并能稳定发展的证券市场。

（2）按市场的交易组织形式分类，可分为交易所市场和场外交易市场。

交易所市场，也称场内交易市场，该市场是有组织、制度化了的市场。场内交易市场的诞生是证券市场走向集中化交易的重要标志之一。一般而言，证券必须达到证券交易所规定的上市标准才能够在场内交易。

场外市场，是指证券交易所以外的证券交易市场的总称。在证券市场发展初期，许多有价证券的买卖都是在柜台上进行的，因此，该市场也称之为柜台市场或店头市场。

（3）按市场的性质分类，可分为债券市场、股票市场和基金市场。

（4）其他分类，如现货市场与期货市场，国内证券市场与国际证券市场等。

3）证券市场的特征

证券市场具有以下三个显著特征：

（1）证券市场是价值直接交换的场所。有价证券都是价值的直接代表，它们本质上是价值的一种直接表现形式。虽然证券交易的对象是各种各样的有价证券，但由于它们是价值的直接表现形式，所以证券市场本质上是价值的直接交换场所。

（2）证券市场是财产权利直接交换的场所。证券市场上的交易对象是作为经济权益凭证的股票、债券、投资基金份额等有价证券，它们本身是一定量财产权利的代表，所以，代表着对一定数额财产的所有权或债权以及相关的收益权。证券市场实际上是财产权利的直接交换场所。

（3）证券市场是风险直接交换的场所。有价证券既是一定收益权利的代表，同时也是一定风险的代表。有价证券的交换在转让出一定收益权的同时，也把该有价证券所特有的风险转让出去了。所以，从风险的角度分析，证券市场也是风险的直接交换场所。

1.2 证券市场的产生与发展

1.2.1 西方国家证券市场的产生与发展

证券已有很久的历史，但证券的出现并不标志着证券市场同时产生，只有当证券的发行与转让公开通过市场的时候，证券市场才随之出现。那么，证券市场究竟产生于何年何月？这无论在经济理论学家那里还是在历史学家那里，都很难找到可靠的佐证。然而，有一点是可信的，那就是，社会化大生产、商品经济的发展、股份公司的产生和信用制度的深化，是证券市场形成的基础。

纵观西方证券市场的发展历史，证券市场的发展进程大致可分为五个阶段。

1）形成阶段（17 世纪初—18 世纪末）

证券市场的最初萌芽可以追溯到 16 世纪初资本原始积累时期的西欧。当时法国的里昂、比利时的安特卫普已经有了证券交易活动。最早进入证券市场交易的是国家债券。17 世纪初，也即在资本主义发展初期，资本家既是资本所有者也是资本使用者，资本所有者和资本使用者是结合在一起的。但是，随着新大陆的发现和海外贸易的发展，使占有资本和使用资本相分离日益成为资本运用的一种重要方式。因为资本所有者要发展海外贸易，单靠个人原始资本的积累是很难实现的，且仅仅凭着一叶轻舟，要在海上做遥远的航行，无论前面的利润有多么可观，那些出没无常的狂风巨浪就会给航程带来无法回避的巨大风险。远航带来的超额利润是所有人都希望得到的，而获取它所必须承担的巨大风险又是所有人都无法逃避的。那么，有没有一种办法使人们既能够获得足够的利润又能够把风险控制在一定范围内呢？于是，股份制的公司、股票以及股票市场就在人们这种分散投资和对巨额资金的需求中诞生了。荷兰东印度公司是世界上第一家公开发行股票的公司，它发行了当时价值 650 万荷兰盾的股票，在荷兰的 6 个海港城市设立了办事处，其中最重要的一个城市就是阿姆斯特丹，在这里发行的股票数量占发行总数的 50% 以上。当时，几乎每一个荷兰人都去购买这家公司的股票，每一个人都成了荷兰东印度公司的投资者。荷兰东印度公司基本上是以这种方式运作的，即将公司的资本分成若干股，每个人都可以持有公司的股份，公司给予持股者有公司抬头的证明，凭这种持股证明可以参与利润分配。公司从此进入了繁荣时代。此后，荷兰各家船运公司纷纷效仿东印度公司组建股份公司，通过发行股票吸收和聚集更多的他人资本，使得荷兰的经济规模雄居全球之首，其商船总数达到英国的 10 倍，占世界商船总量的 3/4，赢得了"海上马车夫"的称号。

股份公司的兴起和发展对证券市场提出了两方面的要求：一是需要建立股票的发行市场，推销各公司发行的股票，筹集创办企业所需的资本；二是需要建立股票的转让市场，增强股票的流动性，这样既能为投资者提供充分的选择余地和灵活性，又不影响企业经营的稳定性。这两类市场——发行市场与流通市场缺一不可。没有发行市场，很难把分散的资本集中起来，而没有流通市场，投资者就不能随时调整自己的投资方向和投资结构，既不能避开企业破产的风险，又难以寻求更有利的投资机会。因此，股份企业的发展离不开证券市场，而证券市场既是股份公司和现代化大工业发展的产物，又对股份公司和现代化大工业的发展产生了巨大的推动作用。

1602 年，荷兰的阿姆斯特丹成立了世界上第一家股票交易所。1773 年，英国的第一家证券交易所在"乔纳森咖啡馆"成立，1802 年获得英国政府的正式批准，这家证券交易所即是现在伦敦证券交易所的前身。该交易所的交易品种最初是政府债券，后来公司债券和矿山、运河股票也陆续进入交易所交易。1790 年，美国第一家证券交易所——费城证券交易所宣布成立，从事政府债券等有价证券的交易活动。1792 年 5 月 17 日，24 名经纪人在华尔街的一棵梧桐树下聚会，商定了一项名为"梧桐树协定"的协议，约定每日在梧桐树下聚会，从事证券交易，并确定了交易佣金的最低标准及其他交易条款。1793 年，一家名为"汤迪"的咖啡馆在华尔街落成，于是露天的证券市场迁移到咖啡馆内。1817 年，这些经纪人共同组成了"纽约证券交易会"，1863 年改名为"纽约证券交易所"，这便是著名的纽约证券交易所的前身。在 18 世纪产业革命的影响下，铁路、运输、矿山等行业中股份公司逐渐成为普遍的企业组织形式，其股票以及各类债券纷纷出现在证券市场上，同时银行股票、保险公司股票以及一些非金融机构的公司股票也开始露面，股票交易开始盛行，这一切，标志着证券市场已基本形成。

2）初步发展阶段（19 世纪初—20 世纪 20 年代）

18 世纪 70 年代开始的工业革命，到 19 世纪中叶已在各主要的资本主义国家相继完成。工业革命推动了机器制造业的迅速发展，并使股份公司在机器制造业中普遍建立起来。以英国为例，1862 年英国有 165 家股份公司，到 19 世纪 80 年代中期，登记的股份公司达 1.5 万多家，1911—1920 年建立了 6.4 万多家，1921—1930 年建立了 8.6 万多家。至此，英国 90% 的资本都处于股份公司控制之下。与此同时，金融公司、投资银行、信托投资公司、证券公司等证券经营机构也获得了极大的发展。发生在英国的这一过程，无一例外地发生于一切资本主义国家，美国、法国、德国等欧美资本主义国家在产业革命后，股份公司迅速成为企业的主要组织形式。股份公司的建立和发展，使有价证券发行量不断扩大，据统计，1921—1930 年世界有价证券发行额为 6 000 亿法郎，比 1890—1900 年增加近 5 倍。与此同时，有价证券的结构也发生了变化，在有价证券中占有主要地位的已不再是政府公债，而是公司股票和企业债券。

综观这一时期的证券市场，其主要特点是：第一，股份公司逐渐成为经济社会中的主要企业组织形式；第二，有价证券发行量不断扩大，已初具规模；第三，一些国家开始加强证券管理，引导证券市场规范化运行，如英国在 1862 年颁布了《股份公司条例》，德国 1892 年通过了《有限责任公司法》，法国制定了 1867 年公司法，1894 年日本实施证券交易法等；第四，证券交易市场得到了发展，如日本东京证券交易市场形成于 1878 年，苏黎世证券交易所创建于 1877 年，1891 年香港成立了股票经纪协会，并于 1914 年易名为香港证券交易所，等等。

3）停滞阶段（1929—1945）

1929—1933 年的经济危机是资本主义世界最严重和破坏性最大的一次经济危机，这次危机深刻地影响了证券市场。当时世界主要证券市场的股价一泻千里，市场崩溃，投资者损失惨重。到 1932 年 7 月 8 日，道·琼斯工业股票价格平均数只有 41 点，仅为 1929 年最高水平的 11%。危机过后，证券市场仍一蹶不振。第二次世界大战爆发后，虽然各交战国由于战争需要发行了大量公债，但整个证券市场仍处于不景气状态。与此同时，大危机使加大证券市场管制力度的呼声越来越强烈，使证券市场的拓展工作陷入前所未有的停滞之中。在此期间，美国 1933—1940 年期间先后制定了证券交易法、证券法、信托条款法、投资顾问法、投资银行法等，其他国家也都通过加强立法对证券市场的证券发行和证券交易实行全面控制和管理，使证券交易市场趋向法制化。

4）恢复阶段（1945—20 世纪 60 年代）

第二次世界大战之后至 20 世纪 60 年代，因欧美与日本经济的恢复和发展以及各国经济的增长，大大地促进了证券市场的恢复和发展，公司证券发行数量增加，证券交易所开始复苏，证券市场规模不断扩大。这一时期，世界贸易和国际资本流动得到了一定程度的恢复和发展，因而证券市场的国际化程度也有逐渐加快发展之势。但是，由于人们对经济危机会不会卷土重来仍心存疑虑，对资本的流动实行了严厉管制，因而证券市场的发展并不十分引人注目。

5）加速发展阶段（20 世纪 70 年代—今）

20 世纪 70 年代以后，证券市场出现了前所未有的繁荣，证券市场的规模不断扩大，证券交易也日益活跃。这一时期证券市场的运行机制发生了深刻变化，出现了一些明显的新特点和新趋势。

（1）金融证券化。证券在国民生产总值中所占的比例急剧上升，地位越来越突出。其重要标志是反映证券市场容量的重要指标——证券化率（证券市值/GDP）的提高。尤其在美国，随着新的金融工具的纷纷出现，证券投资活动广泛而卓有成效地进行；在日本，20 世纪 60 年代企业的资金主要依靠银行贷款，证券筹资占筹资总额的比重不到 20%，而到 1978 年，发行证券筹资所占比例已上升到 44%。同时，居民储蓄结构也出现了证券化倾向，由于保持和增加收益的需要，人们趋向将储蓄从银行存款转向证券投资。

（2）证券市场多样化。这主要表现为：各种有价证券的发行种类、数量及范围不断扩大；交易方式日趋多样化，除了证券现货交易外，还出现了期货交易、期权交易、股票价格指数期货交易、信用交易等多种方式。

（3）证券投资法人化。第二次世界大战后，证券投资有所变化，除了社会公众个人认购证券外，法人进行证券投资的比重日益上升。尤其是 20 世纪 70 年代后，随着养老基金、保险基金、投资基金的大规模入市，证券投资者法人化、机构化的速度进一步加快。法人投资者从过去主要是金融机构扩大到各个行业。据估计，法人投资在世界各国的证券市场占 50% 左右。

（4）证券市场法制化。第二次世界大战后，西方国家更加重视证券市场的法制化管理，不断制定和修订证券法律、法规，不断推进证券市场的规范化运行。同时，还通过各种技术监督和管理活动，严格证券市场法规的执行，证券市场行情趋于稳定，证券市场的投机、操纵、欺诈行为逐渐减少。

（5）证券市场网络化。计算机系统从 20 世纪 50 年代下半期开始应用于证券市场。1970 年初，伦敦证券交易所采用市场价格显示装置。1972 年 2 月，美国建成"全国证券商协会自动报价系统"。1978 年，纽约证券交易所创设"市场间交易系统"，利用电子通信网络，把波士顿、纽约、费城、辛辛那提等交易所连接起来，将各交易所每种股票的价格和成交量在荧屏上加以显示，经纪人和投资者可在任何一个证券市场上直接进行证券买卖。今天，世界上各主要证券市场基本上都已实现了电脑化，从而大大提高了证券市场的运行效率。在以计算机为基础的网络技术的推动下，证券市场的网络化迅速发展，这主要体现在网上交易的突飞猛进上。与传统交易方式相比，网上交易的优势是：第一，突破了时空限制，投资者可以随时随地交易；第二，直观方便，网上不但可以浏览实时交易行情和查阅历史资料（公告、年报、经营信息等），而且还可以进行在线咨询；第三，成本低，无论是证券公司还是投资者，其成本都可以大大降低。毫无疑问，证券市场的网络化将是证券市场最基本的发展趋势之一。

（6）证券市场国际化。现代证券交易越来越趋向于全球性交易。电脑系统装置被运用于证券业务中，世界上主要证券市场的经纪人可以通过设在本国的电子计算机系统与国外的业务机构进行昼夜不断的 24 小时业务联系，世界上各主要的证券交易所都成为国际性证券交易所，它们不仅在本国大量上市外国公司的证券，而且在国外设立分支机构，从事国际性的股票委托交易。1990 年在伦敦证券交易所上市的外国公司达 500 家，纽约证券交易所有 110 家，东京证券交易所有 80 多家。越来越多的公司到本国以外的证券市场上发行股票、债券。据有关资料显示，1975 年美国 220 家销售额在 10 亿美元以上的大公司中，有 80 家在国外的证券交易所挂牌出售股票。证券投资国际化和全球一体化已成为证券市场发展的一个主要趋势。

（7）金融创新深入化。在第二次世界大战之前，证券品种一般仅有股票、公司债券和政府公债券，而在战后，西方发达国家的证券融资技术日新月异，证券品种不断创新。浮动利率债券、可转换债券、认股权证、分期债券、复合证券等新的证券品种陆续涌现，特别是在 20 世纪的后 20 年，金融创新得到了极大的发展，金融期货与期权交易等衍生品种的迅速发展使证券市场进入了一个全新的阶段。融资技术和证券种类的创新，增强了证券市场的活力和对投资者的吸引力，加速了证券市场的发展。证券品种和证券交易方式的创新是证券市场生命力的源泉。实际上，从 20 世纪 70 年代开始，金融创新就形成了加速发展的态势并成为金融企业在激烈的竞争中求得生存和发展的关键因素。在世界经济一体化的推动下，随着证券市场物质技术基础的更新和投资需求多元化的进一步发展，21 世纪会形成新的证券创新浪潮。

1.2.2 我国证券市场的产生与发展

中国证券市场的历史既年轻又源远流长。我国目前的证券市场从建立到现在，仅仅只有 20 个年头，而国内各收藏家所收集的证券，展示给我们的却是一幅长达百年之久的中国证券发展的历史画卷。纵观中国的百年证券史，横跨清朝末期、民国时期、革命根据地时期、中华人民共和国建立初期和改革开放时期。由于历史条件不同，每个时期的证券业与证券市场均表现出了不同的特点。

（1）清朝末期（1872—1911）。晚清政府统治时期，中国股票债券筹资的形式已经出现。1872 年，由洋务派大臣李鸿章策划、以股份公司形式建立的轮船招商局，是我国第一家股份制企业，其发行的股票是中国最早的股票。自此，官督商办、官商合办以及甲午战争后兴起的民营企业、金融企业都以股票形式筹集资金，企业以债券筹资的则少见。清中期以前中国无公债制度。同治年间，清政府因国库空虚，向国外借款，1867 年，政府向外商的借款达 400 余万两白银；光绪年间，因创建海军、修筑铁路等也向外商借款。国内债券的发行则始于 1894 年，清政府为应付甲午战争军费的需要，由户部建议向富商巨贾借款，称"息借商款"，这是晚清政府发行的第一次债券。中国早期证券的发行等制度尚不规范，如清政府发行的债券和官办企业的股票，主要都以摊派形式发行。

（2）民国时期（1912—1948）。民国时期，股票成了企业的重要筹资手段。第一次世界大战时期，西方列强忙于欧战，中国民族资本企业蓬勃发展起来，它们多以股票形式筹资。同时，中国居民的股票投资热情也异常活跃。1914 年，北洋政府颁布的《证券交易所法》推动了证券交易所的建立。1917 年，北洋政府批准上海证券交易所开办证券经营业务；1918 年夏天成立的北平证券交易所，是中国人自己创办的第一家证券交易所；1920 年 7 月，上海证券物品交易所被批准成立，是当时规模最大的证券交易所。此后，相继出现了上海华商证券交易所、青岛物品证券交易所、天津企业交易所等，逐渐形成了旧中国的证券市场。无论北洋政府抑或民国政府，都视发行债券为其财力的支撑之一，它们既发行内债又发行外债，证券市场是以债券市场为主。抗战爆发后，因为国民党军队战局不利，公债信誉下降，公债交易日渐萎缩。

（3）革命根据地时期（1927—1949）。新民主主义革命时期，中国共产党及其领导下的民主政府，以极大的毅力进行根据地的财政经济建设。为了组织财力，创造争取革命战争胜利的物质基础，早在 1932 年 6 月以及该年的下半年，即先后发行中华苏维埃共和国革命战争短期公债 60 万元和 120 万元。苏维埃政权所发行的公债还包括经济建设公债。同时，在苏维埃政权法律允许的范围内，鼓励私人资本投资，并通过金融机构吸收群众存款，把所有的民间资金一律组织在生产、消费与信用合作社之内。抗战时期民主政府发行的财政证券包括代价券、本票、公债券、田赋预借券、公粮券等。解放战争时期，关内解放区发行公债不多，而东北地区的许多省市都曾发行过公债。1937—1949 年这段时间，根据地合作商业得到发展，如 1939 年 2 月 6 日，晋察冀边区行政委员会发出"推行合作事业第一号通令"，规定了合作社的种类、社股（每股 5 角）、社员及盈余的分配等问题。总之，革命根据地利用债券、股份筹集资金，集聚财力，为革命战争的胜利提供了物质保证。

（4）中华人民共和国建立初期（1949—1968）。共和国建立后不久，即对资本主义工商业进行社会主义改造。政府针对当时市场混乱、游资充斥、通货膨胀和投机猖獗的情况，对证券市场采取了改造和利用的策略，关闭了旧的证券市场，成立了新的证券市场。1949 年和 1950 年，天津证券交易所和北京证券交易所先后开业，在引导社会游资、稳定市场和恢复国民经济方面发挥了重要作用。由于当时的中国选择了苏联式的计划经济体制，建立了高度集中的金融体制，否定了除银行以外的一切信用形式和市场的作用，实行单一的社会主义公有制，所以，证券市场被认为是资本主义的产物，与社会主义公有制经济性质不相容，于是证券市场失去了存在的基础。1952年，北京和天津证券交易所相继关闭，中国证券市场基本消失了。在公债方面，共和国成立时，国民经济处于极端困难的境地，针对 1950 年的预算赤字 112.5 亿斤细粮，中央人民政府决定通过发行国内公债 43 亿斤和向银行透支来解决。1950 年 1—3 月发行的第一期人民胜利折实公债达 1.48 亿份。1958 年"大跃进"开始，刮起"共产风"，银行开了大门，已无发行公债的必要，随之而来的是经济生活状况不正常，群众生活困难，也失去了发行内债的基础。1956 年初，国家的外债全部还清，到了 1968 年，国家的内债也全部还清，1969 年 5 月 11 日，《人民日报》宣布，中国成为世界上第一个"既无内债，也无外债"的国家，从而出现了一段无证券活动的历史时期。这种情况一直延续到"文化大革命"结束，近 10 年之久。

（5）改革开放时期（1978—今）。回顾改革开放以来中国资本市场的发展，大致可以划分为三个阶段。

第一阶段：中国资本市场的萌生（1978—1992）。

以 1978 年 12 月中国共产党十一届三中全会召开为标志，经济建设成为国家的基本任务，改革开放成为中国的基本国策。随着经济体制改革的推进，企业对资金的需求日益多样化，中国资本市场开始萌生。

20 世纪 80 年代初，城市一些小型国有和集体企业开始进行多种多样的股份制尝试，改革开放后最初的股票开始出现。这一时期股票一般按面值发行；大部分是保本保息保分红，到期偿还，具有债券的特性；发行对象多为内部职工和地方公众；发行方式多为自办发行，没有承销商。在此期间，1984 年 7 月北京天桥百货股份有限公司成立时发行的 3 年定期的股票，具有代表性。

1981 年 7 月，我国改变传统的"既无外债，又无内债"的计划经济思想，重新开始发行国债。1982 年和 1984 年，企业债和金融债开始出现。随着证券发行的增多和投资者队伍的逐步扩大，证券流通的需求日益强烈，股票和债券的柜台交易陆续在全国各地出现，二级市场初步形成。上海证券交易所和深圳证券交易所于 1990 年 12 月先后营业。伴随着一、二级市场的初步形成，证券经营机构的雏形开始出现。1987 年 9 月，中国第一家专业证券公司——深圳特区证券公司成立。1988 年，各省组建了 33 家证券公司，同时，财政系统也成立了一批证券公司。

1990 年 10 月，郑州粮食批发市场开业并引入期货交易机制，成为中国期货交易的开端。1992 年 10 月，深圳有色金属交易所推出了中国第一个标准化期货合约——特级铝期货标准合同，实现了由远期合同向期货交易的过渡。

总体上看，股份制改革起步初期，股票发行缺乏全国统一的法律法规，也缺乏统一的监管，股票发行市场出现了混乱。同时，对资本市场的发展在认识上也产生了一定的分歧。

1992 年初，邓小平南方视察"谈话"后，中国确立的经济体制改革的目标是"建立社会主义市场经济体制"，股份制成为国有企业改革的方向，更多的国有企业实行股份制改造并开始在资本市场发行股票。1993 年，股票发行试点正式由上海、深圳推广至全国，打开了资本市场进一步发展的空间。

第二阶段：全国性资本市场的形成和初步发展（1993—1998）。

1992 年 10 月，国务院证券管理委员会（证券委）和中国证券监督管理委员会（证监会）成立，标志着中国资本市场开始逐步纳入全国统一监管框架，区域性试点推向全国，全国性市场由此开始发展。1997 年 11 月，中国金融体系进一步确定了银行业、证券业、保险业分业经营、分业管理的原则。1998 年 4 月，证券委撤销，证监会成为全国证券期货市场的监管部门，建立了集中统一的证券期货市场监管体制。

中国证监会成立后，推进了《股票发行与交易管理暂行条例》、《公开发行股票公司信息披露实施细则》、《禁止证券欺诈行为暂行办法》、《关于严禁操纵证券市场行为的通知》等一系列证券期货市场法规规章的建设，资本市场法规体系初步形成，使资本市场的发展走上了规范化轨道，为相关制度的进一步完善奠定了基础。

随着市场的发展，上市公司数量、总市值和流通市值、股票发行筹资额、投资者开户数、交易量等都进入了一个较快发展的阶段。沪深交易所交易品种逐步增加，除单纯的股票外，陆续增加了国债、权证、企业债、可转债、封闭式基金等。

伴随着全国性市场的形成和扩大，证券中介机构也随之增加。到1998年底，全国有证券公司90家，证券营业部2 412家。从1991年开始，又出现了一批投资于证券、期货、房地产等市场的基金（统称为"老基金"）。1997年11月，《证券投资基金管理暂行办法》颁布，规范证券投资基金的发展。同时，对外开放进一步扩大，推出了人民币特种股票（B股），境内企业逐渐开始在香港以及纽约、伦敦和新加坡等海外市场上市；期货市场也得到了初步发展。

在这个阶段，统一监管体系的初步确立，使得中国资本市场从早期的区域性市场迅速走向全国性统一市场。随后，在监管部门的推动下，一系列相关的法律法规和规章制度出台，资本市场得到了较为快速的发展，同时，各种体制和机制缺陷带来的问题也逐步积累，迫切需要进一步规范。

第三阶段：资本市场的进一步规范和发展（1999—今）。

《中华人民共和国证券法》于1998年12月颁布并于1999年7月实施，是中国第一部规范证券发行与交易行为的法律，并由此确立了资本市场在中国的法律地位。

在这个阶段，中国围绕完善社会主义市场经济体制和全面建设小康社会进行了持续改革。2001年12月，中国加入世界贸易组织，经济走向全面开放，资本市场的深度和广度日益扩大。

自1998年建立了集中统一的监管体制后，中国证监会严格依法履行监管职责，集中力量查办了"琼民源"、"银广夏"、"中科创业"、"德隆"、"科龙"、"南方证券"、"闽发证券"等一批大案要案，坚决打击各类违法违规行为，切实保护了广大投资者的合法权益，维护了"公平、公正、公开"的市场秩序。

但是，资本市场发展过程中积累的遗留问题、制度性缺陷和结构性矛盾也逐步开始显现。从2001年开始，市场步入持续4年的调整阶段：股票指数大幅下挫；新股发行和上市公司再融资难度加大；证券公司遇到严重的经营困难，到2005年全行业连续4年总体亏损。这些问题的根源在于，中国的资本市场是在向市场经济转轨过程中由试点开始而逐步发展起来的新兴市场，早期制度设计有很多局限，改革措施不配套。为了积极推进资本市场的改革开放和稳定发展，国务院于 2004 年 1 月发布了《关于推进资本市场改革开放和稳定发展的若干意见》，此后，中国资本市场又进行了一系列的改革，完善了各项基础性制度，主要包括实施股权分置改革、提高上市公司质量、对证券公司进行综合治理、大力发展机构投资者、改革发行制度等。经过这些改革，投资者信心得到恢复，资本市场出现了转折性变化。

这一时期，为充分发挥资本市场的功能，市场各方对多层次市场体系和产品结构的多样化进行了积极探索。中小板市场的推出和代办股份转让系统的出现，是中国在建设多层次资本市场体系方面迈出的重要一步。可转换公司债券、银行信贷资产证券化产品、住房抵押贷款证券化产品、企业资产证券化产品、银行不良资产证券化产品、企业或证券公司发行的集合收益计划产品以及权证等新品种的出现，丰富了资本市场的交易品种。

与此同时，中国债券市场得到初步发展，市场规模有所增加，市场交易规则逐步完善，债券托管体系和交易系统等基础建设不断加快。期货市场也开始恢复性增长。2007 年 3 月，修订后的《期货交易管理条例》发布，将规范的内容由商品期货扩展到金融期货和期权交易。

这一时期，合资证券期货经营机构大量设立；合格境外机构投资者（QFII）与合格境内机构投资者（QDII）机制相继建立；大型国有企业集团重组境外上市继续推进；外商投资股份公司开始在境内发行上市，外资也被允许对上市公司进行战略投资；证券监管国际合作进一步加强，2006 年 6 月，中国证监会主席尚福林当选国际证监会组织执委会副主席，标志着中国资本市场对外开放和国际化进程有了新的进展。

截至 2008 年底，分别有 12 家内地证券公司、4 家内地基金公司获准在香港设立分支机构。截至 2009 年底，中国累计批准 83 家合格境外机构投资者，投资额度为 165 亿美元；批准 65 家商业银行、基金公司和保险公司等合格境内机构投资者，投资额度为 633 亿美元。

资本市场促进了中国经济和企业的发展。在过去的 20 多年间，中国资本市场从无到有、从小到大、从区域到全国，得到了迅速发展，在很多方面走过了一些成熟市场几十年甚至是上百年的道路。尽管经历了各种坎坷，但是，中国资本市场的规模不断壮大、制度不断完善，证券期货经营机构和投资者不断成熟，逐步成长为一个在法律制度、交易规则、监管体系等各方面与国际普遍公认原则基本相符的资本市场。

1.3 证券市场的构成要素

证券市场由证券发行人、证券投资者、证券市场中介机构、自律组织和监管机构等要素构成。

1.3.1 证券发行人

证券发行人是指为筹措资金而发行股票、债券等证券的发行主体，是证券市场的证券供应者和资金需求者。发行人的数量和发行证券的数量、发行方式决定了发行市场的规模和发达程度。证券发行人主要是公司、金融机构、政府部门和其他经济组织。

1.3.2 证券投资者

证券投资者是指通过买入证券而进行投资的各类机构法人和自然人，是证券市场的资金供应者和证券需求者。投资者人数多少和资金实力的大小同样制约着证券市场的发展规模。投资者分为个人投资者和机构投资者。

（1）个人投资者（Individual Investors），是指从事证券投资的社会自然人，他们是证券市场上最广泛的投资者。

（2）机构投资者（Institutional Investors），是指从事证券买卖的法人单位，主要有金融机构、企业法人、事业单位及政府机构、社会团体等。

机构投资者一般具有资金实力雄厚，收集和分析信息能力强，能够分散投资于多个证券来建立投资组合以降低风险，对整个市场影响力较大等特点。

①金融机构，是证券市场上主要的证券需求者和机构投资者。参加证券投资的金融机构可以分为四大类：

•商业银行和保险公司。商业银行投资证券的主要目的是为了保持银行资产的流动性和分散风险，所以多投资于期限短、信用等级高的证券。

•证券经营机构。主要是指证券公司、基金管理公司等。他们既从事证券承销、证券经纪、资本管理等中介业务，也从事证券自营等业务，因此，也是证券市场的机构投资者，且是证券市场上最活跃的投资者。

•各类基金。证券市场已发展到各类投资基金、社保基金、保险基金、养老基金、私募基金等成为基金市场主力的阶段。各类投资基金在市场中成为市场价格的主要引导者和决定者。

●合格的境外机构投资者（QFII）。QFII（Qualified Foreign Institutional Investors）制度，是指允许经核准的合格境外机构投资者，在一定规定和限制下汇入一定额度的外汇资金，并转换为当地货币，通过严格监管的专门账户投资于当地证券市场，其资本利得、股息等经审核后可转为外汇汇出的一种资本市场开放模式。这是一种有限度地引进外资、开放资本市场的过渡性制度。在一些国家和地区，特别是新兴市场经济国家和地区，由于货币没有完全可自由兑换，资本项目尚未完全开放，外资介入有可能给其证券市场带来较大的负面冲击。而通过 QFII 制度，管理层可以对外资进入进行必要的限制和引导，使之与本国的经济发展和证券市场发展相适应，控制外来资本对本国经济独立性的影响，抑制境外投机性游资对本国经济的冲击，推动本国资本市场国际化。

②企业法人，不仅是证券市场上的发行者，也是证券市场上的投资者。他们投资的目的，有的是为了资金的保值、增值，有的是想通过股票投资对其他公司进行参股、控股，参与这些公司的经营管理，从而建立起企业集团。

目前，中国资本市场中的机构投资者具体主要有：基金公司、证券公司、信托投资公司、财务公司、社保基金、保险公司、三类企业（国有企业、国有控股企业、上市公司）、合格的境外机构投资者等。

1.3.3　证券市场中介机构

证券中介机构主要是指为证券的发行与交易提供相关服务的各类机构。按提供服务的内容不同，证券中介机构可分为证券经营机构和证券服务机构两大类型。这两大类中介机构在证券市场上各司其职、协调行动，沟通证券市场的供应和需求，是证券市场正常运行必不可少的组成部分。

1）证券经营机构

证券经营机构是由证券主管机关依法批准设立的在证券市场上经营证券业务的金融机构，也就是证券公司。在世界各国，证券经营机构有各不相同的名称，美国称之为投资银行（Investment Bank），英国称之为商人银行（Merchant Bank），以德国为代表的一些国家实行银行与证券混业经营，没有专门的证券经营机构，日本等一些国家与中国一样称之为证券公司（Securities Corporation）。

证券公司是沟通资金盈余者和资金短缺者的桥梁。按它们从事证券业务的功能不同，可以分为主要从事证券发行业务的证券承销商、代客买卖证券的证券经纪商和为自己买卖证券并创造市场的证券自营商。实际上，证券经营机构往往同时从事多项业务，一个综合类的证券公司一般都设有若干业务部门，分别从事证券发行业务、经纪业务和自营业务，而且现在业务范围已扩展到兼并收购、基金管理、项目融资、风险投资、资产管理及投资咨询等等。

我国的证券经营机构分为可以从事证券承销业务、证券经纪业务、证券自营业务及经证券监督管理机构核定的其他证券业务的综合类证券公司和只允许专门从事证券经纪业务的经纪类证券公司两种类型。

2）证券服务机构

证券服务机构是指依法设立的在证券市场上从事证券服务业务的法人机构，主要包括会计师事务所、律师事务所、资产评估机构、证券投资咨询公司、证券登记结算公司和证券信用评级机构等。下面介绍五个证券服务机构：

（1）会计师事务所。会计师事务所是指依法独立承办注册会计师业务，实行自收自支、独立核算、依法纳税的中介服务机构。它是注册会计师执行业务的工作机构，而注册会计师审计是会计师事务所最主要的职能。注册会计师审计是指注册会计师以独立的第三者身份，客观、公正地审查企业的财务状况、经营成果和资金流动情况，并对企业会计报表的真实性、合法性提出审计报告。通过注册会计师的审计报告，为证券发行公司揭示公司会计报表的公信力，以便吸引更多的投资者，吸引更多的资金，求得公司稳步快速的发展；注册会计师的审计报告和鉴定结论，可以使投资者对发行股票公司盈利能力的判断或对发行债券公司偿债能力的了解有了可靠的依据；证券市场的管理者也要求注册会计师对公司的会计报表进行客观、公正的审查并提出报告以便维护证券市场的正常秩序，保证证券市场的健康发展。可见，在证券市场上，注册会计师所执行的业务，已经不仅仅是对某个公司的投资者和债权人负责，而是面向社会，发挥社会公证的职能，履行国家所赋予的社会监督职责。

（2）律师事务所。世界各国律师参与证券市场活动，向证券市场主体提供法律帮助的形式主要有两种：一种是通常方式，即律师通过法律咨询的形式，以他们的知识和经验为客户提供法律服务，这种形式以英国、意大利、澳大利亚和新加坡等国为代表；另一种是证券律师方式，是指由专业化的证券律师为证券市场主体提供法律帮助并参与证券市场活动，这种方式以美国为典型。

证券律师是指那些以他们对法律的精通和对证券事务的特殊经验专门处理与证券业务有关的法律事务并对证券市场承担一定的监督责任的律师。律师事务所则是律师开展业务的工作机构。在我国，律师事务所从事证券法律业务的内容主要有以下三个方面：第一，为公开发行和上市股票的公司出具法律意见书，律师及所在事务所应对出具的法律意见书的真实性、准确性、完整性进行核查和验证，并承担相应的责任；第二，对招股说明书的内容进行验证并制作验证笔录，以保证招股说明书的真实性、准确性；第三，参与起草、审查、修改、制作股份公司的创立文件、证券发行文件、证券上市文件和证券承销协议等法律文件。

（3）资产评估机构。这是指组织专业人员依照国家有关规定和数据资料，按照特定的目的，遵循适当的原则、方法和计价标准，对资产价格进行评定估算的专门机构。

资产评估是将公司资产商品化和市场化的社会经济活动，资产评估过程是专业人员模拟市场对资产在某一时点上的价格进行评定和估测的过程。由于资产评估的结果是确定资产价格的基础，因此资产评估机构必须是具有独立性的专业机构。

资产评估机构在证券市场上发挥着重要的作用。首先，在股份公司设立时，对股东作为出资的实物、工业产权、非专利技术或土地使用权等，必须评估作价、核实财产、折成股份；其次，上市公司进行兼并收购等资产重组时要对有关资产进行评估才能确认其真实价值，在上市公司增发新股或配股时也需要进行资产评估；再次，当上市公司公布年度报告或中期报告时，如果公司资产价值发生非经营性的变动，也需要进行资产评估。此外，当企业出现资产拍卖转让、开办合资经营或合作经营业务、企业联营、企业租赁、企业清算、资产抵押及其他担保等情形时，也应当进行资产评估。

为了保证股票发行及上市交易的公正性，对同一股票公开发行、上市交易的公司，其财务审计与资产评估工作不得由同一机构承担。

（4）证券投资咨询公司。又称投资顾问公司，是为证券市场参与者提供专业性投资咨询的中介服务机构。证券投资咨询公司的客户可以是政府部门、证券管理机关和有关业务部门，也可以是拟发行证券的公司或是证券经营机构、机构投资者及个人投资者。投资咨询公司根据客户的要求收集大量的基础信息资料并加以系统深入的分析研究，向客户提供分析报告和交易建议，帮助客户制定投资策略，确定投资计划。另外，它也可以编辑出版有关证券投资的资料、刊物、书籍，举办讲座，发表投资咨询文章，通过公众传媒等方式提供投资咨询服务。

目前，我国证券投资咨询公司主要有两种类型，一类是专门从事证券咨询业务的专营咨询机构，另一类是兼作证券投资咨询业务的兼营咨询机构。

（5）证券信用评级机构。是由专门的经济、法律、财务专家组成的对证券发行人或证券的信用状况进行等级评定的中介机构，在性质上具有独立性，以保证评级结果的公正性。信用评级的主要对象为各类公司债券和地方债券，有时也包括国际债券和优先股票，对普通股票一般不做评级。作为降低资本市场交易费用的一种重要工具，证券评级已成为金融制度中重要的组成部分。

1.3.4　自律性组织

按照证券法规定，自律组织一般包括证券交易所、证券商（业）协会等各种行业性组织。

（1）证券交易所。证券交易所是提供证券集中竞价交易的场所，其主要职责是：提供交易场所与设施；制定交易规则；监管在该交易所上市的证券以及会员交易行为的合规性、合法性，确保市场的公开、公平和公正。

（2）证券商（业）协会。证券商（业）协会是证券业的自律性组织，是社会团体法人。证券业协会的权力机构是由全体会员组成的会员大会。中国证券业协会正式成立于1991年8月28日，是依法注册的具有独立法人地位、由经营证券业务的金融机构自愿组成的行业性自律组织。根据我国证券法的规定，证券公司应当加入证券业协会。证券业协会应当履行协助证券监督管理机构组织会员执行有关法律，维护会员的合法权益，为会员提供信息服务，制定规则，组织培训和开展业务交流，调解纠纷，就证券业的发展开展研究，监督、检查会员行为的职责，以及证券监督管理机构赋予的其他职责。

（3）证券登记结算公司。它是专门为证券与证券交易办理集中登记、存管、过户和资金结算交收业务的中介服务机构。证券登记结算业务是保障证券交易连续进行必不可少的环节，世界各国的证券交易所都有专门的证券登记结算系统。我国的证券登记结算业务由2001年3月30日成立的中国证券登记结算有限责任公司及其下属的上海分公司、深圳分公司承担。根据《证券登记结算管理办法》，我国的证券登记结算机构实行行业自律管理。

1.3.5　证券监管机构

根据证券市场监管模式的不同，政府监管机构在各个国家有着不同的形式。

美国证券市场由1934年成立的证券交易管理委员会统一管理，它是美国联邦政府的一个独立的金融管理机构。其下设公司管理局、市场管理局、投资银行管理局和司法执行局等若干职能部门，主要负责市场规章制度的制定、解释和执行，以及市场秩序的维护和信息的收集与传播。

英国证券市场的监管体系相当完善，其两大特点是自律和立法。英国证券市场的自律体系由三个机构构成：证券交易商协会、收购与合并问题专家组和证券业理事会。三个机构与政府相对独立，在一定程度上进行非正式合作。证券交易所在政府有关部门的指导下实行自我监督和管理。英国的自律和立法管理体系对证券业的管理相当成功。

在中国，证券监管机构是指中国证券监督管理委员会（证监会）及其派出机构。中国证监会成立于 1997 年 11 月，是国务院直属的证券监督管理机构。中国证监会的主要职责是：负责行业性法规的起草，负责监督有关法律法规的执行，负责保护投资者的合法权益，对全国的证券发行、证券交易、中介机构的行为等依法实施全面监管，维持公平而有序的证券市场。

1.4　证券市场的功能

从上述回顾历史的角度看，证券市场对于股份公司的创立，对于西方国家的工业革命，都曾起到过重要的推动作用，但就全面的理论分析来看，证券市场的功能远不止这些。证券市场以其独特的方式影响着近现代社会，对社会经济的发展起着重要作用。

（1）筹资—投资功能。证券市场的筹资—投资功能是指证券市场一方面为资金需求者提供了通过发行证券筹集资金的机会，另一方面为资金供给者提供了投资对象。在证券市场上交易的任何证券，既是筹资的工具，也是投资的工具。在经济运行过程中，既有资金盈余者，又有资金短缺者。资金盈余者为使自己的资金价值增值，必须寻找投资对象；而资金短缺者为了发展自己的业务，就要向社会寻求资金。为了筹集资金，资金短缺者可以通过发行各种证券来达到筹资的目的，资金盈余者则可以通过买入证券而实现投资。筹资和投资是证券市场基本功能不可分割的两个方面，忽视其中任何一个方面都会导致市场的严重缺陷。

（2）定价功能。证券市场的第二个基本功能就是为资本决定价格。证券是资本的表现形式，所以证券的价格实际上是证券所代表的资本的价格。证券的价格是证券市场上证券供求双方共同作用的结果。证券市场的运行形成了证券需求者和证券供给者的竞争关系，这种竞争的结果是：能产生高投资回报的资本，市场的需求就大，相应的证券价格就高；反之，证券的价格就低。因此，证券市场提供了资本的合理定价机制。

（3）资本配置功能。证券市场的资本配置功能是指通过证券价格引导资本的流动从而实现资本的合理配置。在证券市场上，证券价格的高低是由该证券所能提供的预期报酬率的高低来决定的。证券价格的高低实际上是该证券筹资能力的反映。能提供高报酬率的证券一般来自那些经营好、发展潜力巨大的企业，或者是来自新兴行业的企业。由于这些证券的预期报酬率高，其市场价格相应就高，从而筹资能力就强。这样，证券市场就引导资本流向能产生高报酬的企业或行业，从而使资本产生尽可能高的效率，进而实现资本的合理配置。

（4）促使上市公司不断完善公司治理结构、加强经营管理、提高经济效益功能。在证券市场的价格机制和激励作用的压力下，企业必须完善公司治理结构，努力改进生产技术，完善经营管理，提高经济效益，只有这样，才能赢得广大投资者的信任，否则就会被淘汰。

（5）宏观经济调控功能。中央银行是国家进行金融调控的主要部门，它从事国家宏观经济调控的一个重要方面就是参与公开市场业务。所谓公开市场业务就是指中央银行在金融市场上公开买卖有价证券来增加或减少金融市场上的借贷资金量，调节信用规模，从而调节社会总供给与社会总需求的平衡关系的一种活动。具体讲，当社会总需求大于社会总供给时，中央银行向证券市场抛售一定量的证券，以回笼货币，减少市场实际货币流通量，降低社会总需求水平，实现与社会总供给的平衡；当社会总供给大于社会总需求时，中央银行从证券市场上购进适当的证券，以增加市场的货币流通量，提高社会总需求水平，使社会总供求趋于大体的平衡。中央银行公开市场业务，除了有向证券市场抛售或购进证券来直接调节社会总供求的作用以外，还能够影响金融市场的借贷利率，通过这种利率的变化起到间接调节社会总供求的作用。因为中央银行出售有价证券，则市场实际货币流通量必然减少。这样，在资金市场上就会出现资金供应紧张、市场利率上升、借贷需求减少的情况，从而使社会总需求水平下降；反之，中央银行从证券市场上购进证券，则市场实际货币流通量增多，当资金市场上资金供应充裕时，利率必然下降，导致资金需求增加，从而使社会总需求水平提高。

（6）传导经济信息功能。证券投资者总是需要及时、全面地了解和掌握经济情况与市场动态，以便能够及时采取措施保障其投资的安全性或抓住机会买卖证券增加所得。由于证券市场是由证券买卖者、经纪人、证券公司以及证券交易所等组成的，他们从不同单位、不同部门、不同地区、不同行业聚集到一起，从不同角度对政治、经济及市场形势进行调查研究，并把他们所获得的信息在证券市场上加以传播。于是，证券市场就自然成为经济信息产生和传播的重要场所。在这里，人们通过观察证券市场上各种有价证券的交易价格与交易量的变化，可以了解到经济变化情况，进而采取相应的对策。证券投资者在这里还可以预测、判断哪些企业发展前景好，哪些企业发展前景不好，哪种证券收益多，哪种证券收益少，从而确定投资的对象或转移投资方向。证券市场的证券交易也能反映出社会资金的余缺。当社会上资金紧张时，持有证券的企业或个人为了保证生产、建设所必需的资金，必然大量地抛售有价证券来换取现金，这时证券市场上必然出现买方市场，证券价格呈下跌之势；反之，当社会资金比较充足时，必然有大量的游资投向证券，这时，证券市场上必然出现卖方市场，证券价格呈上涨趋势。由此可见，证券市场可以说是能够反映一定时期国家金融形势乃至整个国民经济形势的晴雨表、温度计。

1.5　证券投资及投资过程

1.5.1　证券投资的含义

投资本身是一个复杂的概念，并有复杂的内涵。从经济学上说，投资与储蓄、消费、收益和风险都是密不可分的。进行投资首先必须要有资金来源，从广义上说，全部投资来源于全部储蓄，而储蓄是来源于消费剩余或目前消费的牺牲。其次，投资的目的是为了得到将来更多的回报和收益，获得更大的价值或资产，即经济效益是投资者投资活动的出发点和归宿点。再次，投资具有风险性。风险是指未来收益的不确定性。当前投入的价值是确定的，但是，未来可能获取的收益却是不确定的，这种未来收益的不确定性就是投资风险。风险是客观存在的，不是投资者主观上的风险。投资中的风险是不可避免的，而且风险大小与投资对象、投资时间长短有关。最后，投资具有时间性。也就是说，投资者现在付出的价值只能到未来的时间才能收回，而且未来的时间越长，发生不可预测事件的可能性就越大，未来收益的不确定性就越大，从而风险就越大。总之，投资是个人或机构对现有资金的一种运用，是为了获得未来收益而进行的一种资本垫付行为。

证券投资（Investment in Securities）就是指个人或机构购买股票、债券、基金等有价证券以及这些有价证券的衍生品，以获取红利、利息及资本利得的投资行为和投资过程，是直接投资的重要形式。

1.5.2 证券投资过程

1）证券投资的原则

（1）效益与风险最佳组合原则。效益与风险最佳组合原则是指在风险一定的前提下，尽可能使收益最大化；或在收益一定的前提下，尽可能使风险最小化。

（2）分散投资原则。分散投资原则是指证券投资的多元化，建立科学的有效证券组合。不同类型的资产相关性较低，即一般不会一起波动，不一起波动的证券组合在一起可以有效地减少总风险水平。

（3）理智投资原则。理智投资原则是指证券投资分析在前，投资行动在后，即要在分析、比较后审慎地进行证券投资。

2）证券投资的过程

证券投资过程是指一个投资者进行投资决策并实施投资的过程。投资过程是复杂的，投资分析工作也是永无止境的，通常需要几个阶段或步骤才能做出正确的选择，同时还存在后续的投资管理问题。

一个优秀的投资管理人的证券投资过程基本上由五个步骤组成：明确投资目的，了解投资环境（工具），制定投资策略，实施投资策略，监控及评价。图 1—1 说明了证券投资过程各部分的相互联系。

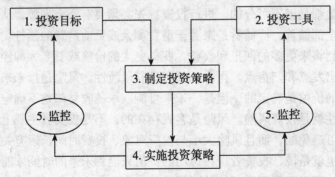

图 1—1 证券投资流程图

（1）明确投资目标

投资者在投资过程中的首要因素就是确定投资目标，然后根据目标制订一个投资计划。一般来说，普通股的平均回报率显著高于储蓄账户或债券的利息率，但是，不是所有的普通股都如此，回报较高的投资必须承担较高的风险。因此，投资计划应当包括有关收益要求和风险承受能力的具体目标。例如，某投资者对证券组合投资的要求是平均收益应当高于8%且损失不得超过10%。

制订投资计划时还应当考虑到：投资者目前的财务状况是怎样的？奖金来源有哪些？在可以预见的未来时期，能用来投资的收入有多少？在未来的不同时期需要花费的现金是多少？投资者能够承担的风险是多少？投资者更适合选择哪一种投资方式？投资的税收情况又如何？

（2）了解投资环境

在确定了投资者的投资目标之后就应该考虑适当的投资机会了，既要了解目前的市场投资环境、市场上都有哪些投资工具，更要了解不同投资工具本身的状况，以便在众多的投资工具中进行选择。总的来说，不同的投资工具具有不同的投资收益和风险，对不同投资工具的选择就是对不同的收益和风险进行权衡。以金融资产投资为例，图1—2描述了金融资产的预期回报和风险的选择范围。

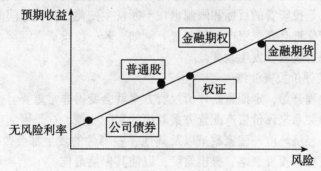

图1—2 金融资产预期回报和风险的选择

（3）制定投资策略

在充分了解各种投资工具的收益与风险及市场状况之后，投资过程的下一步是协调各种投资工具，使其与投资者的投资目的相适应。

在制定策略时，有些投资者喜欢尽可能地回避风险。例如，如果你需要一笔钱来支付下一年的学费，你将会把你所有的钱都投入到非常安全的证券上，如短期债券。一些不愿失掉获得高收益机会的投资者则愿意冒风险，把他们所有的资金都投资于股票或衍生证券上。但是，以上两例都是比较极端的选择，没有必要做出这种把所有钱都投入一种证券的极端选择。"不要把鸡蛋放到一个篮子里"是进行投资的至理名言。

"不要把鸡蛋放到一个篮子里"就是指投资要注意分散风险，要确定各种不同资产的投资比例进行组合投资。典型的资产有货币市场证券、债券、股票和不动产。组合投资在投资管理中举足轻重。在各类资产中的证券，如股票，趋向于一起波动，这种具有统一性的运动变化就叫做相关性（Correlation），因此资产配置是很关键的，因为不同类型的资产相关性较低，一般不会一起波动，不一起波动的资产组合在一起就可以有效地减少总风险水平。

（4）实施投资策略

这一步骤，实际上是通过选择投资工具、实施资产配置和对资产配置进行修正三个环节来完成的。

要成功地实施资产配置策略是很难的，这主要是受到以下三个因素的影响：一是交易费用，要改变资产配置就会增加交易费用，交易费用增加会直接减少因改变资产配置而带来的期望收益。二是经济和市场是不断发生变化的，这会改变人们追求的最佳配置策略。三是投资者的目标和限制也在不断发生变化，随着时间的推移，个人的需求或资金的变化都会要求资产重新配置。例如，若一位投资者继承了一大笔钱，则他对风险的厌恶态度就会发生改变。

（5）监控及评价投资业绩

一旦投资过程开始，定期重新评价投资方案就会变得非常重要。投资者要根据收益与风险之间的关系来评价资产配置方案取得的实际业绩，这是因为市场是处于变动之中的，国内外经济环境、国家政策以及其他一些事件的发生都会改变既定的目标，投资者必须定期检查投资策略，提出质疑，以使其保持最佳。

【参考案例】

投资传奇故事：刘元生守望万科 17 年 400 万翻成 16 亿

你能投资一只股票并牢牢持有 17 年吗？这件几乎没有人能够做到的事情，中国 A 股市场上的散户刘元生做到了！

1991 年 1 月 29 日，万科 A 以 14.58 元的价格挂牌深圳证券交易所，成为深市最早期的"老八股"之一。17 年过去了，如今万科 A 复权股价已高达千元，而刘元生就是这样一直持有到今天。

据《提问万科》一书介绍，刘元生是香港商人，早在王石创建万科前，他们就已经是商业合作伙伴。王石做录像机生意时，就是由刘元生的香港仁达国际有限公司供应日本货源，两人结下了深厚友谊。

1988 年 12 月末，万科共发行 2 800 万股，每股 1 元。当时，万科的净资产只有 1 324 万元，平均每股净资产仅为 0.47 元。为了推销股票，王石亲自带队上街，在深圳的闹市区摆摊设点，有几次甚至跑到菜市场里和大白菜摆在一起叫卖。刘元生闻讯后，出于兄弟义气，慷慨解囊认购 360 万股。

1992 年后，万科热衷于股权投资，刘元生也积极响应，参与万科在天津、东北等项目的投资。目前，刘元生住在加拿大，但仍跟王石保持着密切联系，万科经营管理的很多重大决策都会征求刘元生的意见。

资料显示，1992 年刘元生持有万科 A370.76 万股。以后，随着万科 A 送股、配股，加上刘元生通过二级市场增持的部分，他拥有的万科 A 逐年增加：1993 年为 504.39 万股，1995 年为 767 万股，2004 年为 3 767.94 万股，2006 年为 5 844.63 万股。2008 年，刘元生持有万科 A 8 251.07 万股，位居第三大流通股股东，如果以 2008 年 5 月 30 日（周五）的收盘价 19.75 元计算，其持股市值高达 16.29 亿元。当初的 400 余万港元如今已变成 16.29 亿元的股票市值，17 年投资增长 400 倍！

刘元生如今成为 A 股市场上最富有的散户。他的投资增幅远超股神巴菲特，因为巴菲特最骄人的业绩是持有《华盛顿邮报》股票 30 年，股票增值 128 倍。

（资料来源 王洁：《超级散户刘元生守望万科 17 年 400 万翻成 16 亿》，载《北京晨报》，2008-06-02。经删节整理）

● **重要概念**

　　证券　有价证券　证券市场　证券投资

● **复习思考**

　　(1) 什么是证券？有几种分类？又有什么特性？

　　(2) 什么是证券市场？它具有哪些功能？

　　(3) 证券市场产生的动因是什么？又是如何推动经济发展的？

　　(4) 证券市场都有哪些参与者？

　　(5) 证券发行市场与证券流通市场有什么关系？

　　(6) 简述证券市场的发展趋势。

　　(7) 结合刘元生投资万科的案例，谈谈树立正确的投资理念的意义。

第 2 章　股　票

◇ **学习目标**

- 掌握股票的概念、特征
- 掌握普通股和优先股的概念及主要区别
- 了解我国股票的特殊分类
- 了解我国股权分置问题产生的原因及实施股改的意义
- 知晓股改后产生的一系列新名词

2.1　股票的含义及特征

2.1.1　股票的含义

股票（Stock）是股份有限公司发行的一种有价证券，是用以证明投资者的股东身份和投资份额，并对公司拥有相应的财产所有权的证书。股票一经发行，购买股票的投资者即成为公司的股东。股票实质上作为股份公司的股份证明，它表示其持有者在公司的地位与权利，以及承担的相应的责任与风险。

股份有限公司的全部资本被分成许多等值的单位，叫做"股份"。它是股份公司资本的基本单位和股东法律地位的计量单位，占有一个单位，就称占有一股，每一股代表对公司的资产占有一定的份额。将"股份"印制成一定的书面形式，记载表明其价值的事项及有关股权等条件的说明，就是股票。股票与股份，前者是形式，后者是内容。股份有限公司依照公司法的规定，为筹集资金向社会发行股票，股票的持有人就是公司的投资者，即股东。股票是投资入股、拥有股份所有权的书面证明。拥有某种股票，就证明该股东对公司的净资产占有一定份额的所有权。例如，某公司发行

本章建议阅读资料：
1. 霍文文：《证券投资学》，3 版，北京，高等教育出版社，2008。
2. 邢天才、王玉霞：《证券投资学》，2 版，大连，东北财经大学出版社，2007。
3. Zvi Bodie, Alex Kane and Alan J. Marcus, Richard D. Irwin, McGraw-Hill Companies, Inc Investments 5th Edition, 2002, N. 2.
4. 中国证券业协会：证券业从业资格考试统编教材（2010）——《证券市场基础知识》，北京，中国财政经济出版社，2010。

了 1 000 万股股票，则每一股代表公司净资产的千万分之一，若某股东持有其中的 100 万股，则他拥有该公司的十分之一股权。股票虽然是所有权证书，但股东的权利是有限制的，股东无权处置公司的资产，而只能通过处置持有的股票来改变自己的持股比例。

就股票的本质属性来看，它不同于商品证券和货币证券，它是代表股份所有权的股权证书，是代表对一定经济利益分配请求权的资本证券，是资本市场上流通的一种有价证券，是虚拟资本。

2.1.2 股票的特性

股票既是一种集资工具，又是企业产权的存在形式，代表资产所有权。同时它作为有价证券的一种，又是投资者一种重要的投资工具。股票的主要特性主要表现在如下几个方面：

（1）不可返还性。不可返还性也称永久性。因为股票是一种无期限的法律凭证，股票投资人一旦出资购买了某个公司的股票，投资者就不能向发行股票的公司提出退股索回资金的要求，同时也没有到期还本的可能。股份公司不对股东偿还本金，股东若想收回投资，只能将股票转卖他人，但这种转卖不涉及公司资本的增减，只改变了公司资本的所有者。股份公司在破产、清偿或因故解散的情况下，依据法定程序宣布结束，但这不能理解为股票到期，股东得到的清偿也不一定等于其投入的本金。对于股份公司来说，由于股东不能要求退股，所以通过发行股票筹集到的资金，在公司存续期间是一笔稳定的自有资本。

（2）责任有限性。股东只负有限连带清偿责任，即股东仅以其所持股份为限对公司承担责任，公司以其全部资产对公司的债务承担责任。一旦公司破产倒闭，除了股东认购的股金外，对公司所欠债务没有连带清偿责任。换句话说，股东承担的风险只限于股东购买股票所作的投资，这是股份公司能在社会公众中广泛募集资金的重要特征。

（3）参与决策性。股票是代表股份资本所有权的证书，是投资入股的凭证。就法律性质而言，除优先股票外，每一股份所具有的权利原则上是相等的，这样才能体现投资的公平和公正。股东参与公司经营管理的决策权取决于他持有股份的多少，股东持有一个公司的股份越多，其参与经营决策的权利越大。股票代表的经营决策权是一种综合权利，体现为股东有权参加股东大会，听取董事会提出的工作报告和财务报告，并提出自己的意见和建议；股东有权对公司重大经营决策投票赞成或反对，以此参与公司的经营管理决策；普通股票持有人据其拥有的股份数有权选举和被选举为公司的董事或监事。股东通过行使各项权利参与公司的经营管理决策。

（4）收益性。收益性是股票的最基本特性。它是指股票可以为持有人带来收益的特性。持有股票的目的是为了获得收益。股票的收益来源分为两类：一是来自股份公司派发的股息和红利。股息和红利的多少取决于股份公司的经营状况和盈利水平。二是来自于股票流通市场的价差收益，这种价差收益也称为资本利得。

（5）风险性。股票投资与其他证券投资相比有较大的风险性，这是因为投资者出资购买股票已不再有还本的可能，同时股息收入也是没有保证的，股票的收益要看公司经营状况的好坏，有利则分、无利不分，利多多分、利少少分。此外，股票的价格也受股市价格波动的影响，变化无常，买卖股票有赚有赔。

（6）流通性。股票是一种可以自由转让的投资工具。投资人购买公司股票后，虽不能退还股本，但股票可以拿到证券市场上去转让，因此股票持有人在出现资金紧张时，可以通过出售股票而换取现金，也可将股票作为抵押品向银行贷款。由于股票有极强的变现能力，弥补了股票期限上永久性的不足，因而股票被视做仅次于现金资产的流动性资产。这一特征也是股份公司能在社会公众中广泛募集资金的又一重要原因。流通性和灵活性是股票的优点，也是它的生命力所在。

（7）价格波动性。通常股票是有票面价格的，但股票的买卖价格一般是与股票票面价格不一致的，具有较大的波动性。影响股票交易价格的因素很多，这些因素不断变化，导致股市发展变幻莫测。人们认为，股市价格与股票面值不一致，价格波动变幻莫测，这正是股票的魅力所在。

（8）投机性。股票价格与股票面值不一致，股票价格的频繁波动，就给股票买卖的投机带来了可能性，投机者可根据股票价格的涨落价差取得投机性收益。股票的投机虽然有其破坏性的一面，但股票投机对于活跃股票市场、加速资本的流动也有一定的积极意义。

2.2　股票的种类

随着现代股份公司制度的不断发展完善以及投资者不断提出新的投资要求，股票的形式与内容也发生了千变万化。目前的股票种类纷繁复杂，按照不同的分类方法可分出若干种。

2.2.1 按股东的权益分类

1）普通股票

普通股票（Common Stock）是股票中最基本、最常见和最重要的一种形式，是构成股份有限公司资本基础的股份。普通股是股份有限公司最先发行、必须发行的股票，是股息随公司利润的大小而增减的股票，是风险最大的股票，也是市场上交易最活跃的股票。普通股具备股票最一般的特性，普通股的期限与公司相始终，普通股的利益与公司的利益相依存。因此，普通股票的持有人是公司的基本股东，享有股东的基本权利和义务，主要表现在如下几个方面：

（1）投票表决权

持有普通股的股东就是发行该股票公司的所有者之一，普通股票股东有权参加股东大会，体现其作为公司所有者的地位，并参与公司的经营决策。在股东大会上可以就公司的财务报表和经营状况进行审议，对公司的投资计划和经营决策有发言权、建议权，有权选举董事和监事，对公司的财务预决算方案、利润分配方案、增资减资决议、合并与解散及修改公司章程等具有广泛的表决权。股东若不参加股东大会，可填写授权委托书，委托代理人来行使投票表决权。通过投票表决，股东间接参与公司的经营管理，所以这种权利也可以叫做参与经营权。

绝大多数股份公司对普通股票的投票方式采取"一股一票制"，即普通股票股东每持有一股便有一个投票权，以体现股权的同一性。投票的方法有两种，一是多数投票制，二是累积投票制。

多数投票制，又称普通投票制、直接投票制。在选举董事会时，股东每持有一股便有一个投票权，而且必须对每位董事的空缺进行分散投票。例如，一位股东持有1 000股普通股票，那么每个董事的空缺他都可以投1 000票。由于每位董事候选人都必须得到选票总数的半数以上才能当选，因此，这种办法使少数派股东无法当选为董事。而掌握大部分投票权的大股东可以垄断全部董事会人选。

累积投票制，是针对多数投票制的弊端，为保障多数小股东的利益而采用的投票方法。在累积投票制下，每一个股东可以把投票权累积起来，集中投给某一位候选人。他可投的总票数，等于所持有的股数乘以所要选出的董事数。这样，小股东们可集中推选某一位董事，或根据需要适当分散投票，选出能代表小股东利益和意愿的董事人选。例如，上述那位股东持有1 000股普通股票，本次股东大会要选出董事12人，那么这位股东总共可投12 000票（1 000×12），他可用这12 000票来选举他认为合适的一位或数位董事。

（2）盈余分配权

公司的利润首先要偿还公司债务，兑付债权人对投资报酬的索取权，还要上缴所得税，并按法律规定和股东大会决定从税后利润中提留法定盈余公积和任意盈余公积，余下的净利润才能作为股本的报酬按股东持有股份的比例分给股东。并且，普通股在公司盈利分配上位于优先股之后，普通股的股利完全取决于公司盈利情况及其分配政策。一般来说，公司盈利多，普通股股利就高，反之则少，若公司亏损则可能分文没有。这种股利收益的不固定，正是普通股的重要特点。所以，在证券投资中，投资普通股的风险最大。但若公司获得高额利润，普通股股东也可获得高额股利，有权享受利润增长所带来的利益，而一般优先股就无此项权利。

（3）资产分配权

当公司因各种缘由而需要解散清算时，普通股有权按比例分得公司的剩余财产，但必须排在公司债权人、优先股股东之后。若在他们之后所剩无余，普通股则只能甘受损失。在一般情况下，普通股股东对该权利兴趣不大，因为投资者购买股票的目标在于公司营运获利，而不是公司剩余资产的清偿。同时，一旦公司宣告破产清算，往往已是负债累累，资不抵债，资产大为贬值，在债权人和优先股分配后已所剩无几，普通股股东也就所得甚微了。

（4）优先认股权

当公司增发新股时，普通股原有股东有按低于市价的某一特定价格及持股比例优先购买一定数量新发行股票的权利。这样，原有股东就可以通过认购新股而继续维持其原有权利和收益。例如，某一股东原来持有公司普通股票总额的1‰，在公司发行新股票时，这个股东就有权按原有比例再认购新发行股票总额的1‰。新股加旧股，仍保证了该股东对公司股份1‰的权利和收益。

给老股东优先认股权（Preemptive Right）是出于两个方面的考虑：一是保证老股东的持股比例，当出售新股而使总股数增加后，老股东的股权在总额中所占的比例仍旧不变，不会减少原来享有的各种权利，不会削弱对公司原来的控股程度；二是保护老股东的利益，规定的配股价格之所以低于市价，除了吸引投资者外，还在于大多数公司通过出售股票而募集的新资本不可能立即产生利润，而且在短期内可能发生每股净利被稀释的现象，公司为了弥补老股东的这一损失，把优先认股权价格定得较低，作为对老股东的补偿。

股东拥有新股优先认购权后，其处理权利的方式有三种：其一是行使优先权，购买新股票；其二是转让优先认股权；其三是放弃这一权利，任其过期失效（优先认股权的有效期一般为 2 周到 2 个月，最多为 2 个月），这种情况只有在股东认为购买新股无利可图时，才会发生。

2）优先股票

优先股票（Preferred Stock）是相对于普通股而言的，是公司在筹集资本时给予投资者对于公司利润、公司清理剩余资产享有优先分配权的股份。优先股票是在普通股票基础上发展起来的一种股票，与普通股票相同，它代表持股人对公司财产的所有权。优先股票同样可以买卖和自由转让，与普通股票同属于股东权益的一部分。由于在股份公司中优先股是预先确定股息的，因而使得它既是股票的一种，又有些类似于债券，是介于普通股与债券之间的一类折中性证券。

（1）优先股在两个方面处于优先地位

第一是领取股息优先。股份公司分配股息的顺序，首先是优先股，其次才是普通股。而且无论公司经营状况好坏和利润多少，优先股都可以按照预先确定的股息率领取股息，即使普通股减少或没有股利，优先股也不能受损。但是当公司无股息可分或股东大会决定当年不分配股息时，优先股在当年也有可能分不到股息。

第二是分配剩余资产优先。当公司解散或破产清偿时，优先股有先于普通股参加公司剩余财产分配的权利，但其分配顺序要排在债务人之后。

（2）优先股利弊分析

与普通股比较，优先股有它优先的一面，也有它不利的一面。首先，优先股的股息率是事先确定的，当公司经营良好，利润激增时，优先股的股息不会因此而提高，而普通股的收益却可大增。其次，优先股股东一般没有选举权和被选举权，对公司经营决策没有表决权。再次，在股份公司发行新股票时，优先股没有普通股那样的优先认购权。

优先股虽然存在着一些不利的因素，但是无论对于投资者来说，还是对于股票发行公司来说，优先股确实有它的可取之处。

从投资者角度看，购买优先股票收益固定，风险小于普通股，股息一般高于债权收益，而且股份可以转让，所以比较适合于保守型的投资者和无暇参加公司管理的投资者。

从筹资的股份公司角度看，公司发行优先股票可以在不增加投票权、不分散对公司控制权的情况下进行筹资；优先股票股本也是公司的股本，公司可以长期使用；优先股票也可溢价发行，所以公司发行优先股票可筹集低成本的长期资金；优先股票属于公司股权资本的一部分，能提高公司的价值，有利于改善公司的发债条件，而且优先股票不像债券那样会对公司构成破产威胁，若付不出股息可以积欠，因此在资金短缺时不失为一种较好的筹资手段。

除此之外，优先股票还具有财务杠杆作用。在一家公司中有没有优先股票及优先股票的多少，对普通股票的收益影响很大，这种影响称为杠杆作用。股息的来源是公司利润，而公司利润是由公司总资本即普通股票、优先股票、债券、贷款等的增值而赚得的。因为优先股票、债券收益固定，资本利润率若超过利息率，则增加的部分由普通股票独享。具体地说，当优先股票股息率、贷款利率、债券利率小于公司的资本利润率时，则普通股票股息率可高于资本利润率（不考虑公积金等因素）。或者说，当总的资本利润率提高时，杠杆作用可使普通股票股息增长率大于资本利润率增长率，使普通股票股息收入有很大增加；当总资本利润率下降时，杠杆作用又会使普通股票收益的下降幅度大于没有优先股票、债券时的下降幅度。

【例】假定某公司的资本结构只有普通股票 500 万股，每股面额 100 元，某期可分配盈余为 1 500 万元，则此 1 500 万元全由普通股票股东分享，如果下期可分配利润增加到 3 000 万元，普通股票股息则增加 1 倍。但是，当公司总资本结构是由普通股票和优先股票两部分组成时，情况就不同了。假定公司有优先股 100 万股，每股面额 100 元，固定股息率为 8%；普通股有 400 万股，每股面额 100 元。假定可分配盈余仍是 1 500 万元，须付优先股票的股息为 800 万元，普通股票持有人能得到股息 700 万元。如果下期可分配利润增加到 3 000 万元时，付给优先股票股息仍为 800 万元，分配给普通股票的股息可达 2 200 万元。可见，可分派利润增加了 1 倍，而普通股票股息却增加了近 3.14 倍。反之，若下期可分派利润下降为 800 万元，则普通股票股息为"零"。

（3）优先股票的种类

① 累积优先股（Cumulative Preferred Stock）与非累积优先股（Non Cumulative Preferred Stock）。累积优先股的基本特征为：当公司本年度没有盈利因而不能分派股息，或者盈利不足以满额分派股息，那么公司可以把未分派或未满额分派的股息累积到以后年度补付。累积优先股票是一种最常见、发行比较广泛的优先股票。而非累积优先股则以当年公司所得盈利为限分派股息，若当年未能分派股息或未能足额分派股息则不进行累积，当然也不存在次年补付的问题。

② 参加优先股（Participating Preferred Stock）与非参加优先股（Non Participating Preferred Stock）。参加优先股按参与分配比例多少又可分为全部参加优先股和部分参

加优先股。

仍以前例为例。该公司在按固定股息率分派了优先股股息和不少于优先股收益率的普通股股利后，尚余 1 500 万元供再次分配，那么在全部参加优先股票情况下优先股和普通股每股可分别再获 3 元（1 500÷（100+400））的额外股利。在优先股最终收益率的上限为 10% 情况下，优先股每股可再获 10%–8% =2% 即 100 元×2% =2 元的额外股利，普通股每股可分别再获 3.25 元（（1 500–200）÷400）的额外股利。总的看来，这两种参加优先股除了可以优先获得固定股息外，在公司利润增加时，还可以和普通股一样参与对剩余利润的分配。至于非参加优先股，则是指除获得固定股息外没有剩余利润参与权的优先股。由于参与优先股票对普通股票股东的利益有很大影响，所以大多数优先股票属于非参与优先股票。

③可转换优先股（Convertible Preferred Stock）和不可转换优先股（Non Convertible Preferred Stock）。按公司章程规定，允许股东以一定的比例转换成普通股的优先股，称为可转换优先股；反之，那些不能转换成普通股的优先股称为不可转换优先股。可转换优先股只表明一种权利，至于优先股是否真的实行转换，这要看投资者的决定。

④可赎回优先股（Callable Preferred Stock）与不可赎回的优先股（Non Callable Preferred Stock）。可赎回的优先股在发行时股份公司就已做出决定，在将来公司不再需要此项资金时，公司有权按一定的价格将股份收回注销。这种优先股票一般是在公司经营不利，一时急需资金，并且预计今后某一时期有能力也有必要用公司收益偿还股本的情况下发行的。一般来说，回购价格都定得很高，以补偿该类股票购买者因公司回购所遭受的经济损失。所谓不可赎回优先股，是指股票一经投资者认购，在任何条件下都不能由股份公司赎回。

⑤股息率可调整优先股与股息率固定优先股。股息率可调整优先股是指股票发行后，股息率可以根据情况按规定进行调整的优先股。而发行后股息率不再变动的优先股票，则称为股息率固定优先股。大多数优先股的股息率是固定的，一般的优先股票就是指这种股票。股息率可调整优先股的产生，是为了适应国际金融市场不稳定、各种有价证券价格和银行存款利率经常波动的情况。股息率可调整优先股的特性在于股息率是可以变动的，但股息率的变化一般又与公司经营状况无关，主要是随着市场上其他证券价格或银行存款利率的变化作调整。发行这种股票的目的是为了保护股票持有者的利益，同时也有利于股份公司扩大股票的发行量。

3) 其他股票

(1) 决议权股。决议权股指的是股份公司对特定股东给予多数表决权,而一般股票赋予股东一股一权。决议权股在其他方面并无任何优先利益。决议权股一般在合资公司为了限制外国持股人对本国产业的支配权而发行。

(2) 无决议权股。无决议权股即对公司一切事物都无表决权的股票。

(3) 否决权股。否决权股即只对指定的议案有否决权的股票。

2.2.2 按股票的面额形态分类

1) 记名股票与无记名股票

记名股票是指在股票票面和股份公司的股东名册上要同时记载股东姓名的股票。记名股票若转让,须将受让人姓名及其住所记载于股票票面和公司股东名册上,否则转让无效,只登记于股票票面而未记入股东名册上亦无效。这也就是说,记名股票不得私自转让,必须通过公司,而且必须通过法定程序办理过户手续。我国公司法规定,股份有限公司向发起人、国家授权投资的机构、法人发行的股票,应当为记名股票。

无记名股票是指股票票面上不记载股东姓名的股票。对于无记名股票来说,凡是持有公司股票的人即为公司股东。此种股票在证券市场上频繁易手,因而股东也是不断变化的,该种股票发行时一般留有存根联,其形式上分为两部分:一部分是股票的主体,记载了有关公司的事项;另一部分是股息票,用于进行股息结算和表明增资权利。由此可见,这种股票的转让是非常自由的。由于无记名股票有一定的弊端,因此有的国家不允许发行无记名股票。无记名股票在德国比较流行。

2) 面值股票与无面值股票

面值股票是指股票票面上记载有每股金额的股票。这一记载的金额也称为票面金额、票面价值或股票面值。股票面值为公司资本的基本单位,是股东的基础出资额。日本有关证券法规规定,有票面金额的股票每股金额须相等,金额不得低于 500 日元。英、美等西方国家有关证券法规一般不规定股票票面的最低金额,而由发行公司自己决定。

无面值股票就是在股票票面上不载明股票面值,只注明它在公司总股本中所占的比例。无面值股票也称为比例股票或份额股票,其价值随公司财产的增减而相应增减。在公司会计处理上,对于无面值股票,一般在股票发行时由公司董事会对每股规定一个价值,称为设定价值,作为公司记账的依据。例如,某公司的股本总额为

5 000万元，共分为100万股，每股50元，该股票为无面值股票，只在票面上注明它是股票总额的一百万分之一。

无面值股票具有发行和转让价格较灵活、便于股票分割等优点。这种股票在美国比较常见，但大多数国家（包括中国）则不允许发行这种股票。

3）实体股票与记账股票

实体股票是指股份公司向股东发放纸制的票券作为持有股份的表现形式。记账股票是指不发行股票实体，只作股东名册登记的股票。记账股票仅限于记名股票使用。在现代证券市场上，很多交易所都借助大型计算机网络进行股份登记和股票交易，股票不再具有纸制票券的形式，而以电子符号的形式存在，人们也将其称为电子股票。

2.2.3 按照股票的收益能力和风险特证分类

（1）蓝筹股。蓝筹股是由历史较长、信誉卓著、资金实力雄厚的大公司发行的股票。这种公司一般在本行业内占有重要的甚至是支配性的地位，具有稳定的长期盈利能力，能定期发放不菲的股息。所以，蓝筹股的股票市场价格稳定、投资风险适中、股价呈上升趋势，普遍受投资者的欢迎。在美国，像电话电报公司、通用汽车公司的股票即属于这类股票。

（2）成长股。成长股是由一些正处于高速发展阶段的公司发行的股票。由于发行这种股票的公司正处于上升阶段，其销售额和收益额正处于上涨态势，公司在今后有足够的实力大发展并能长期为股东带来投资收益。这类公司注重科研，留存大量收益进行再投资来满足发展的需要，有大展宏图之势。购买这种股票，其股利虽然近期并不很高，但它们的股票极具成长潜力，投资者坚信它的市场价格能随着公司的发展壮大不断提高，投资者可以获得长远的利益。

（3）收入股。收入股指当前能发放较高股利的股票。发行收入股的企业一般处于成熟阶段，无须新的投资项目，且具有较好的盈利能力。收入股留存较少，大量的利润被用作股利的分配。因其收益稳定且无须专业投资知识，一般受妇女、老年人、退休者和一些法人团体的欢迎。

（4）周期股。周期股指那些收益随商业周期波动的股票。在西方，人们认为钢铁、机械制造、建材等行业的股票属于周期性股票。

（5）防守性股票。防守性股票是指在任何经济波动条件下收益都比较稳定的股票。这种股票与周期股票正好相反，在商业条件恶化时，它的收益要比其他股票优厚并且较为稳定。水、电和交通等公用事业公司发行的股票就属此类。

（6）投机性股票。投机性股票是指那些价格变化快、幅度大，发展前景很难确定的股票，是由一些盈利情况极不稳定且未来收入难以确定的公司发行的。由于这种股票价格波动大且涨落频繁，给证券投机者赚取巨额差价带来了极大的可能性，因此这种股票备受偏好高风险的证券投机者青睐。

2.3　中国现行的股票种类

中国的股票市场建立时间比较短，尚处于新兴市场发展阶段。除了也有同发达国家股票市场同样的股票分类外，中国独特的国情使得中国的股票还有一些较为特殊的分类方法。一般而言，中国上市公司股票按投资主体不同被分为国有股、法人股、公众股和外资股等不同类型，形成这样的股权结构是与我国的经济结构以及 20 世纪 80 年代以来的经济体制改革进程密切相关的。改革开放以前，我国所有制结构主要是以全民所有制为主、集体所有制为辅的单一公有制形式，投资主体主要是国家，企业之间无横向结合。80 年代中期，我国经济体制改革重点开始从农村转向城市，增强企业活力成为城市经济体制改革的中心环节。在由计划经济转向市场经济过程中，企业之间逐步推行资产联合，投资主体开始向多元化方面发展，于是，股份制形式应运而生。1987 年，中国共产党第十三次全国代表大会召开，为我国企业制度的改革指出了方向：公有制本身也有多种形式，除了全民所有制、集体所有制以外，还应发展全民所有制和集体所有制联合建立的公有制企业，并明确改革中出现的股份制形式，包括控股和部门、地区、企业参股以及个人入股，也是社会主义企业财产的一种组织方式，可以继续试行。此后，我国股份制试点企业迅速增加。同时，我国企业在进行股份制改造过程中，除了吸收国内资金外，还进行了引入国外资金入股的试点。1992 年 1 月，上海真空电子器件股份有限公司发行了 1 亿元人民币特种股票，这标志着我国外资股票的出现，由此形成了特殊的股权结构。

2.3.1　按投资主体分类

1）国有股

国有股又称国家股，是国家作为企业的所有者拥有的股票。是指有权代表国家投资的部门或机构以国有资产向公司投资形成的股份，包括公司现有国有资产折算的股份。在我国企业股份制改造中，原来一些全民所有制企业改组为股份公司，从性质上讲，这些全民所有制企业的资产属于国家所有，因此在改组为股份公司时，原企业中的国有资产就折成国有股。另外，国家对新组建的股份公司进行投资，也构成了国有股。国有股由国务院授权的部门或机构持有，或根据国务院决定，由地方人民政府授权的部门或机构持有，并委派股权代表。

国有股从资金来源上看，主要有三个方面：第一，现有国有企业整体改组为股份公司时所拥有的净资产。第二，现阶段有权代表国家投资的政府部门向新组建的股份公司进行的投资。第三，经授权代表国家投资的投资公司、资产经营公司、经济实体性公司等机构向新组建的投资公司的投资。如以国有资产折价入股的，须按国务院或国家国有资产管理局的有关规定办理资产评估、确认、验证等手续。

国有股是国有股权的一个组成部分（国有股权组成的另一部分是国有法人股）。在我国，国有资产管理部门是国有股权行政管理的专职机构。国有股权可由国家授权投资的机构持有。在国家授权的投资机构未明确前，则由国有资产管理部门持有或由国有资产管理部门代政府委托其他机构或部门持有。如国有股权委托持有的，国有资产管理部门一般要与被委托单位办理委托手续，订立委托协议。如国家授权投资的机构持有国有股权的，国家资产管理部门代授权方拟定有关协议。国有股股利收入由国有资产管理部门监督收缴，依法纳入国有资产经营预算并根据国家有关规定安排使用。国有股权可以转让，但转让应符合国家制定的有关规定。国有资产管理部门应考核、监督国有股持有单位正确行使权利和履行义务，维护国有股的权益。

2）法人股

法人股是指企业法人或具有法人资格的事业单位和社会团体以其依法可支配的自有资产向股份有限公司股权部分投资所形成的股份。法人股是法人相互持股所形成的一种所有权关系，是法人经营自身财产的一种投资方式。法人股股票以法人记名。根据法人股认购的对象，可将法人股进一步分为境内发起法人股、募集法人股和外资法人股三部分。

法人股是指企业法人或具有法人资格的事业单位和社会团体以其依法可支配的自有资产向股份有限公司非上市流通股权部分投资所形成的股份。法人持股所形成的也是一种所有权关系，是法人经营自身财产的一种投资行为。法人股股票以法人记名。

如果是具有法人资格的国有企业、事业及其他单位以其依法占用的法人资产向独立于自己的股份公司出资形成或依法定程序取得的股份，则可称为国有法人股。国有法人股也属于国有股权。

作为发起人的企业法人或具有法人资格的事业单位和社会团体，在认购股份时，可以用货币出资，也可以用其他形式资产，如实物、工业产权、非专利技术、土地使用权作价出资。但对其他形式资产必须进行评估作价,核实财产,不得高估或者低估作价。

法人股在互相持股方面有一定的条件。我国规定,一个公司拥有另一个企业10%以上的股份,则后者不能购买前者的股份。另外,各种法人均不得将持有的公有股份、认股权证和优先认股权转让给本法人单位的职工,不得将以集体福利基金、奖励基金等购买的股份派送给职工。

3)公众股

公众股也可以称为个人股,它是指社会个人或股份公司内部职工以个人合法财产投入股份公司形成的股份。在我国上市公司历史上公众股曾有两种基本形式:公司职工股和社会公众股。

(1)公司职工股

公司职工股是指股份有限公司在本公司公开向社会发行股票时按发行价格所认购的股份。按照《股票发行与交易管理暂行条例》规定,公司职工股的股本不得超过公司拟向社会公众发行股本总额的10%。公司职工股在本公司股票上市6个月后,即可安排上市流通。

需要说明的是,公司职工股和内部职工股是两个完全不同的概念。在我国进行股份试点初期,出现了一批不向社会公开发行股票,只对法人和公司内部职工募集股份的股份有限公司,被称为定向募集公司,内部职工作为投资者所持有的公司发行的股份被称为内部职工股。1993年,国务院正式发文明确规定停止内部职工股的审批和发行。

(2)社会公众股

社会公众股是指股份公司采用募集设立方式设立时向社会公众(非公司内部职工)募集的股份。在采用社会募集方式的情况下,股份公司发行的股份,除了由发起人认购一部分外,其余部分应该向社会公众公开发行。因此,公司内部职工以外的个人认购的股份,就构成了社会公众股。我国证券法还规定,公司申请上市的条件之一是:社会募集公司向社会公众发行的股份,不得少于公司股份总数的25%。公司股本总额超过人民币4亿元的,向社会公开发行股份的比例为10%以上。

4)外资股

外资股是指股份公司向外国和我国香港、澳门、台湾地区投资者发行的股票。这是我国股份公司吸收外资的一种方式。外资股按上市地域可以分为境内上市外资股和境外上市外资股。

2.3.2 按上市地点和投资者不同分类

（1）A 股。A 股的正式名称是人民币普通股票。由我国境内公司对境内自然人和法人（不含台、港、澳投资者）发行的股票统称为 A 股。它以人民币标明面值，在境内上市，用人民币认购和交易。

（2）B 股。B 股的正式名称是人民币特种股票，为境内上市外资股，是指股份有限公司向境外投资者募集并在我国境内上市的股份。它也以人民币标明股票面值，在境内上市，但它是对境外自然人和法人（包括外国和我国香港、澳门、台湾地区的法人和自然人）发行，以外币认购、买卖的股票，故属于外资股。B 股公司的注册地和上市地都在境内。经国务院批准，中国证监会决定自 2001 年 2 月下旬起，允许境内居民以合法持有的外汇开立 B 股账户，交易 B 股股票。自从 B 股市场对境内投资者开放之后，境内投资者逐渐取代境外投资者成为投资主体，B 股发生了由"外资股"演变为"内资股"的趋向，B 股的"吸引外资"性质也发生了变化。

（3）H 股、N 股、S 股、L 股。这些类型的股票属于境外上市外资股，它是指股份有限公司向境外投资者募集并在境外上市的股份。它也采取记名股票形式，以人民币标明面值，以外币认购。在境外上市时，可以采取境外股票存托凭证形式或者股票的其他派生形式。在境外上市的外资股除了应符合我国的有关法规外，还须符合上市所在地国家或者地区证券交易所制定的上市条件。其中 H 股是注册地在境内、上市地在香港的外资股。因香港的英文是 HongKong，取其字首，将在香港上市的外资股称为 H 股。依此类推，在美国纽约上市的外资股称为 N 股，在新加坡上市的称为 S 股，在英国伦敦上市的称为 L 股等。

（4）红筹股。红筹股（Red Chip）这一概念诞生于 20 世纪 90 年代初期的香港股票市场。中华人民共和国在国际上有时被称为"红色中国"，相应的，香港和国际投资者把在境外注册、在香港上市但主要业务在中国内地或大部分股东权益来自中国内地的股票称为红筹股。早期的红筹股主要是一些中资公司收购香港的中小型上市公司后重组而形成的；此后出现的红筹股，主要是内地一些省市或中央部委将其在香港的窗口公司改组并在香港上市后形成的。现在，红筹股已经成为内资企业进入国际资本市场筹资的一条重要渠道，但红筹股不属于外资股。红筹股与 H 股的区别在于注册地不同。

2.3.3 我国股权分置改革产生的新名词、新分类

2006 年 10 月 9 日，在中国证券市场上随着一些股票"G 股"标志的取消，另一些股票的简称前面又加上了"S"标志。这些新名词的出现都与中国证券市场的股权分置现象和"股改"进程密切相关。

1) 股权分置和"股改"、"对价"的含义

(1) 股权分置

股权分置也称为股权分裂，是指中国 A 股市场上的上市公司股份按能否在证券交易所上市交易，被区分为"非流通股"和"流通股"。前者主要成分为国有股和法人股，约占 2/3，后者为社会公众股。这两类股票形成了"不同股不同价不同权"的市场制度与结构。

股权分置问题的产生，主要根源于早期对股份制的认识不统一，对证券市场的功能和定位的认识不统一，以及国有资产管理体制的改革还处在初期阶段，国有资本运营的观念还没有完全建立。截至 2004 年底，中国上市公司总股本 7 149 亿，其中非流通股份 4 543 亿，占上市公司总股本的 64%，国有股份在非流通股份中占 74%。

股权分置问题的存在，不利于形成合理的股票定价机制；影响证券市场预期的稳定；大股东不关心上市公司的股价变动，流通股股东的投票权未能对上市公司做出有效约束，使公司治理缺乏共同的利益基础；不利于国有资产的顺畅流转、保值增值以及国有资产管理体制改革的深化；制约了资本市场国际化进程和产品创新等。由于同股不同权、同股不同利，并且非流通股占比高达 2/3 左右，导致中国证券市场的定价机制被扭曲。有的大股东（持有非流通股）可以做一些对自己有利但对全体股东（公司）不利的事，如转移利润、为他人贷款担保等，由于其股权不流通，不必担心股价会跌；有的大股东甚至将流通股股东看做是"提款机"，把流通股股东出的钱当成不要成本的"善款"，严重侵犯流通股股东的权益。股权分置带来的弊端严重影响着我国股市的健康发展，必须通过股权分置改革，消除非流通股和流通股的流通制度差异。

(2) 股改

股改是股权分置改革的简称。是指通过非流通股股东和流通股股东之间的利益平衡协商机制，消除 A 股市场股份转让制度性差异的过程，是为非流通股可上市交易做出的制度安排。一般是上市公司的非流通股股东支付一定的对价给流通股股东，以取得股票的流通权。

（3）对价

对价（Consideration）一词最早出现在欧美的法律文献中，是指一方为了得到权利、权益、益处或是换取另一方的承诺，所付出的或所承诺的损失、所担负的责任或牺牲。在中国股权分置改革中，对价是指非流通股股东为了取得所持有的非流通股流通的权利而向流通股股东支付的相应的代价。其表达方式为流通股股东每 10 股获得多少股的补偿，对价越高流通股股东获得的补偿就越多，对流通股股东越有利。

【资料】2005 年 6 月 10 日，三一重工（600031）成功实施股改，其股改对价方案是：每 10 股送 3.5 股和 8 元现金，以流通股股东 93.44% 的高赞成票顺利通过表决，开启了中国股改的破冰首航，也被市场誉为"中国股改第一股"。受其影响，当天上证指数暴涨超过 8%。

2）股改进程

通过国有股变现解决国企改革和发展中资金需求的尝试，开始触动股权分置问题。1998 年下半年到 1999 年上半年，为了解决推进国有企业改革发展的资金需求问题和完善社会保障机制，开始进行国有股减持的探索性尝试。但由于实施方案与市场预期存在差距，试点很快被叫停。2001 年 6 月 12 日，国务院颁布《减持国有股筹集社会保障资金管理暂行办法》，也是该思路的延续，但同样由于市场效果不理想，于当年 10 月 22 日宣布暂停。

2004 年 1 月 31 日，国务院发布《国务院关于推进资本市场改革开放和稳定发展的若干意见》，明确提出应"积极稳妥解决股权分置问题"。2005 年 4 月 29 日，经国务院批准，中国证监会发布《关于上市公司股权分置改革试点有关问题的通知》，启动了股权分置改革的试点工作，首批试点公司为 4 家。2005 年 6 月 20 日，42 家公司获准进行第二批股改试点，不再进行第三批试点。股权分置改革的动议，原则上由公司的全体非流通股股东一致同意提出，然后委托公司董事会召集 A 股市场相关股东举行会议，由相关股东投票表决改革方案，改革方案须经参加表决的股东所持表决权的 2/3 以上通过。经过两批试点，取得了一定经验，具备了转入积极稳妥推进阶段的基础和条件。经国务院批准，2005 年 8 月 23 日，中国证监会、国资委、财政部、中国人民银行、商务部联合发布《关于上市公司股权分置改革的指导意见》；9 月 4 日，中国证监会发布《上市公司股权分置改革管理办法》，我国的股权分置改革进入全面铺开阶段。

股权分置改革是我国证券市场制度的一大创举，具有划时代的意义。首先，解决了长期影响我国证券市场健康发展的重大历史遗留问题，理顺了市场机制；其次，股权分置问题的解决将促进证券市场制度和上市公司治理结构的改善，有助于市场的长期健康发展；第三，股权分置问题的解决，可实现证券市场真实的供求关系和定价机制，有利于改善投资环境，促使证券市场持续健康发展，利在长远；第四，保护投资者特别是公众投资者合法权益的原则将提高投资者信心。

3）股改新名词和新分类

（1）G 股与 S 股

G 股。中国股市特有名称，是指完成股权分置改革后恢复上市交易的公司股票。G 是"股改"全拼"gugai"的头一个英文字母，由于试点方案实施之后股票简称前面都暂时冠以代码"G"，所以业界称其为 G 股或 G 板，如 G 三一、G 金牛等。标示 G 股的出发点是区分完成股改和未完成股改的两类公司，便于对完成股改的公司实施再融资等方面的优惠政策。

S 股。中国股市特有名称，是指未完成股权分置改革的公司股票。2006 年 10 月 9 日，随着中石化完成股改，完成股权分置改革的公司还原原来名称，即去掉"G"，而对尚未完成股改的公司在其股票名称前加上"S"，所以业界称其为 S 股。

（2）限售股与解禁股

限售股。是指股票持有人持有的，依照法律、法规规定或按承诺有转让限制的股份，包括因股权分置改革暂时锁定的股份，内部职工股，董事、监事、高级管理人员持有的股份等。

解禁股。是指限售股过了限售承诺期，可以在二级市场自由买卖的股票。解禁股分为大非解禁股和小非解禁股。

中国证监会 2005 年 9 月 4 日颁布的《上市公司股权分置改革管理办法》规定，改革后公司原非流通股股份的出售，自改革方案实施之日起，在 12 个月内不得上市交易或者转让；持有上市公司股份总数 5% 以上的原非流通股股东，在前项规定期满后，通过证券交易所挂牌交易出售原非流通股股份，出售数量占该公司股份总数的比例在 12 个月内不得超过 5%，在 24 个月内不得超过 10%，这意味着持股在 5% 以下的非流通股股份在股改方案实施后 12 个月即可上市流通。因此，"小非"是指持股量在 5% 以下的非流通股股东所持的股份；与此对应，"大非"则是指持股量 5% 以上的非流通股股东所持的股份。

【资料】三一重工自锁"限售股"两年——作为 A 股市场全流通时代正式到来的标志，三一重工控股股东三一集团所持股票根据当时股改的承诺于 2008 年 6 月 17 日实现全流通。但当天下午，三一集团郑重承诺，其 6 月 17 日解禁的 51 812.62 万股三一重工股份，自愿继续锁定两年。三一集团还同时承诺，自 2008 年 6 月 19 日起两年之内，若三一重工股票二级市场价格低于 2008 年 6 月

16 日收盘价的两倍即 55.76 元/股，三一集团将不通过二级市场减持所持有的前两年已经解禁的三一重工股份。此举或将对疲软的市场起到一定的刺激作用，同时给其他即将解禁的上市公司做出了榜样。在大股东三一集团做出两项承诺后，三一重工 18 日复牌以涨停报收。

（资料来源　《北京商报》，2008-06-18）

4）其他分类

（1）ST 股

沪深交易所在 1998 年 4 月 22 日宣布，将对财务状况或其他状况出现异常的上市公司股票交易进行特别处理（Special Treatment），由于"特别处理"的英文字头为 ST，因此这类股票被称为 ST 股。

ST 股的特别处理措施：①在公司股票及其衍生品种的证券简称前冠以"ST"字样；②股票报价的日涨跌幅限制为 5%；③规则所规定的特别处理不属于对上市公司的处罚，上市公司在特别处理期间的权利和义务不变。

财务状况或其他状况异常是指下列情况：

①最近两个会计年度的审计结果显示的净利润均为负值；

②最近一个会计年度的审计结果显示其股东权益低于注册资本，即每股净资产低于股票面值；

③最近一个会计年度的财务报告被注册会计师出具无法表示意见或否定意见的审计报告；

④最近一个会计年度经审计的股东权益扣除注册会计师和有关部门不予确认的部分，低于注册资本；

⑤最近一份经审计的财务报告对上年度利润进行调整，导致连续两个会计年度亏损。

（2）*ST 股票

沪深交易所从 2003 年开始启用新标记"*ST"警示退市风险。即交易所对存在终止上市风险的公司，对其股票交易实行"警示存在终止上市风险的特别处理"，简称"退市风险警示"，在"ST"符号前加"*"，以充分揭示其股票可能被终止上市的风险。

（3）PT 股票

PT 是英文 Particular Transfer（特别转让）的缩写。依据公司法和证券法规定，上市公司出现连续 3 年亏损等情况，其股票将暂停上市。沪深交易所从 1999 年 7 月 9 日起，对这类暂停上市的股票实施特别转让服务，并在其简称前冠以"PT"，称之为 PT 股。

PT 股的投资者只限定在周五 9：30 开市时间内申报转让委托（不是通常意义上的买卖，是转让）；申报转让价格为上一次转让价的上下 5%。周五 9：30 开市后只接受申报委托，不进行买卖，待 15：00 时收市后将有效申报按集合竞价方法进行撮合成交，然后再告知成交回报结果。因此，投资者的成交不是在正常交易时间内，也不是连续的，而是在周五 15：00 收市后一次性的。未撮合成交的申报单无效，要等待下个周五再重新申报。转让信息在各证券营业部的行情显示栏中无显示，仅在周六指定报刊中公告。PT 股期间，公司其他权利义务不变。PT 类股票的交易自 2002 年 5 月 1 日起已停止。

【参考案例】

国美股权与控制权之争

事件始末：

2010 年的夏日骄阳不及国美股权争夺战火热。这场股权之争战场横跨内地、香港，令人眼花缭乱。

作为黄光裕一手创办起来的家电连锁销售公司，国美电器成立于 1987 年，1992 年在香港上市。2008 年 11 月黄光裕以操纵股价罪被调查。时任国美电器总裁的陈晓接替黄光裕出任国美电器董事局主席。上任后的陈晓力主引进新的股东，引入贝恩资本以解当时资金短缺困局。作为合作条件，贝恩资本的代表进入国美电器董事局，并逐步控制董事局。身陷囹圄、失去控制权的黄光裕当然心有不甘，希望重新夺回对公司的控制权。

2010 年 5 月，国美电器股权争夺战公开引爆，开炮者正是尚在狱中的国美电器第一大股东黄光裕。

在 5 月 11 日举行的国美电器股东大会上，黄光裕家族利用手中的表决权，连续对 12 项决议中的 5 项投出否决票，试图把贝恩资本踢出局。由于其持有 33.98% 的股份，因此成功阻止了贝恩投资董事总经理竺稼等 3 人进入国美董事会。

现任国美电器管理层也不甘示弱，在董事局主席陈晓带领下迅速召开董事会做出反击，并一致同意推翻了股东大会决议。5 月 12 日，国美电器公告称，委任贝恩资本的 3 名董事加入国美电器董事局，并于 2010 年 5 月 11 日起生效。其理由是，按照此前引入贝恩资本时双方签署的协议，如果贝恩资本在国美电器董事会中失去了董事席位，国美电器将因违约而承担高达 24 亿元的巨额赔偿金，且贝恩资本可能会提早赎回 2016 年可换股债券，届时国美电器资金压力倍增。

8 月，一心想夺回控制权的黄光裕家族再次出招。第一招，8 月 4 日，黄光裕致信要求于 9 月 28 日召开临时股东大会，投票表决包括"撤销陈晓董事局主席"在内的 8 项动议，至此，国美股权之争进入白热化阶段。第二招，为了在投票战中获胜，黄光裕家族开始在二级市场买进国美电器股票，截至8月25日增持1.2亿多股，黄光裕夫妇持股比例上升至35.98%。第三招，黄光裕提出董事会优化和延展股权激励的方案，称希望更多国美员工分享发展成果，借此拉拢管理层团队。第四招，也是黄光裕家族的杀手锏，宣布可能终止上市集团与非上市集团签署的采购和管理协议。具体而言，国美电器将失去上亿元的管理费，这来自于黄光裕家族拥有的350多家非上市门店，而国美电器旗下拥有740多家门店。另外，黄光裕家族可能收回其私人拥有的国美品牌，作为上市公司的国美电器将面临更大的竞争压力。

大股东软硬兼施，现任管理团队何去何从？这一切都由9月27日召开的股东大会决定，股东投票定输赢。决战前，没有一方确保只赢不输。

于是，一场拉票大战上演。大股东代言人邹晓春、现管理层代表陈晓频频接受央视等主流电视媒体及一些门户网站的专访，并四处和投资机构沟通。最终，幸运的天平微微倾向了现任管理团队。9月27日国美在香港举行股东特别大会，投票表决8项议案，决议的结果显示，大股东黄光裕提出的撤销董事会主席陈晓及副总裁孙一丁，并委任邹晓春和黄燕虹入局等第5至第8项议案均未获通过，这意味着陈晓将继续执掌国美董事局。黄光裕家族提出的议案中仅"取消董事会增发授权"一项获得通过，确保了其第一大股东地位；而陈晓为首的现任管理层提出的3项议案均获通过。

有分析指出，陈晓获得黄光裕众多旧部支持，还是股权激励的原因。国美上市以来，跟随黄光裕多年的功臣如王俊洲等人，没有持有上市公司任何股份。黄光裕非常重视股权，但不愿与人分享，到了关键时刻终于结下"恶果"——"陈晓仅仅推出一份股权激励计划，就收买了几乎黄光裕的所有老臣。"

11月11日晚间，国美发布公告称，国美董事局与黄光裕全资控股的 Shinning Crown 方面签署了具备法律效力的谅解备忘录。

至此，黄光裕与陈晓终于"握手言和"。尽管这场股权之争还可能以别的形式继续下去，也不排除战火重燃的可能，但无论业内业外，都乐见整个过程均是在法治的轨道上解决。这出戏煞是好看，虽"刀光剑影"却不血腥，一招一式不失法度，而且还透出罕见的"理性"、"温情"。

案例启示：

在中国，从来没有一家企业的内部矛盾是如此的大白于天下，争执双方的筹码和要价也是如此不加掩饰。从法律角度说，黄光裕作为国美电器的第一大股东，虽然因违法犯罪失去了人身自由，但是他在国美的股东权益并没有被剥夺。争论的双方虽然针锋相对、毫不让步，但是他们都在按照规则来办事，什么是规则，那就是股权决定话语权。无论是公司大小股东、董事局还是管理层，都把最后的仲裁交给资本力量，用法律和公司章程展开情理法的较量。显然，国美主导权争夺战已不是一起简单的商业事件，而是为我国上市公司治理结构提供了经典案例。

最新进展：

2011年3月9日，国美电器宣布陈晓辞去公司主席、执行董事职务，大中电器创办人张大中出任公司主席及非执行董事。

（资料来源　《国美股权之争》，载《深圳商报》，2010-12-22；《国美电器股权之争：在市场规则下对决》，载《上海证券报》，2010-12-15。经删节整理）

● **重要概念**

股票　普通股　优先股　国有股　法人股　社会公众股　A股　B股　红筹股　股改　对价　限售股　解禁股　大小非　多数投票制　累积投票制

● **复习思考**

(1) 什么是股票？它有哪些特征？

(2) 普通股票的权益有哪些？它和优先股票的区别是什么？

(3) 优先股一般具有哪些优先权利？公司为什么发行优先股？

(4) 股东拥有新股优先认购权后，其处理权利的方式有几种？

(5) 我国现行的股票有哪些类型？

(6) H股与红筹股有何区别？

(7) 试述我国股权分置改革的现实意义。

第3章 债 券

┌─ ◇学习目标 ─────────────────────────
│ ● 掌握债券的基本含义和特征
│ ● 理解债券和股票两种主要投资工具的区别
│ ● 熟悉债券的基本分类
│ ● 知晓中国债券市场发展及分类情况
└─────────────────────────────────────

3.1 债券的含义及特征

在现代经济社会中，债券的发行品种、规模和交易量都远远超过了其他证券，使之成为除股票之外另一类比较重要的有价证券。与股票不同，债券不是一种所有权凭证，而是一种表明债权债务关系的债务凭证。

3.1.1 债券的含义

债券（Bond）是社会各类经济主体为筹集资金而向债券投资者出具的、承诺按一定利率定期支付利息并到期偿还本金的债权债务关系凭证。债券属于确定请求权有价证券。

在现实生活中，书面债务凭证很多，但它们不一定都是债券。通常，要使一张书面债务凭证成为债券，必须具备以下三个条件：第一，它们必须可以按照同一权益和同一票面记载事项，同时向众多的投资者发行；第二，它必须在一定期限内偿还本金，并定期支付利息；第三，在国家金融政策允许的条件下，它必须能够按照持券人的需要自由转让。

债券的发行最早始于 12 世纪末期的威尼斯共和国。18 世纪以后，西方国家市场

本章建议阅读资料：
　　1. 中国证券业协会：证券业从业资格考试统编教材（2010）——《证券市场基础知识》，北京，中国财政经济出版社，2010。
　　2. 陈彼得、胡建军：《债券投资》，南京，南京大学出版社，2008。
　　3. 邢天才、王玉霞：《证券投资学》，2 版，大连，东北财经大学出版社，2007。
　　4. Zvi Bodie, Alex Kane and Alan J. Marcus, Richard D. Irwin, McGraw-Hill Companies, Inc. Investments, 5th Edition, 2002, N. 2.

经济有了较大的发展，它们纷纷发行债券为其政治经济活动融资。到 19 世纪末，以公司形式出现的商业组织猛增，开始大量地利用债券来筹集资金。延至今天，世界几乎所有国家特别是工业发达国家政府、许多地方政府及绝大部分公司都发行债券，债券已成为筹措资金的重要手段。

3.1.2 债券的票面要素

债券作为证明债权债务关系的凭证，一般都要求要以一定格式的票面形式明确记载一些事项。这些事项主要包括：

(1) 发行单位的名称。债券票面应该明确记载发行单位的名称，发行单位的名称应写全称，不能简写，以便投资者了解发行单位的状况。同时，这一要素指明了该债券的债务主体，也为债权人到期追索本金和利息提供依据，同时起到区别不同债券的作用。

(2) 债券的票面价值。债券的面值包括面值的币种和面值的大小两个基本内容。面值的币种主要取决于发行者的需要和债券的种类。债券的面值大小不定，债券的面值代表投资者购买债券的本金数额，它是到期偿还本金和计算利息的基本依据。因此，债券票面都必须载明面值金额，否则，债权人的权益将无法得到保障。且不同的票面金额，可以对债券的发行成本、发行数额和投资者的分布产生不同的影响。如果面值金额较小，有利于小额投资者购买，但可能会增加发行费用，加大发行的工作量；如果面值金额较大，债券则会更多地被大额投资者持有，降低发行费用，减轻发行工作量，但可能会减少债券的发行量。

(3) 债券的票面利率和计息方法。债券的票面利率也称名义利率，是债券的利息与债券面值之间的比值。计息又可以分按单利、复利、固定利率及浮动利率计算等方法。不同的债券有不同的票面利率和计息方法，它直接影响到投资者的利益，因此，债券应明确记载其票面利率和计息方法。

(4) 债券的偿还期限。债券的偿还期限是指从债券发行日起到本息偿还日止的时间。债券的偿还期一到，债券的持有者就可以按照票面金额从债券发行者那里收回本金。债券的偿还期限通常是固定的，但不同的债券偿还期限长短不一，有的只有几个月，有的却长达几十年。它的确定主要受发行者资金使用方向、对未来利率的预期、证券市场的发达程度，以及投资者的购买意向、心理状态和行为偏好等因素的影响。债券的偿还期限长短将直接决定债券的名义利率的大小，直接影响投资者利益。

(5) 债券的发行日期。债券的发行日期是确定其计息时间的基础，是影响投资者权益的重要因素。因此，债券票面必须载明其发行日期。

（6）发行单位的地址。除众所周知的单位外，其他单位发行的债券都应明确记载发行单位住所地址，以便于投资者与发行者之间进行联系和核实。

以上是债券的基本记载事项，除此之外，债券发行机关还应根据具体情况在票面上记载其他一些需要明确的有关事项。

3.1.3 债券的基本特性

债券和股票是有价证券的两个基本构成要素，它们有许多共同点。但债券也有其自身的特性，这些特性主要表现在以下几个方面。

（1）债券的有期性。债券与股票的性质不同，债券是债权的代表。在债券的偿还期内，债权人只是将债券借给发行单位使用，无权过问发行单位的其他业务。发行单位的财务状况也与债权无关，无论其财务状况如何，债权人都只能取得固定利息。因此，债权人与债券发行单位之间只是一种债权债务关系，是一种借贷关系。而借贷是不能没有期限的，否则也就失去了借贷的性质。这样，债券的性质就决定了它必须是有期的，在发行之前就必须明确规定其归还期限，到期后，归还债权人本金和利息。若持券人要在未到期之前将其转换为现金，则只能到流通市场上将其转让给他人。

（2）债券的安全性。与其他有价证券相比，债券的安全系数较大，投资者遭受损失的可能性小。这是因为：首先，除浮动利率债券以外，债券在发行时利率就已基本确定，从而几乎不受市场利率变动的影响，可见债券收益与企业绩效没有直接联系，收益比较稳定；另外，债券本息的偿还和支付有法律上的保障，有的还有相应的资产抵押或公司作担保；再者，债券的发行必须具备一定的条件，而且要经过严格的审查，对发行量也有严格的限制；最后，与股票相比，在企业破产时，债券持有者享有优先于股票持有者的对企业剩余资产的索取权。

当然，债券投资也具有风险性，这种风险主要来自三个方面：①因债务人破产不能全部收回债券本息所遭受的损失；②因市场利率上升导致债券价格下降所遭受的损失；③由于债券利率固定，在出现通货膨胀时，实际利息收入将下降，即面临通货膨胀风险。但债券投资与股票投资相比，风险仍然较低。

（3）债券的流通性。债券一般都可以在流通市场上自由转让，这样当投资者在债券到期前由于各种原因需要资金时，就可以随时在证券市场上变现提前收回本金。流动性首先取决于市场转让的便利程度；其次表现为债券在迅速转变为货币时是否在以货币计算的价值上蒙受损失。

（4）债券的收益性。收益性是指债券能为投资者带来一定的收入。在实际经济生活中，债券的收益性主要表现在两个方面：一是债权人将债券一直保持至期满日为止，这样，在债券存续期内，可以按约定的条件分期、分次取得利息或者到期一次取得利息；二是投资者在债券到期前可以利用债券价格的变动买卖债券赚取差价。另外，有一部分公司债券允许其持有者在一定条件下将其转换成另一种金融工具，如公司股票等。发行可转换的公司债券，转换条件需事先在契约中明确，关于可转换公司债券，我们将在以后章节中介绍。

3.1.4 债券与股票的比较

债券与股票一样，都属于有价证券，都是虚拟资本，它们本身都无价值，但又都是真实资本的代表。持有债券或股票都拥有取得发行单位一定收益的权利，并能伴随权利的发生、行使和流通转让活动；两者都在证券市场上交易，并构成了证券市场的两大支柱；两者都是企业筹措资金的手段。但两者却存在着以下不同点：

（1）权利不同。股票表示的是对公司的所有权，而债券所表示的只是一种债权；股票投资者有参加公司经营管理的权利，而债券投资者则没有参加经营管理的权利。

（2）目的不同。发行股票是股份公司筹集资本的需要；发行债券则是追加资金的需要。发行股票所筹措的资金列入公司资本；发行债券所筹措的资金列入公司负债。

（3）期限不同。股票通常是不能偿还的，没有到期日，股东把资本交给公司后，资本即归公司支配，非到停业清理或解散，资本是不能退还给股东的。因此股票是一种无期投资，或称永久投资。债券有到期日，期满时债务人必须按时归还本金，因此，债券是一种有期投资。

（4）收益不同。债券通常有规定的利率，可获得固定的利息。股票的股息红利不固定，一般视公司的经营情况而定。

（5）风险不同。股票的风险大于债券。因为：第一，从报酬支付顺序上看，债券获得报酬优先于股票。因为债券利息是公司的固定支出，属于费用范围，在上缴所得税之前支付；股票的股息红利要看公司经营的盈亏而定，多盈可以多分、亏损可以不分，股利要在税后盈利中支付，而且支付顺序列在债券利息支付和上缴所得税之后。第二，倘若公司破产，清算资产有余额偿还时，债券偿付在前，股票偿付在后。第三，在二级市场上，债券因其利率固定，期限固定，因此，市场价格也较稳定，投机性很小。而股票无固定的期限和利率，受各种宏观因素和微观因素的影响，市场价格波动频繁，有时猛涨，有时暴跌，投机性很强。

（6）流通性不同。股票和债券都具有很强的流通性，但程度有明显差别。一般情况下，债券因有期限，流通性远不如股票。

（7）发行单位不同。发行债券的经济主体很多，中央政府、地方政府、金融机构、公司组织等一般都可以发行债券，但能发行股票的经济主体只有股份有限公司。

3.2 债券的种类

债券是一种重要的筹资工具，由于它的发行不受发行单位经济性质的限制，再加之适应了债券投资者的需要，因此债券的种类非常多。

3.2.1 债券的基本分类

债券不仅种类繁多，并且在不同国家，不同地区其分类方法也不一致。其基本分类方法主要有以下几种：

1）按发行主体分类

根据债券发行单位的性质不同，可将其分为政府债券、金融债券、企业（公司）债券和国际债券几大类。

（1）政府债券

政府债券是政府或政府代理机构为弥补预算赤字、筹集建设资金及归还旧债本息等而发行的债券。它又可具体分为国家债券、政府机构债券、地方债券等。

①国家债券即国债。是指由中央政府或财政部门发行的债券。它是政府筹集资金的一种方式，是国家信用的主要形式。根据举借国债对筹集资金使用方向的规定，可将国债分为赤字国债、建设国债、战争国债和特种国债。国债由中央政府承担还本付息义务，具有期限短、风险小、流动性强、安全性高、收益稳定、享受免税待遇的特征。国债的发行量和交易量往往在债券市场上占较大的比重，在货币市场和资本市场中起着重要的融资作用。特别是短期国库券，作为货币市场的重要融资工具，具有"准货币"之称，成为国家实施宏观经济政策、进行宏观调控的工具，也是最受投资者欢迎的金融资产之一。

②政府机构债券。是指各国政府有关机构发行的债券。它一般由中央政府担保，具有准国债的性质，有较高的信誉，如美国的联邦政府代理机构债券、日本的政府保

证债券等，也是债券投资者的重要投资对象。

③地方政府债券。又称市政债券（Municipal Bond），是指由市、县、镇等地方公共机关为进行当地经济开发、公共设施建设等发行的债券，如美国的市政府债券、日本的地方债券、英国的地方当局债券等。地方债券一般以地方财政做担保，其安全性与国家债券差不多。但由于其地方性，流通区域有限，因此不易转让，证券市场的流通量也较小。地方政府债券也享有免税待遇。

（2）金融债券

金融债券是银行或非银行金融机构为筹措中长期信用资金而向社会发行的一种债务凭证，如日本的附息金融债券、贴现金融债券，美国的国民银行从属债券等，它是银行或非银行金融机构除通过发行股票、发行大额可转让存单等方式吸收资金外，经过特别批准后的又一种资金筹措方式，也是银行资产负债管理的重要手段，其利率往往介于国债和公司债两种债券利率之间，也是很受欢迎的一种投资工具。

金融债券又可具体分为全国性金融债券和地方性金融债券。全国性金融债券是由全国性金融机构，在全国范围内发行的金融债券，其安全性较强，也有较好的流动性；地方性金融债券是由地方性金融机构，在本地区范围内发行的金融债券，其安全性和流动性均低于全国性金融债券。

（3）公司债券

公司债券，是公司依照法定程序发行的、约定在一定期限还本付息的有价证券。公司发行债券多为筹集长期资金、扩大经营规模，因此，公司债券多为长期债券，同政府公债券相比，其风险性相对较大，因此利率也较高。通常，国家为保护投资者利益，对公司债券在发行数额、发行时间、债券期限、利率等方面都有较严格的规定。公司对公众发行债券，要经有关部门审查批准。

公司债券按发行对象又可具体分为公司债券和非公司企业债券两大类。

非公司企业债券是指不具有独立法人地位的非公司企业发行的债券。通常，具有法人地位的公司企业，是指那些依法成立，以营利为目的的社团法人；而那些不具备此特征的独资企业或合伙企业，则被称为非公司企业。非公司企业发行的债券与公司企业发行的债券没有很大的区别，只是在发行程序上有不同的要求。

在各国的实践中，曾创造出许多种类的公司债券，现列举主要的几个品种：

①信用公司债券。又称无抵押公司债，它是指仅以债券发行单位的信用作保证而发行的，没有抵押品或担保人作担保的公司债券。由于无抵押品担保，所以发行这种债券的企业，须具有较好的声誉，并且必须遵守一系列的规定和限制，以提高债券的

可靠性，如企业不得随意增加其债务，在信用债券未清偿前股东分红须有限制等。

②抵押公司债券。是指本金和利息的支付有抵押品作保证的债券。它又具体分为不动产抵押债券、证券抵押信托债券。

不动产抵押公司债券是指为保证本金的偿还，而将土地、设备、房屋等不动产作为抵押品而发行的债券。当债券发行单位不能履行还本付息义务时，债券持有人有权变卖抵押品来抵付。在现代公司债券中，抵押公司债券占很大的比重。抵押公司债券所提供的抵押品多为整个企业或全部机器设备，使债权人感到安全可靠。当同一抵押品价值很大时，可以设定若干个抵押权，并按债权人受偿的先后次序，分为第一抵押权、第二抵押权、第三抵押权等。当抵押品被拍卖后，所得的价款按次序清偿，直至价款用完，如有剩余应退还抵押人。

证券抵押信托公司债券（质押债券）是以自己拥有的其他单位债券或股票等证券作为抵押品而发行的债券。通常，发行这种债券须将作为担保品的证券交给作为受托人的信托机构，当债券发行单位到期不能清偿时，即由受托人处理抵押的证券，并代为偿债。发行抵押信托债券的目的是保障投资者财产的安全，吸引投资者。

③保证公司债券（担保债券）。是指债务的偿还由第三者作担保而发行的一种债券。发行这种债券的担保人可以是政府、银行、母公司、其他企业等。担保人在背面"背书"或担保全部本息，或仅担保利息。它可以提高债券信誉，扩大销路，减轻发行单位的利息负担。一般来说，投资者比较愿意购买保证公司债券，因为一旦公司不能偿还债务，担保人将负清偿之责。实践中，保证行为常见于母子公司之间。

④收益公司债券。是一种具有特殊性质的债券，它与一般债券相似，有到期日，清偿时债权排列顺序先于股票。但另一方面它又与一般债券不同，发行公司虽然承担偿还本金的义务，但是否支付利息则完全根据公司盈亏情况而定，即有盈余则付利息、无盈余就不付利息。一般在公司重新整顿时，为减轻债务负担，通常都要求债权人将原来的公司债券换成收益公司债券。

⑤参加公司债券（分红公司债券）。是指在债券发行时规定，债权人除可得到利息收入外，当公司盈余超过应付利息时，还可以参加公司红利分配的债券。一般这种债券与其他债券相比，利率较低，但在分红时，可望取得更多的收益。公司发行这种债券一般是因其信誉不好、经营不善而导致发行困难，只能以股东们放弃部分红利为条件吸引投资者。这类债券在美国不普遍，在欧洲却被广泛利用。

⑥通知公司债券。又称可提前偿还的公司债，是指发行公司可以在债券到期之前随时通知偿还债券的一部分或全部的公司债券。如果是一部分，通常用抽签方法来确

定。当发行者决定提前偿还时，必须在一定时间前通知债权人，通常是 30 天至 60 天。

⑦附新股认购权债券。是指发行单位规定，认购此种债券即可享有公司新股认购权的债券，它又有分离型和非分离型两种。分离型的要在本债券之外，另外发行新股认购权证券，后者可作为证券独立转让；非分离型的则不允许单独转让新股认购权。

⑧可转换债券。是指债券发行单位在发行债券时规定，在特定条件下，可请求将其兑换成某种股票或其他债券，或可以继续持有，在到期日偿还本息。可转换债券具有二重性，它既是固定利率债券，又是潜在的股本。购买这种债券多付出的代价是这种债券与无转换权债券在同等条件下的收益额。

附新股认购权债券同可转换债券的区别是债券本身是否存在，可转换债券的转换权行使以后，债券就变成了股票，债券本身就消失了。

（4）国际债券

国际债券一般是各主权国家政府、金融机构、信誉好的大公司以及国际机构等，在本国以外的国际金融市场上发行的债券。发行国际债券主要是为了弥补发行国政府的国际收支逆差；弥补发行国政府的国内预算赤字；实施国际金融组织的经济开发计划；增加大型工商企业或跨国公司的营运资金，扩大经营范围。其主要特点是，发行者属于某一国家，发行地点属另一国家，并且债券面额不以发行国货币为面值，而是以外国货币或其他货币为面值。

国际债券是一种跨越国界发行的债券，涉及两个或两个以上的国家。同国内债券相比具有以下特点：第一，国际债券资金来源更广，发行规模更大；第二，发行国际债券筹集到的资金是外国货币，汇率一旦发生波动，发行人和投资者都有可能蒙受意外损失或获取意外收益，所以，汇率风险是国际债券的重要风险；第三，在国际上发行债券，有时可以得到一个主权国家政府最终偿债的承诺保证，这也使得国际债券市场具有较高的安全性；第四，以自由兑换的货币作为计量货币，主要是美元，其次为英镑、欧元、日元和瑞士法郎等，这样，发行人筹集到的资金是一种可通用的自由兑换外汇资金。

国际债券依所用货币与发行地点的不同，又可具体分为外国债券和欧洲债券等。

①外国债券（Foreign Bonds）。是指某一国借款人在本国以外的某个国家发行以发行所在地国家货币为面值并还本付息的债券。它的特点是债券发行人属于一个国家，债券的面值货币和发行市场则属于另一个国家。

外国债券是一种传统的国际债券，主要有美国、瑞士、德国和日本四大市场。

● 在美国发行的外国债券被称为扬基债券（Yankee Bonds），是由非美国居民在美国市场发行的，以美元为面值并还本付息，吸引美国资金的债券。

● 在日本发行的外国债券称为武士债券（Samurai Bonds），是非日本居民在日本债券市场发行的，以日元为面值并还本付息，吸引日本资金的债券。

● 熊猫债券（Panda Bonds），是指国际多边金融组织在中国发行的人民币债券。2005 年 10 月 14 日，亚洲开发银行（ADB）与国际金融公司（IFC）在银行间债券市场正式推出熊猫债券，发行额度 10 亿元人民币，期限 10 年，票面利率采用簿记建档方式确定，募集资金用于满足普通业务的需要，特别是中国的项目融资。中银国际是熊猫债券的主承销商。2006 年 11 月 15 日，国际金融公司又成功发行了 8.7 亿熊猫债券。

②欧洲债券（Euro-Bonds）。是指某一国借款人在本国境外市场发行的，不以发行市场所在国货币，而是以另一种货币为面值并还本付息的债券。它的特点是债券发行者、债券发行地点和债券面值所使用的货币可以分别属于不同的国家。由于它不以发行市场所在国的货币为面值，故也称无国籍债券。欧洲债券除可以用单独货币发行外，还可以用复合货币单位发行，如特别提款权。欧洲债券一般不记名，可以通过国际债券市场上的经纪人或包销商来出售，而不必在任何特定的国内资金市场上注册或者销售。因此，欧洲债券无须像外国债券那样受发行所在地国家有关法规的限制。欧洲债券是在 20 世纪 60 年代初期随着欧洲货币市场的形成而出现和发展起来的，到80 年代，欧洲债券发行规模已超过国际债券发行总额的 50%。目前，欧洲债券已成为各经济体在国际资本市场上筹措资金的重要手段。

③龙债券（Dragon Bonds）。亦称小龙债券，它是一种国际性债券，在亚洲地区相当于欧洲债券。它是指在除日本以外的亚洲地区发行的一种以非亚洲国家和地区的货币标价（多数以美元标价，也有用加拿大元、澳元和日元标价的）的债券。龙债券的发行人来自亚洲、欧洲、北美洲和南美洲，投资者则主要来自亚洲主要国家。龙债券最少要在三个亚洲金融中心（中国香港、新加坡及中国台北）中的两个上市，并在亚洲地区买卖。龙债券的期限一般都在 3 到 10 年之间，尤以 3 年、5 年居多，一般属一次到期还本、每年付息一次的长期固定利率债券，或者是以美元计价，以伦敦银行间同业拆放利率为基准，每一季或每半年重新确定一次利率的浮动利率债券。1993 年 10 月，我国财政部首次发行龙债券，受到了投资者的欢迎。

2）**按债券的期限分类**

债券根据其偿还期限的长短，可分为短期债券、中期债券和长期债券。

(1) 短期债券（Treasury Bill）。是指偿还本金的期限在 1 年以下的债券，通常有 3 个月、6 个月、9 个月、12 个月等。例如，美国的短期国库券期限通常为 3 个月、6 个月，最长不超过 1 年，英国的国库券通常为 3 个月，日本的短期国债为 2 个月等。

(2) 中期债券（Treasury Note）。是指本金偿还期限在 1 年以上、10 年以下的债券。例如，美国联邦政府债券中的 1~10 年期的债券；日本的中期附息国家债券的期限为 2~4 年，贴现国家债券的期限为 5 年；中国发行的国库券大多为 3~5 年等。

(3) 长期债券（Treasury Bond）。是指本金偿还期限在 10 年以上的债券。例如，美国联邦政府债券中有 10~30 年期的国家债券；日本的长期附息国家债券的期限为 10 年；英国的长期金边债券为 15 年以上等。这里需要强调的是，有的长期债券不偿还本金，只是按期支付利息，除因发行公司破产或有重大债务不能履行其义务等情况外，一般不能要求偿还本金，也有人称这种债券为无期债券。

当然，现实生活中，由于不同国家、不同地区、不同性质的债券有不同的特点和划分习惯，因此其期限划分标志也不完全一致。

3) 按利息的支付方式分类

债券的利息支付方式与债券的形态、期限等有关，通常可分为零息债券、附息债券和息票累计债券。

(1) 零息债券。也称零息票债券、贴现债券（Discount Bond），是指债券合约未规定利息支付的债券。通常这类债券采用低于面额的价格发行，到期后按面额偿还。债券持有人实际上是以买卖（到期赎回）价差的方式取得债券利息。这种利息支付方式主要适用中短期债券。

(2) 附息债券（Coupon Bond）。是指付息债券的合约中明确规定，在债券的存续期内，对持有人定期支付利息（通常每半年或一年支付一次）。按照计息方式的不同，这类债券还可细分为固定利率债券和浮动利率债券两大类。有些付息债券可以根据合约条款推迟支付定期利率，称为缓期债券。

(3) 息票累计债券。也称到期一次性还本付息债券。与付息债券相似，这类债券也规定了票面利率，但是，债券持有人必须在债券到期时一次性获得本金和利息，存续期间没有利息支付，是现实生活中常见的债券形式。

4) 按债券形态分类

按债券形态分类可以分为实物债券、凭证式债券和记账式债券。

(1) 实物债券。实物债券是一种具有标准格式实物券面的债券。在标准格式的债券券面上，一般印有债券面额、债券利率、债券期限、债券发行人全称、还本付息方式等各种债券票面要素。有时候，债券利率、债券期限等要素也可以通过公告向社会公布，而不再在债券券面上注明。在我国现阶段的国债种类中，无记名国债就属于这种实物债券，它以实物券的形式记录债权、面值等，不记名、不挂失、可上市流通。实物债券是一般意义上的债券，很多国家通过法律或者法规对实物债券的格式予以明确规定。

实物债券的一般特点是，不记名、不挂失，可以上市流通。由于不记名、不挂失，其持有的安全性不如凭证式和记账式国库券，但购买手续简便。同时，由于可上市转让，流通性较好，上市转让价格随二级市场的供求状况而定，当市场因素发生变动时，其价格会有较大波动，因此具有获取较大利润的机会，同时也伴随着一定的风险。一般来说，实物债券更适合金融机构和投资意识较强的购买者。

（2）凭证式债券。凭证式债券的形式是一种债权人认购债券的收款凭证，而不是债券发行人制定的标准格式的债券。我国1994年开始通过财政部国债服务部和银行系统发行凭证式国债，券面上不印制票面金额，而是根据认购者的认购额填写实际的缴款金额，是一种国家储蓄债券，可记名、挂失。以"凭证式国债收款凭证"记录债权，不能上市流通，从购买之日起计息。在持有期内，持券人如果遇到特殊情况需要提取现金，可以到购买网点提前兑取。提前兑取时，除偿还本金外，利息按实际持有天数及相应的利率档次计算，经办机构按兑付本金的0.2%收取手续费。因此，凭证式国债不失为一种既安全又灵活，且收益适中的理想的投资方式，是集国债和储蓄的优点于一体的投资品种。

（3）记账式债券。记账式国债是指没有实物形态的票券，它是利用证券账户通过电脑系统完成债券发行、交易及兑付的全过程。我国从1994年推出记账式国债这一品种，通过沪、深交易所的交易系统发行和交易。如果投资者进行记账式债券的买卖，就必须在证券交易所设立账户。所以，记账式国债又称无纸化债券。记账式国债可以记名、挂失，安全性较高，同时由于记账式国债发行和交易均无纸化，所以，发行时间短、发行效率高、交易手续简便，具有成本低、收益好、安全性好、流通性强的特点。

5）按计息方式分类

按计息方式分类，债券可分为单利债券、复利债券和累进利率债券等。

（1）单利债券（Simple Interest Bond）。是指在计算利息时，不论期限长短，仅按本金计息，所生利息不再加入本金计算下期利息的债券。

（2）复利债券（Compound Interest Bond）。与单利债券相对应，是指计算利息时，按一定期限将所生利息加入本金再计算利息，逐期滚算的债券。

（3）累进利率债券。是指以利率逐年累进方法计息的债券。与单利债券或复利债券利率在偿付期内固定不变不同，累进利率债券的利率随着时间的推移而递增，后期利率比前期利率高，呈累进状态。这种债券的期限往往是浮动的，但有最短持有期和最长持有期的规定。这种债券有利于调动投资者的投资积极性，刺激投资者长期持有债券，它一般适用于中长期债券。

6）按利率是否固定分类

按利率是否固定分类，可将债券分为固定利率债券和浮动利率债券。

（1）固定利率债券（Fixed Rate Bond）。是在债券发行时就已经明确规定了在债券存续期内票面利率固定不变的债券。这种债券在该偿还期内，无论市场利率如何变化，债券持有人只能按债券票面载明的利率获取债息。固定利率债券不考虑市场变化因素，因而其筹资成本和投资收益可以实现预计，不确定性较小，但债券发行人和投资者仍然必须承担市场利率波动的风险。当偿还期内的市场利率上升且超过债券票面利率时，新发行的债券成本增大，则原来发行的债券成本就显得相对较低，而债券持有人就要承担收益率相对降低的风险。当然，在偿还期内，如果利率下降且低于债券票面利率，发行人能以更低的利率发行新债券，则原来发行的债券成本就显得相对高昂，而债券投资者则获得了由于利率下降而带来的额外收益。

（2）浮动利率债券（Floating Rate Bond）。是在债券发行时规定其利率是在票面利率基础上参照预先确定的某一基准利率予以定期调整的债券。这种债券的利率与市场利率挂钩，一般高于市场利率的一定百分点。当市场利率上升时，债券的利率也相应上浮；反之，当市场利率下降时，债券的利率就相应下调，有的还规定浮动的上下限。这样，浮动利率债券就可以避开因市场利率波动而产生的债券的实际收益率与市场收益率之间出现重大差异。它一般适用于中长期债券。但债券利率的这种浮动性，也给发行人的实际成本和投资者的实际收益带有很大的不确定性，从而导致较高的风险。

7）按债券的信用形式分类

债券按其信用形式分为信用债券、抵押债券、担保债券三大类。

（1）信用债券。是指仅以债券发行单位的信用作保证而发行的，没有抵押品作担保的债券。一般政府公债券、地方债券和金融债券都属于信用债券。当然，一些信誉较高的企业也可以发行信用债券，但为保证投资者利益，企业发行信用债券需对发行企业有许多的约束，如企业不得随意增加其债务，在信用债券未清偿前，股东分红须有限制等。

（2）抵押债券。是指本金和利息的支付有抵押品作保证的债券。它又具体分为抵押债券、抵押信托债券。

抵押债券是指为保证本金的偿还，而将土地、设备、房屋等不动产作为抵押品而发行的债券。当债券发行单位不能履行还本付息义务时，债券持有人有权变卖抵押品来抵付。在现代公司债券中，抵押公司债券占很大的比重。抵押公司债券所提供的抵押品多为整个企业或全部机器设备，使债权人感到安全可靠。当同一抵押品价值很大时，可以设定若干个抵押权，并按债权人受偿的先后次序，分为第一抵押权、第二抵押权、第三抵押权等。当抵押品被拍卖后，所得的价款按次序清偿，直至价款用完，如有剩余应退还抵押人。

抵押信托债券（质押债券）是以自己拥有的其他单位债券或股票等证券作为抵押品而发行的债券。通常，发行这种债券须将作为担保品的证券交给作为受托人的信托机构，当债券发行单位到期不能清偿时，即由受托人处理抵押的证券，并代为偿债。发行抵押信托债券的目的是保障投资者财产的安全，吸引投资者。

（3）担保债券（保证债券）。是指由第三者担保偿还本息的债券。发行这种债券的担保人可以是政府、银行、其他企业等。它可以提高债券信誉，扩大销路，减轻发行单位的利息负担。

8）按是否记名分类

按是否需要记名，债券分为记名债券、无记名债券和交换债券。

（1）记名债券。是券面需要记载债权人姓名的债券。这种债券在领取本息时，除需凭借债券本身外，还需凭持有人印鉴。转让时要重新登记，流动性较差。

（2）无记名债券。是券面无须记载债权人姓名的债券。这种债券可凭债券本身或息票领取利息，转让时无须重新登记，流动性较好。

（3）交换债券。是指在公司同时发行记名债券和无记名债券时，债权人可随时提出将记名债券转换成无记名债券，或将无记名债券转换成记名债券的债券。

9）按债券募集方式分类

债券按其是否公开募集可分为公募债券和私募债券。

（1）私募债券。是指仅向发行单位内部或与发行单位有特殊关系的投资人发售的债券。私募债券发行的范围较小，不需要公开申报，债券的转让也受到一定限制，流动性较差。

（2）公募债券。是指向社会公开销售的债券。这种债券不是向指定的少数投资者出售，而是向社会所有可能的投资者出售。因此，必须遵守信息公开制度，以保护投资者利益。一般发行公募债券时要请有关部门审批，并需经公认的资信评价机构评级。

3.2.2 我国债券的主要分类

中华人民共和国建立后已发行过许多债券，主要包括国家债券、国家代理机构债券、金融债券以及企业债券与公司债券、国际债券等。

1）国家债券

中华人民共和国建立后，我国国债发行基本上分为两个阶段，20 世纪 50 年代是第一阶段，20 世纪 80 年代以来是第二阶段。

（1）第一阶段（1950—1958）

共和国成立后我国发行过两种国债：一种是 1950 年 1 月为弥补财政赤字、遏止通货膨胀而发行的"人民胜利折实公债"，实际发行额折合人民币为 2.6 亿元，截至 1956 年 11 月 30 日，该债券已经全部还清本息。另一种是 1954 年至 1958 年，我国进入第一个五年计划建设时期后，为了加速国家经济建设，中央政府决定为筹集建设资金每年发行一期"国家经济建设公债"，发行总额为 35.44 亿元，相当于同期国家预算经济建设支出总额 862.24 亿元的 4.11%。1958 年后，由于历史原因，国债的发行被终止。

（2）第二个阶段（1981 年至今）

进入 20 世纪 80 年代以后，随着改革开放的不断深入，我国国民收入分配格局发生了变化，政府财政收入占国民收入的比重逐步下降，部门、企业和个人占的比重上升，同时也为了更好地利用国债进行经济调控，中央政府于 1981 年恢复发行国债。从那时至今，国债市场的发展又可细分为几个具体的阶段：

①1981—1987 年间，国债年均发行规模仅为 59.5 亿元，且发行日也集中在每年的 1 月 1 日。这一期间尚不存在国债的一、二级市场，国债发行采取行政摊派形式，面向国营单位和个人，且存在利率差别，个人认购的国债年利率比单位认购的国债年利率高四个百分点。券种比较单一，除 1987 年发行了 54 亿元 3 年期重点建设债券外，均为 5～9 年的中长期国债。

②1988—1993 年间，国债年发行规模扩大到 284 亿元，增设了国家建设债券、财政债券、特种国债、保值公债等新品种。1988 年国家分两批在 61 个城市进行国债流通转让试点，初步形成了国债的场外交易市场。1990 年后国债开始在交易所交易，

形成国债的场内交易市场，当年国债交易额占证券交易总额 120 亿元的 80% 以上。1991 年我国开始试行国债发行的承购包销，1993 年 10 月和 12 月上海证券交易所正式推出了国债期货和回购两个创新品种。

③1994 年财政部首次发行了半年和一年的短期国债；1995 年国债二级市场交易活跃，特别是期货交易量屡创纪录，但"327"事件和回购债务链问题等违规事件的频频出现，使得国债期货交易于 5 月被迫暂停。

④1996 年国债市场出现了一些新变化：首先是财政部改革以往国债集中发行为按月滚动发行，增加了国债发行的频度；其次是国债品种多样化，对短期国债首次实行了贴现发行，并新增了最短期限为 3 个月的国债，还首次发行了按年付息的 10 年期和 7 年期附息国债；第三是在承购包销的基础上，对可上市的 8 期国债采取了以价格（收益率）或划款期为标的的招标发行方式；第四是当年发行的国债以记账式国库券为主，逐步使国债走向无纸化。1996 年以后，国债市场交易量有所下降。同时，国债市场出现了托管走向集中和银行间债券市场与非银行间债券市场相分离的情况，呈现出"三足鼎立"之势，即全国银行间债券交易市场、深沪证交所国债市场和场外国债市场。

⑤目前，我国发行的国债在实物形态上有记账式国债、凭证式国债和储蓄国债（电子式）。其中记账式国债的发行分为证券交易所市场发行、银行间债券市场发行以及同时在银行间债券市场和证券交易所市场发行（又称为跨市场发行）三种情况。记账式国债、凭证式国债已经在债券分类中阐述，下面介绍一下储蓄国债。

储蓄国债（电子式）是指财政部面向中国境内公民储蓄类资金发行的、以电子方式记录债权的不可流通人民币债券。企事业单位、行政机关等机构投资者不能购买这种国债。储蓄国债自发行之日起计息，付息方式分为利随本清和定期付息两种。此类国债以 100 元为赎买单位，并按单期国债设个人国债账户最低、最高购买限制额，以区别于居民储蓄。电子式储蓄国债的利息免征所得税，到期后，承办银行自动将投资者应收本金和利息转入其资金账户。这类国债是 2006 年 6 月 20 日推出的国债新品种

2) 国家代理机构债券

1988 年，国务院决定由国家能源投资公司、国家交通投资公司、国家原材料投资公司及铁道部、石油工业部发行"基本建设债券"80 亿元，发行对象为各专业银行，期限 5 年，年利率 7.5%，到期一次性还本付息。1989 年又发行基本建设债券14.59 亿元，期限 3 年，利率为银行 3 年期定期储蓄存款利率加保值补贴率并外加 1

个百分点，到期由财政部一次还本付息。1992 年，该债券与重点企业债券合并成为国家投资公司债券。这些债券的发行目的主要是为国家筹集建设资金。

3）金融债券

1982 年 1 月，中国国际信托投资公司首次在国际市场上发行金融债。1985 年，工行、农行开始在国内发行金融债。随后，建行、中行、交行陆续发行了人民币金融债。债券筹集的资金用于国家规定的专门项目，称为特种贷款。这是我国经济体制改革以后国内发行金融债的开端。1993 年，中国投资银行被批准在境内发行外币金融债，这是我国首次发行境内外币金融债。1994 年，随着政策性银行的成立，政策性金融债也相应出现。1996 年，部分金融机构为筹集资金专门用于偿还不规范证券回购债务，发行了特种金融债。发行的原因是在 1995 年国债"327"风波中，少数金融机构和交易场所在国债回购交易业务中违反央行、财政部、证监会的有关规定，买空卖空国债，利率过高、期限过长、资金用途也不合理，扰乱了货币市场秩序，使大量已经到期的国债回购合同不能按期履约还款，出现了严重的资金拖欠，拖欠金额达800 亿元。1998 年，国家对政策性金融债发行机制进行了改革，从 1999 年开始全面实行市场化招标发行，该券种成为我国债券市场中发行规模仅次于国债的券种。近年来，我国金融债券市场快速发展，金融债券品种不断增加，主要有（1）政策性金融债券，（2）商业银行债券，（3）证券公司债券，（4）保险公司次级债券，（5）财务公司债券等，为推动我国债券市场建设发挥了重要作用。

4）企业债券与公司债券

我国证券市场上同时存在企业债券和公司债券，它们在发行主体、监管机构以及规范的法规上有一定的区别。

我国企业发行债券，多数是从 1985 年和 1986 年开始的，主要有重点企业债券、地方企业债券、企业短期融资债券、地方投资公司债券、住宅建设债券。2007 年 8月，中国证监会正式颁布实施《公司债券试点办法》，标志着我国公司债券发行工作的正式启动。除了公司债，我国还有可转换公司债、可分离交易的可转换公司债和可交换公司债。

5）国际债券

为利用国外资金，加快建设步伐，自 20 世纪 80 年代初期以来，我国先后在中国香港、东京、法兰克福、伦敦，以及新加坡、美国等地发行国际债券，发行币种包括日元、港元、德国马克、美元等。从债券的期限结构来看，有 1 年、5 年、7 年、10年、30 年等数个品种，特别是 1996 年在美国市场发行了 10 年期扬基债券，极大地提高了我国政府的国际形象。截至 2003 年底，我国共发行国际债券 200 多亿美元。目前，我国在国外发行的债券有几十种。2009 年 9 月 28 日，中央政府又在香港发行了 60 亿元人民币国债，这是中央政府首次在内地以外的地区发行人民币国债，开启了人民币离岸业务的新里程。

【参考案例】

粤高速 A（000429）：2009 年公司债券发行公告

1. 债券名称：广东省高速公路发展股份有限公司 2009 年公司债券。

2. 发行总额：80 000 万元。

3. 票面金额：100 元/张。

4. 发行数量：800 万张。

5. 发行价格：按面值平价发行。

6. 债券期限：5 年期。

7. 本期债券票面利率预设区间：4.9% ~ 5.4%。

8. 还本付息的期限和方式：本期公司债券采取单利按年计息，不计复利，每年付息一次，到期一次还本，最后一期利息随本金一起支付。

9. 起息日：本期公司债券的起息日为公司债券的发行首日，即 2009 年 9 月 21 日。

10. 付息日：2010 年至 2014 年间每年的 9 月 21 日为上一计息年度的付息日（遇节假日顺延，下同）。

11. 到期日：2014 年 9 月 21 日。

12. 担保方式：本期债券由广东省交通集团有限公司提供全额不可撤销的连带责任保证担保。

13. 资信评级情况：经中诚信证券评估有限公司综合评定，发行人主体信用等级为 AA+，本期债券信用等级为 AAA。

14. 债券受托管理人：中国国际金融有限公司。

15. 本次发行对象：

网上发行：持有登记公司 A 股证券账户的自然人、法人、证券投资基金、符合法律规定的其他投资者等（国家法律、法规禁止购买者除外）。

网下发行：在登记公司开立合格证券账户的机构投资者（法律、法规禁止购买者除外）。

16. 发行方式：

本期债券发行采取网上面向社会公众投资者公开发行和网下面向机构投资者询价发行相结合的方式。网上认购按"时间优先"的原则实时成交，网下认购采取机构投资者与保荐人（主承销商）签订认购协议的形式进行。

本期债券网上、网下预设的发行数量分别占发行规模的比例为 10% 和 90%。公司和保荐人

（主承销商）将根据网上/网下发行情况决定是否启动网上/网下双向回拨机制。

17. 网上发行时间：网上发行时间为1个工作日，即发行首日2009年9月21日深交所交易系统的正常交易时间。如遇重大突发事件影响本次发行，则顺延至下一交易日继续进行。网上投资者通过深圳证券交易所交易系统参加认购，网上发行代码为"101699"，简称为"09粤高速"。参与本次网上发行的每个证券账户最小认购单位为10张（1 000元），超过10张的必须是10张的整数倍。网上认购次数不受限制。

18. 网下发行时间：

本期公司债券网下发行的期限为3个工作日，即发行首日2009年9月21日至2009年9月23日每日的9：00—17：00。

网下发行仅面向机构投资者。机构投资者通过与保荐人（主承销商）签订认购协议的方式参与网下协议认购。机构投资者网下最低认购数量为10 000张（100万元），超过10 000张的必须是10 000张的整数倍。

19. 承销方式：本期债券由主承销商——中国国际金融有限公司组织承销团，以承销团余额包销的方式承销。

20. 上市地：深圳证券交易所。

21. 上市时间：发行人将在本期发行结束后尽快向深交所申请上市，具体上市时间将另行公告。

22. 本期债券上市后可进行新质押式回购交易，具体折算率等事宜按中国证券登记结算有限责任公司的相关规定执行。

（资料来源 《深圳证券交易所上市公司公告》，http：//disclosure. szse. cn/m/finalpage/2009-09-17/57061589. PDF，经摘编整理）

● **重要概念**

债券 附息票 贴现债券 凭证式国债 记账式国债 电子式储蓄国债 欧洲债券 外国债券

● **复习思考**

（1）什么是债券？它具有哪些基本特征？

（2）简述债券与股票的区别与联系。

（3）简述债券的分类。

（4）什么是凭证式和记账式国债？

（5）什么是欧洲债券？它与外国债券有什么区别？

（6）公司债券是如何分类的？

（7）为什么说国际债券具有良好的发展前景？

第 4 章　证券投资基金

◇**学习目标**

● 掌握投资基金的含义、性质及特征
● 了解投资基金的主要分类
● 理解投资基金同股票、债券等投资工具的关系
● 了解中外投资基金的发展历程及投资运作制度规定
● 掌握开放式基金与封闭式基金的区别
● 理解对投资基金进行监管的意义

4.1　证券投资基金概述

4.1.1　证券投资基金的含义

证券投资基金（Securities Investment Fund）是指通过公开发售基金份额募集资金，由基金托管人托管，基金管理人管理和运用资金，为基金份额持有人的利益，以资产组合的方式进行证券投资的一种利益共享、风险共担的集合投资方式。

作为一种大众化的信托投资工具，各国对基金的称谓有所不同。美国称之为"共同基金"（Mutual Fund），英国及我国香港地区称之为"单位信托基金"（Unit Trust），日本和我国台湾地区称之为"证券投资信托基金"，其他国家和地区有称之为"互助基金"、"互惠基金"、"投资基金"的，也有称之为"基金"的。虽然称谓不同，但内容及操作却有很多共性，在本书中，我们称之为"证券投资基金"。

证券投资基金在证券市场上具有多重身份。首先，它是投资客体，供投资者选择，并以此为手段获取收益；其次，它是投资主体，将筹集的资金投资于股票、债券等有价证券，成为证券市场上重要的机构投资者；再次，它又是专业的投资中介，接

本章建议阅读资料：
1. 中国证券业协会：证券业从业资格考试统编教材（2010）——《证券投资基金》，北京，中国财政经济出版社，2010。
2. 陈伟忠：《组合管理与投资基金管理》，北京，中国金融出版社，2004。
3. ［美］汉姆·列维：《投资学》，任淮秀等译，北京，北京大学出版社，2000。
4. 曹凤岐、刘力、姚长辉：《证券投资学》，2 版，北京，北京大学出版社，2008。

受投资者的委托，代理证券投资事宜，并取得相应费用，成为联结社会公众投资者和筹资者的桥梁。

4.1.2 证券投资基金的产生与发展

从投资基金的发展历史来看，投资基金产生于市场经济较为发达的资本主义发展时期。

(1) 证券投资基金的起源。投资基金产生于英国，18 世纪的产业革命与海外扩张为英国积累了大量的社会财富，使得国民收入大幅增加，居民储蓄迅猛增长，国内资金出现过剩的局面。而国内存贷款利率较低、投资收益率不断下降，迫使剩余资金在海外寻求投资出路，以实现资本的保值与增值。但是，当时大多数投资者缺乏国际投资知识，难以直接参与海外投资。于是，人们便萌发了众人集资、委托专人经营和管理的想法。这一想法得到英国政府的支持。1868 年由英国政府出面组建了海外和殖民地政府信托组织，公开向社会发行收益凭证。"海外和殖民地政府信托"是公认的第一个公众投资信托基金，它以投资于国外殖民地的公司债为主，总额达 48 万英镑，信托期限为 24 年。该基金类似股票，不能退股，也不能兑现，认购者的权益仅限于分红和派息。从该基金的实际运作情况看，投资者得到的实际回报率达 7% 以上，远远高于当时 3.3% 的英国政府债券利率。

(2) 证券投资基金在美国的迅速发展。虽然美国在 1893 年成立了第一家封闭式基金——"波士顿个人投资信托"，但美国基金业的真正发展是在第一次世界大战后。自 1924 年组建第一家开放式互惠基金——"马萨诸塞投资信托基金"始，其后的几年中，美国基金迅猛发展，1929 年基金资产高达 70 亿美元，是 1926 年的 7 倍多。20 世纪 30 年代，基金受大萧条的影响发展陷入低谷。1933 年，美国颁布了《证券法》，1934 年又颁布了《证券交易法》，特别是 1940 年颁布的《投资公司法》详细规范了共同基金的组成及管理要件，为基金投资者提供了完整的法律保护，从而奠定了美国共同基金规范发展的基础。第二次世界大战之后，美国的共同基金出现了高速成长的势头。

(3) 证券投资基金扩散到世界各地。投资基金专业化管理、分散投资的优势在二战后获得了突飞猛进的发展，很快扩散到世界各地。其中，日本 1948 年颁布了《证券投资公司法》，并于 1951 年颁布了《证券信托法案》；联邦德国于 1957 年颁布了《投资公司法案》。20 世纪 70 年代以来，随着世界经济规模的剧增和现代金融业的不断创新，品种繁多、名目各异的基金"风起云涌"，已经形成了一个庞大的产业，基金业与银行业、证券业、保险业并驾齐驱，成为现代金融体系的四大支柱之一。

（4）我国证券投资基金发展概况。我国证券投资基金发展历程比较短，但是在证券监管部门的大力扶持下，在短短的十几年时间里取得了突飞猛进的发展。以1997 年 11 月国务院颁布《证券投资基金管理暂行办法》为界，我国的证券投资基金发展分为两个阶段：

第一阶段是 1992—1997 年的摸索阶段。该阶段是中国人民银行作为主管机关的阶段。在沪深交易所上市的基金有 25 只，在大连、武汉、天津证券交易中心联网交易的基金数量达 28 只，但此时基金规模很小，运作也很不规范，而且专业性基金管理公司也很少，不足 10 家，业界将此阶段设立的基金称为"老基金"。

第二阶段是 1997 年之后的规范阶段。1997 年 11 月 14 日《证券投资基金管理暂行办法》正式颁布，1998 年 3 月，按照新法规规定，两只封闭式基金——基金金泰和基金开元设立，分别由国泰基金管理公司和南方基金管理公司管理，从而拉开了中国证券投资基金业的新纪元。当年发行了 5 只基金，净值 107.40 亿元。2003 年 10 月 28 日，第十届全国人民代表大会常务委员会第五次会议通过了《中华人民共和国证券投资基金法》，并于 2004 年 6 月 1 日起正式实施，以法律形式确认了证券投资基金在资本市场中的地位和作用，成为中国证券投资基金业发展史上的一个重要里程碑。证券投资基金业从此进入了崭新的发展阶段，基金数量和规模迅速增长，市场地位日益重要。随着中国经济的发展，中国基金业呈现一片繁荣景象。

4.1.3　证券投资基金的主要特点

投资基金既有别于直接投资，又区别于间接投资；既不同于股票，又不同于债券。它是一种独具特色的集诸多优点于一身的投资信托方式，具有如下特点：

其一，集合投资。中小投资者用于证券投资的资金比较小，从几千元到几十万元不等，这样小量的资金在庞大的证券市场上犹如一盘散沙，难以抗击市场的狂风巨浪。投资基金的特点是将众多分散的小额资金——主要是中小投资者的小额资金汇集为一个整体，形成规模巨大的资金，这样就可以分散投资于数十种甚至数百种有价证券，投资者就可以将风险更大程度地分散。投资基金设定的最低投资额不高，投资者可以根据自己的经济实力决定购买数量，从而解决了中小投资者"钱不多、入市难"的问题。投资基金的费用通常也较低。因为，个人投资者进入证券市场往往需要缴纳一定的交易手续费，而投资基金将资金集中起来进行交易，可以享受大额投资在降低成本上的相对优势，大大降低手续费用的费率。又因为投资基金的费用低，投资者可以随时购买或卖出受益凭证，所以当基金投资状况看好时，投资者便可进入基金；当基金投资状况不佳时，投资者便可退出基金。一些投资基金机构还为投资者提供转换服务，且不收手续费，这就使投资者可以在花费不大的情况下随意进退。

其二，分散风险。这是指分散投资，通过投资组合来降低投资风险。有过一定投资经验的人一定知道这样一句话："不要把所有鸡蛋放在一个篮子里。"就是避免由于该投资品种的突发损失导致一损俱损。多元化投资是投资运作的一个重要策略，但是，要实现投资资产的多元化，需要一定的资金实力，对小额投资者而言，由于资金所限，很难做到这一点。而投资基金则可以凭借其聚集而来的巨额资金，分别投资于各类证券品种或其他项目，实现资产组合的多元化，真正做到风险分散，提高投资的安全性和收益性。

其三，专家理财。投资基金是间接投资，投资基金就等于聘请了专业的投资专家，投资基金把大量大小不一的资金汇集起来后，委托具有丰富的证券投资知识和经验的专家来经营管理，这样可以节约交易成本，提高投资收益。投资者付出合理的价钱便可享有专业性的投资管理服务。哪一家公司或行业值得考虑、何时购入或售出股票较为有利、应不应该接纳一项新发行的股票等决定皆由投资专家负责，他们与大批股票经纪人及本身的研究部门保持联系，掌握着详细周密的信息资料，非个人投资者盲目投资所能比。例如，英国罗伯特·弗莱明资产管理公司有 400 多位投资专家重点追踪全球 3 500 多种股票的情况，每天根据研究结果提出基金的投资组合以及调整方案。对于那些没有时间，或者对市场不太熟悉的中小投资者来说，投资于基金，可以获得基金管理人在市场信息、投资经验、金融知识和操作技术等方面所拥有的优势，从而尽可能避免了一般投资者由于缺乏专业知识和无法进行全面的考察引起的投资失误。

当然，投资基金也有其局限性：

（1）投资基金只是进入证券市场的众多方式之一，只对中小投资者具有吸引力。

（2）投资者面对不同的基金也有个选择的问题，因每种基金的盈利率是有差别的，所以投资于不同的基金其收益亦不相同。比如，1990 年，香港景泰欧洲基金增值率为 76.9%，太平洋证券基金增值率达 128%，而东协基金却负增长 3.3%。

（3）投资基金本质上是一种委托投资制度，投资者与经营者之间既有一荣俱荣、一损俱损的一致性，又有利益上此长彼消的对立性。因此，基金投资者还将面临基金经营者的道德风险。

4.1.4　投资基金的作用

第一，为中小投资者拓宽了投资渠道。对中小投资者来说，存款或买债券较为稳妥，但收益率较低；投资于股票有可能获得较高收益，但风险较大。投资基金作为一种新型的投资工具，把众多投资者的小额资金汇集起来进行组合投资，由专家来管理和运作，经营稳定，收益可观，为中小投资者提供了较为理想的间接投资工具，大大拓宽了中小投资者的投资渠道。在美国，有 50% 左右的家庭投资于基金，基金占所有家庭资产的 40% 左右。因此，可以说基金已成为大众化的投资工具。

第二，有利于证券市场的稳定。一个成熟的证券市场应是一个以机构投资者为主的市场，而不是一个以中小投资者为主的市场。通过发展证券投资基金，可以将广大中小投资者分散的资金转变为由专门机构持有的大资金。而大的机构投资者由于熟悉业务、具有经验，能够进行理性投资，因而能够减少投机性炒作，从而有利于证券市场的稳定。

第三，有利于证券市场的发展。证券市场的发展，既要规范，又要扩大规模。扩大规模就需要有更多的资金进入证券市场。而通过发行基金就可以使许多未能投资于证券市场的资金进入证券市场，从而扩大证券市场规模。

4.1.5　投资基金同股票、债券等投资工具的关系

（1）反映的经济关系不同。股票表示的是对公司的所有权，是一种所有权关系；债券所表示的是一种债权，形成债权债务关系；契约型基金反映的是一种信托投资关系，并不涉及所有权的转移。

（2）发行目的不同。发行股票是股份公司为筹集自己资本的需要，发行股票所筹集的资金列入公司资本；发行债券是公司为了追加资金的需要，发行债券所筹措的资金列入公司负债；而发行基金股份或受益证券是为了形成一个以分散组合投资为特色，以降低风险达到资产增值为目的的基金组织，基金组织是一个标准的投资人，发行基金所筹集的资金构成基金的组成单位。

（3）发行者不同。股票发行者是股份公司，债券发行者是政府、金融机构、公司企业等，而基金的发行者是一个比较松散的组织。

（4）所筹集资金的投向不同。股票、债券是一种投资工具，筹集的资金投向实业；基金是一种信托工具，投资面向其他证券。如果说股票、债券是一次投资范畴，基金则属于再投资或二次投资的范畴。

（5）期限不同。债券是债权的代表，债券的性质决定了债券要在一定时期内还本付息；股票是公司所有权的代表，没有到期日；基金较灵活，可有期，可无期，有期限的，在到期时，经基金证券持有人大会同意、主管机关批准，还可以延期。

（6）风险和收益不同。债券反映债权债务关系，其特点是事先双方约定借贷的利率与时间，债务人对债权人的这种承诺是无条件执行的，因此债权人风险较小，债务人风险较大。与之相比，股票投资者在其投资时没有定期取得收入的任何保证，股票收益要看公司经营的盈亏而定，且没有到期日，不能赎回，只能在二级市场上通过交易获得现金，有可能出现亏损，所以股票投资风险大。基金与股票的相同点是基金投资者在其投资时并不能得到一个确定的利率，也没有定期取得收入的任何保证，基金经营业绩良好，投资者会得到较好的报酬，反之则报酬较低，投资者必须要承担一定的风险。但基金主要投资于有价证券，专业性投资机构对投资者资金的运用能实现稳定收益，且有可能获得比债券更高的收益；基金的组合投资也避免了投资一般股票的高风险，所以基金的风险介于股票和债券之间。

（7）返还性不同。债券到期必须还本付息；而股票投资人一旦出资购买了某公司的股票，投资者就再不能向发行股票的公司退还股票索回资金，具有不可返还性，但可以在二级市场上通过交易换回现金。基金则较灵活，在基金的存续期内封闭式基金同股票一样不能赎回，但可以在二级市场上通过交易换回现金；开放式基金可以自由赎回，而股票则不行。

（8）投机性不同。债券一般只是单纯的投资对象，投机性很小；而股票则不但是投资对象，还有很强的投机性，股票价格的频繁波动，就给股票的买卖投机带来了可能性。基金是一种中长期信托投资工具，不能当成股票来炒，但基金又不同于债券，基金的价格是随着投资的经营效益的高低而发生变化，具有波动性，所以基金的投机性介于股票、债券二者之间。

4.2　证券投资基金的种类

证券投资基金在世界范围内经过百多年的发展，其种类较为繁杂，按照不同的分类方法可将其分为若干种类。

4.2.1　按照投资基金的组织形式分类

按照证券投资基金的组织形式，可将基金划分为公司型投资基金和契约型投资基金。

1）公司型投资基金

公司型投资基金（Corporate Investment Fund）是由具有共同投资目标的投资者依据基金公司章程设立，在法律上具有独立法人地位的股份投资公司。公司型投资基金在组织结构上与股份有限公司有些类似。公司型投资基金发行普通股份，投资者可以购买公司的股份成为公司的股东，基金将集中的资金用于证券市场的投资，投资者从这些投资中获取收益。从法律意义上来说，公司的资产为公司的股东所持有，股东选举产生董事会来负责公司的管理和运作。公司型基金成立后通常委托专业的基金管理公司管理基金资产，同时还会委任第三者来保管基金资产，各当事人之间的权利和义务由公司的章程来规范。在公司型基金的运作中主要的当事人有：

（1）投资者和发起人。持有基金份额的投资者是基金公司的股东，享受股东所享有的一切权利，如参加股东大会，对基金公司的重大决策有投票权，享受基金公司的分红和承担基金公司的亏损。同其他股份公司一样，基金公司是由发起人创立的。发起人一般由投资银行、信托公司、保险公司和基金管理公司充当，发起人负责向主管部门申请基金的审批并负责向社会公众募集基金份额，在基金未能成立时应承担相应的责任。基金公司的发起人一般通过控制基金公司的董事会来取得基金公司的实际控制权。

（2）董事会。基金公司的董事会是基金的常设管理机构，负责基金公司的管理业务，如聘请基金公司的总经理和基金管理人，负责制定基金的投资目标和策略，并且负责基金份额的销售工作。基金公司的董事一般由发起人或其他投资者担任，但是在有些国家，为了保证董事会的公正，要求公司董事会有一定数量的独立董事。

（3）基金管理人。基金管理人受董事会的聘请负责运用基金资产进行投资并负责管理基金资产。基金每年按一定的比例支付管理费给基金管理人。

（4）基金托管人。按照各国法律的规定，基金公司应将基金资产存放于独立的托管人处，由托管人负责基金资产的安全保管。基金托管人一般由较大的金融机构担任，托管人作为基金资产的名义持有人，负责执行基金管理人的指令，办理基金名下的资金往来，同时一般还负有监督基金管理人的责任。

美国的基金以公司型基金为主体。

2）契约型投资基金

契约型投资基金（Contract Investment Fund），也称单位信托投资基金，是指将投资者、管理人、托管人三者作为信托关系的当事人，通过签订基金契约的形式发行受益凭证而设立的一种基金。该类基金是基于信托原理而组建的代理投资方式，没有基金章程，也没有公司董事会，而是通过基金契约来规范基金投资者、基金托管人和基金管理人三方当事人的行为。投资者通过购买受益凭证来参与基金投资，获取投资收益；基金管理人负责基金的管理操作；基金托管人作为基金资产的名义持有人，负责基金资产的保管和处置，对基金管理人的运作实行监督。

英国、日本和中国香港、台湾地区多契约型基金，我国颁布的《中华人民共和国投资基金法》所规定的基金也是契约型基金。

公司型投资基金与契约型投资基金相比较在运作机制方面主要有以下不同：

（1）基金的资金性质不同。契约型基金是依据基金契约组建的，信托法是契约型基金设立的依据，契约型基金不具备法人资格。公司型基金的资金是通过发行普通股筹集的公司法人的资本。

（2）投资者的地位不同。契约型基金的投资者作为基金契约的受益人，对基金的重要投资决策并没有发言权。而公司型基金的投资者是公司的股东，有权对公司的重大决策进行审批。

（3）基金的运营依据不同。公司型基金像一般的股份公司一样，除非依据公司法破产、清算，否则公司一般都具备永久性。而契约型基金依据基金契约进行运作，契约期满后，基金运营随之终止。另外，公司型基金作为法人在运用债务杠杆方面具有更大的空间和灵活性。

4.2.2 按照投资基金能否赎回分类

按投资基金设定后能否追加投资份额或赎回投资份额，可以将投资基金分为封闭式和开放式（或称固定型和追加型）投资基金。

1）封闭式投资基金

封闭式投资基金（Closed-End Fund）是相对于开放式投资基金而言的，它是指基金资本总额及发行份数在未发行之前就已确定下来，在发行期满后，基金就封闭起来，基金份额总额在基金合同期限内固定不变的投资基金，因此也称为固定型投资基金。封闭式投资基金受益凭证在封闭期间内不能追加认购或赎回，但投资者可以在证券交易所等二级市场上交易。

2）开放式投资基金

开放式投资基金（Open-End Fund）是指基金的发行总额是变动的，可以随时根据市场供求状况发行新份额或被投资人赎回的投资基金。但追加购买或赎回的价格不同于原始发行价，而是以基金当时的净资产价值为基础加以确定。投资者可以按投资基金的报价在国家规定的营业场所申购或者赎回投资基金份额。

3) 封闭式投资基金与开放式投资基金的区别

（1）发行规模限制不同。封闭式基金的份额数量是固定的，在封闭期内未经法定程序认可不能增加发行。开放式基金的份额是不固定的，没有发行规模限制，投资者可随时提出申购或赎回申请，基金规模随之增加或减少。

（2）期限不同。封闭式投资基金有固定的封闭期，通常在5年以上，一般在10年或15年，经基金份额持有人大会通过并经主管机关同意还可以适当延长期限。开放式投资基金没有固定期限，投资者可随时向基金管理人赎回基金单位，若大量赎回甚至会导致清盘。

（3）基金份额交易方式不同。封闭式投资基金在证券交易所进行交易，即持有人在封闭期内不能赎回基金份额，只能在证券交易所出售给第三者，基金交易是在基金投资者之间完成。开放式基金一般是在基金管理公司或托管人（商业银行）柜台进行交易，即投资者可随时向基金管理人或代理人提出申购或赎回申请，基金交易是在投资者与基金管理人或其代理人之间进行。

（4）基金份额的交易价格计算标准不同。封闭式基金和开放式基金的基金份额除了首次发行价都是按面值加一定百分比的认购费计算外，以后的交易计价方式不同。封闭式基金的交易价格是由市场供求关系决定的，常出现溢价或折价现象。开放式基金的交易价格则取决于每一基金份额净资产值的大小，不直接受市场供求关系影响，一般申购价是基金份额净资产加一定的申购费，赎回价是基金份额净资产减去一定的赎回费。

（5）交易费用不同。封闭式基金份额买卖是在基金价格之外支付手续费；开放式基金是支付申购费和赎回费。

（6）基金份额资产净值公布的时间不同。封闭式基金一般每周或更长时间公布一次，开放式基金一般在每个交易日结束后都要连续公布。

（7）投资策略不同。封闭式基金在存续期内不得要求赎回，故信托资产稳定，基金资产的投资组合能有效地在预定计划内进行，可进行长期投资，便于基金管理人稳定运作基金。开放式基金的单位总数是变动的，它随时面临投资者赎回的压力，使得基金资产相对封闭式基金来说不稳定。基金资产的稳定性会对基金的投资战略产生重要影响，开放式基金的管理人为应付投资者随时赎回兑现，往往需要保留较大份额的流动性和变现性较强的资产（如国债），且投资理念相对短期化，即必须保持基金资产的流动性，因此给基金管理人稳定运作基金带来了挑战。而封闭式基金则有条件投资于一些变现性相对较差、投资期限较长的资产。

（8）投资风险不同。封闭式基金的投资者投资风险较大，当基金业绩好时，投资者可享受超过净资产价值的证券收益；若有亏损，则投资者最先遭受损失。开放式基金每日公布份额净资产值，透明度强，便于投资者控制风险。

世界投资基金的发展历程基本上遵循了由封闭式基金逐渐转向开放式基金的发展规律。在投资基金业兴起之初，封闭式基金是基金业的主要形式。但是，由于允许投资者随时以基金净资产购买或赎回基金单位，与封闭式基金相比，开放式基金具有三方面的优势：其一，基金投资人通过赎回基金单位的方式能"用脚投票"，对基金管理人形成直接的监督约束机制；其二，投资人手中的增量资金流向业绩优良的基金能推动基金市场优胜劣汰的进程，形成对基金管理人的激励机制（基金管理人的报酬与基金净资产挂钩）；其三，基金随时公布净资产值并以净资产值为基础交易，提高了基金运作的透明度，有助于基金的规范运作。因此，随着金融市场的成熟与金融自由化的深入，开放式基金在第二次世界大战以后逐渐成为基金业发展的主流。

4.2.3 按照投资基金投资标的分类

按投资基金投资对象不同，投资基金可分为股票基金、债券基金、货币市场基金、指数基金、不动产基金、创业基金，以及认股权证基金、对冲基金等。

1）股票基金

股票基金是投资基金中最常见的一种，其投资对象是股票，包括优先股票和普通股票。股票基金的投资目标以追求资本成长为主，但其必须面对股票价格波动的风险。由于股票基金规模较大，比较容易通过投资组合分散风险，通常情况下，股票基金成为中小投资者的首选投资对象。在股票投资基金中，根据投资目标和投资风格又可细分为资本增值型、成长型和收入型等类型。在我国，根据《证券投资基金运作管理办法》的规定，60%以上的基金资产投资于股票的，为股票型基金。

2）债券基金

债券基金即债券投资基金，是基金市场的重要组成部分，其规模仅次于股票基金，它主要以政府公债、市政债券、公司债券等债券品种为投资对象。由于债券是一种获利稳定、风险较小和具有一定期限结构的有价证券，因而债券基金可以获得稳定收益，风险也较小，可见债券基金基本上属于收益型基金。债券投资基金按投资地域可划分为国际债券基金、欧洲债券基金、美国债券基金、英国债券基金等。债券投资基金按币种划分有美元债券基金、英镑债券基金、日元债券基金等。债券基金按发行主体不同，可分为政府公债基金、市政债券基金、公司债券基金等。在我国，根据《证券投资基金运作管理办法》的规定，80%以上的基金资产投资于债券的，为债券型基金。

3) 货币市场基金

货币市场基金是指以货币市场工具为投资对象的一种基金，其投资对象期限在 1 年以内，包括国库券、银行可转让大额存单、商业票据、银行承兑汇票、同业拆借及回购协议等。货币市场基金于 1972 年创设于美国。货币市场基金的特点是：单位基金的资产净值固定不变，但投资者可利用收益再投资，从而增加所持基金份额；衡量货币市场基金的标准是收益率而非资产净值；货币市场基金不收取认购费用、申购费用和赎回费用，管理费用也较低；货币市场基金均为开放式基金。货币市场基金具有收益稳定、流动性强、风险小、资本安全性高等特点，在国外货币市场上深受投资者的欢迎。许多国外证券投资者都是从货币市场基金开始从事基金投资的。在我国，根据《证券投资基金运作管理办法》的规定，仅投资于货币市场工具的，为货币市场型基金。

4) 指数基金

指数基金是一种投资组合以模仿目标指数、跟踪目标指数变化为原则，实现与市场同步成长的基金品种。简单的说，就是基金跟踪的指数中有哪些股票，基金组合就主要买哪些股票，且指数基金中每只股票配置的比例大致与指数中每只股票在指数中占的比例相同。

指数基金的理论基础是建立在有效市场假说基础上的随机漫步理论，该理论认为，在一个有效的市场中，股价永远是这个时点公司投资价值的最佳体现，除了幸运之外，不可能通过对股票选择的研究获得超越市场的收益。

世界上第一只指数基金于 1971 年由美国 Wells Fargo 银行向机构投资者推出，但当时的反对者远远大于支持者。之后的 1976 年，先锋集团推出了基于标准普尔 500 指数的第一个面向公众的开放式指数基金。由于很多人认为指数基金的投资策略缺乏技术含量，指数基金一直没有得到投资者的认同。进入 20 世纪 80 年代以后，美国股市日渐繁荣，投资者发现长期战胜指数的主动型基金屈指可数，于是，指数基金逐渐开始吸引一部分投资者的注意。直到 20 世纪 90 年代以后，指数基金才真正获得了巨大的发展。截至 2009 年 4 月 24 日，全球共有指数基金 3 033 只，其中美国最多，有超过 600 只的指数基金，总资产达到 1.66 万亿美元。

从国际上来看，指数基金可以分为两种，一种是纯指数型基金，另一种是指数增强型基金。纯指数型基金的资产几乎全部投入到所跟踪的指数的成分股中，而且基本是满仓操作。纯指数型基金是一种完全被动操作的基金。一般来说，即使市场可以清晰地显示在未来半年将持续下跌，它也保持满仓状态，不作积极性的行情判断。与纯指数型基金相比，指数增强型基金略有不同，它不是完全的被动投资，而是在纯指数化投资的基础上，根据股票市场的具体情况，进行适当的调整。调整主要有以下几个方面：第一，调整权重。基金经理在对行业、个股进行深入研究的基础上，可能对一些预计收益超过平均水平的行业或个股增加投资比例，而调低业绩较差的行业或个股的投资比例。第二，股票替代。基金经理通过申购新股，适量投资于预期被纳入成分股的股票或者用非成分股替代流动性很差的成分股等方法替代一些股票。第三，仓位调节。一般来说，基金将以一个固定百分比的仓位作为股票目标仓位，但在基金经理能够明确判断市场将经历一段长期下跌过程时，基金经理可调低股票投资仓位。

指数基金的优势：

（1）有效地规避金融市场的非系统性风险：由于指数基金分散投资，任何单个股票的波动都不会对指数基金的整体表现构成大的影响，从而规避了个股风险。

（2）费用低廉：由于指数基金一般采取买入并持有的投资策略，其股票交易的手续费支出会较少，同时基金管理人不必非常积极地对市场进行研究，收取的管理费也会更低。指数基金的认购费和申购费也比其他股票型基金低。

（3）利用率高：指数基金资金的90%以上用来跟踪基准指数，资金利用率高。

（4）投资透明度高：指数基金完全按照指数的构成原理进行投资，透明度很高，可有效降低基金管理人的道德风险。

（5）分享经济成长的成果和股票资产的长期高回报：根据有关资料显示，1973年至2004年，股票、商品、债券、现金四大类资产的平均年化收益率分别为6.1%、5.8%、3.5%、1.5%；Vanguard S&P500指数基金自1976年成立至2009年3月底，总回报为1 935%，年化收益率为9.68%。Sharpe（1991）指出：平均来讲，主动管理型基金业绩不可能超过被动管理型基金，原因在于股票指数的表现就是二者包括成本在内的投资收益的加权平均。

5）不动产基金

不动产基金也称不动产投资信托，是指主要在房地产公司发行的证券或与房地产抵押有关公司的股票上从事投资活动的一种基金。按其是否直接投资于房地产又可分为两类：一类直接投资于房地产公司发行的股票；另一类通过投资房地产抵押市场而间接投资于房地产，又称房地产抵押基金。纯粹的直接投资地产股公司股票的不动产基金很少，著名的只有加拿大怡东太平洋地产股信托基金，它主要投资在中国的香港和东盟各国的地产业股票上。间接投资于地产业的基金则较多，主要是通过投资房屋抵押市场而间接投资房地产。

6）创业基金

创业基金又称置业基金或风险基金（Venture Capital Fund），是以股权投资方式，主要投资于未上市公司的基金。它是为支持一些盈利前景被看好的新兴产业而设立的基金，其经营方针是在高风险中追求高回报。它的投资目标主要是那些不具备上市资格的小型企业和新兴企业，甚至是还仅仅处在构思之中的企业。因此，创业基金具有高风险、高收益的特征。创业基金投资于未上市公司的目的不是要控股，而是通过资金和技术援助取得部分股权，促进受资公司的发展，使资本增值。一旦受资公司发展起来，股票可以上市，基金管理公司通过在股票市场上出售股票收回增值的资金和资本，再去寻找新的投资对象。

7）贵金属基金

贵金属基金是主要以全球黄金、白银及其他与贵金属矿产相关的工业股票为主要投资标的的投资基金。黄金具有保值作用，尤其在美元贬值时黄金基金有很大的成长潜力，投资黄金基金又比直接购买黄金具有流动性强、投资分散的好处，所以对投资者颇具吸引力。

8）期货基金

期货基金是以期货合约为主要投资对象的投资基金。

9）期权基金

期权基金是以期权合约为主要投资对象的投资基金。

10）认股权证基金

认股权证基金（Warrant Fund）指以认股权证为投资对象的投资基金，主要投资到个别公司搭配公司债发行的认股权证，以及投资银行对特定类股所发行的认股权证，具有时效性、风险高，属于冒险型的基金，如日本认股权证基金、欧洲认股权证基金、亚洲认股权证基金。

11）对冲基金

对冲基金诞生于 20 世纪 50 年代初的美国，它利用期货、期权等金融衍生产品以及对相关联的不同股票进行空买空卖、风险对冲的操作技巧，以规避和化解证券投资风险。

在基本的对冲操作中，基金管理者在购入一种股票后，同时购入这种股票的一定价位和时效的看跌期权。看跌期权的效用在于当股票价位跌破期权限定的价格时，卖方期权的持有者可将手中持有的股票以期权限定的价格卖出，从而使股票跌价的风险得到对冲。在另一类对冲操作中，基金管理人首先选定某类行情看涨的行业，买进该行业中看好的几只优质股，同时以一定比率卖出该行业中较差的几只劣质股。如此组合的结果是，如该行业预期表现良好，优质股涨幅必超过其他同行业的股票，买入优质股的收益将大于卖空劣质股而产生的损失；如果预期错误，此行业股票不涨反跌，那么较差公司的股票跌幅必大于优质股，则卖空盘口所获利润必高于买入优质股下跌造成的损失。正因为这样的操作手段，早期的对冲基金可以说是一种基于避险保值的保守的基金管理形式。

经过几十年的演变，对冲基金已成为一种新的投资模式的代名词，即基于最新的投资理论和极其复杂的金融市场操作技巧，充分利用各种金融衍生产品的杠杆效用，承担高风险，追求高收益的投资模式。

以上后四种基金都属于衍生工具基金，风险较大，但也有可能获得较高回报。衍生工具的具体内容将在下一章讲解。

基金按投资对象进行细分，一方面推动了专业分工的深入，从而提高了整个基金业的投资回报率，降低了投资风险；另一方面也给投资者提供了越来越丰富的投资选择，满足了不同投资风格和风险偏好的投资者多样化的投资需求。

4.2.4 按照投资基金收益风险目标分类

根据投资目标和风险大小来分类，投资基金的类别更多，主要有：

（1）成长型基金。成长型基金其投资目标是追求资本的长期增值。为实现长期成长目标，基金资产主要投资于信誉好、长期有稳定盈余的公司的普通股票，或是有长期升值潜力的公司的普通股票，是投资基金中为数最多的一种。成长型基金又分为稳健成长型基金和积极成长型基金。

（2）收入型基金。收入型基金主要投资于可带来现金收入的有价证券，以获取当期的最大收入为目的。投资对象通常为股息比较优厚、红利水平较高的绩优股票，资信度高的政府债券、公司债券和可转换债券，以获取稳定的股息或债息。收入型基金资产的成长潜力较小，损失本金的风险相对也较低，一般可分为固定收入型基金和股票收入型基金。

（3）平衡型基金。平衡型投资基金其投资目标为追求基金资产净值的稳定、可观的经常收入和适度的长期增长。为兼顾以上三个目标，它通常会把一半的资金投资于债券，另一半的资金投资于股票，因而平衡型投资基金的收益不会有明显的涨跌。这种投资基金对于期望能保本和期望资本增值的投资者均具有吸引力。

4.2.5　按照投资理念分类

（1）主动型基金。主动型基金是指以寻求取得超越市场的业绩表现为目标的基金。

（2）被动型基金。被动型基金一般选取特定的指数成分股作为投资对象，不主动寻求超越市场的表现，而是试图复制指数的表现。因此，被动型基金通常也被称为指数型基金。

4.2.6　根据投资来源和运用地域分类

（1）国内投资基金。国内投资基金是指资金全部来自国内投资者并投资于国内金融市场的投资基金。一般而言，国内基金在一国的基金市场上应占主导地位。

（2）国际投资基金。国际投资基金是指基金资金来源于国内但投资于境外金融市场的投资基金。由于各国经济和金融市场发展的不平衡性，因而在不同国家会有不同的投资回报，通过国际基金的跨国投资，可以为本国投资者带来更多的投资机会以及在更大范围内分散投资风险，但国际基金的投资成本和费用一般也较高。国际基金有国际股票基金、国际债券基金和全球商品基金等种类。

（3）离岸基金。离岸基金是指基金资金从国外筹集并投资于国外金融市场的基金。离岸基金的特点是两头在外。离岸基金的资产注册登记不在母国，为了吸引全球投资者的资金，离岸基金一般都在素有"避税天堂"之称的地方注册，如卢森堡、开曼群岛、百慕大群岛等，因为这些国家和地区对个人投资的资本利得、利息和股息收入都不征税。

（4）海外基金。海外基金是指从国外筹集资金并投资于国内金融市场的基金。利用海外基金通过发行受益凭证，把筹集到的资金交由指定的投资机构集中投资于特定国家的股票和债券，把所得收益作为再投资或作为红利分配给投资者，它所发行的受益凭证则在国际著名的证券市场挂牌上市。海外基金已成为发展中国家利用外资的一种较为理想的形式，一些资本市场没有对外开放或实行严格外汇管制的国家可以利用海外基金。

除了上述几种类型的基金，证券投资基金还可按是否收费将其划分为收费基金和不收费基金；根据投资币种不同，将其划分为美元基金、英镑基金、日元基金、欧元基金等，以及投资于其他基金的基金中基金等等。

4.2.7 特殊类型的基金

1）LOF 投资基金

LOF 投资基金是指上市型开放式基金（Listed Open-end Fund，LOF），即开放式基金发行结束后，投资者既可以在场外市场的指定网点申购与赎回基金份额，又可以在交易所进行基金份额买卖，并通过份额转托管机制将场外市场与场内市场有机地联系在一起的一种开放式基金，是开放式基金在交易方式上的创新。2004 年 8 月 18 日深圳证券交易所公布了《深圳证券交易所上市开放式基金业务规则》，这标志着 LOF 投资基金已在中国生根发芽，且从产品特性看，深交所推出的 LOF 基金在世界范围内属于首创。

2）ETF 投资基金

ETF 投资基金是指交易所交易的开放式指数基金（Exchange-Traded Funds，ETF），常被称为"交易所交易基金"。它是一种在交易所上市交易的、基金份额可变的基金运作方式，是开放式基金在产品上的创新。它结合了开放式基金、封闭式基金的运作特点，同 LOF 投资基金一样，也是基金发行结束后，投资者既可以在指定网点申购与赎回基金份额，但申购、赎回必须采用组合证券的形式，也可以在交易所买卖该基金。不同的是，它的申购是用一揽子股票换取 ETF 份额，赎回时也是换回一揽子股票而不是现金。ETF 投资基金是以复制和追踪某一市场指数为目标，通过充分分散化的投资策略降低非系统性风险，以通过消极管理方式最大限度地降低交易成本而取得市场平均收益水平的一种金融衍生产品。ETF 发轫于金融中介机构为大的机构投资者提供对冲工具，这种交易方式使该类基金存在一二级市场之间的套利机会，可有效防止类似封闭式基金的大幅折价现象。

ETF 出现于 20 世纪 90 年代初期的加拿大多伦多证券交易所。我国上海证券交易所和华夏基金管理公司在 2004 年 12 月 30 日推出了上证 50ETF 投资基金，是一种以上证 50 特定股价指数为基准指数，以一揽子特定价值的股票组合为基础而设立起来的被动型具有双重交易机制的投资基金产品，投资者购买 1 个基金单位，就等于按权重购买了这个指数的全部股票，是一种成本低、流动性高、跟踪误差低的指数化投资工具。2006 年 2 月 21 日，易方达深证 100ETF 正式发行，这是深交所推出的第一只 ETF。

LOF 与 ETF 是有区别的:

(1) LOF 和 ETF 的相似点

①同跨两级市场。ETF 和 LOF 都同时存在于一级市场和二级市场,都可以像开放式基金一样通过基金发起人、管理人、银行及其他代销机构网点进行申购和赎回。同时,也可以像封闭式基金那样通过交易所的系统买卖。

②理论上都存在套利机会。由于上述两种交易方式并存,申购和赎回价格取决于基金单位资产净值,而市场交易价格由系统撮合形成,主要由市场供需决定,因此两者之间很可能存在一定程度的偏离,当这种偏离足以抵消交易成本的时候,就存在理论上的套利机会。投资者采取低买高卖的方式就可以获得差价收益。

③折溢价幅度小。虽然基金单位的交易价格受到供求关系和当日行情的影响,但它始终是围绕基金单位净值上下波动的。由于上述套利机会的存在,当两者的偏离超过一定的程度,就会引发套利行为,从而使交易价格向净值回归,所以,其折溢价水平远低于单纯的封闭式基金。

④费用低、流动性强。在交易过程中都无须申购和赎回费用,只需支付最多0.5%的双边费用。另外,由于同时存在一级市场和二级市场,流动性明显强于一般的开放式基金。同时,ETF 属于被动式投资,管理费用一般不超过 0.5%,远远低于开放式基金 1% ~ 1.5% 的水平。

(2) LOF 和 ETF 的差异点

①适用的基金类型不同。ETF 主要是基于某一指数的被动性投资基金产品;而LOF 虽然也采取了开放式基金在交易所上市的方式,但它不仅可以用于被动投资,也可以用于积极投资。

②申购和赎回的标的不同。在申购和赎回时,ETF 与投资者交换的是基金份额和一揽子股票;而 LOF 则是以基金份额与投资者交换现金。

③套利操作方式和成本不同。ETF 在套利交易过程中必须通过一揽子股票的买卖,同时涉及到基金和股票两个市场;而对 LOF 进行套利交易只涉及基金的交易。更突出的区别是,根据上交所关于 ETF 的设计,为投资者提供了实时套利的机会,可以实现 T+0 交易,其交易成本除交易费用外主要是冲击成本;而深交所目前对LOF 的交易设计是申购和赎回的基金单位和市场买卖的基金单位分别由中国注册登记系统和中国结算深圳分公司系统托管,跨越申购赎回市场与交易所市场进行交易必须经过系统之间的转托管,需要两个交易日的时间,所以 LOF 套利还要承担时间上的等待成本,进而增加了套利成本。

3）保本基金

保本基金是指通过采用投资组合保险技术，保证投资者在投资到期时至少能获得投资本金或一定回报的证券投资基金。保本基金的投资目标是在锁定下跌风险的同时力争有机会获得潜在的高回报。

4）分级基金

分级基金又被称为结构性基金、可分离交易型基金，是指在一只基金内部通过结构化的设计或安排，将普通基金份额拆分成具有不同预期收益与风险的两类或多类份额，并可分离上市交易的基金产品。

5）复制基金

复制基金是英文 Clone Fund 的意译，又可直译为克隆基金。复制基金在国外非常普遍，主要可分为两种形式，一种是通过衍生产品来复制目标基金的市场表现，另一种是复制目标基金的投资策略。复制基金的意义在于通过金融创新，创造性地解决投资者的困难，满足其投资需求。复制基金也将加速基金产品的优胜劣汰，具有持续优良业绩回报的基金产品可以通过复制的途径来创造规模，有利于培育基金长期投资的理念。

6）QFII 基金

QFII 是 Qualified Foreign Institutional Investors（合格的境外机构投资者）的缩写形式，它是指外国专业投资机构经本国有关部门批准从事境内证券市场的股票、债券等有价证券投资业务的证券投资基金。它是在货币没有实现完全可自由兑换、资本项目尚未开放的情况下，有限度地允许境外投资者投资境内证券市场的一项过渡性的制度安排。

7）QDII 基金

QDII 是 Qualified Domestic Institutional Investor（合格的境内机构投资者）的缩写形式。它是在一国境内设立，经该国有关部门批准从事境外证券市场的股票、债券等有价证券投资业务的证券投资基金。和 QFII 一样，它也是在货币没有实现完全可自由兑换、资本项目尚未开放的情况下，有限度地允许境内投资者投资境外证券市场的一项过渡性的制度安排，为国内的投资者参与国际市场投资提供了便利。2007 年我国推出了首批 QDII 基金。

4.3　投资基金的投资运作与管理

对证券投资基金基本运作的了解是进行基金投资的基础。本节主要介绍证券投资基金有关当事人的权利责任、基金基本的运作机制、投资限制、投资组合以及基金的信息披露等内容。

4.3.1　投资基金的参与主体

1) 基金发起人

基金发起人是指以基金设立为目的，并采取一定步骤和必要措施来达到设立基金目的的人。基金发起人通常为法人而不是自然人。各国基金管理法规对基金发起人资格的规定不尽相同。在基金历史悠久的英国，由于基金法规的完善和基金业的自律作用，对基金发起人资格的要求较为宽松，只要求发起人是相应的行业协会的会员。但由于基金的特殊性，其他国家的法律对基金发起人资格的要求比对普通的股份公司发起人的要求要更加严格。考虑到基金发起人在基金设立中和以后基金运作中的重要性，各国的法规一般都从发起人的规模、商业信誉和经营业绩等方面对其资格进行限制。发起人大多数为有实力的金融机构。按照我国的《证券投资基金管理暂行办法》，基金的主要发起人为按照国家有关规定设立的证券公司、信托投资公司和基金管理公司；基金发起人的数目为两个以上。

2) 基金持有人

基金持有人是基金受益凭证的持有者。作为基金的受益人，基金持有人享有基金资产的一切权益。按照通行做法，基金的资产由基金的托管人保管，并且一般以托管人的名义持有，但是，基金最后的权益属于基金的持有人，持有人承担基金投资的亏损和收益。基金持有人的基本权利包括对基金收益的享有权、对基金单位的转让权和一定程度上对基金经营的决策权。在不同组织形态的基金中，对基金决策的影响渠道是不同的。在公司型基金中，基金持有人通过股东大会选举产生基金公司的董事会来负责公司的决策；在契约型基金中，基金的持有人只能通过召开持有人大会对基金的重大事项做出决议，而对基金在投资方面的决策一般不能有直接的影响。基金持有人在享有权利的同时，也必须交纳基金认购款项及规定的费用，并承担基金亏损或者终止的有限责任。

3）**基金管理人**

投资基金管理人是指凭借自身的专业投资管理技能，在遵守法规和基金契约的条件下，运用基金资产进行投资，谋求所管理的基金资产不断增值，实现基金持有人利益最大化的专业金融机构。在世界上不同的国家和地区，基金管理人有不同的名称，如在我国台湾地区称为证券信托投资事业，在英国称为投资管理公司，在美国称为基金管理公司，而在日本则被称为证券投资信托公司。

基金管理人是基金资产的管理者和运用者，基金投资能否取得较好的回报，完全取决于基金管理人的投资运作。因此，为了保护基金投资者的利益，世界各国和地区对基金管理人的资格都有严格的规定，基金管理人资格的取得必须经监管部门的批准。在美国，基金管理公司必须经 SEC 核准；在日本，从事基金管理业务必须取得大藏省的许可证。基金监管当局一般会从基金管理人的资本大小、资产质量、经营业绩、董事的资格、主要业务人员的素质经验以及是否有投资管理计划等方面来对基金管理人的资格进行审查。我国证券投资基金法对基金管理人的资格、职责都有严格规定。

在我国，基金管理人的基本职责是运用和管理基金资产。其主要职责是：

（1）按照投资基金契约的规定运用投资基金资产投资并管理投资基金资产；

（2）及时、足额地向投资基金持有人支付投资基金收益；

（3）保存投资基金的会计账册、记录 15 年以上；

（4）编制投资基金财务报告，及时公告，并向中国证监会报告；

（5）计算并公告投资基金资产净值及每一投资基金单位资产净值；

（6）投资基金契约规定的其他职责。

4）**基金托管人**

基金托管人又称基金保管人，是依据投资基金运行中"管理与保管分开"的原则对投资基金管理人进行监督和保管投资基金资产的机构，是基金资产的名义持有人与受托保管人。

由于基金托管人在基金的运作中处于联系的枢纽地位，各国的监管法规都对基金托管人的资格有严格的要求。从基金资产的安全性和基金托管人的独立性出发，一般都规定基金托管人必须是由独立于基金管理人并具有一定实力的银行、保险公司和信托投资公司等金融机构担任。

投资基金托管人在投资基金的运行过程中起着不可或缺的作用。投资基金托管人的主要职责是：

（1）安全保管投资基金的全部资产；

（2）执行投资基金管理人的投资指令，并负责办理投资基金名下的资金往来；

（3）监督投资基金管理人的投资运作，发现投资基金管理人的投资指令违法、违规的，不予执行，并向中国证监会报告；

（4）复核、审查投资基金管理人计算的投资基金资产净值及投资基金价格；

（5）保存投资基金的会计账册、记录 15 年以上；

（6）出具投资基金业绩报告，提供投资基金托管情况，并向中国证监会和中国人民银行报告；

（7）投资基金契约、托管协议规定的其他职责。

投资基金托管人必须将其托管的投资基金资产与托管人的自有资产严格分开，对不同投资基金分别设置账户，实行分账管理。

基金管理人和基金托管人在基金运作中扮演着重要角色，他们之间是一种相互协作和相互制衡的关系。

投资基金管理人由投资专家组成，负责投资基金资产的经营，本身不实际接触及拥有投资基金资产；托管人由主管机关认可的金融机构担任，负责投资基金资产的保管，依据投资基金管理机构的指令处置投资基金资产并监督管理人的投资运作是否合法合规。

投资基金管理人和投资基金托管人均对投资基金持有人负责。他们的权利和义务在投资基金契约或投资基金公司章程中预先界定清楚，任何一方有违规之处，对方都应当监督并及时制止，直至请求更换违规方。这种相互制衡的运行机制，极大地保证了投资基金信托财产的安全和投资基金运用的高效。但这种机制的作用得以有效发挥的前提是投资基金托管人与投资基金管理人必须严格分开，由不具有任何关联的不同机构或公司担任，两者在财务上、人事上、法律地位上应该完全独立。

4.3.2 投资基金运作的监督管理

证券投资基金是一种利益共享、风险共担的集合投资方式。它的最大优点是可以利用基金管理人的专业管理，来提高投资效率。在证券投资基金成立后，基金的受益人一般不再介入基金资产的运作，因此，基金的管理人有着相当大的自主权。但是，基金管理人是一个有着自身利益的机构，并且基金管理人和基金受益人之间存在着一定的利益冲突，如何才能保护广大投资者的合法权益，这不仅关系到证券市场的运作，还关系到社会公正和社会安定。因此，纵观世界基金业的发展历程，保护投资者利益都被各国的金融管理部门和证券市场监管部门放在极其重要的位置，并成为基金立法和基金监管的基本原则。

在对投资基金的监督管理中，对投资者合法权益的保护措施可以是多层次的，包括国家的法律、政府的行政条例，以及投资基金业的约定和职业道德规范等等。从各国的经验来看，具体表现为对以下几个方面的管理：

（1）保持基金资产的独立性。独立可辨的基金资产是基金受益人权益的载体。一旦基金的资产与其他财产混合，基金持有人的利益便失去依托，基金的财产也难以得到保护。所以，基金的监管部门首先要求基金资产的独立保管，体现在具体的措施上便是基金的资产必须由符合条件的第三者托管。基金的资产必须开设单独的账户，并且必须和基金托管人的自有财产严格分开，如果基金托管人同时托管几只证券投资基金，应对不同的基金设置不同的账户，实行分账管理。在这种要求下，即使基金托管人或基金管理人破产，基金的资产也不会受到影响，因此就保护了基金受益人的权益。

（2）对投资基金的投资范围进行限制。许多西方发达国家政府都对本国投资基金的投资范围加以严格限制，其中最突出的例子就是绝对禁止投资基金投资于他们认为是高风险的市场，甚至一些高风险的金融产品（如期货、期权等派生金融产品）、流通性差的金融资产、投资基金管理人无法有效管理的资产都被排除在某些投资基金的投资范围之外。

（3）对投资基金的投资对象进行限制。即使在允许的投资范围之内，投资基金也不能随心所欲地进行投资，而必须按照既定的投资基金类型选择具体投资对象。例如，股票投资基金就必须将一定比例的资金投资在股票上，不论债券的利息率有多高。类似地，债券类投资基金必须有不低于某一比例的资金投放在债券；区域性投资基金的主要投资对象必须集中在特定的地理区域投资等等。

（4）对投资基金的风险进行控制，即对投资对象的投资比例进行限制，进行组合投资。为了降低在获取证券投资收益过程中伴随着的证券投资风险，证券投资基金需要将诸多证券品种进行组合搭配，形成"投资组合"。投资组合的最大好处是把"所有鸡蛋不要放在同一个篮子里"，分散了非系统性风险，即证券市场中个别投资对象所具有的个别风险。国际上对投资基金投资组合的规定有很多，各个国家的规定也不尽相同，但出发点都是为了保护投资人的利益，把投资风险控制在最低限度。例如，一个投资基金在某一类金融产品上投资不能超过投资基金总值的某一比例；投资基金在某个发行者（如企业A）所发行的各类金融产品（如普通股票、优先股票、各期债券、可转换债等）上的投资总额不能超过一定的限度；投资基金对某一投资顾问公司所做的投资应在某一特定的数额之内等等。在我国的法规中对投资基金的投资组合规定如下：

①一个投资基金投资于股票、债券的比例，不得低于该投资基金资产总值的 80%；

②一个投资基金持有一家上市公司的股票，不得超过该投资基金资产净值的 10%；

③同一投资基金管理人管理的全部投资基金持有一家公司发行的证券，不得超过该证券的 10%；

④一个投资基金投资于国家债券的比例，不得低于该投资基金资产净值的 20%。

（5）对利益冲突采取防范措施。世界各国的监管法规在防范基金管理人与基金受益人之间利益冲突方面都有具体的规定，禁止基金管理人利用基金的资产为自身或利益相关人谋取利益而损害基金受益人的权益。例如，基金法规要求基金不得买卖由基金管理公司本身及其董事或主要股东所持有的有价证券，基金管理人也不能在所管理的不同基金之间进行交易。在我国的法规中，则禁止基金资产投资于与基金管理人或托管人有利害关系的公司发行的证券；禁止投资基金管理人以投资基金的名义使用不属于投资基金名下的资金买卖证券；禁止将投资基金资产用于抵押、担保、资金拆借或者贷款；禁止从事可能使投资基金资产承担无限责任的投资；禁止投资基金之间相互投资；同时也禁止基金管理人从事除国债以外的证券自营和证券承销业务。这些措施都是为了防止基金管理人和托管人利用基金资产谋取自身的利益，损害基金投资者。

（6）规范信息披露。基金的投资者是社会公众，他们希望通过证券投资基金来获取投资收益。为了让基金持有人或潜在的基金投资者能够及时了解基金真实的经营运作情况，并依此进行投资决策，基金管理人和基金托管人必须向公众披露与基金有关的一切信息。基金的信息披露是减少基金持有人和基金管理人委托代理关系的不透明性的重要手段，同时规范的信息披露也是基金规范运作的一个重要方面。

一般来说，基金的信息披露包括三种：一是基金在发售时的信息披露，主要是披露基金的组成文件和招募文件；二是基金在运作中定期的信息披露，包括对基金经营状况的披露和基金投资组合的披露；三是基金的不定期公告，即发生对基金影响重大事项的披露。

4.4 投资基金的收益、费用与利润分配

4.4.1 投资基金的收益

（1）投资基金的收益来源。投资基金的收益是指投资基金管理人将募集的资金进行投资获得的投资收益。证券投资基金主要投资于股票、债券等金融工具，因此它的收益来源主要有以下三部分：第一部分是买卖股票、债券等有价证券的价差；第二部分是基金投资所得红利、股息、债息收入；第三是存款利息收入。另外，因运用投资基金资产带来的成本或费用的节约也计入投资基金收益。

（2）基金份额持有人的收益。基金份额持有人投资于投资基金的收益可来自两个渠道，一是买卖投资基金的价差收益，二是投资基金的分红派息。无论是开放式基金还是封闭式基金，价格都是波动的，封闭式基金的价格取决于市场供求，开放式基金的价格由单位基金的资产净值和手续费两部分组成。由于投资基金是一种代人理财的投资机制，因此，基金分红派息收入应是投资者的主要追求对象。

4.4.2 投资基金的费用

基金所支付的费用通常包括以下几项：

（1）基金管理费。基金管理费是指从基金资产当中提取的、支付给为基金提供专业化服务的基金管理人的费用，也就是管理人为管理和操作基金而收取的报酬。基金管理费通常按照每个估值日基金净资产的一定比率（年率）逐日计提，累计至每月月底，按月支付。管理费率的大小通常与基金规模成反比，与风险成正比。不同的国家及不同的基金，管理费率不完全相同。我国股票型基金大部分按 1.5% 的比例提取，债券基金一般低于 1%，货币基金为 0.33%。

（2）基金托管费。基金托管费是指基金托管人为保管和处置基金资产而向基金收取的费用。托管费通常按照基金资产净值的一定比率提取，逐日计算并累计，按月支付给托管人。托管费从基金资产中提取，费率也会因基金种类不同而异。我国投资基金的年托管费最初为基金资产净值的 0.25%，随着基金规模的扩大和竞争的加剧，托管费出现了下调趋势。

（3）基金合同生效后的信息披露费用。

（4）基金合同生效后的会计师费和律师费。

（5）基金份额持有人大会费用。

（6）基金的证券交易费用。这部分费用与基金在投资管理时的周转率有关，周转率越高，交易费用就越高

（7）基金分红手续费。

（8）基金清算费用。

（9）营销费用则是货币市场基金和短债基金所特有的费用，一般的费率标准为0.15%，由于这些基金不收取申购和赎回的费用，所以就需要通过营销费用来弥补发行渠道的成本。

上述费用由基金托管人根据法律、法规及基金契约的相应规定，按费用的实际支出金额支付。费用从基金总资产中直接扣除，按照"基金资产净值×相应的费率÷当年天数"的算式按日提取，并体现在基金净值中。虽然不需投资者付费，但这些费率的高低，也会对投资者的收益产生一定的影响。

4.4.3 投资基金的利润分配

投资基金的利润是指基金在一定会计期间的经营成果。投资基金在获取投资收入扣除有关费用后，需将利润分配给投资者。分配通常有两种方式，一是分配现金，二是分配基金份额。不同的国家、不同的投资基金的收益分配方案都不尽相同。我国的证券投资基金法规定，投资基金收益分配应该采用现金形式，每年至少1次，投资基金收益分配比例不得低于投资基金会计年度净收益的90%。投资基金收益每会计年度结束后4个月内分配一次，采用现金形式分配；投资基金当年收益先弥补上一年度亏损，投资基金投资当年亏损则不进行收益分配；每份投资基金单位享有同等分配权；投资基金收益分配方案由投资基金管理人拟定，经投资基金托管人核实后，报中国证监会备案后公告。

【参考案例】

嘉实 300 基金（160706）

序号	项 目	内 容
1	基金类型	上市型开放式
2	本期单位净值（元）	1
3	基金成立日	2005-08-29

续表

序号	项 目	内 容
4	发行日期	2005-07-05
5	发行方式	基金场内+场外发行
6	发行对象	中国境内的个人投资者、机构投资者和合格境外机构投资者（法律法规及有关规定禁止购买证券投资基金者除外）
7	上市日期	2005-10-17
8	发行份额（亿份）	8.6713
9	募集资金（亿元）	
10	发行费用（万元）	
11	认购费率	金额<50万元认购费率为1.0%，50万元≤金额<200万元认购费率为0.8%，200万元≤金额<500万元认购费率为0.6%，金额≥500万元认购费率单笔1 000元
12	申购费率	金额<50万元申购费率为1.5%，50万元≤金额<200万元申购费率为1.2%，200万元≤金额<500万元申购费率为1.0%，金额≥500万元申购费率单笔1 000元。投资者通过本基金管理人网上交易系统申购本基金实行申购费率优惠，其申购费率不按申购金额分档，统一优惠为申购金额的0.6%。但基金招募说明书规定的相应申购费率低于0.6%时，按实际费率收取申购费
13	基金管理人	嘉实基金管理有限公司
14	基金托管人	中国银行股份有限公司
15	基金经理	杨宇
16	投资目标	投资目标：本基金进行被动式指数化投资，通过严格的投资纪律约束和数量化的风险管理手段，力争控制本基金的净值增长率与业绩衡量基准之间的日平均跟踪误差小于0.3%，以实现对沪深300指数的有效跟踪，谋求通过中国证券市场来分享中国经济持续、稳定、快速发展的成果
17	投资范围	本基金资产投资于具有良好流动性的金融工具，包括沪深300指数的成分股及其备选成分股、新股（一级市场初次发行或增发），现金或者到期日在1年以内的政府债券不低于基金资产净值5%

续表

序号	项　目	内　容
18	投资理念	本基金以拟合、跟踪沪深300指数为原则，进行被动式指数化投资，力求获得该指数所代表的中国证券市场的平均收益率，为投资者提供一个投资沪深300指数的有效投资工具
19	资产配置	本基金原则上将不低于90%的基金资产净值投资于沪深300指数成分股和备选成分股，其中备选成分股投资比例不高于15%，现金或者到期日在1年以内的政府债券不低于基金资产净值5%。本基金将根据市场的实际情况，适当调整基金资产的配置比例，以保证对标的指数的有效跟踪
20	投资风格	指数型

（资料来源　http：//www.sse.com.cn，摘选有关章节）

● **重要概念**

　　投资基金　封闭式基金　开放式基金　契约型基金　公司型基金　货币基金　指数基金
LOF投资基金　ETF投资基金　保本基金　QDII　QFII　分级基金　复制基金

● **复习思考**

（1）什么是投资基金？它具有哪些特点？

（2）投资基金与股票、债券的联系与差异表现在哪些方面？

（3）投资基金都有哪些分类？

（4）封闭式基金与开放式基金的主要区别是什么？

（5）契约型基金与公司型基金的主要区别是什么？

（6）什么是货币基金？它有哪些特点？

（7）什么是指数基金？它有什么优点？

（8）对投资基金的风险如何进行控制？

（9）基金管理人与基金托管人都有哪些权责及相互关系？

（10）LOF基金与ETF基金有何异同？

（11）为什么要对投资基金进行监管？如何才能保护投资者的利益？

第5章 金融衍生工具

◇**学习目标**

- 掌握金融远期、金融期货、期权、权证、可转换证券、存托凭证、资产证券化等金融衍生工具的含义及本质特征
- 理解主要衍生工具的经济功能
- 知晓金融期权与金融期货的主要区别
- 了解股指期货交易的特点
- 掌握期货套期保值的基本操作方法
- 掌握可转换公司债券的基本要素及公司发行可转换债券的意义
- 理解衍生产品所具有的双刃剑作用

金融衍生工具又称金融衍生产品，是与基础金融产品相对应的一个概念，指建立在基础产品或基础变量之上，其价格取决于基础金融产品价格（或数值）变动的派生金融产品。作为金融衍生工具基础的变量因素繁多，主要是股票、债券的资产价格、价格指数、利率、汇率、费率、通货膨胀以及信用等级等等。近年来，某些自然现象（如气温、降雪量、霜冻、飓风）甚至人类行为（如选举、温室气体排放）也逐渐成为金融衍生工具的基础变量。衍生产品所具有的杠杆交易、高效率等特征正成为微观个体风险管理和金融投资的利器，但是，衍生工具在特定的条件下，如果监管不当又能引起风险总量的净增长，酝酿出巨大的金融灾难。因此，强化对金融衍生产品的学习就成为当务之急。受书稿字数所限，本章仅就与中国市场密切相关的产品进行介绍。

本章建议阅读资料：
1. ［美］罗伯特·A.斯特朗：《衍生产品概论》，王振山等译，大连，东北财经大学出版社，2005。
2. 路透：《金融衍生工具导论》，北京，北京大学出版社，2001。
3. 中国证券业协会：证券业从业资格考试统编教材（2010）——《证券市场基础知识》，北京，中国财政经济出版社，2010。
4. 曹凤岐、刘力、姚长辉：《证券投资学》，2版，北京，北京大学出版社，2008。

5.1 金融远期、期货与互换

5.1.1 远期

1) 远期的含义与特征

远期又称远期交易（Forward Contract），是指买卖双方约定在未来的某时刻按照现在确定的价格进行交易，属于场外交易。即买卖双方事先协商确定买卖商品的种类、数量、成交价格（远期价格）以及交割时间、交割地点。在达成交易时，卖方并不真正地交付商品，买方也不付款，只有到了规定的交割日时，卖方才交出商品，买方才支付价款。远期交易通常用来对冲价格波动风险。

【例】某粮食加工厂与农户签订了一份协议，约定在 9 月份按照每吨 3 000 元价格收购大豆 500 吨。那么，某粮食加工厂与农户之间就构造了一份远期合约交易。在合约的有效期内，如果大豆的价格上涨，则粮食加工厂就获利，农户就损失；反之，如果大豆价格下跌，则粮食加工厂就损失，农户就获利。

2) 远期交易的优缺点

（1）远期交易比较灵活，交易事项可以双方协商确定。因此，金融机构或大型工商企业通常利用远期交易作为风险管理的手段。

（2）远期交易缺少流动性。因为，远期交易不是标准化的合约，是一对一的单独的交易，是为了满足某一方的特定要求而设立的，如果一方想退出合约，他必须要找到合适的交易对象，即交易的价格、时间以及数量等都合适，对方才能接受。

（3）远期交易存在信用风险。如前例，在合约的有效期内，如果大豆的价格上涨，则粮食加工厂就获利，但是，当农户看到大豆价格上涨时，会认为到现货市场直接出售大豆对自己更为有利，就不去履行远期合约，农户违约的结果是直接造成粮食加工厂的损失。另外，在合约到期时，还会出现买方发生财务困难，拿不出足够的资金来购买产品，或者卖方以次充好，试图出售伪劣商品等信用问题。

3) 远期交易的种类

远期交易在几个世纪前就存在，主要是在商品生产者（如农户）和收购者之间进行交易。后来发展到金融领域，金融机构或大型工商企业利用其作为风险管理的工具，成为最基础的金融衍生产品。

目前，金融远期合约主要包括远期利率协议、远期汇率协议和远期股票合约。

远期利率协议是指按照约定的名义本金，交易双方在约定的未来日期交换支付浮动利率和固定利率的远期协议。

远期汇率协议是指按照约定的汇率，交易双方在约定的未来日期买卖约定数量的某种外币的远期协议。

【例】2010年3月1日，美国某公司财务员知道该公司将于3个月之后（即6月1日）收到100万英镑。公司要求财务人员对冲美元与英镑汇率波动带来的风险。银行报出3个月远期外汇汇率为1.5000 \$／£，因此该公司与银行订立远期合约，约定该公司于6月1日将100万英镑以1.5000 \$／£ 的价格卖给银行。不论汇率此后如何变动，双方都负有在3个月后（6月1日）以1.5000 \$／£ 的价格买入（银行）和卖出（公司）100万英镑的义务。

目前，与我国证券市场直接相关的金融远期交易是在全国银行间债券市场的远期交易。除此之外，国内主要的外汇银行均开设远期外汇结售汇业务，同时，在新加坡、我国香港等地，还广泛存在着不交割的人民币远期交易（人民币NDF）。这些工具为证券市场上从事跨境交易的投资者提供了规避汇率风险的工具。

5.1.2　期货

1）期货的含义及特征

期货是指买卖双方在集中的交易所市场以公开竞价方式所进行的标准化期货合约的交易。即买卖双方支付一定数量的保证金，通过期货交易所进行的以将来的特定日作为交割日，按成交时约定的价格交割一定数量的某种特定商品的标准化协议。期货交易实质上是把订约与履约的时间隔离开来，通常时间间隔可以是1个月、3个月、6个月不等，相对于现货交易而言，是一种远期交易、"未来买卖"。由于期货交易是要按约定价格结算，在交割时，如果正遇金融工具价格上涨，买方则可大获其利；反之如果正遇价格下跌，则卖方就能获利。期货交易主要有两大类：一是商品期货，如大豆、石油等期货交易；二是金融期货，主要有外汇期货、利率期货、股票指数期货。目前世界上流行的期货合约交易品种如表5—1所示。本书中主要讲述的是金融期货。

金融期货交易既不同于现货交易也不同于远期交易，作为一种标准化的远期交易，金融期货交易具有以下特点：

表 5—1　　　　　　　　　　　　　期货合约交易品种

	基础资产	交易所
实物商品	玉米、大豆、大豆粉、大豆油、小麦	芝加哥期货交易所
	肥牛、公猪、猪肚、木材、民用燃料油	芝加哥商品交易所
	可可、咖啡，糖（国际的）、糖（国内的）	咖啡、糖和可可交易所
	铜、金、银	纽约商品交易期货市场
	原油、民用燃料油、汽油、天然气、白金	纽约商品交易所
金融证券	日元、欧元、加元、瑞士法郎、英镑、墨西哥比索、澳元、短期国库券、欧洲美元（伦敦同业拆借利率）、标准普尔 500 小盘股指数、标准普尔 500 指数、日经 225 指数、罗素 2000 指数	国际货币市场（芝加哥商品交易所）
	长期国债、中期国库票据、市政债券指数期货、联邦基金、道·琼斯工业平均指数、主要市场指数	芝加哥期货交易所
	欧洲美元、英国金边债券、德国联盟债券、欧洲马克、欧洲法郎、欧洲里拉、伦敦时报指数	伦敦国际金融期货交易所

（1）交易对象是金融工具的标准化合约（Futures Contract），具有流动性强的特点。即金融期货合约是由期货交易所为进行期货交易而设计的，对指定金融工具（如外汇、债券、股票、股票价格指数）的种类、价格、数量、交收月份、交收地点等都做出统一规定，具有固定格式和内容的标准化书面协议书。实行标准化管理，只有合约的交易价格是可变的，因而既便于市场流通转让，又可避免发生纠纷。

（2）对冲交易多，实物交割少，具有明显的投机性。金融工具现货交易的目的是为了筹资或投资，即为生产和经营筹集必要的资金，或为暂时闲置的货币资金寻找生息获利的投资机会。金融期货交易的主要目的是套期保值，即为不愿承担价格风险的生产经营者提供稳定成本的条件，从而保证生产经营活动的正常进行。因此，在金融期货交易中，金融工具的销售者不一定卖出金融工具，金融工具的购买者也不一定真的要买进金融工具，真正需要履约进行现货交割的是极少数，据统计，只约占合约的 1%～2%，绝大部分交易都在合约到期前通过做相反交易实现对冲买卖而了结了，只进行现金差额结算，减少或免除金融工具实物的交换。

（3）采用有形市场形式，实行保证金交易和逐日盯市制度，交易安全可靠。期货交易所采用会员制办法，只有交易所会员才有资格进场交易，且为防止交易者毁约，实行保证金制度，一般按成交金额的 10% 交纳，每天收盘时，要按市价重新核算需交纳的保证金数额，实行多退少补的方式。这种交易方式的实质是买空和卖空，即投资者只需支付少量的保证金，就可以买卖大额的证券。

（4）交易者众多，交易活跃，流动性好。参与金融期货的交易者不仅有套期保值者，更有跨期套利者，使交易趋于活跃，风险得以分散。

2）金融期货交易制度

（1）保证金制度。保证金制度是指在期货交易中，任何交易者都必须按照其所买卖期货合约价值的一定比例缴纳少量资金，作为其履行期货合约的财力担保，然后才能参与期货合约的买卖，并视价格变动情况确定是否追加资金，这种制度就是保证金制度，所交的资金就是保证金。开仓时交的保证金又称初始保证金（Initial Margin），保证金的高低影响投资的杠杆效应和交易的活跃程度，同时也成为交易所控制期货交易风险的一种重要手段。

保证金的收取是分级进行的，可分为期货交易所向会员收取的保证金和期货经纪公司向客户收取的保证金，即分为会员保证金和客户保证金。保证金专户专存、专款专用、不得挪用。

（2）逐日盯市、每日无负债结算制度。逐日盯市、每日无负债结算制度是指结算部门在每日闭市后计算、检查保证金账户余额，通过适时发出追加保证金通知，使保证金余额维持在一定水平之上，防止负债现象发生的结算制度。其具体执行过程如下：在每一交易日结束之后，交易所结算部门根据全日成交情况计算出当日结算价，据此计算每个会员持仓的浮动盈亏，调整会员保证金账户的可动用余额。若调整后的保证金余额小于维持保证金，交易所便发出通知，要求在下一交易日开市之前追加保证金，若会员单位不能按时追加保证金，交易所将有权强行平仓。

维持保证金（Maintenance Margin）是指为了减少投资者违约风险，经纪人所要求的最低保证金，它是保证金账户需要保存的保证金。最低保证金总是比开仓保证金少，买方保证金现金流量情况如图 5—1 所示。

从图 5—1 中我们可以看到，在第一天，期货价格下降的幅度较小，经纪人和客户之间没有现金流量。在第四天，保证金账户中的资金余额低于维持保证金水平，因此，买方客户必须支付额外的资金。

逐日盯市中的结算制度对于控制期货市场风险、维护期货市场的正常运行具有重要作用：

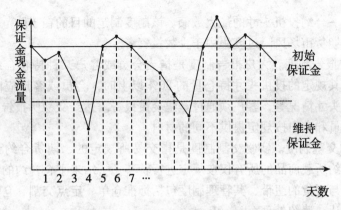

图 5—1　买方保证金现金流量

①逐日盯市制度对所有账户的交易及头寸按不同品种、不同月份的合约分别进行结算，保证每一交易账户的盈亏都能得到及时、具体、真实的反映，为及时调整账户资金、控制风险提供依据。

②由于这一制度规定以一个交易日为最长的结算周期，在一个交易日中，要求所有交易的盈亏都得到及时的结算，保证会员保证金账户上的负债现象不超过一天，因而能够将市场风险控制在交易全过程的一个相对最小的时间单位内。

【例】每张标准普尔 500 指数期货合约的价值是指数的 500 倍。某投资者于 7 月 1 日签订了一份空头合约，开仓时指数为 465 点，到期日是 7 月 9 日，价格为 465 点。交易所要求初始（开仓）保证金为 $ 14 000，维持保证金为 $ 12 000。7 月 2 日，标普 500 上升了一个点收盘为 466 点，这导致了该投资者产生 $ 500 的损失。这 $ 500 的损失使保证金账户的余额减少到 $ 13 500（$ 14 000 - $ 500），但还不须追加保证金；7 月 3 日，指数价格上涨到 470 点，该投资者累积损失为 $ 2 500，致使保证金账户低于 $ 12 000（$ 14 000 - $ 2 500）的维持保证金水平，在这种情况下，交易所发出 $ 2 500 的保证金催付通知（Margin Call），使保证金账户余额回到 $ 14 000 的水平。

（3）涨跌停板制度。涨跌停板制度又称价格最大波动限制（Price Limit）。涨跌停板以上一交易日的结算价为基准，可在一定程度上控制结算风险，保证保证金制度的顺利执行，如《中国金融期货交易所风险控制管理办法》规定，沪深 300 指数期货合约的涨跌停板幅度为前一交易日结算价的正负 10%。

（4）持仓限额制度。持仓限额制度是指交易所规定会员或客户可以持有的，按单边计算的某一合约投机头寸的最大数额。该制度制定的目的在于防范操纵市场价格的行为和防止期货市场风险过度集中于少数投资者。

(5) 大户报告制度。大户报告制度是指当会员或客户某种持仓合约的投机头寸达到交易所对其规定的投机头寸持仓量的 80% 以上时，会员或客户应向交易所报告其资金情况、头寸情况等，客户须通过经纪会员报告。达到交易所报告界限的经纪会员、非经纪会员和客户按规定提供不同的材料。

(6) 实物交割制度。实物交割制度是指交易所规定的，期货合约到期时，交易双方将期货合约所载商品的所有权按规定进行转移，了结未平仓合约的制度。实物交割是联系期货与现货的纽带，其管理制度包括标准仓单、定点交割、仓单交付、仓库管理、仓单转让、违约处理。

(7) 强行平仓制度。强行平仓制度是指当会员或客户的交易保证金不足，并且未在规定时间内补足，或者当会员或客户的持仓量超出规定的限额时，或者当会员或客户违规时，交易所为了防止风险进一步扩大，实行强行平仓制度。强行平仓的原则是：强行平仓首先由会员单位自己执行，除非交易所特别规定，一律在开市后第一交易时间内；规定时限内会员未能执行完毕的，由交易所强制执行；因交易结算保证金小于零而被强制执行的，在补足保证金之前，禁止相关会员开仓交易。

(8) 风险准备金制度。风险准备金制度是指期货交易所从自己收取的会员交易手续费中提取一定比例的资金，作为确保交易所担保履约的备付金的制度。一般来说，交易所按会员收取的手续费收入的 20% 提取风险准备金，当风险准备金达到交易所注册资本的 10 倍时，可不再提取。风险准备金必须单独核算，专户存储，除用于弥补风险损失外，不得挪作他用。

(9) 信息披露制度。信息披露制度是指交易所按即时、每日、每周、每月向会员、投资者和社会公众提供期货交易信息。信息披露的内容涉及各种价格、成交量、成交金额、持仓量、仓单数、申请交割数、交割库容情况等。

(10) 熔断制度。熔断 (Circuit Breaker) 制度又称断路器制度，是指在市场下跌时用有秩序、事先计划的暂停交易，取代突发性的暂停交易制度。熔断制度于 1987 年全球股灾时应运而生，其实质就是在涨跌幅限制前设立了一道过渡性闸门，提前向投资者警示风险，就如同信号灯红灯亮之前先闪黄灯一样。在世界各国的交易所中，熔断制度有两种表现形式，即熔而断与熔而不断。熔而断是指当价格触及熔断点后，在随后的一段时间内停止交易；熔而不断是指当价格触及熔断点后，在随后的一段时间内继续交易，但报价限制在熔断点之内。

　　为了控制风险和减少市场非理性的过度波动，我国的股指期货引进熔断制度。《中国金融期货交易所风险控制管理办法》规定，沪深 300 指数期货合约的熔断点为 ±6%，在此幅度内熔而不断地继续交易 10 分钟。

3）金融期货的经济功能

　　金融期货具有四项基本功能：套期保值功能、价格发现功能、投机功能和套利功能。由金融期货具有的功能就决定了参与金融期货交易主要有两类人，一类是套期保值者，另一类是投机者。

　　（1）套期保值功能

　　期货套期保值就是利用期货合约为现货市场上的证券买卖交易进行保值。它的基本做法是在期货市场上买进（或卖出）与现货市场上的证券数量相同的该证券的期货合约，以期在未来的某一时间在现货市场上卖出（或买进）证券时，能通过在期货市场上卖出（或买进）相同数量的该证券的期货合约来补偿和冲抵因现货市场价格变动所带来的实际价格风险，以一个市场上的盈利来弥补另一个市场上的损失。

　　期货套期保值的基本原理在于某一特定商品或金融工具的期货价格和现货价格受相同经济因素的制约和影响，从而它们的变动趋势大致相同；而且，现货价格与期货价格在走势上具有收敛性，即当期货合约临近到期日时，现货价格与期货价格将逐渐趋同。因此，期货套期保值就是利用两个市场——现货市场和期货市场同时存在，利用期货合约在期货市场上可以随时进行"对冲"的特点，通过在期货市场上持有一个与将来在现货市场上准备交易的现货具有相同数量和交易时点（位置）的期货合约，来避免未来价格波动可能给入市者带来的损失，实现保值的目的。

　　（2）价格发现功能

　　价格发现功能是指在一个公开、公平、高效、竞争的期货市场中，通过集中竞价形成期货价格的功能。期货价格具有预期性、连续性和权威性的特点，能够比较准确地反映出未来商品价格的变动趋势。期货价格之所以具有价格发现功能，是因为期货市场将众多影响供求关系的因素集中于交易所内，通过买卖双方公开竞价，集中转化为一个统一的交易价格。这一价格一旦形成，立即向世界各地传播，并影响供求关系，从而形成新的价格，如此循环往复，使价格不断趋于合理。

　　由于期货价格与现货价格基本一致并逐渐趋同，所以，今天的期货价格可能就是未来的现货价格，这一关系使世界各地的套期保值者和现货经营者都利用期货价格来衡量相关现货商品的远、近期价格发展趋势，利用期货价格和传播的市场信息来制定各自的经营决策。这样，期货价格成了世界各地现货成交价的基础，比较真实地反映了一定时期世界范围内供求关系影响下的商品或金融工具的价格水平。

（3）投机功能

如果入市者在金融市场上基于对金融工具价格未来变化趋势的判断，只买入或只卖出，没有现货市场上的对应行为，那么，这个入市者就是一位期货合约的投机者，他的买卖行为就是投机行为，他在预计价格上涨时买入期货合约、建立期货多头，在预计价格将会下跌时卖出期货合约、建立期货空头，如果他的判断正确，他将获利，如果他的判断失误，他将遭受损失，他是期货市场上的风险承担者。

金融期货投机的原理就是对期货未来价格变化趋势的一种预期，判断正确，就会实现贱买贵卖或贵卖贱买，投机就将获利；判断错误，就可能出现贱买不能贵卖，贵卖不能贱买，甚至是贵买贱卖或贱卖贵买，投机将会遭受损失。投机者的存在对维持市场流动性具有重大意义，当然，过度的投机必须受到限制。

（4）套利功能

套利的理论基础在于经济学中所谓的"一价定律"。严格意义上的期货套利是指利用同一合约在不同市场上可能存在的短暂价格差异进行买卖，赚取差价，成为"跨市场套利"。行业内通常也根据不同品种、不同期限合约之间的比价关系进行双向操作，分别称为"跨品种套利"和"跨期限套利"，对于股价指数等品种，还有"指数套利"等。期货套利机制的存在对于提高金融市场的有效性具有重要意义。

4）金融期货品种

（1）外汇期货

外汇期货又称货币期货，是以外汇为基础工具的期货合约，是金融期货中最先产生的品种，主要用于规避汇率风险。1972 年在美国芝加哥商品交易所（CME）所属的国际货币市场（IMM）分部诞生了第一份外汇期货合约，在 IMM 进行包括英镑、加元、西德马克、法国法郎、瑞士法郎、日元、荷兰盾和墨西哥比索等外汇交易。在 IMM 外汇交割的月份为每年的 3 月、6 月、9 月和 12 月。交割日为每个交割月份的第三个星期三。自此之后，外汇期货在国际上得到迅猛发展。

（2）利率期货

利率期货是继外汇期货之后产生的又一个金融期货产品，其基础资产是一定数量的与利率相关的某种金融工具，主要是各类固定收益金融工具，目的是为了规避利率风险。在美国期货市场上，利率期货品种主要有短期国库券期货、3 个月期欧洲美元期货、政府中长期国债期货、政府全国抵押协会（GNMA）存单期货、欧洲美元存单期货等，无论是合约的买方或卖方，其目的都是利用合约有效期内利率的变化进行保值或投机。1975 年 10 月在美国芝加哥商品交易所诞生了第一份利率期货，虽然比外汇期货晚了 3 年，但其发展速度和应用范围都较外汇期货来得迅速和广泛。并且在国际金融市场上，存在若干重要的参考利率，它们是市场利率的重要指标。常见的参考利率包括伦敦银行间同业拆放利率（Libor）、香港银行间同业拆放利率（Hibor）、欧洲美元定期存款单利率、联邦基金利率等。

（3）股票期货

股票期货是以单只股票作为基础工具的期货，买卖双方约定，以约定价格在合约到期日买卖规定数量的股票。事实上，股票期货均实行现金交割，买卖双方只需要按规定的合约乘数乘以价差，盈亏以现金方式进行交割。

单个股票期货交易最早出现于 20 世纪 80 年代末。较早开设股票期货交易的是阿姆斯特丹交易所，到目前为止，全球各主要交易所均推出了单个股票期货交易。

为防止操纵市场行为，并不是所有上市交易的股票均有期货交易，交易所通常会选择流通盘较大、交易比较活跃的股票推出相应的期货合约，并且对投资者的持仓数量进行限制，如香港证券交易所目前仅有 32 只上市股票有期货交易。

（4）股票价格指数期货

①股票价格指数期货的含义及特征

股票价格指数期货是金融期货中产生得最晚的一个品种，是 20 世纪 80 年代金融创新中最重要、最成功的金融工具之一。

股票价格指数期货是指期货交易所同期货买卖者签订买卖股票价格指数合约，并在将来指定日期用现金办理交割的一种期货交易方式。股价指数期货合约的价值是以现货指数的某一倍数为基准，这种倍数通常为 500，也有用 100 的。例如，沪深 300 指数期货规定每份合约的价值为指数数字的 300 倍，即指数每升降一点，指数期货价格就加减 300 元。升降点数乘以 300 元，合约买卖初始保证金最低为合约价值的 12%。沪深 300 股指期货合约如表 5—2 所示。

股票价格指数期货是为了适应人们管理股市风险，尤其是系统性风险的需要而产生的。严格讲，股票价格指数期货交易与股票期货交易都是转移股票价格风险的手段，不同之处在于，股票期货交易转移的是某只股票价格涨落的风险，而股票指数期货交易转移的则是所有的主要股票价格涨落的风险。因此，股票期货交易的对象是某只股票，而股票指数期货交易的对象是股票价格指数。

股票指数期货同其他期货交易一样，其参与者可以利用期货交易转移风险，也有投机者可以在承担风险的前提下赚取利润。具体说来，股票指数期货交易买进卖出的都是股票指数期货合同。这种合同订立以后，要在规定的日期履行交易双方约定的事项，双方就买卖之间的差额用现金交割。大部分合同在到期时用相反的买卖合同来对冲。

表5—2 沪深 300 股指期货合约

合约标的	沪深 300 指数
合约乘数	每点 300 元
报价单位	指数点
最小变动价位	0.2 点
最低保证金	合约价值的 12%
每日价格最大波动	上一个交易日结算价的 ±10%
合约月份	当月、下月及随后两个季月
交易时间	9：15—11：30 13：00—15：15
最后交易日交易时间	9：15—11：30 13：00—15：00
最后交易日	合约到期月份的第三个周五 （遇法定假日顺延）
交割日期	同最后交易日
交割方式	现金交割

分析股票指数期货交易，可以发现它有几个显著特点：

• 交易对象是经过统计处理的股票综合指数，而不是股票。股票价格指数是用"点"来表示的，股票指数期货合同的价格也以"点"为基础来计算。一般来说，投资者在购买股票时所遇到的一个最大难题就是已知整个股市的走势，但对选择哪种股票却难以做出决策。而股指期货交易正好解决了此难题，从事一笔交易便可以达到参与整个股市的目的，而不必考虑选择购买哪一种股票。

• 采用现金结算，不用实物交割。因为指数代表的是若干种股票当期价格与基期价格变动情况而不是若干数量的某种股票，因此，只能用现金进行股票指数期货合同的清算。这与一般期货交易有较大区别，从而使投资者无须持有股票就可以涉足股票市场。

● 把正常交易先买后卖的程序颠倒过来，当投资者预计市场趋势下降时，可以先卖出，到指数下降时，再买进一个合约来对冲。指数期货和保证金信用交易的卖空行为不同。卖空者只有在市场趋势是向上时才能做交易，在出售时虽然还没持有股票，但要向证券商借股票交割，同时还要交保证金。股票指数期货买卖的是一份合同，一般保证金只按合约价值的 10% 交付，从而可以用较小资金获取较大利润，这是指数期货最吸引人的地方。

● 可以进行套期保值，这是以股票价格和股票价格指数的变动趋势同方向、同幅度的原理为依据的。因为股票价格指数是一组股票价格变动情况的指数，那么在股票的现货市场与股票指数期货市场进行相反操作就可以抵消出现的风险。例如，手中拥有股票想保存或将要卖出者，为避免或减少股票价格下跌带来的风险损失，应在期货市场上做空头，即卖出指数期货；将要购买股票者，为防止股票价格上涨的不测风险，应做多头，即买入指数期货。

②股票指数期货的产生与发展

一般来说，股票价格因受各种因素影响，总是在不断变动的，由此，就产生了股票价格风险。股票价格风险大致可以分为两种：一种是系统性风险，即指因各种因素影响使整个市场发生波动而造成的风险，政治的、经济的以及社会环境的变化是系统风险的来源，这类风险与所有的证券存在着系统性联系，如利率风险、市场风险和购买力风险就属于系统性风险。正因如此，投资者一般无法通过证券组合来消除或降低该类风险。另一种是非系统性风险，即是因个别证券上市公司的特殊状况造成的风险，即某一种股票价格，其活动方向与整个股票市场价格运动的方向不一致，或者说，与整个股市的状况不发生系统性的联系，股市上升它却下跌，股市下跌它却上升。由于非系统性风险强调的是对某一种证券的影响，说明该风险具有相互抵消的可能，所以对这类风险，我们可以通过证券组合方法来避免。但由于每个投资者购买的股票种类是有限的，这就给用股票组合方法来避免非系统性风险带来了困难。为了克服这个困难，减少股票投资的风险，增加股票投资的吸引力，于是综合反映整个股票市场价格水平的股票指数期货交易便应运而生。

1982 年 2 月 24 日，美国堪萨斯市农产品期货交易所推出了世界上第一份被称为"价值线综合平均指数"的股票指数期货合约，这是期货交易史上的一项重大创新。之后，其他形式的股票指数期货合约也相继被引入期货市场，如芝加哥商品交易所1982 年 4 月 21 日推出的标准普尔 500 种股票价格综合指数合约、纽约证券交易所

1982 年 5 月 6 日推出的纽约证券交易所综合股票指数合约，以及芝加哥期货交易所 1984 年 7 月 23 日推出的主要市场指数合约。美国投资界对交易所推出的股票指数期货交易备加重视，特别是那些基金管理经理们，更是将股票指数期货合约视为协助他们管理有价证券市场风险的有力工具之一。投资团体还发现，对于他们来讲，利用股票指数期货管理变化莫测的股票市场无疑也是很重要的。股票指数期货问世以来，取得了突飞猛进的发展。1983 年澳大利亚悉尼期货交易所制定了自己的股票指数期货，1984 年伦敦国际金融期货交易所推出了金融时报 100 种股票指数期货，香港期货交易所开办了恒生指数期货。2006 年 9 月 8 日，中国金融期货交易所正式成立，2010 年 4 月推出以沪深 300 指数为基础资产的首个中国内地股票价格指数期货。

③股票指数期货交易

实际上，股票指数期货交易主要是用来套期保值的。例如，在股票市场总趋势下降时，如果投资者持有股票，就会担心股票价格下跌，这时投资者又不愿立即出售，就可以用股票指数期货交易的办法，来避免股票价格下跌的风险，尽量减少损失。假如你持有 1 000 股甲公司股票，在 1996 年 3 月 1 日这一天股票价格指数为 117，每股甲公司股票价格为 45 元，则投资者持有的股票价值为 45 000 元。为防止股价下跌造成损失，投资者可以在 1996 年 3 月 1 日这一天，在股票指数期货市场上卖出一个 6 月 1 日到期的股票指数期货合同，价值 117×500＝58 500 元。如果股价如投资者所料地下跌，在 6 月 1 日股票价格指数降为 112，甲公司股票每股降为 43 元，那么，投资者手里的股票价值降为 43 000 元，损失 2 000 元。但是，在股票指数期货市场，投资者按指数 112 再买进一个股票指数期货合约，价值 112×500＝56 000 元，前后两个合约对冲，投资者可以获取差价 2 500 元（58 500－56 000），这样，抵消了现货损失，投资者还可赚 500 元。其具体操作如表 5—3 所示。

再如，在股票市场价格总趋势上升时，投资者可以改变原来在期货市场上先卖后买的做法，采取先买后卖方式进行套期保值。具体说来就是：投资者预计在 3 个月后可以有一笔 45 000 元的收入，按目前市价能买 1 000 股股票，可由于股价上升，投资者担心在收到款时股票会涨价，就买不进 1 000 股股票了，这时投资者就买进一个股票指数期货合同，价值为 117×500＝58 500 元。假如 3 个月后，1996 年 6 月 1 日，股价确实上扬了，该公司股票每股涨到 50 元，股票价格指数上升到 127 点，那么，投资者可以在股票指数期货市场上卖出一个股票指数合约，价值 127×500＝63 500 元进行对冲。这样，股票指数期货市场上的交易，使投资者获利 5 000 元的利润，恰好可以用来加到 45 000 元的预期收入上来购买 1 000 股股票。其具体操作可见表 5—4。

表 5—3　　　　　　　　　股票指数期货交易操作表（一）

现货市场	股票指数期货市场
1996 年 3 月 1 日： 股票每股市价 45 元，买入 1 000 股，价值： 45×1 000＝45 000（元） 1996 年 6 月 1 日： 股票每股市价 43 元，价值： 43×1 000＝43 000（元） 投资结果： 由于股价下跌，损失 2 000 元	1996 年 3 月 1 日： 股票价格指数 117，卖出股票指数期货，价值 58 500 元 1996 年 6 月 1 日： 股票价格指数 112，买进股票指数期货合同，价值 56 000 元 对冲结果： 股指期货交易产生 2 500 元利润

表 5—4　　　　　　　　　股票指数期货交易操作表（二）

现货市场	股票指数期货市场
1996 年 3 月 1 日： 投资者预计 6 月 1 日可取得 45 000 元收入，现货市场按当期股价可买入 1 000 股股票 1996 年 6 月 1 日： 投资者用 50 000 元买入价格 50 元的股票 1 000 股 计算结果： 由于股价上扬，投资者发生了 5 000 元的机会损失	1996 年 3 月 1 日： 投资者买进股票指数期货合约，价值： 117×500＝58 500（元） 1996 年 6 月 1 日： 投资者卖出股票指数期货合同，价值： 127×500＝63 500（元） 计算结果： 期货交易产生 5 000 元利润

此例说明，只要预测准确，便可获取大利，至少是可以减少损失。但事实并非如此，因为证券市场上都是通过喊价竞争成交的，想买进的必须要有人卖出才能成交，想卖出的也必须有人买进，缺一不可，因此，把市场作为一个总体，买进的合约必须等于卖出的合约，总盈余必然等于总亏损，也就是说，有赚钱的必然有赔钱的，总数是相等的。

5.1.3　互换

1）互换的含义

互换又称互换交易，是指两个（或两个以上）当事人按照共同商定的条件，在约定的时期内定期交换不同金融工具的现金流的金融交易。互换涉及如下四个因素：

（1）交换者（Parties）。交换者可以是资金的最终使用者，也可以是并不使用资金的中间商，可以在同一个国家，也可以分处不同的国家。

（2）金额（Amount）。互换的金额一般是 1 000 万到 1 亿美元，大多数互换交易都是 2 500 万美元或 2 500 万美元的倍数。

（3）货币（Currency）。互换可以是同一种货币的互换，也可以是不同货币间的互换。从理论上说，互换交易可以在任何货币之间进行，但最常见的货币有美元、欧元、英镑、日元等。

（4）期限（Maturity）。互换有短期互换（期限在 2 年以内），也有长期互换（期限在 2 年以上的互换），通常以 3～10 年的交易居多。

2）互换的产生与发展

互换是在 20 世纪 80 年代以后，在全球范围内汇率浮动与利率波动的背景下，因规避风险的需求、银行的推动以及科学技术的进步而产生并发展起来的一项金融创新业务。但是，随着金融创新的不断呈现，互换技术的更新和市场的变化，互换业务又给市场参与者带来了很大的不确定性，即金融互换又酝酿了新的风险。

3）互换交易品种

按照交换标的物的不同，互换交易可以分为利率互换、货币互换、股权互换、信用互换等类别。前两种互换是国际金融市场上最常见的互换品种。

（1）利率互换

利率互换（Interest Rate Swap）是指交易双方达成协议，相互掉换相同货币不同利率的债权或债务。换句话讲，利率互换就是交易双方根据各自的相对优势，将同一种货币的不同利率的债务进行对双方有利的安排。利率互换是按同一货币进行，期满时无须再掉换本金。

利率互换有两种基本类型：

①同种货币固定利率与浮动利率互换。同种货币固定利率与浮动利率互换（Same Currency Floating-to-Fixed Swap）又称息票互换（Coupon Swap），是指持有同种货币资产或负债的交易双方，以一定的本金为计息基础，其中一方以固定利率换取另一方的浮动利率。通过互换，交易一方以某种固定利率资产或负债换取对方浮动利率的资产或负债；另一方则相反。

【例】A 公司需要一笔浮动利率资金，但它在固定利率资金市场上拥有比较成本优势，B 公司需要一笔固定利率资金，但它在浮动利率资金市场上拥有比较成本优势。为了降低筹资成本，二者可利用各自的相对成本优势进行互换交易。方法是：A

公司先筹措固定利率资金，B 公司先筹措浮动利率资金，然后再进行互换。A、B 公司的比较成本优势，如表 5—5 所示。

表 5—5 　　　　　　　　　　**A、B 公司的比较成本优势**

	A	B	比较成本优势
直接筹集固定利率的成本	9.5%	11.5%	2%
直接筹集浮动利率的成本	LIBOR+0.25%	LIBOR+0.10%	0.15%

②同种货币浮动利率与浮动利率互换。同种货币浮动利率与浮动利率互换（Same Currency Floating-to-Floating Swap），是指持有同种货币资产或负债的交易双方，议定在未来一定日期，一方以某种浮动利率计息的资产或负债换取对方以另一种浮动利率计息的资产或负债。这种类型的互换往往是美国优惠利率（Prime Rate）与 LIBOR 的互换。例如，美国一家银行和英国一家银行分别有一笔以 LIBOR 和优惠贷款利率计息的向法国一家公司发放的美元贷款资产，并都各自担心其贷款利率的风险。为了降低风险，它们可以进行互换交易。在约定日期，美国银行向英国银行支付以 LIBOR 计息的贷款利息，英国银行则向美国银行支付以优惠利率计息的贷款利息。互换的目的主要是为了防止利率的结构性风险。

利率互换交易兼具优点与缺陷。

其优点主要表现在：

- 可以降低融资成本，且交易双方均可获益。
- 可以避免汇率波动产生的影响。
- 无须重组债务即可改变现有利率结构。
- 在会计方面可作或有负债处理，所以不会在资产负债表中反映出来。
- 业务手续简洁。利率互换是同一种币种的不同形式的利率互换，不存在期初或期末的本金交换。同时，利率互换一般采取净额支付方式，即只需利率高的交易方支付一个差额给利率低的交易方即可。

其缺陷主要表现在：

- 容易引起机会亏损，如把浮息换成定息 9%，市场利率由原来的 10% 降至 8%，使浮息利率少于定息利率，就会引起 1% 的机会亏损。当然，这种缺陷亦可视为利率互换交易的一种价格风险。
- 利率互换成本取决于买卖差价，而差价大小则取决于客户的声誉等诸多因素。
- 容易面临对方违约的信用风险。

（2）货币互换

货币互换（Currency Swap）是指交易双方达成协议，相互掉换两种不同货币的利息（浮息或定息均可），并于期满日相互掉换本金。在交换过程中，双方按即期汇率交换不同货币的债权或债务，定期交换利息，到期按原来的汇率交换回原来货币的本金。货币互换实质上也是利率互换，即不同货币的利率互换。

货币互换有三种基本类型：

①交叉货币固定利率与固定利率互换。交叉货币固定利率与固定利率互换是指持有不同种货币资产或负债的交易双方，协定在未来一定日期，一方以固定利率计息的某种货币资产或负债换取对方以固定利率计息的按当时即期汇率计算的等值的另一种货币资产或负债。例如，A 公司在瑞士拥有比较高的信用等级，B 公司在美国拥有比较高的信用等级，而前者需要通过发行债券的方式获得美元资金，后者需要以同样的方式获得瑞士法郎资金。这两家公司可以进行互换交易，就是二者分别在瑞士和美国发行瑞郎固定利率债券和美元固定利率债券，然后互换成对方的负债。A 公司向 B 公司支付美元借款成本，B 公司向 A 公司支付瑞郎借款成本，并在到期日交换借款本金。这样，双方不仅都可以筹措到自己所需要的资金，而且筹资成本也会有所降低。

②交叉货币浮动利率与固定利率互换。交叉货币浮动利率与固定利率互换是指持有不同货币资产或负债的交易双方，协定在一定时期，一方以固定利率计息的某种货币资产或负债换取对方以浮动利率计息的他种货币资产或负债。实际上，它是息票互换与交叉货币固定利率和固定利率互换的结合。例如，A、B 公司分别在日元固定利率资金市场和美元浮动利率资金市场上拥有相对成本优势，但 A 公司需要的是一笔浮动利率美元资金，B 公司需要的是一笔固定利率日元资金，故可进行互换交易。也就是说，二者可先利用自身的相对优势分别筹集期限相同的等值日元固定利率资金和美元浮动利率资金，然后相互交换。A 公司向 B 公司支付美元借款的浮动利率成本，B 公司向 A 公司支付日元借款的固定利率成本，并在到期日相互交换本金。

③交叉货币浮动利率与浮动利率互换。交叉货币浮动利率与浮动利率互换是指持有不同货币资产或负债的交易双方，协定在一定时期，一方以某种货币浮动利率资产或负债换取他种货币浮动利率资产或负债。例如，日本某公司和德国某公司分别在日元浮动利率资金市场和德国马克浮动利率资金市场拥有相对成本优势，但它们所需要的却是对方有相对优势的浮动利率资金。因此，双方可以达成互换协议。它们可以利用各自的相对优势以自己的名义筹集对方所需要的浮动利率资金，然后再互换成自己所需要的浮动利率资金。

5.2　金融期权与期权类衍生产品

5.2.1　期权

金融期权（Option）合约是近 20 年发展起来的一种新型金融工具，它最早出现在金融市场最为发达的美国。1982 年 10 月，芝加哥期货交易所首次推出了"政府长期国库券"期货合约的期权交易业务。除美国以外，英国伦敦金属交易所、澳大利亚悉尼股票交易所等都开办了期权交易业务。目前，有股票期权、股票指数期权、利率期权、货币期权、金融期货合约期权等品种。随着金融期权的日益发展，金融期权的基础资产还有日益增多的趋势，不少金融期货无法交易的资产均可作为金融期权的基础资产，甚至连金融期权合约本身也成了金融期权的基础资产，即所谓复合期权。

1）金融期权的含义及特征

金融期权交易又称选择权交易，相对于现货交易而言，它也是一种远期交易。确切的说，它是指证券投资者事先支付一定的费用取得一种可按既定价格买卖某种证券的权利。

期权交易实质上是一种权利的单方面有偿让渡。购买期权者以支付一定数量的期权费（Premium）为代价，得到一种权利，这种权利使他可以在期限内的任何时候使这个权利，买进或卖出证券，也可以到期不执行这一权利，任其作废。而对于出售期权的专门的证券交易商来说，在收取了一定数量的期权费后，在一定时间内必须无条件服从买方的选择并履行成交时的允诺，按规定出售或购进证券，而没有选择的权利。

2）期权合约的要素

一份标准期权合约的形成必须具备以下几个要素：

（1）卖方。卖方是指卖出期权方，并承担由买方选择决定所发生的执行合约的交割责任方。卖方卖出期权收取期权转让费后得到权利金。与期货合约交易一样，期权交易的卖方不直接与买方发生联系，而是通过交易所的交易系统撮合成交，并由交易所的清算机构在期权合约履行后，立即转换卖方和买方在期权市场中心的交易部位。

（2）买方。买方是指按一定价格买进期权合约的一方。买方买进期权后付出权利金，可以随时决定是否再进行相关期货合约的交易。同样，买方只是通过交易所与期权合同的卖方间接发生交易，并通过清算所的交割改变买方的交易部位。由于交易所的内在机制的运行，使交易所成为所有交易者的卖方或买方，但这里的买方和卖方是指期权交易的参与者，通过交易所的传导，他们不断改变着期权所有者地位和期权交易的部位。一个期权合约的卖者则可能成为另一期权合约的买者。相反，一个期权合约的买者则可能成为该合约或一个其他期权合约的卖者。从交易部位看，买方和卖方的地位在结算所交割后对称性地改变，见表5—6。

表5—6 　　　　　　　　　　　　买卖双方履约后的交易部位

	看涨期权	看跌期权
买方承担	多头部位	空头部位
卖方承担	空头部位	多头部位

（3）期权权利金（Premium）。期权权利金又称期权价格或保险费，是期权买方向卖方支付的获得这一权利而付出的价格，因而实际上是期权交易中的成交价。付出权利金后，买方就得到了放弃的权利，在期权合约的有效期内买方可以任意行使这一权利。在标准期权合约中，期权权利金是唯一的变量，是买卖双方说合成交的基本依据，必须由交易所通过公开竞价形成，期权权利金最后确定要受整个期权合约、期权合约到期月份、履约价格等的影响。

（4）合约月份。合约月份是期权合约进入市场以后的若干月份数，有时是连续的，有时是一年中的间隔月份。

（5）最后交易日。最后交易日是指期权合约在市场内进行有效交易的最后的选择日。它可能与相关期权合约相同，也可能有另外的安排。

（6）履约方式。履约方式指在期权到期日内的交易时间内履约，并将卖方买方分别指定进入期货交易的相应部位具体化。看涨期权买方进入获利期货合约交易的多头部位，而卖方则进入相关的空头交易部位；看跌期权买方进入获利期货合约交易的空头部位，而卖方则进入相关多头交易部位。

（7）交易单位及其价位变动幅度。交易单位是交易所对每个标准期权合约单位做出的规范；价位变动幅度包括价位最小变动幅度和价位最大变动幅度。前者是为了便于期权交易开展而通常事先规定，比较稳定；后者则是为了保证期权市场相对稳定而采取的限制性措施，通常不事先规定，而以当日交易情势决定停板交易的价位最大波动限制幅度。

3）金融期权的基本类型

金融期权交易因买卖关系不同可分为看涨期权和看跌期权两大类，二者都需要委托期权交易的经纪人进行。

（1）看涨期权（Call Option）也称买入期权。它是指依据买卖双方签订的契约，买方（持票人）在协定期内有权按照双方协定价格向卖方（出票人）买进一定数量的指定证券。例如，某人对某种股票行情看涨，那么，他就购入 100 股某种股票的看涨期权，当时每股的市场价格为 48 元，协议价格定为 50 元，每股期权费保险金为 2 元，100 股期权费共计为 200 元，协定期为 3 个月。假设在 3 个月内（合同期内）该种股票的市价涨到每股 55 元，这时期权购买者就可依据契约用 50 元的协议价格购得 100 股该种股票，同时按市价 55 元将这些股票出售，获利价差 500 元，扣除 200 元的期权保险费，再假设经纪人佣金为 100 元，那么，净获利 200 元。但是，如果购进看涨期权后，股票价格在合同期限内没有上涨，反而有所下降，那么，就只能放弃购进股票的权利，损失 300 元钱。有时，也可能不赔不赚，如在合同期限内股价上升到每股 53 元，那么在股票价格上获利 300 元，扣除 200 元期权保险金和 100 元佣金，收支相抵，不赔不赚。

（2）看跌期权（Put Option）也称卖出期权。它是指依据买卖双方签订的契约，买方（持票人）在协定期内有权按照双方协定的价格向卖方（出票人）卖出一定数量的指定证券。换句话说，卖方（出票人）在协议有效期限内，必须应买方（持票人）的请求，以双方已协定的价格向其购入一定数量的指定证券。例如，某人对某种股票行市看跌，那么，他就可以支付期权保险金，购买在合同期限内按预定的价格销售一定数量某种股票的看跌期权。假若他以每股 2 元的期权保险金购买了约定价格每股 50 元的某种股票 100 股的看跌期权，果然跌至 45 元，这样，他在股票价格上获利 500 元，扣除 200 元保险金和 100 元佣金，净盈利 200 元。当然，在股价下跌到 47 元时，他可不赔不赚。但是，如果估计错误，在合同期限内，股价非但没有下跌反而上涨，那么，他实施看跌期权就变得毫无意义，只能放弃按预定 50 元的价格销售股票的权利，损失了 200 元的保险金和 100 元佣金。

目前，美国股票市场上十分盛行期权交易，在纽约股票交易所，期权交易量占全部交易量的比例高达 50% ~ 60%。究其原因，主要是因为这种交易形式有利于限制风险损失，利用成本利润杠杆功能，获取较大利润。股票期权交易的迅速发展带动并促进了整个金融期权市场的迅速发展。新的交易所不断出现，新的期权合约不断推出，目前，交易比较活跃的期权品种除股票期权外，还有债券期权、外汇期权、股价指数期权以及各种金融期货期权。

4）期权交易的利弊

（1）对于期权的买方来说，期权交易只有优点：

●风险是有限的，并且是已知的（这里所说的风险，即为购买期权所付出的保险费）。

●处于变化无常的市场情况下，使用期权交易可防止由于交易时机的判断错误而造成的更大损失。即使市场情况的变化对期权购买者不利，他只要放弃期权即可退出市场，从而避免进一步的损失。

●购买期权的费用（即保险费）在购买时就已确定并一次性付清，因此与套期保值交易所付的保证金不同，在市场情况不利时，不必担心追加价格变动保证金。

（2）对于期权的卖方来说，期权交易既有优点又有缺陷。

其优点是：卖出期权所收入的保险费可用于冲减库存成本。

其缺陷是：其一，处于变化无常的市场情况下，出售期权的人可能会两面吃亏，即当库存成本增加时，所收入的保险费入不敷出；当市场情况有利于卖方时，由于期权已售出而失去良机。其二，最大收益仅局限于收入的保险费。

5）金融期权与金融期货的区别

金融期权交易与期货交易有相似之处，但是它们毕竟是不同的。这种不同表现在：

（1）交易者的权利与义务的对称性不同。期权交易对象不是证券本身而是一种权利。期货交易对象是证券，只是把订约和履约的时间隔离开来。期权是一种权利，而不是一种义务，这是期权交易吸引人心的关键所在。既然期权的购买者只有权利没有义务，所以只有当其肯定获利时，他才会执行期权。期货交易则不然。我们知道，期货合同一旦签订，买方或卖方不仅有权利买进或卖出，而且也有义务买进或卖出，否则，就违反了期货交易的规则，从而将受到惩罚。期权合同签订后，期权持有人可以买进或卖出，也可以不买进或不卖出，买进或卖出的实施与否，完全是期权持有人的权利，而不是必须履行的义务。因此，也可以说，期权合同属于单向合同，期货合同属于双向合同。

（2）履约保证不同。金融期货交易双方均需开立保证金账户，并按规定缴纳履约保证金，如果发生亏损，还要追加保证金。期权交易中，只有期权出售者，尤其是无担保期权的出售者才需要开立保证金账户，并按规定缴纳保证金，以保证其履约的义务。至于期权购买者，因期权合约未规定其义务，无须开立保证金账户，也无须缴纳保证金。

（3）盈亏特点不同。金融期货双方都无权违约，也无权要求提前交割或推后交割，合同到期要求合同双方签订人必须执行，如果在规定时间内不执行，那么由此而引起的损失由违约方承担。因此，从理论上说，金融期货交易中双方潜在的盈利和亏损都是无限的。而期权交易中，由于期权购买者与出售者在权利和义务上的不对称性，他们在交易中的盈亏也具有不对称性。由于期权是一种权利合同，所以，这种权利就有严格而明确的期限，一般为 3 个月到 12 个月，如果在权利期限内市场行情对权利购买方有利，他就去执行这个权利；如果期权持有人在规定期限内不行使这种权利，一旦期满，这种权利便自动失效，而不需要办理什么特别的手续。因此，从理论上说，期权购买者在交易中的潜在亏损是有限的，仅限于他所支付的期权费，而他可能取得的盈利确是无限的；相反，期权出售者在交易中取得的盈利是有限的，仅限于他所收取的期权费，而他可能遭受的损失却是无限的。

（4）交割时间不同。期权持有人可以在合同期限内的任何一天执行合同，而期货合同则往往规定特定的合同执行时间，提前或推后都不行。

（5）现金流转不同。金融期货交易双方在成交时不发生现金收付关系，但在成交后，由于实行逐日结算制度，交易双方将因市场价格的变动而每日都可能发生保证金账户的现金流转。金融期权交易中，在成交时，期权购买者必须向期权出售者支付一定的期权费以取得期权合约所赋予的权利，除了到期履约外，交易双方在整个合约有效期内将不发生任何现金流转。

5.2.2　权证

1）权证的含义及特征

权证（Warrant）是一种金融衍生产品，是由标的证券的发行公司或以外的第三者，如证券公司、投资银行等发行的有价证券。由第三者发行的权证也叫备兑权证或衍生权证。表明权证持有人具有在约定时间内以事先约定的价格认购或沽出一定数量的标的证券的权利。它是持有者一种权利（但没有义务）的证明。其行使权利时，权证发行人不得拒绝。

这里所说的标的证券，是权证发行人在权证发行时就规定好的、已经在交易所挂牌的品种，是权证发行人承诺按照事先约定的条件向权证持有人购买或卖出的证券或资产。它可以是一个股票、基金、债券，也可以是一个组合、一个指数等。

权证作为一种新兴的与股票紧密联系的投资工具，具有与期权很相近的本质特征，因此，深受广大投资者的欢迎，在证券市场上占有相当重要的地位。

2）权证的要素内容

权证的各要素会在发行公告书中得到反映。

【例】A 公司发行以该公司股票为标的证券的权证，假定发行时股票市场价格为15 元，发行公告书列举的发行条件如下：

(1) 发行日期：2005 年 8 月 8 日

(2) 存续期间：6 个月

(3) 权证种类：欧式认购权证

(4) 发行数量：50 000 000 份

(5) 发行价格：0.66 元

(6) 行权价格：18.00 元

(7) 行权期限：到期日

(8) 行权结算方式：证券给付结算

(9) 行权比例：1：1

上述条款告诉投资者由 A 公司发行的权证是一种股本认购权证，该权证每份权利金是 0.66 元，发行总额为 5 000 万份，权证可以在 6 个月内买卖，但行权则必须在 6 个月后的到期日进行。如果到期时 A 公司股票市场价格为 20 元，高于权证的行权价 18 元，投资者可以 18 元/股的价格向发行人认购市价 20 元的 A 公司股票，每股净赚 1.34 元（20-18-0.66）；如果到期时 A 公司股价为 15 元，低于行权价 18 元，投资者可以不行权，从而仅损失权利金 0.66 元/股。

3）权证的分类

权证根据不同的划分标准有不同的分类。

(1) 按买卖方向分为认购权证和认沽权证。认购权证持有人有权按约定价格在特定期限内或到期日向发行人买入标的证券；认沽权证持有人则有权按约定价格在特定期限内或到期日向发行人卖出标的证券。认购权证和认沽权证的区别见表5—7。

表5—7　　　　　　　　　　认购权证和认沽权证的区别

	认购权证	认沽权证
持有人的权利	持有人有权利（而非义务）在某段期间内以预先约定的价格向发行人购买特定数量的标的证券	持有人有权利（而非义务）在某段期间内以预先约定的价格向发行人出售特定数量的标的证券
到期可得的回报	（权证结算价格-行权价）×行权比例——未考虑行权有关费用	（行权价-权证结算价格）×行权比例——未考虑行权有关费用

(2) 按权利行使期限分为美式权证和欧式权证。美式权证的持有人在权证到期

日前的任何交易时间均可行使其权利，欧式权证持有人只可以在权证到期日当日行使其权利。

（3）按发行人不同可分为股本权证和备兑权证。股本权证一般是由上市公司发行，备兑权证一般是由证券公司等金融机构发行。股本权证和备兑权证的区别见表5—8。

表5—8　　　　　　　　　　　　　股本权证和备兑权证的区别

	股本权证	备兑（衍生）权证
发行人	标的证券发行人	标的证券发行人以外的第三方
标的证券	需要发行新股	已在交易所挂牌交易的证券
发行目的	为筹资或激励高管人员	为投资者提供避险、套利工具
行权结果	公司股份增加、每股净值稀释	不会带来股本增加或权益稀释

（4）按权证行使价格是否高于标的证券价格，分为价内权证、价平权证和价外权证，见表5—9。

表5—9　　　　　　　　　　　　　权证的行使价格

价格关系	认购权证	认沽权证
行使价格>标的证券收盘价格	价外	价内
行使价格=标的证券收盘价格	价平	价平
行使价格<标的证券收盘价格	价内	价外

（5）按结算方式可分为证券给付结算型权证和现金结算型权证。权证如果采用证券给付方式进行结算，其标的证券的所有权发生转移；如采用现金结算方式，则仅按照结算差价进行现金兑付，标的证券所有权不发生转移。

4）权证产生的必然性

认股权证之所以能够形成新的投资工具，应该说有其必然性。对于公司来说，发行认股权证是引诱投资者去购买那些他们认为收益太低或风险太大的证券，并希望投资者在将来股票高于市价时才来认购股票，以增加公司的资本，从而防止过早地摊薄每股盈利。所以，认股权证实质是一种远期的集资方式，它不仅对公司现时财务状况有好处，而且可在较长的有效期限内一直为公司带来灵活集资的机会，使公司的资金周转更灵便。最初推出认股权证，是一些发展速度较快的成长型小公司采用发行优先股或债券方式筹集资金时，为了使这些优先股或债券更具有吸引力，又为了降低筹资成本，在发行优先股或债券的同时向投资者发行一种认购股份权利证明书。例如，某公司发行优先股，股息率为7%。为减轻优先股股息负担，减少股息支付对公司利润的影响，将7%的股息率改为5%，并发行认股权证。该证书规定，只要购买优先股股票1 000股，该公司就配给优先股持有人在10年内的任何时间以每股10元的价格购买该公司100股普通股票的认股权利，当然，认股价格的制定要高于发行时的市场价格，目的是当公司发展壮大时，股票市场价格就会高于认股价格，认股权证持有者就可以择机执行权利认股获利，也可以将认股权证售出，赚取价差收益。假如公司普通股票从每股10元上涨到15元，认股权证持有人就可以向发行公司以每股10元的价格认购股票100股，然后到流通市场以每股15元价格卖出股票，从而获利500元。可见，认股权证具有期权性质。另外，在公司急用资金时，发行认股权证集资较发售新股集资更容易为证券市场所接受。再者，如果遇到股市低潮或公司经营不景气，公司派息有困难，公司还可以利用认股权证代替派息，使公司的现金或流动资金得以保留，有助于公司渡过难关。所以，认股权证也备受各类股份公司的欢迎。随着金融市场的不断发展，在认股权证基础上又出现了买卖方向相反的认沽权证等。

5.2.3 可转换证券

1）可转换证券的定义及分类

可转换证券（Convertible Securities）又称转股证券、可兑换证券、可更换证券等，是指发行人依法定程序发行，持有人在一定时间内依据约定的条件可以转换成一定数量的另一类证券的证券，通常是转换成普通股票。因此，它实际上是一种长期的普通股票的看涨期权。

可转换证券主要分为两类：一类是可转换公司债券，即将公司债券转换成公司的普通股票；一类是可转换优先股票，即将优先股票转换成公司的普通股票。由于两者在性质、原理、原则上基本相同，所以下面的讲解内容仅以可转换债券为例。

2）发行可转换证券的原因及意义

（1）公司发行可转换证券的主要原因

当公司准备发行证券筹集资金时，可能由于市场条件不利，不适宜发行普通股票，也可能由于市场利率过高，发行一般信用债券必须支付较高利息而加重公司的利息负担，还可能由于公司正面临财务或经营上的困难，投资者对其发行的普通股票和一般公司债券缺乏信心，此时，公司为降低发行成本，及时募集所需资金，可发行可转换证券。由于可转换证券给予了投资者一定的转换权利，具有债权加看涨期权性质，从而可增强对投资者的吸引力，故其利率或优先股股息率一般略低于同类公司债券，因而可节省发行成本。

另外，很多国家的法令禁止商业银行和其他金融机构投资普通股票，而可转换证券属于债券或优先股，特别是可转换债券，不在禁止范围内。发行公司为吸引这些大机构投资者，也为了满足他们资产组合和享受普通股增值收益的需要，发行可转换证券。

（2）发行可转换证券的意义

对公司而言，可转换证券不仅以它较低的利率或优先股股息率为公司提供财务杠杆作用，而且今后一旦转换成普通股票，就能使公司将原来筹集的期限有限的资金转化为长期稳定的股本，又可节省一笔可观的股票发行费用。同时，投资者转股成功，较高的转股价又为公司减轻了股权稀释的压力。

对投资者来说可转换证券的吸引力在于，当普通股票市场疲软或发行公司财务状况不佳、股价低迷时，可以得到稳定的债券利息收入并有本金安全的法律保障，或是得到固定的优先股股息；当股票市场趋于好转或公司经营状况有所改观、股价上扬时，又可享受普通股股东的丰厚股息和资本利得。所以，当投资者对公司普通股票的升值抱有希望时，愿意以接受略低的利率或优先股股息率为代价而购买可转换证券。

3）可转换公司债券的基本要素

可转换债券是公司债券与看涨期权的结合体，具有债权加看涨期权性质，因此，可转换债券的要素设计必然包含公司债券与期权的设计。具体讲，公司债券设计条款包含发行额度、债券期限、利率水平、付息方式等基本要素。期权设计条款较复杂，由基本条款和附加条款组成。基本条款包括基准股票、转换期、转换价格、转股价修正条款等基本要素；附加条款指赎回条件、回售条件、强制性转股条件等。

（1）基准股票。又称正股，是指可转换公司债券持有人可将所持有的可转换债券转换成发行公司普通股的股票。

（2）票面利率。主要是由当前市场利率水平、公司债券资信等级、可转债的要素组合决定的。

市场利率水平高，可转债票面利率就高。国际市场上，通常设计的可转债票面利率为同等风险情况下的市场利率的 2/3 左右。例如，某公司的公司债券 3 年期利率为 10%，那么该公司的可转换公司债券的票面利率在 6% 左右。有的可转换公司债券（如零息债券）没有票面利率。可转债利息的支付一般每年一次，日本和欧美国家经常半年支付一次。零息可转换公司债券在到期时不必支付利息，而在发行时已经由发行的折扣补偿了。企业信用评级高，可转债票面利率则相对较低；同等条件下，设有回售条款的可转债利率较之未设此条款的可转债的利率为低。

（3）期限（又称存续期）。可转换公司债券的期限与一般债券期限的内涵相同。所不同的是，可转换公司债券的期限与投资价值成正相关关系，期限越长，股票变动和升值的可能性越大，可转换公司债券的投资价值就越大。

（4）请求转换的期限。请求转换的期限是指可转换公司债券可以转换为股票的起始日至结束日的期限。在整个转换期内，投资者可视股价的变动情况逢高价时转换，也可以选择将债券转让出售。

转换期一般依据发行公司的经营方针来确定，一般有两种方法：

发行公司制定一个特定的转换期限。发行公司制定的转换期限一般有以下几种：

①发行日起至公司债偿还期日；

②发行日或其稍后起至公司债偿还期日；

③发行日或其稍后始的数年间；

④发行日起的几年后至公司债偿还期日。

发行公司不制定具体期限。不限制转换具体期限的可转债，其转换期为可转债上市日至到期停止交易日。如果是未上市公司发行的可转债，则为未上市公司股票上市日至可转债到期停止交易日。

（5）转换价格。是指可转换公司债券转换为公司每股股份所支付的价格，转换价格的确定，反映了公司现有股东和债权人双方利益预期的某种均衡。制定转换价格要和债券期限、票面利率相互配合起来，具体说来，决定转换价格高低的因素很多，主要有：

①公司股票的市场价格（即正股市价）。这是最为重要的影响因素。股票的市场价格和价格走势直接主导着转换价格的确定，股价越高，转换价格也越高。制定转换价格一般是以发行前一段时期的公司正股市价的均价为基础，上浮一定幅度作为转换价格，通常上浮5%～30%。

②债券期限。可转换公司债券的期限越长，相应的转换价格也越高；期限越短，则转换价格越低。

③票面利率。一般来说，可转换公司债券的票面利率高则转换价格也高，利率低则转换价格也低。

（6）转股价修正条款。公司在发行可转换公司债券后，由于公司的送股、配股、增发股票、分立、合并、拆细及其他原因导致发行人股份发生变动，股本扩大引起公司股票名义价格下降时，转股价格应做出相应的调整。转换价格修正条款是可转换公司债券设计中至关重要的保护可转换公司债券投资者利益的条款，因此，也称为转换权保护条款。

$$修正后转换价格 = 修正前转换价格 \times \frac{已发行股数 + \dfrac{新发行股数 \times 每股认股价}{股票市价}}{已发行股数 + 新发行股数}$$

（7）可转换公司债券的附加条款：

①赎回条款

赎回是指发行人在发行一段时期后，可以按照赎回条款生效的条件提前购回其未到期的发行在外的可转换公司债券。赎回行为通常发生在公司正股市场价持续一段时间高于转股价格而达到某一幅度时（国际上通常把市场正股价达到或超过转股价格100%～150%作为涨幅界限，同时要求该涨幅持续30个交易日作为赎回条件），公司按事先约定的价格买回未转换的股票。赎回价格一般高于面值，一般规定为可转债面值的103%～106%，越接近转债到期日，赎回价格越低。设计赎回条款的主要目的：一是避免市场利率下调给可转债发行人带来利率损失。当市场利率下降或贴现率下调幅度较大时，对发行人来说，如果赎回已有的可转换公司债券，再组织新的融资活动更为划算。二是加速转股过程，避免转换受阻的风险。可转换公司债券上市后，其市场价格同股票价格保持着密切的相关关系，而且，可转换公司债券的市场价格所对应的实际转股价格同市场股票价格保持着一定的溢价水平，也就是说，在实际交易中，当时购买的可转换公司债券立即转股不可能即刻获利，这种情形下，可转换公司债券的持有人没有必要也没有理由把可转换公司债券转换成股票，转股的目的就难以实现。为此，发行人通过设计赎回条款促使转债持有人转股以减轻发行人到期兑付可转债本息的压力。

可转换公司债券一般有四种偿还方法：到期偿还、到期前偿还、赎回条件下偿还和回售条件下偿还。赎回是到期前强制偿还的一种特定方法。

②回售条款

回售一般是指公司正股市价在一段时间内连续低于转股价格达到某一幅度时，可转换公司债券持有人按事先约定的价格将所持可转换公司债券卖回发行人的行为。也有的回售条款是承诺某个条件，比如公司股票在未来时间要达到上市目标，一旦达不到，则履行回售条款。设计回售条款的主要目的是发行人为使可转换公司债券发行顺利和筹资成功而设定的有利于投资人利益、增加可转债吸引力的条款。如果订立回售条款，可转换公司债券的票面利率则可定得更低。包括回售条款的可转换公司债券对投资者更具吸引力。

回售条款主要包括以下几个因素：其一，回售价格，是以面值加上一定回售利率为形式。回售利率是事先规定的，一般比市场利率稍低，但高于可转换公司债券的票面利率。其二，回售时间，是事先约定的，一般定在可转换公司债券整个期限的1/2～2/3时间段处，具体的回售时间少则数天，多则月余。其三，回售选择权，发行人承诺达到回售时间时，如果正股市价仍然达不到如期所约的价格，致使转换无法实现，则投资人享有按照约定利率回售可转债给发行人的权利，发行人须无条件接受可转换公司债券。

赎回条款和回售条款是可转换公司债券不同于其他金融产品的重要特征，也是可转换证券金融魅力的奥秘所在。设立科学合理的赎回条款和回售条款对可转券的成功发行和转股有着重要的意义。

③强制性转股条款

强制性转股条款是发行人约定在一定条件下，要求投资人务必将持有的可转换公司债券转换为公司股份的条款。国际上，发行强制性可转换公司债券的公司总是与非上市公司相联系的。大多数非上市公司在发行可转换公司债券时，就已经考虑了本次发行是公司的资本扩张。发行人为减轻公司的还本压力，则使用强制性转股条款以利于公司稳定经营和控制财务风险。

强制性转股的类型有四种，到期无条件强制性转股，转换期内无条件强制性转股和转换期内有条件强制性转股及到期强制性转股。设置了强制性转股条款的可转债，其类股性较强，而其债券的特征相对较少，尤其是到期无条件强制性转股的可转债，投资者丧失了到期还本付息这一债券的基本权利。

赎回、回售和强制性转股三种条款中，赎回与回售、强制性转股与回售可以用于同一可转债，但赎回和强制性转股则不可同时运用，因为这一条款的使用反映的是发行人不同的选择趋向。

5.3 其他衍生产品

5.3.1 存托凭证

1）存托凭证的定义

存托凭证（Depositary Receipts，DR）也称预托凭证、存券收据或存股证，是指在一国证券市场流通的代表外国公司有价证券的可转让凭证。存托凭证一般代表外国公司股票，有时也代表债券。

美国人 J. P. 摩根为了方便美国人投资英国的股票发明了存托凭证。1927 年，美国投资者看好英国百货业公司塞尔弗里奇公司的股票，由于地域的关系，这些美国投资者要投资该股票很不方便。当时的 J. P. 摩根就设立了一种美国存托凭证（ADR），使持有塞尔弗里奇公司股票的投资者可以把塞尔弗里奇公司股票交给摩根公司指定的在美国与英国都有分支机构的一家银行，再由这家银行发给各投资者美国存托凭证。这种存托凭证可以在美国的证券市场上流通，即想买卖塞尔弗里奇公司股票的投资者不必再跑到英国股票交易所去操作，可以在美国证券交易所买卖该股票的美国存托凭证。每遇塞尔弗里奇公司进行配股分红等事宜，发行美国存托凭证的银行在英国的分支机构都会帮助美国投资者进行配股或分红。

美国存托凭证按照基础发行人是否参与存托凭证的发行分为无担保的存托凭证和有担保的存托凭证两类。

美国存托凭证出现后，各国根据情况相继推出了适合本国的存托凭证，如全球存托凭证（Global Depository Receipts，GDR）、国际存托凭证（International Depository Receipt，IDR）、欧洲存托凭证（European Depository Receipt，EDR），目前我国也开始酝酿推出中国的存托凭证（Chinese Depository Receipt，CDR），即在我国内地发行代表境外或者香港特区证券市场上某一种证券的存托凭证。

2）存托凭证的有关业务机构

参与美国存托凭证发行与交易的中介机构包括存券银行、托管银行和中央存托公司。

（1）存券银行。存券银行作为存托凭证的发行人和市场中介，为存托凭证持有者提供所需的一切服务。存券银行的作用表现为：

①作为存托凭证的发行人，在存托凭证基础证券的发行国安排托管银行，当基础证券被解入托管账户后，立即向投资者发出存托凭证，在取消时托管银行把基础证券重新投入市场。

②在交易过程中，负责存托凭证的注册和过户，安排存托凭证在信托公司的保管和清算，保证存托凭证交易的顺利进行；向存托凭证持有者派发红利和利息。

③为存托凭证持有者和基础证券发行人提供信息和咨询服务。

（2）托管银行。托管银行是由存券银行在基础证券发行国安排的银行，它通常是存券银行在当地的分行、附属行或代理行。托管银行的作用表现为：

①负责保管存托凭证所代表的基础证券。

②根据存券银行的指令领取红利或利息，用于再投资或汇回存托凭证发行国。

③向存券银行提供当地市场信息。

（3）中央存托公司

中央存托公司是指美国的证券中央保管和清算机构，负责 ADR 的保管和清算。美国的证券中央保管和清算机构的成员均为金融机构。

3）存托凭证的优点

存托凭证之所以能够得到快速发展，除了资本市场国际化这个大背景之外，对发行人和投资者都有吸引力。

（1）对发行人而言：

①市场容量大，筹资能力强。存托凭证通过扩大发行公司的有价证券市场，增加其在国外的股东，大大扩展了其国外融资的渠道。以美国存托凭证为例，美国证券市场最突出的特点就是市场容量极大，这使在美国发行 ADR 的外国公司能在短期内筹集到大量的外汇资金，拓宽公司的股东基础，提高其长期筹资能力，提高公司证券的流动性并分散风险。

②避免直接发行股票与债券的法律要求，上市手续简单，发行成本低。

除此之外，发行存托凭证还能吸引投资者关注，增强上市公司曝光度，扩大股东基础，增加股票流动性；可以通过调整存托凭证比率将存托凭证价格调整至美国同类上市公司股价范围内，便于上市公司进入美国资本市场，提供新的筹集渠道。对于有意在美国拓展业务、实施并购战略的上市公司尤其具有吸引力；便于上市公司加强与美国投资者的联系，改善与投资者的关系；便于非美上市公司对美国雇员实施员工持股计划等。

（2）对投资者而言：

①以美元交易，且通过投资者熟悉的美国清算公司进行清算。

②上市交易的 ADR 须经美国证券与交易委员会（SEC）注册，有助于保障投资者利益。

③上市公司发放股利时，ADR 投资者能及时获得，而且是以美元支付。

④某些机构投资者受投资政策限制，不能投资非美上市证券，ADR 可以规避这些限制。

5.3.2 资产证券化与证券化产品

1）资产证券化与证券化产品的定义

资产证券化是以特定资产组合或特定现金流为支持，发行可交易证券的一种融资形式。与传统的证券发行相比，传统证券发行是以企业为基础，而资产证券化则是以特定的资产池为基础发行证券。在资产证券化过程中发行的以资产池为基础的证券就称为证券化产品。

资产证券化的目的在于将缺乏流动性的资产（如银行贷款、应收账款、房地产等）提前变现，解决流动性风险。概括地讲，一次完整的证券化融资的基本流程是：发起人将证券化资产出售给一家特殊目的机构或特定目的受托人 SPV，或者由 SPV 主动购买可证券化的资产，然后将这些资产汇集成资产池（Asset Pool），再以该资产池产生的现金流为支撑在金融市场上发行有价证券融资，最后用资产池产生的现金流来清偿所发行的有价证券。

资产证券化始于美国。自 1970 年美国的政府国民抵押协会首次发行以抵押贷款组合为基础资产的抵押支持证券——房贷转付证券，完成首笔资产证券化交易以来，资产证券化已逐渐成为一种被广泛采用的金融创新工具，得到了迅猛发展，并在此基础上又衍生出了新的金融产品，如风险证券化产品等。

2）资产证券化的有关当事人

资产证券化交易比较复杂，涉及的当事人较多，一般而言，下列当事人在证券化过程中具有重要作用：

（1）发起人。发起人也称原始权益人，是证券化基础资产的原始所有者，通常是金融机构或大型工商企业。

（2）特定目的机构或特定目的受托人（SPV）。是指接受发起人转让的资产，或接受发起人委托持有资产，并以该资产为基础发行证券化产品的特殊机构。SPV 的原始概念来自于防火墙（China Wall）的风险隔离设计，它的推出主要是为了达到"破产隔离"的目的。SPV 的业务范围被严格地限定，所以它是一般不会破产的高信用等级实体。SPV 在资产证券化中具有特殊地位，它是整个资产证券化过程的核心，各个参与者都将围绕着它来展开工作。SPV 有特殊目的公司（Special Purpose Company，SPC）和特殊目的信托（Special Purpose Trust，SPT）两种主要表现形式。

（3）资金和资产存管机构。为保证资金和基础资产的安全，特定目的机构通常聘请信誉良好的金融机构进行资金和资产的托管。

（4）信用增级机构。是指为 SPV 发行的证券提供信用增级的机构。信用增级是为了吸引更多的投资者并降低发行成本，是资产证券化的一个重要特征。此类机构负责提升证券化产品的信用等级，为此要向特定目的机构收取相应费用，并在证券违约时承担赔偿责任。有些证券化交易中并不需要外部增级机构，而是采用超额抵押等方法进行内部增级。

（5）信用评级机构。是指通过对资产证券化各个环节进行评估而评定证券信用等级的机构。

（6）承销人。是指负责证券设计和发行承销的投资银行。如果证券化交易涉及金额较大，可能会组成承销团。

（7）证券化产品投资者。即证券化产品发行后的持有人。

除上述当事人外，证券化交易还可能需要金融机构充当服务人，服务人负责对资产池中的现金流进行日常管理，通常可由发起人兼任。

3）资产证券化的种类与范围

（1）根据基础资产分类。根据证券化的基础资产不同，可以将资产证券化分为不动产证券化、应收账款证券化、信贷资产证券化、未来收益证券化（如高速公路收费）、债券组合证券化等类别。

（2）根据资产证券化的地域分类。根据资产证券化发起人、发行人和投资者所属地域不同，可将资产证券划分为境内资产证券化和离岸资产证券化。国内融资方通过在国外的特殊目的机构或结构化投资机构（Structured Investment Vehicles，SIV）在国际市场上以资产证券化的方式向国外投资者融资，称为离岸资产证券化；融资方通过境内 SPV 在境内市场融资则称为境内资产证券化。

（3）根据证券化产品的属性分类。根据证券化产品的金融属性不同，可以分为股权型证券化、债券型证券化和混合型证券化。

值得注意的是，尽管资产证券化的历史不长，但相关证券化产品的种类层出不穷，名称也千变万化。最早的证券化产品以商业银行房地产按揭贷款为支持，故称为按揭支持证券（MBS）；随着可供证券化操作的基础产品越来越多，出现了资产支持证券（ABS）的称谓；再后来，由于混合型证券（具有股权和债权性质）越来越多，干脆用 CDOs（Collateralized Debt Obligations）的概念代指证券化产品，并细分为CLOs、COMs、CBOs 等产品。最近几年，还采用金融工程方法，利用信用衍生产品构造出合成 CDOs。

4）美国次级贷款及相关证券化产品危机

在美国，住房抵押贷款大致可以分为五类：

（1）优级贷款。对象为消费者信用评分（FICO）最高的个人（信用分数在 660 分以上），月供占收入比例不高于 40% 以及首付比例超过 20% 以上。

（2）Alt—A 贷款。对象为信用评分较高但信用记录较弱的个人，如自雇以及无法提供收入证明的个人。

（3）次级贷款。对象为信用评分较差的个人，尤其信用分数低于 620 分，月供占收入比例较高或记录较差，首付低于 20%。

（4）住房权益贷款。对已经抵押过的房产，若房产总价扣减净值后仍有余额，可以申请再抵押。

（5）机构担保贷款。指经由房利美、房地美（FannieMae \ FreddieMac）等政府住房按揭贷款支持机构担保的贷款。

1995 年以来，由于美国房地产价格持续上涨，同时贷款利率相对较低，导致金融机构大量发行次级按揭贷款。到 2007 年年初，这类贷款大约为 1.2 万亿美元，占全部按揭贷款的 14% 左右（次级贷款 14%、机构担保贷款 65%、Alt-A 贷款 12%、非机构担保优质贷款支持证券 9% [①]）。

按揭贷款经结构化投资机构 SIV 打包，并据此发行不同等级的按揭支持证券 MBS，这些按揭支持证券的信用评级从 AAA 级、BBB 级一直到权益级均有。一些金融机构再设立 SIV，购买 MBS 形成资产池，进行下一步的证券化操作，形成所谓的 MBS CDOs 或 ABS CDOs，同样，这些 CDOs 也要经过评级，等级仍然从 AAA 级到权益级。这个过程可以一直继续下去，在 CDOs 的基础上不断发展出新的 CDOs。对于低等级 CDOs 的投资人而言，其收益取决于资产池所产生的现金流在偿付所有优先等级债券持有人之后的"剩余"，风险相对比较大，但同时杠杆率也比较大，如果作为最原始基础资产的按揭贷款不出现大量违约，收益就比较可观。反之，若基础资产池出现恶化，则层层叠叠不断衍生的 CDOs 将面临越来越大的风险。截至 2007 年 1 月，美国按揭贷款支持的证券化产品总额达到 5.7 万亿美元。[②]

从 2005 年起，美国利率水平开始逐步提高，房价从 2006 年起出现回落，贷款不良率开始上升，进而导致证券化资产质量恶化，相关金融机构出现巨额亏损。其中，那些利用短期融资工具获取资金并以此投资于 CDOs 产品的机构受害尤其巨大。

---

①②资料来源于 IMF，GFSR，2007.04。

至今，由美国次贷危机引发的全球经济震荡余波仍为平息。有关次贷危机损失的估计数可能还会不断翻新，次贷危机将成为一段时期内影响全球金融稳定的最主要危险根源之一。

【参考案例】

香港金融保卫战

在1998年的东南亚金融风暴中，香港股票和外汇市场受到了以索罗斯为首的美国对冲基金的强烈冲击，股票指数期货交易在其中扮演了重要角色。1998年8月28日，600多万香港市民的目光被锁定在位于港岛中环的香港联交所和香港期交所上。因为8月28日是8月份香港恒生指数期货合约的结算日，也是香港特别行政区政府打击以对冲基金为主体的国际游资集团操控香港金融市场的第十个交易日。双方经过9个交易日的激烈搏杀后，迎来了首次决战。

上午10点整开市之后仅5分钟，股市的成交金额就超过了39亿港元，而在同月的14日一整天，香港政府仅动用了30亿港元吸纳蓝筹股，就将恒生指数由13日报收的6 660点推高到7 224点。半小时后，成交金额就突破了100亿港元，到上午收市时，成交金额已经达到400亿港元之巨，接近1997年高峰时8月29日创下的460亿港元的日成交量历史最高纪录。下午开市后，抛售压力有增无减，成交量一路攀升，但恒指和期指始终在7 800点以上。随着下午4点整的钟声响起，显示屏上不断跳动的恒指、期指、成交金额分别在7 829点、7 851点、790亿港元锁定。

1998年8月28日，对于众多国际炒家来说，是一个痛心的日子。香港股市在周边股市普遍下跌的不利条件下，仍能顶住国际炒家的抛售压力，大出炒家们的意料，也使炒家们在此战中惨败而归，这是香港政府自1998年8月14日入市干预以来的最高潮，也是香港政府针对炒家们惯用的汇市、股市、期市的主体性投机策略，以"其人之道，还治其人之身"所取得的重大胜利。在10个交易日中，香港政府将恒生指数从8月13日收盘的6 660点推高到28日的7 829点报收，并迫使炒家们在高价位结算交割8月份股指期货，并抬高9月份股指期货。在此之前，炒家们建了大量的8月份期指空仓，这样一来，即使他们转仓，成本亦很高，一旦平仓，则巨额亏损不可避免。

自入市以来，香港政府已动用了100多亿美元，消耗了外汇基金的13%，此举大大超过了1993年"英镑保卫战"中英国政府动用77亿美元与国际投机者对垒的规模，堪称一场"不见硝烟的战争"。就此而言，香港政府的胜利也是有代价的胜利。

概括起来，8月份香港政府采取的主要措施有：

第一，如数吸纳炒家抛售的港元，并将所吸纳的港元存入香港银行体系以稳定香港银行同业拆借利率，并于8月14日突然提高银行隔夜拆借利率，突击投机者，提高投机者的拆借成本。

第二，自8月14日起大量买入恒生指数成分股（蓝筹股），抬高恒生指数及8月份恒生指数期货合约价格，加大建立了许多空仓的投机者在8月28日8月份恒生指数期货合约结算日的亏损。

第三，指示香港各公司、基金、银行等机构不要拆借股票现货给对冲基金，减缓股票市场的波动。

第四，抬高 9 月份指数期货合约，以加大投机者转仓的成本。

国债期货"327"事件的反思

"327"是国债期货合约的代号，是指 1992 年发行的 3 年期国债 92（三），1995 年 6 月到期兑换，该券发行总量是 240 亿元人民币。到期的基础价格已经确定，为票面价值 100 元加上 3 年合计利息 28.50 元（年息为 9.50%），合计为 128.50 元。影响国债价格走势的主要因素是市场利率水平，1995 年 2 月 23 日，上海万国证券公司违规交易 327 合约，最后 8 分钟内砸出 1 056 万口卖单，面值达 2 112 亿元国债，亏损 16 亿元人民币，国债期货因此夭折。英国《金融时报》称这是"中国内地证券史上最黑暗的一天"。

我国国债期货交易于 1992 年 12 月 28 日首先出现于上海证券交易所。1993 年 10 月 25 日，上证所国债期货交易向社会公众开放，北京商品交易所在期货交易所中率先推出国债期货交易。

1992—1994 年中国面临高通胀压力，1994 年 10 月以后，中国人民银行提高了 3 年期以上储蓄存款利率和恢复存款保值贴补。国家为了保证国债的顺利发行，对已经发行的国债也同样实行保值贴补，保值贴补率由财政部根据通胀指数每月公布。保值贴补率的不确定性为炒作国债期货提供了空间，大量机构投资者由股市转入债市，国债期货市场行情火爆，成交屡创新高，市场成交规模急速扩大。1994 年全国国债期货市场总成交量达 2.8 万亿元，占上海证券市场全部证券成交额的 74.6%。1994—1995 年春节前，全国开设的国债期货交易场所陡然增到 14 家，成交总额达 28 000 亿元，这种态势一直延续到 1995 年，与全国股票市场的低迷形成鲜明对照。

形势似乎一片大好，但问题就出在了 327 国债期货合约上。多空双方对峙的焦点，始终围绕在对 327 国债期货品种到期价格的预测上，因此，对通胀率及保值贴补率的不同预期，成了 327 国债期货品种的主要多空分歧。

327 国债应该在 1995 年 6 月到期，它的 9.5% 的票面利息加保值补贴率，使每百元债券到期应兑付 132 元，与当时的银行存款利息和通货膨胀率相比回报太低了。于是有市场传闻，财政部可能要提高"327"的利率，到时会以 148 元的面值兑付。但上海三大证券公司之一的万国证券不这样看，他们认为高层正狠抓宏观调控，财政部不会再从国库里割肉往外掏出 16 亿元来补贴 327 国债。于是，万国证券开始大规模做空。

1995 年 2 月 327 合约的价格一直在 147.80～148.30 元徘徊。23 日，提高 327 国债利率的传言得到证实，百元面值的 327 国债将按 148.50 元兑付。一直在 327 品种上与万国联手做空的辽国发突然倒戈，改做多头。327 国债在 1 分钟内竟上涨了 2 元，10 分钟后共涨了 3.77 元。327 国债每上涨 1 元，万国证券就要赔进十几个亿，按照它的持仓量和现行价位，一旦到期交割，它将要拿出 60 亿元资金。毫无疑问，万国没有这个能力。同时，由于"327"价格上涨造成巨额亏空，万国必须追加巨额保证金。当天下午，为扭转巨额亏损，上海万国证券公司铤而走险，16 时 22 分 13 秒起大量透支保证金，在收市前几分钟内突然发难，在 327 合约上抛出巨量空盘——2 070 万口卖单（1 口 = 200 张和约），成交 1 044.92 万口，相当于 327 国债期货的本品——1992 年国库券发行量的

3 倍多，使正在逐步推高的 327 国债交易价格短短 8 分钟内出现暴跌行情，把价位从 151.30 打到 147.50 元，使当日开仓的多头全线爆仓，以期压低结算价格。这个行动令整个市场都目瞪口呆，若以收盘时的价格来计算，这一天做多的机构，包括像辽国发这样空翻多的机构都将血本无归，而万国不仅能够摆脱掉危机，还可以赚到 42 亿元。万国试图以此来减少其已持有的巨大空头头寸的亏损。这完全是一种蓄意违规行为。

由于 327 国债期货交易出现异常，这天夜里 11 点，上交所正式下令宣布 23 日 16 时 22 分 13 秒之后的所有 327 品种交易异常，是无效的，该部分不计入当日结算价、成交量和持仓量的范围，经此调整，当日国债成交额为 5 400 亿元，当日 327 品种的收盘价为违规前最后签订的一笔交易价格 151.30 元。

5 月 17 日，中国证监会鉴于中国当时不具备开展国债期货交易的基本条件，发出《关于暂停全国范围内国债期货交易试点的紧急通知》，开市仅 2 年零 6 个月的国债期货无奈地画上了句号，中国第一个金融期货品种宣告天折。

9 月 20 日，国家监察部、中国证监会等部门都公布了对"327"事件的调查结果和处理决定，定义"这次事件是一起在国债期货市场发展过快、交易所监管不严和风险控制滞后的情况下，由上海万国证券公司、辽宁国发（集团）公司引起的国债期货风波"。

在中国资本市场上曾叱咤风云的老牌投资银行——万国证券，因资不抵债（若不取消最后 8 分钟交易，万国证券将有 100 亿的巨额亏空），被当年最强劲的竞争对手申银证券公司合并。万国证券从此成为历史，号称中国"证券之父"的万国证券总裁管金生也因此而身败名裂，4 月 25 日辞职，后被以受贿罪和挪用公款罪判处 17 年徒刑；9 月 15 日，因监管不力，上交所理事会免去了尉文渊常务理事、总经理的职务。

"327"风波结束了，但它给我们留下的教训却是深刻的。

首先，从政府监管的角度看，作为一种强制性的行为，必须有一定的法律、法规作为监管的依据。而在新兴的证券市场上，市场发展速度很快，法律、法规的制定往往跟不上市场的步伐，从而导致了监管体系不可避免地出现漏洞。从"327"风波就可以看出，中国资本市场缺乏相关法律法规，监管乏力。1994 年 11 月 22 日，提高 327 国债利率的消息刚公布，上海证券交易所的国债期货就出现了振幅为 5 元的行情，但未引起注意，许多违规行为没有得到及时、公正的处理。"327"中万国在预期已经造成无法弥补的巨额亏损时，干脆以搅乱市场来收拾残局。事发后第二天，上交所发出《关于加强国债期货交易监管工作的紧急通知》，中国证监会、财政部也颁布了《国债期货交易管理暂行办法》，中国终于有了第一部具有全国性效力的国债期货交易法规，但却出台得太晚了。

其次，在市场经济初级阶段，市场信息不充分，政府获取的信息不可能是完全无误的。同时，由于其本身并不接近市场，就更不可能对各种证券市场中的违法违规行为都明察秋毫、了如指掌。

第三，政府用于监管的资源也是有限的，因此，政府没有足够的能力来监控一切。事实上，近几年，监管部门之所以没有及时充分发现信息披露违法、违规行为，很大程度上就在于监管部门现有监管人力和物力相对较为薄弱，很难做到有效监管。尽管近年来证监会对监管方式、监管内容进行了较大调整，但问题并未根本解决。

第四，新兴市场的主要特征是金融工具和金融制度的创新速度较快，这就使以法律为主导的监管体制不能满足各种创新的要求，从而制约了新兴市场的快速发展。

第五，从行业的自律性管理角度看，也是证券交易所和证券业协会没能充分发挥作用的结果。

由于行业内会员一直处于市场发展的前沿，最熟悉市场发展的趋势，也最了解行业发展的动态，在一定程度上应该可以避免这些问题的发生。但是，尽管我国投资银行业也成立了自律组织，但一方面大家缺乏自律意识，另一方面自律组织也未起到应有作用，在自律监管方面，缺乏合适的制度安排使之有约束力，致使业内恶性竞争、欺诈、投机等不轨行为时有发生。从"327"事件可以看出，在自律管理方面的失误表现为：

（1）保证金过低。"327"事件前，上交所规定客户保证金比率是 2.5%，深交所规定为 1.5%，武汉交易中心规定是 1%。保证金水平的设置是期货风险控制的核心。用 500 元的保证金就能买卖 2 万元的国债，这无疑是把操纵者潜在的盈利与风险放大了 40 倍。偏低的保证金水平与国际通行标准相距甚远，甚至不如国内当时商品期货的保证金水平，这无疑使市场投机气氛更为浓重。

（2）没有涨跌停板和持仓限量制度。涨跌停板制度是国际期货界通行的制度，而事发前上交所根本就没有采取这种控制价格波动的基本手段，出现上下差价达 4 元的振幅交易所也没有预警系统。当时中国国债的现券流通量很小，国债期货某一品种的可持仓量应与现货市场流通量之间保持合理的比例关系，并在电脑撮合系统中设置。从 327 合约在 2 月 23 日尾市出现大笔抛单的情况看，交易所显然对每笔下单缺少实时监控，导致上千万手空单在几分钟之内通过计算机撮合系统成交，扰乱了市场秩序。

（3）无法杜绝透支交易。我国证券期货交易所以计算机自动撮合为主要交易方式，按"逐日盯市"方法来控制风险，而不是采用"逐笔盯市"的清算制度，故不能杜绝透支交易。交易所无法用静态的保证金和前一日的结算价格控制当日动态的价格波动，使得空方主力违规抛出千万手合约的"疯狂"行为得以实现。

尽管随着资本市场的发展，在监管方面有了改进，但是，中国证券市场目前的监管框架仍有缺陷，没有很好处理政府机构监管和自律监管的关系，这也不利于我国投资银行业的发展，万国证券的破产就是一个典型的例子。

（资料来源　根据对相关事件的报道文字整理）

● 重要概念

金融期货　金融期权　可转换证券　认股权证　认沽权证　股票指数期货　看涨期权　看跌期权　欧式期权　美式期权　存托凭证　资产证券化

● **复习思考**

(1) 什么是金融衍生工具？有什么特征？可分为哪些种类？

(2) 什么是金融期货、金融期权？二者有何区别？

(3) 什么是金融期货的套期保值功能？

(4) 什么是股票指数期货？何经济功能？

(5) 什么是期权合约？标准化的期权合约一般都包括哪些内容？

(6) 为什么说期权买方的亏损有限盈利无限而期权卖方的盈利有限亏损无限？

(7) 什么是权证？它有什么性质？有哪些分类？

(8) 试述可转换债券的含义、特点和公司发行可转换债券的意义。

(9) 什么是资产证券化？分析美国次贷危机产生的根源及其对世界经济的影响？

第 2 篇

市场运行篇

第6章　证券发行与承销

6.1　股票发行与承销

6.1.1　股票发行目的

股票的发行主要分两种情况，一是为设立股份公司而发行股票，二是现有股份公司为改善经营而发行股票。

1）为新设立股份公司发行股票

新设立股份公司需要通过发行股票来筹集资本，达到预定的资本规模，为公司开展经营活动提供必要的资金条件。股份公司的设立一般又分为发起设立或者募集设立两种形式。

（1）发起设立。是指由发起人认购公司应发行的全部股份而设立公司。在这种情况下，股份有限公司创建时的资金来源，就只是发起人认购股票所缴资金，这样，每个发起人就都是公司的原始股东。发起人在认购股份后，可以一次缴足认购款，也可以分期交纳，期限由发起人共同议定。股款可以用现金支付，也可以按事先的协议

本章建议阅读资料：
1. 中国证券业协会：证券业从业资格考试统编教材（2010）——《证券发行与承销》，北京，中国财政经济出版社，2010。
2. 朱宝宪：《投资学》，北京，清华大学出版社，2002。
3. 陈琦伟、王国刚：《投资银行学》，大连，东北财经大学出版社，2002。
4. 李杨、王国刚：《资本市场导论》，北京，经济管理出版社，1998。
5. ［美］杰弗里·C. 胡克：《兼并与收购实用指南》，陆猛译，北京，经济科学出版社，2000。

用设备、房屋、地产等实物资产，经作价后抵缴股款。发起设立方式比较省事，只要注册申请，经过批准，即可开始新公司的营业活动，这类公司规模通常较小。

（2）募集设立。是指由发起人认购公司应发行股份的一部分，其余股份向社会公开募集或者向特定对象募集而设立公司。我国公司法规定，以募集设立方式设立股份有限公司的，发起人认购的股份不得少于公司股份总数的35%。但是，法律、行政法规另有规定的，从其规定。为此，发起人应先向主管机关申请，经核准后，公布招股书。股票发行结束后，发起人应通知所有股东参加公司创立大会，讨论公司章程，选举董事会，之后公司宣告成立，开始营业。这类公司规模一般较大，但公司只有等到筹集到必要股份后才能成立，所以公司自发起到设立需要相当长的时间。

2）现有股份公司为改善经营而发行股票

现有股份公司为改善经营而发行股票的目的主要有：

（1）为发展已有公司即老公司的资本规模而发行增资股票。这种股票的发行情况一般复杂一些。老公司发行增资股票，主要是为了扩大本公司的生产经营规模，扩充资本总量，以加强其市场竞争力；或者是为了筹措设备资本，即增加设备投资，购买新的机器和扩建厂房；或者是为了筹措营运资本，即增加流动资本，特别是在银根紧缩，难以通过银行贷款解决流动资金需要时，发行股票增资是一种较好的方式。

（2）调整公司财务结构，保持适当的资产负债比率。自有资本在资金来源中所占比率的高低是衡量公司财务结构和实力的重要标志。资产负债率通常反映股份公司的负债能力和经营的稳定性。必要时，公司可以通过发行新股提高自有资本的比率，降低负债率。同时，由于股份公司发行债券的额度是根据公司的净资产额确立的，因此，增加自有资本还可以扩大公司债券的发行额度，为公司筹集到更多的资金用于拓展业务。

（3）满足证券交易所的上市标准。各国证券交易所都对股票上市做出了严格的规定，如最低的股本数额、最低的公众持股比例、符合要求的业绩记录等。只有符合标准的股票才有可能获准挂牌上市。而一个公司股票上市与否，是判定该公司经营状况与信誉的主要标准之一。因此，公司为了争取自己的股票在证券交易所挂牌上市，往往通过发行新股票的办法来增加资本额，满足上市标准。

（4）公司兼并重组。这种发行是出于两方面的考虑：一是维护公司经营支配权，防止被其他公司兼并而发行股票；二是为本公司经营前景考虑，谋求与其他公司合并，以股权交换方式实现购并重组，达到减少竞争对手、扩大市场份额、引进其他公司先进生产技术等目的。

（5）维护股东直接利益。经营状况良好的股份公司可以将超过规定比例的法定公积金和任意公积金，全部或部分地转为资本金，并按增加的资本金额发行股票，无偿地交付股东。另外，还可以将本应分派的现金红利转入股本，发行相应数额的新股票分配给股东，这种股票股息可以使股东从中受益。

（6）转换证券行使权利。例如，当可转换优先股票或可转换公司债的转换请求权生效后，股份公司需发行新股票来注销原来的可转换优先股票或可转换公司债。

（7）股份的分割与合并。股份的分割又称拆细，是指公司为了争取更多投资者而降低每股股票票面价格并对股票进行分割，向原股东换发拆细后的股票；或为了便利业务处理而对面额过低的股票进行合并。

（8）公司缩股。公司在减资时，需要发行新股票来替换原来发行的老股票。

6.1.2 股票发行种类

按股票发行与公司组建的关系，可将股票发行可分为初次发行和增资发行。

1）初次发行

初次发行是指新组建股份公司时或原非股份制企业改制为股份公司时或原私人持股公司要转为公众持股公司时，公司首次发行股票。前两种情形又称设立发行，后一种发行又称首次公开发行（Initial Public Offerings，IPO）。初次发行一般都是发行人在满足发行人必须具备的条件，并经证券主管部门审核批准或注册后，通过证券承销机构面向社会公众公开发行股票。通过初次发行，发行人不仅募集到所需资金，而且完成了股份有限公司的设立或转制。

2）增资发行

股份有限公司增资是指公司依照法定程序增加公司资本和股份总数的行为。增资发行（Seasoned Offering）是指股份公司组建、上市后为达到增加资本金的目的而发行股票的行为。股份有限公司增资应当修改公司章程，须经出席股东大会的股东所持表决权的2/3以上通过。变动后应由法定验资机构出具验资证明，并依法向公司登记机关办理变更登记。

公司增资的方式有：向社会公众发行股份、向现有股东配售股份、向现有股东派送红股、以公积金转增股本、公司债转换为公司股份等。

股票增资发行，按照股东取得股票时是否缴纳相应的价款来划分，可分为有偿增资发行、无偿增资发行和有偿无偿混合增资发行。

（1）有偿增资发行

有偿增资发行是一种旨在筹集资金的增资发行，是认股人必须按股票的发行价格支付现款方能获取股票的发行方式。股票发行与公司资本同时增加，是最典型的股票发行方式，可分为股东分摊、第三者分摊和公开招股三种形式，其中以公开招股形式发行的股票数量最大。

①股东分摊形式，简称配股，是公司按股东的持股比例向原股东分配该公司的新股认购权，准其优先认购增资的方式，即旧股一股可摊配若干新股，以保护原股东的权益及其对公司的控制权。这种新股发行价格往往低于市场价格，事实上是对原股东的一种优惠，一般股东都乐于认购。配股，没有必须应募的义务，可以放弃新股认购权，也可以把认购权转让他人。

②第三者分摊形式，也称第三者配股，是给股东以外的本公司的管理人员、一般职员和往来客户等与本公司有特殊关系的特定者以新股认购权的方式。这种发行方式是为了解决某些重要问题，诸如公司经营不利、资本筹措困难，或是有些公司破产后力图重建等。当不同公司进行业务合作时也可能采用第三者分摊的形式，这时，新股的发行价格低于市场价格，第三者可获得价格上的优惠，但发行价格与市场价格不能相差过大，否则将会损害原来以时价购进股票的股东的利益。这种增资方式须经股东大会特别批准。

③公开招股形式，简称增发，是以不特定的多数投资者为发行对象，由应募者认购新发行的股票。采用这种方式，既能扩大资金的筹集量，增强股票的流通性，又可避免股票过分集中、分散股权，是常用的增资方式。公开招股一般以市场价格为基础确定发行价格。

（2）无偿增资发行方式

这种方式是指股东无须缴付股款而取得新股的增资方法。通常此次股票的发行一般是赠送给原来的老股东，其目的并非直接筹资，而是为调整资本结构或把积累资本化。无偿增资发行又可以分为无偿交付、股票分红、股份分割和债券股票化四种形式。

①无偿交付即公积金转增，也称累积转增资，是股份公司将公积金转为资本时，将公积金折成股票无偿地分发给股东，使股东无偿取得新发行的股票。公积金转增资可以进一步明确产权关系，有助于投资者正确认识股票的投资价值。公积金转增资应遵循国家有关法律的规定，我国公司法规定，公司的公积金可用于弥补公司亏损、扩大生产经营或者转为公司资本，但是资本公积金不得用于弥补公司亏损。另外，法定公积金的余额必须达到注册资本的 50%，才可将其中不超过一半的数额转为增资，任意公积金则可由股东大会决定全部或部分转为增资。

②红利增资，又称股票分红、股票股息或送红股，即将应分派给股东的现金股息转为增资，用新发行的股票代替准备派发的股息红利。这种无偿增资的方式使现金派息应流出的现金保留在公司内部，将当年的股息红利开支转化为经营性资金。公司股东既取得了参与盈余分配的同样效果，又可免缴个人所得税（大多数国家规定收入再投资免交所得税），而且派息的股票有将来增加股息收入的希望。从宏观上讲，有助于将消费转化为投资。

③股票分割，又称股票拆细，是将原有的大面额股票细分为小面额股票。股票分割的结果只是增加股份公司的股份总数，而资本额并不发生变化。股票分割的目的在于降低股票价格，便于小投资者购买，以利于扩大股票发行量和增强流动性，是无偿发行的一种特殊形式。

④债券股票化是一种将股份公司已发行的债券转化为股票的形式。债券股票化可以使股份资本增加，却不能使实际资产增加。

（3）有偿无偿混合增资发行

这是指公司对原股东发行新股票时，按一定比例同时进行有偿无偿增资。在这种增资方式下，公司增发的新股票一部分由公司的公积金转增资，这部分增资是无偿的；一部分由原股东以现金认购，这部分增资是有偿的，增资分配按原股东的持股比例进行。这种方式一方面可促使股东认购新股，迅速完成增资计划；另一方面也是对原有股东的优惠，使他们对公司的前途充满信心。

6.1.3 股票发行方式

1）按发行对象分类：公开发行与内部发行

公开发行又称公募发行（Public Issue），是指发行人向不特定的社会公众和法人公开发售股票，同时也可在规定比例内，向公司内部职工发售。按现行规定，只有社会募集公司的股票可向社会公开发行，且公司向社会公开发行的股票应占总股份额的25%以上，公司内部职工购买部分不得超过向社会公开发行股票总额的10%。

内部发行又称私募发行，是指以特定少数投资者为对象的发行。私募发行的对象有两类，一类是公司的老股东或公司的员工，一类是投资基金、社会保险基金、保险公司、商业银行等金融机构以及与发行人有密切往来关系的企业等机构投资者。私募发行有确定的投资者，发行手续简单，可以节省发行时间和发行费用。其不足之处是投资者数量有限，证券流通性较差，而且不利于提高发行人的社会信誉。

公募发行和私募发行各有优劣。公募发行是证券发行中最常见、最基本的发行方式，适合于证券发行数量多、筹资额大、准备申请证券上市的发行人。然而，在成熟的证券市场中，随着投资基金、养老基金、保险公司等机构投资者的增加，私募发行也呈逐年增长的趋势。

2）按有无发行中介分类：直接发行与间接发行

（1）直接发行（Direct Issue）是指由发行公司自己办理公司股票的发行业务。采取股票直接发行方式，发行公司可直接控制股票发行过程，也可降低发行费用，但由于发行准备工作时间较长，发行公司对股票市场信息掌握不足，加之推销能力有限，一般股票发行时间较长。

（2）间接发行（Indirect Issue）又称为代销型发行，是指发行公司委托投资银行、证券公司等证券中介机构代为向广大投资者发售证券。一般来说，新建公司初次公开发行证券都要委托证券中介机构进行承销。由于承销方式不同，委托人和承销商之间的承销风险和权利、义务也就不同。所以，各方当事人都应根据市场条件、客观可能性和自身需要与能力确定承销方式。承销方式主要有代销、包销两种类型。

①代销（Best Effort Selling）是指承销商只作为发行公司的证券销售代理人，按照规定的发行条件尽力推销证券，发行结束后未售出的证券退还给发行公司，承销商不承担发行风险。因此，代销又称尽力推销（Best Efforts）。采用这种一方式时，承销商与发行公司之间纯粹是代理关系，承销商为推销证券而收取代理手续费，因其不承担销售风险，因此，代销佣金很低。代销一般在以下情况下采用：

●公司信用度很高。知名度很高的大中型企业，其证券容易被社会公众所接受，用代销方式可以降低发行成本。

●承销商对发行公司信心不足时提出采用代销方式，以降低自身的风险。

②包销（Underwriting）又分为全额包销和余额包销两种：

●全额包销

全额包销又称承购包销，是指由一家或数家证券承销机构与证券发行公司签订承购包销合同，由证券承销机构以双方协商决定的价格将准备发行的证券全额买下，并按合同规定的时间将价款一次付给发行公司，然后证券承销机构再以略高的价格向社会公众出售的发行方式。在全额包销过程中，承销商与证券发行人并非是委托代理关系，而是买卖关系，即承销商将证券以批发形式低价买进然后再以零售方式高价卖出，赚取中间的差价。对于发行人来说，采用全额包销方式既能保证如期得到所需要的全额资金，又无须承担证券发行过程中价格变动的风险，因此，支付的发行费用高于其他方式。对承销商来说，要先垫付自有资金买入所有证券，还要承担证券不能按期全部销售和发行价格下跌的风险。承购包销方式又可分为协议发售、等额包销、银团包销三种方式。

协议发售，是指由一个承销商单独包销发行人待发行的全部证券。当证券发行规模小、发行人与承销商关系密切的情况下，通常采用这种方式。采用协议发售时，承销商会提供最佳发行方案和咨询意见，但不足之处在于承销商购买证券的价格没有经过竞争投标过程，有时包销价格不尽合理。

等额包销，是指由若干承销商合作包销，每个承销商包销的份额、所承担的风险以及所获得的手续费都平均分摊。

银团包销，是指由主承销商牵头，若干承销商参与包销活动，以竞争的形式确定各自的包销额，并按其包销额承担发行风险，收取手续费。

●余额包销

余额包销（Standby Commitment）是指证券承销机构必须先向社会代理发售证券，到发售期结束时，如有未售出的证券由承销商自行认购，并按约定时间向发行人支付全部证券款项的承销方式。余额包销实际上是先代理发行，后全额包销，是代销和全额包销的结合。采用这种方式，发行风险大部分由承销商承担，所以它的发行手续费比代销方式高，但比全额包销方式低。对发行人来说，筹资计划完成有保证，在协议规定的发行期限结束时，承销商要将规定资金全额划给发行人。余额包销比较适合于有既定筹资计划，但用款又不是很急的企业。

我国证券发行基本采用余额包销方式，因为《中华人民共和国证券法》规定，证券公司在承销期内应保证先行出售给认购人，不得为本公司预先购入并保留所包销的证券。

6.1.4 股票发行价格

1）股票发行价格的种类

股票发行价格是指股份公司在发行新股时所确定和使用的价格。股票发行价格是股票发行中最重要的内容，股票发行价格确定得合适与否直接关系到股票销售的成败。一般而言，股票的发行价格有如下几种：

（1）平价发行。又称面值发行或等价发行，指股票的发行价格与面额的价格相等。例如，股票面额为1元，则发行价格也为1元。这种发行价格一般不被实力雄厚的公司采用，因为这样会减少公司的资本收益。但是按这种价格发行，对发行工作来说会顺利得多。一般在新公司成立时或向老股东配股时采用这种方法。

（2）溢价发行。股票以高于其票面金额的价格在发行市场上销售称为溢价发行，二者的差价称为溢价，溢价带来的收益计入资本公积。股票首次发行时，根据公司的实际情况一般有平价发行和溢价发行两种。但在发行增资股票时，一般根据公司原发行股票内在价值的增值，考虑溢价发行。溢价发行股票应考虑的主要因素有：当前股市总水平；本公司实际盈利能力；每股资产净值；类似公司股价水平；大众承受心理等。溢价发行是成熟市场的最基本、最常用的方式。

（3）时价发行。是指发行价格以股票在流通市场上的价格为基准来确定，因为股票的时价要高于股票的面额价格。时价发行在股票实行公开招股和配股给第三者时都予以采用，一般有两种情况，一是按超过面值的价格发行面额股票，二是按时价发行无面额股票。时价发行时的具体价格一般会低于市场价格的 5% ~ 10% 左右。

股票溢价发行与时价发行的主要区别在于：前者注重考虑资产增值；后者既考虑资产增值，又考虑该股票在流通市场上的价格。

（4）折价发行。是以低于面值的价格发行，折扣的大小主要取决于发行公司的业绩和承销商的能力。如某种股票的面额为 1 元，如果发行公司与承销商之间达成的协议折扣率为 5%，那么该股票的发行价格为每股 0.95 元。目前，世界上很多国家法律不允许股票按折价发行。我国公司法规定，"股票发行价格可以按票面金额，也可以超过票面金额，但不得低于票面金额"。

（5）中间价发行。即以时价和股票面值确定发行价格，分两种情况：一是介于时价和面值中间，但以接近时价为发行价格；二是介于时价和面值中间，但以接近于面值并加些微溢价增益为发行价格。

2）影响确定发行价格的因素

（1）经营业绩。公司的经营业绩特别是税后利润水平直接反映了一个公司的经营能力和上市时的价值，每股税后利润的高低直接关系着股票发行价格。

（2）净资产。经资产评估机构评估确认的每股净资产是定价的重要参考。

（3）发展潜力。公司经营的增长率（特别是盈利的增长率）和盈利预测是关系股票发行价格的又一重要因素。在总股本和税后利润既定的前提下，公司的发展潜力越大，未来盈利趋势越确定，市场所接受的发行市盈率也就越高，发行价格也就越高。

（4）发行数量。不考虑资金需求量，单从发行数量上考虑，若本次股票发行的数量较大，为了能保证销售期内顺利地将股票全部出售，取得预定数额的资金，价格应适当定得低一些；若发行量小，考虑到供求关系，价格可定得高一些。

（5）行业特点。发行公司所处行业的发展前景会影响到公众对本公司发展前景的预期，同行业已经上市企业的股票价格水平，剔除不可比因素以后，也可以客观地反映本公司与其他公司相比的优劣程度。如果本公司各方面均优于已经上市的同行业公司，则发行价格可定高一些；反之，则应低一些。此外，不同行业的不同特点也是决定股票发行价格的因素。

（6）股市状态。二级市场的股票价格水平直接关系到一级市场的发行价格。在制定发行价格时，要考虑到二级市场股票价格水平在发行期内的变动情况。若股市处于"熊市"，定价太高会无人问津，使股票销售困难，因此，要定得低一些；若股市处于"牛市"，价格太低会使发行公司受损，股票发行后易出现投机现象，因此，可以定得高一些。同时，发行价格的确定要给二级市场的运作留有适当的余地，以免股票上市后在二级市场上的定位发生困难，影响公司的声誉。

3）股票发行定价方式

股票发行的定价方式是指决定股票发行价格的制度安排，主要有议价法、拟价法、竞价法、定价法等。我国股票发行定价的方式有以下几种：

（1）协商定价。在溢价发行情况下，发行人和主承销商协商议定承销价格和公开的发行价格，并报证券监管部门批准，承销价格与发行价格之差额即为承销商的报酬；也可以仅协商议定公开发行价格并报证券监管部门批准，承销商按发行总额的一定比例收取承销费用。

（2）一般询价方式。在对一般投资者上网发行和对机构投资者配售相结合的发行方式下，发行人和主承销商事先确定发行量和发行底价，通过向机构投资者询价，并根据机构投资者的预约申购情况确定最终发行价格，以同一价格向机构投资者配售和对一般公众投资者上网发行。

（3）累计投标询价方式。是一种根据不同价格下投资者的认购意愿确定发行价格的定价方式。具体做法是主承销商确定并公布发行价格区间，投资者在此区间内按照不同的发行价格申报认购数量。通过累计计算，主承销商得出不同价格的累积申购量，并根据超额认购倍数确定发行价格。

（4）上网竞价方式。是指利用证券交易所的交易系统，主承销商作为新股发行的唯一卖方，以发行人宣布的发行底价为最低价格，以新股发行量为总的卖出数，由投资者在指定的时间内竞价委托申购，发行人和主承销商以价格优先的原则，将投资者的认购委托由高价位向低价位排队，并由高价位到低价值累计有效认购数量，当累计数量恰好达到或超过本次发行数量的价格，即为本次股票发行的价格。如果发行底价不能满足本次发行股票的数量，则底价为发行价。我国只有少数股票以上网竞价方式进行过试点。

4）股票发行定价方法

无论采取哪种定价方式，发行人和主承销商都要事先商定发行价格区间。这一发行底价或价格区间可以通过一定的方法估算。

（1）市盈率法

市盈率又称本益比（Price to Earnings，P/E），是指股票二级市场价格与每股盈利的比率。其计算公式为：

市盈率＝股票每股市价/每股盈利

通过市盈率法确定股票发行价格，首先应根据注册会计师审核后的盈利预测计算出发行人的每股收益；然后可根据二级市场的平均市盈率、发行人的行业情况（同行业公司股票的市盈率）、发行人的经营状况及其成长性等拟定发行市盈率；最后依发行市盈率与每股收益之乘积决定发行价格。

按市盈率法确定发行价格的计算公式为：

发行价格＝每股盈利×发行市盈率

【例】某公司预计 2006 年公司每股盈利为 0.42 元，发行市盈率按照 20 倍的市盈率计算，则该公司发行价定为 8.40 元。

确定每股盈利有两种方法，采用不同的方法会得到不同的发行价格。

①完全摊薄法，是指用发行当年预测全部税后利润除以总股本，直接得出每股税后利润。

②加权平均法。因股票发行的时间不同，资金实际到位的先后对企业效益影响较大，而且，投资者在购股后才能享受应有的权益。

加权平均法计算公式为：

$$股票发行价格 = \frac{发行当年预测利润}{发行前总股本数 + 本次公开发行股本数 \times \frac{12 - 发行月份}{12}} \times 市盈率$$

【例】生益科技公司 1993 年全资改组为股份公司，总股本达 242 187 500 股，该公司于 1998 年 9 月 16 日至 1998 年 10 月 16 日向社会公开发行股票 85 000 000 股，发行价 4.18 元，发行当年预测利润 76 012 284 元，发行市盈率按照 14.5 倍的市盈率计算。

$$股票发行价格 = \frac{76\ 012\ 284}{242\ 187\ 500 + 85\ 000\ 000 \times (12-10) \div 12} \times 14.5$$

$$= 4.18\ （元/股）$$

从例题可以看出，每股税后利润的确定采用加权平均法较为合理。

（2）市净率法

市净率法又称净资产倍率法（Price/ Book Value Ratio，P/B），指通过资产评估（物业评估）和相关会计手段确定发行人拟募股资产的每股净资产值；然后根据证券市场的状况、发行人的经营情况等拟定发行市净率；最后，将每股净资产值乘以市净率，以此确定股票发行价格的方法。其公式是：

市净率=股票市场价格/每股净资产

发行价格=每股净资产值×市净率

净资产倍率法在国外常用于房地产公司或资产现值要重于商业利益的公司的股票发行，但在国内一直未被采用。以此种方式确定每股发行价格不仅应考虑公平市值，还须考虑市场所能接受的溢价倍数。

（3）现金流量折现法

现金流量折现法通过预测公司未来盈利能力，据此计算出公司净现值，并按一定的折扣率折算，从而确定股票发行价格。该方法首先是用市场接受的会计手段预测公司每个项目未来若干年内每年的净现金流量，再按照市场公允的折现率，分别计算出每个项目未来的净现金流量的净现值。公司的净现值除以公司股份数，即为每股净现值。由于未来收益存在不确定性，发行价格通常要对上述每股净现值折让20%～30%。

国际主要股票市场对新上市公路、港口、桥梁、电厂等基建公司股票的估值和发行定价一般采用现金流量折现法。这类公司的特点是前期投资大，初期回报不高，上市时的利润一般偏低，如果采用市盈率法确定发行价格会低估股票的真实价值，而对公司未来收益（现金流量）的分析和预测能比较准确地反映其整体和长远价值。用现金流量折现法定价的公司，其市盈率往往远高于市场平均水平，但这类公司发行上市时套算出来的市盈率与一般公司发行的市盈率之间不具可比性。

6.1.5 股票发行制度

世界各国的证券发行制度可以概括为注册制和核准制两类。

1）注册制

注册制（Registering System）是指以美国联邦证券法为代表的一种股票发行审核方式，实质上是一种发行公司的财务公开制度。它要求发行人在准备发行股票时，必须将证券发行本身以及与证券发行有关的一切信息准确地向证券主管机关呈报并申请注册。发行人不仅要完全公开一切信息，不得有重大遗漏，并且要对所提供信息的完整性、真实性、可靠性承担法律责任。证券主管机关的职责是依据信息公开原则，对申报文件的全面性、准确性、真实性和及时性作形式审查。至于发行人的营业性质，发行人的财力、素质及发展前景，发行数量与价格等实质条件均不作为发行审核要件。证券主管机关无权对证券发行行为及证券本身做出价值判断，发行人的申报文件提交后，在规定的法定期间内未被证券监管机关拒绝注册，申请即自动生效，就可以发行证券。在注册制下，发行人的发行权无须国家授予。

注册制为投资者创造了一个高度透明的市场和公平竞争的环境。但由于它的前提是信息充分披露，投资者能够根据所获得的信息做出理性投资决策。因此，较适用于历史悠久、市场发育成熟的国家。

2）核准制

核准制（Authorizing System）是指以欧洲各国公司法为代表的一种股票发行审核方式，实行实质管理原则。在核准制下，发行人在申请发行股票时，不仅要公开披露与发行证券有关的信息，符合有关法律和证券管理机关规定的条件，而且还必须将发行申请报请证券监管机构决定。证券监管机构除了进行注册制所要求的形式审查外，还要对发行人的盈利能力、公司治理水平、发展前景、发行数量与价格等条件进行实质审核，并由此做出发行人是否符合发行实质条件的价值判断，证券监管机构有权否决不符合规定条件的股票的发行申请。在核准制下，发行人的发行权由审核机构以法定方式授予。实行核准制的目的在于，尽管理部门所能保证发行的证券符合公共利益和社会安定的需要。相比较而言，注册制适用于发达证券市场，而核准制则较为适用于证券市场发展历史不长、投资者素质不高的国家和地区。

2001 年 3 月 17 日，我国股票发行核准制正式启动。在我国，证券发行审核制是指证券发行人提出发行申请，保荐机构（主承销商）向中国证监会推荐，中国证监会进行合规性初审后，提交发行审核委员会审核，最终经中国证监会核准后发行。

6.1.6　股票发行程序

1）首次公开发行股票（Initial Public Offering，IPO）的程序

（1）发行人制作申请文件并申报。发行人按照中国证监会颁布的《公司公开发行股票申请文件标准格式》制作申请文件，经省级人民政府或国务院有关部门同意后，由主承销商推荐并向中国证监会申报。

（2）中国证监会受理申请文件。中国证监会收到申请文件后在 5 个工作日内做出是否受理的决定。

（3）中国证监会进行初审。中国证监会受理申请文件后，对发行人申请文件的合规性进行初审，并在 30 日内将初审意见函告发行人及其主承销商。主承销商自收到初审意见之日起 10 日内将补充完善的申请文件报至中国证监会。

中国证监会在初审过程中，将就发行人投资项目是否符合国家产业政策征求国家发展和改革委员会和国家经济贸易委员会的意见，两委自收到文件后在 15 个工作日内将有关意见函告中国证监会。

（4）发行审核委员会审核。中国证监会对按初审意见补充完善的申请文件做进一步审核，并在受理申请文件后 60 日内，将初审报告和申请文件提交发行审核委员会审核。发行审核委员会按照国务院批准的工作程序开展审核工作。委员会进行充分讨论后，以投票方式对股票发行申请进行表决，提出审核意见。

中国证监会及其发行审核委员会的审核内容包括以下几方面：第一，对发行条件的审核；第二，对公司股票发行申报材料完备性的审核，即审核公司是否按有关规定全面报送了有关文件及资料；第三，对文件内容的审核；第四，其他方面的审核。

（5）中国证监会核准发行。依据发行审核委员会的审核意见，中国证监会对发行人的发行申请做出核准或不予核准的决定。予以核准的，出具核准公开发行的文件；不予核准的，出具书面意见，说明不予核准的理由。中国证监会自受理申请文件到做出决定的期限为 3 个月。

（6）发行人提出复议申请。发行申请未被核准的企业，接到中国证监会书面决定之日起 60 日内，可提出复议申请。中国证监会收到复议申请后 60 日内，对复议申请做出决定。

（7）公开发行股票。发行人在获得中国证监会同意其公开发行股票的核准后，就可以按照核准的发行方案发行股票。

我国上市公司股票首次发行的发行流程参见图 6—1。

2）股票发行程序中的路演与绿鞋期权

（1）路演

路演（Road Show）也有人译做"路游"，是指股票承销商帮助发行人安排的发行前的调研活动。一般来说，承销商先选择一些可能销出股票的地点，并选择一些可能的投资者，主要是机构投资者，然后带领发行人逐个地点去召开会议，介绍发行人的情况，了解投资人的投资意向。大多数情况下，一些基金经理人会作为机构投资者参加这一活动。另外，会计师和投资顾问有时也参加这一活动。承销商和发行人通过

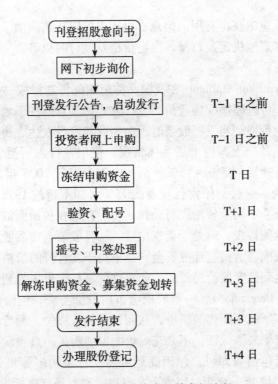

图 6—1　股票首次发行的发行流程

路演，可以比较客观地决定发行量、发行价格以及发行时机等。

路演是决定股票首次公开发行成功与否的重要步骤，成功的路演可以达到三个目的：

①通过路演让投资者进一步了解发行人。在大约两周的时间内，发行人、高层管理人员会同主承销商前往各主要金融中心城市，拜访潜在的投资者，使投资者有机会通过路演了解发行人的管理工作，并向发行人提出质询。

②增强投资者信心，创造对新股的市场需求。尽管多数国家的证券监管机构禁止发行人在路演时发送除了初步招股说明书之外的任何书面材料和进行盈利预测，但是路演还是给发行人提供了一个展示公司管理层风貌、公司素质和陈述公司长期商业计划的机会。由于路演是发行人积极推销的唯一机会，很多机构投资者和个人投资者就会在路演演说陈述中形成对发行公司管理层的看法，进而做出买或不买股票的决定，因此，成功的路演可以创造新股的市场需求。

③从投资者的反应中获得有用的信息。发行人可以从路演中了解到投资者对此次发行的反应，从而客观地决定发行量、发行价格及发行时机等。

（2）绿鞋期权

绿鞋期权（Green Shoe Option）在我国又称超额配售选择权，是一种包销商在获得发行人的许可下，可以超额配售股份的发行方式。其意图在于增发股票满足更多需求，或购回股票稳定价格。当发行股票时，包销商与发行人达成协议，允许包销商在既定的股票发行规模基础上，视市场具体情况，使用发行人所授予的股份超额配售权，一般为初始发行规模的 5%～15%。例如，工商银行 2006 年发行新股时规定 A 股的"绿鞋"规模为不超过初始发行规模的 15%，即不超过 19.5 亿股。一般来说，超额配售所募集的资金不马上转给发行公司，暂时存放在包销商的账户上。因为包销商一旦使用这种超额配售权，就处于卖空位置，一旦股票上市后股价跌破发行价，包销商就可以利用超额配售所得这部分资金，以不高于发行价的价格在二级市场上收购抛售之股票，从而达到稳定股价的目的。如果这种超额配售未得到发行人的许可，就被称为"光脚鞋"（Bare Shoe），一旦股票上市后股价上涨，包销商就必须以高于发行价的价格，购回其所超额配售的股份，从而遭受经济损失。发行人的许可使得包销商超额配售的股份有了来源保证，不必花高价去市场购买，只须发行人按发行价多增发相应数量的股份给包销商即可，包销商还可为发行公司多募集一些资金。"光脚鞋"常被包销商与"绿鞋"合用，以增大卖空空间和市场支撑能力。

绿鞋期权的名称来源于最初采用这种发行方式的公司名称。1963 年，佩思·韦伯公司为绿鞋公司发行股票时第一次采用了这种期权。中国证监会于 2001 年 9 月 3 日公布《超额配售选择权试点意见》，标志着绿鞋期权在我国开始试行。2006 年 9 月 17 日中国证监会公布《证券发行与承销管理办法》，其中规定，首次公开发行股票数量在 4 亿股以上的，发行人及其主承销商可以在发行方案中采用超额配售选择权。超额配售选择权的实施应当遵守中国证监会、证券交易所和证券登记结算机构的规定。

3）增发股票的发行程序

增发股票的大致程序如下：

（1）先由董事会做出决议，制订增发股票的发行方案。

（2）提请股东大会批准。

（3）由保荐人保荐，并向中国证监会申报。

（4）中国证监会依照有关程序审核。证监会在收到申请文件后，5 个工作日内决定是否受理。

（5）自中国证监会核准发行之日起，上市公司发行股票；超过 6 个月未发行的，核准文件失效，须重新经中国证监会核准后方可发行。证券发行申请未获核准的上市公司，自中国证监会做出不予核准的决定之日起 6 个月后，可再次提出证券发行申请。

（6）上市公司发行股票，应当由证券公司承销；非公开发行股票，发行对象均属于原前 10 名股东的，可由上市公司自行销售。

6.1.7 我国股票发行条件的管理

股票发行人必须是具有股票发行资格的股份有限公司，包括已经成立的股份有限公司和经批准拟成立的股份有限公司。在我国，股票的发行必须符合国家或地方政府有关部门规定的条件方可进行。只有符合条件才能正式提出发行申请，向公众公开发行股票。股票发行条件分如下两种类型：

1）首次公开发行股票的条件

我国首次公开发行股票主要应当符合下列条件：

（1）股票发行人必须是依法设立且合法存续的股份有限公司；经国务院批准，有限责任公司在依法变更为股份有限公司时，允许以募集设立方式公开发行股票；有限责任公司在依法变更为股份有限公司时，折合的实收股本总额不得高于公司净资产。

（2）发行人自股份有限公司成立后，持续经营时间应当在 3 年以上，但经国务院批准的除外，有限责任公司按原账面净资产值折股整体变更为股份有限公司的，持续经营时间可以从有限责任公司成立之日起计算。

（3）发行人的主要资产不存在重大权属纠纷，主要股权不存在重大权属纠纷。

（4）发行人最近 3 年内主营业务、高级管理人员、实际控制人没有重大变化。

（5）发行人应当具有完整的业务体系和直接面向市场独立经营的能力。

（6）发行前股本总额不少于人民币 3 000 万元。

（7）最近 3 个会计年度净利润均为正数且累计超过人民币 3 000 万元，净利润以扣除非经常性损益前后较低者为计算依据。

（8）最近 3 个会计年度经营活动产生的现金流量净额累计超过人民币 5 000 万元，或者最近 3 个会计年度营业收入累计超过人民币 3 亿元。

（9）最近 1 期末无形资产（扣除土地使用权、水面养殖权和采矿权等后）占净资产的比例不高于 20%。

（10）最近 1 期末不存在未弥补亏损。

（11）最近 3 年内不得有重大违法行为，财务会计报告无虚假记录。

（12）证监会规定的其他条件。

发行申请核准后，发行人应该在 6 个月内发行股票，如果超过 6 个月未发行股票，核准文件失效，发行人须重新核准后方可发行股票。

2) 上市公司公开发行证券的条件

（1）增发股票的一般条件

上市公司增发股票的一般条件是指上市公司采用不同方式增发股票时都应当具备的条件，包括：组织机构健全、运行良好；上市公司盈利能力具有可持续性；上市公司的财务状况良好；上市公司财务会计文件无虚假记载、不存在重大违法行为；上市公司募集资金的数额和使用符合规定；上市公司不存在严重损害投资者合法权益和社会公共利益的违法行为。

（2）向原股东配售股份的条件

除一般性规定的条件以外，还有以下条件：

①拟配售股份数量不超过本次配售股份前股本总额的 30%。

②控股股东应当在股东大会召开前公开承诺认配股份的数量。

③采用代销方式发行。控股股东不履行认配股份的承诺，或者代销期限届满，原股东认购股票的数量未达到拟配售数量 70% 的，发行人应当按照发行价并加算银行同期存款利息返还已经认购的股东。

（3）向不特定对象公开募集股份（增发）的条件

除一般性规定的条件以外，还有以下条件：

①最近 3 个会计年度加权平均净资产收益率平均不低于 6%，"扣除非经常性损益后的净利润与扣除前的净利润相比以低者为计算依据"。

②除金融类企业外，最近一期期末不存在持有金额较大的交易性金融资产和可供出售的金融资产、借予他人款项、委托理财等财务性投资的情形。

③发行价格应不低于公告招股意向书前 20 个交易日公司股票均价或前一个交易日的均价。

（4）非公开发行股票的条件

所谓非公开发行股票，是指上市公司采用非公开方式，向特定对象发行股票的行为。非公开发行股票的特定对象应当符合股东大会决议规定的条件，其发行对象不超过 10 名。发行对象为境外战略投资者的，应当经国务院相关部门事先批准。上市公司非公开发行股票，除一般性规定的条件以外，还应当符合下列规定：

①发行价格不低于定价基准日前 20 个交易日公司股票均价的 90%。

②本次发行的股份自发行结束之日起，12 个月内不得转让；控股股东、实际控制人及其控制的企业认购的股份，36 个月内不得转让。

③募集资金使用符合有关规定。

④本次发行将导致上市公司控制权发生变化的，还应当符合中国证监会的其他规定。

6.2　债券发行与承销

6.2.1　债券的发行主体及发行目的

债券发行是将债券由发行者手中转移到投资者手中的过程。债券的发行主体主要是债券的发行者，包括政府、金融机构、股份公司、企业等。

（1）政府。政府根据信用原则，为了达到特定的目的，经常采取债券的形式筹措资金。政府又分为中央政府和地方政府。中央政府为了弥补国库暂时性资金不足，可发行短期国家债券，即国库券；为了某种特定目的也可发行中长期国家债券，即公债券，其发行范围可在国内以本币发行，还可以在国外以外币币种发行。地方政府为了发展地区经济（如建设某个大型项目、修建基础设施等），也可采用举债的形式，发行地方政府债券，简称地方债券。

（2）金融机构。金融机构主要包括银行及非银行的金融机构（如信托投资公司、证券公司等），其发行债券的目的主要是为了筹集信贷资金。在英美等欧美国家，金融机构发行的债券归类于公司债；在我国及日本等国家，金融机构发行的债券称为金融债券。

（3）股份公司。股份公司为了增加资金，经董事会决定后，可申请发行债券。这种方式不仅比增发新股简单，而且也比较灵活。

（4）企业。企业在具备发行资格的条件下，可以作为发行者，通过发行债券筹集资金。发行债券是企业最直接、有效的资金来源渠道之一。

6.2.2　债券的发行条件

确定发行条件是发行债券过程中一项至关重要的工作。合理确定债券的发行条件，对发行者来说直接关系到筹资成本的高低，对投资者来说是做出投资判断的基本依据。只有制定出合理的发行条件，才能保证债券发行的成功。发行条件主要是由发行额、票面利率、发行价格、票面金额、偿还期限等内容构成。

(1) 发行额。是一次发行债券所筹集的资金总额。它是根据发行者资金的数量、信誉、债券的种类以及市场的承受能力等因素决定的。从发行者的角度看，在债券总金额相等的条件下，一次发行比分次发行节省时间和费用，但一次发行债券在一些国家受到法定最高限额的限制；并且发行额定得过高时，会造成销售困难，以致影响发行者的信誉，对债券发行后的转让价格也会产生不良影响。一般来说，发行者首次发行债券，发行额可定得低些，保证发行成功，以后再需要发行债券时，便可参照首次发行的情况，确定出有把握的发行额。

(2) 票面金额。是债券券面所表示的金额。债券票面金额的确定要考虑两个因素：一是认购者的购买能力。用公募方式向社会公众发行债券时，若票面金额定得过高，就会把小投资者拒之门外；用私募方式向法人投资者发行债券时，则可考虑适当提高票面金额。二是成本测算。如果票面金额定得过低，就会增多债券数量，不仅增加印刷成本，还会使发行工作复杂化。综合上述两种因素，一般采取多票面金额的方式比较理想。

(3) 票面利率。又称名义利率，是债券票面所载明的利率。它反映的是债券券面上的固定利息和券面金额的比率，是固定不变的。例如，某种债券票面利率10%，即表示每认购100元债券，每年可得到10元利息。通常，在确定债券票面利率时，既要考虑到发行单位的承受能力，又要考虑到对投资者是否有吸引力，具体包括以下三个方面：

①银行同期存款利率水平和期限的长短。银行存款和债券投资是资金运用的两种不同方式，投资者要对这两种方式的收益性和风险性进行比较，选择最佳的投资对象。通常来说，债券的风险略高于银行存款，票面利率也应略高于银行存款利率。同时，期限长的债券票面利率高些，期限短的债券票面利率则低些。

②其他债券的利率水平。债券的种类很多，各种债券由于信用程度不同，利率有一定差别。信用级别高的债券可以相应降低票面利率，信用级别低的债券则要相应提高票面利率。发行者应在考虑自己信用程度的基础上，确定相应的票面利率。

③发行者的承受能力。发行者应在正确估价自己的承受能力的基础上确定票面利率，否则，盲目地将票面利率定得过高，发行时可吸引投资者，其结果轻者会给发行者带来沉重的利息负担，重者不能按期偿还本金，给以后的债券发行工作带来严重的不利影响。

（4）债券的期限。是指从债券发行日起到偿清本息日止这段时间。它是根据发行人使用资金的周转期、市场利率的变动趋势、流通市场的发达程度以及投资人的投资意向等因素决定的。发行人在确定债券的期限时，主要应考虑以下因素：

①要考虑自己使用资金的周转期。发行不同期的债券主要是为了满足不同的特定的资金需求，使债券的期限与资金的周转期相适应。

②要考虑未来市场利率的发展趋势，以避免利率风险，减少市场利率上升所引起的筹资成本的上升。

③要考虑流通市场的发达程度。如果流通市场发达，投资人就敢于购买长期债券，因为债券可以随时变现；反之，投资者存在后顾之忧，长期债券就难以销售。

④要考虑发行者的信用度。一般来说，知名度高、信用度好的大企业，即使发行期限较长的债券，也容易推销；相反，信用差的公司，要想将债券顺利推销出去，应尽量发行期限较短的债券。

另外，投资人的投资意向、心理状况以及市场上其他债券的期限构成，也是发行人确定债券期限的因素之一。

（5）发行价格。是债券从发行者手中转移到初始投资者手中的价格。债券的发行价格相对票面金额而言有三种：一种是以券面金额发行，称平价发行，一般是在债券票面利率与市场利率相同情况下采用；第二种是以高于券面金额的价格发行，称溢价发行，一般是在债券票面利率高于市场利率的情况下采用；第三种是以低于券面金额的价格发行，称折价发行或贴水发行，一般是在债券票面利率低于市场利率的情况下采用。一般来说，发行价格可以与利率相互配合来调整债券购买者的实际收益率，使之与实际利率保持一致。在市场利率水平有较大幅度浮动时，可以调整债券的票面利率，也可微调发行价格与之相适应。

（6）债券的偿还方式。债券一般是按照发行时约定的期限到期偿还的，但也有部分债券在发行时就规定了一定的偿还方式。偿还方式包括到期偿还、期中偿还和展期偿还，期中偿还又有全额偿还和部分偿还等方式。债券的偿还方式直接影响发行人的筹资成本和投资者的投资收益以及双方的风险，也是发行人需要考虑的条件之一。

(7) 债券的发行担保。有无发行担保是债券发行的条件之一。由信誉卓著的第三方担保或用发行人的财产作抵押担保，可提高债券的安全性，降低筹资成本。通常，政府和大金融机构发行的债券无须担保。

(8) 债券的税收效应。主要是指对债券的收益是否征税。涉及债券收益的税收有收入所得税和资本收益税。收入所得税也称利息预扣税，在发行人向债券持有人支付利息时预先扣除债券持有人应向政府部门缴纳的税款并集中上缴当地税务部门。资本收益税是政府对证券投资的资本利得收入征收的税收。资本利得收入是指债券的卖出价与买入价之差额或债券到期的偿还金额与买入价的差额。针对债券投资所开征的税种及税率由各国的税务部门决定，但因投资者关注的是债券投资收益在扣除税款后的净额，所以税收效应也是债券发行人需要考虑的条件之一。

总之，在确定发行条件时，要将上述因素综合起来考虑，多方权衡。通常先定利率和期限，因为它们最明显地反映着投资者的获利大小和贷出资金的时间长短，再根据市场利率确定发行价格。而投资者在进行债券投资时，除了看发行条件外，还要考虑发行者的信用度，所以一般都对发行者定有不同的发行等级，级别越低的发行者越需要以较高的发行条件来发行。

6.2.3 债券的公开发行方式

1) 定向发行方式

定向发行又称私募发行、私下发行，即面向少数特定投资者发行。一般由债券发行人与某些机构投资者，如商业银行、证券投资基金、保险公司、信托投资公司等金融机构以及养老保险基金、各类社会保障基金、社会捐赠基金等特定机构直接洽谈发行条件和其他具体发行债券的方式，属于直接发行。我国的国家重点建设债券、财政国债、特种国债等债券均采取定向发售方式。

2) 承购包销发行方式

它是指发行人与由商业银行、证券公司等大金融机构组成的承销团通过协商条件签订承购包销合同，由承销团分销拟发行债券的发行方式。有的国家建立国债一级自营商制度，具备一定资格条件、经批准的国债一级自营商，有责任包销每次国债发行量的一定比例，再通过各自的市场销售网络开展分销与零售业务。以公募方式发行的公司债，一般也采取承购包销方式。

对于事先已确定发行条件的国债，我国仍采用承购包销方式，目前主要运用于不可上市流通的凭证式国债的发行，主要由商业银行承销并利用银行营业网点分销。

3）公开招标发行方式

公开招标发行方式是指通过招标方式确定债券承销商和发行条件的发行方式。通过投标人的直接竞价来确定发行价格（或利率）水平，发行人将投标人的标价，自高价向低价排列，或自低利率向高利率排列，发行人从高价（或低利率）选起，直到达到需要发行的数额为止。因此，所确定的价格恰好是供求决定的市场价格。

招标发行根据标的物的不同，可分为价格招标、收益率招标和缴款期招标三种形式。根据中标规则不同，可分为荷兰式招标（单一价格招标）和美国式招标（多种价格招标）。

（1）价格招标。主要用于贴现债券的发行。根据中标规则的不同，又可分为荷兰式招标和美国式招标两种。荷兰式招标是指按招标人所报买价从高向低的顺序中标，直至满足预定发行额为止，中标人以所有中标价格中的最低价格认购中标的债券数额。美国式招标的过程与荷兰式的相似，但是投标人在中标后，分别以各自出价来认购债券。二者的区别是，荷兰式招标是所有中标人以单一价格认购，美国式招标是中标人以多种价格认购。

【例】当面值为100元、总额为200亿元的贴现国债招标发行时，若有A、B、C三个投标人，他们的出价和申报额如表6—1所示，那么，A、B、C三者的中标额分别为90亿元、60亿元和50亿元。在荷兰式招标规则下，中标价都是75元；而在美国式招标规则下，中标价分别是自己的投标价85元、80元和75元。

由此可见，二者的区别是，荷兰式招标是所有中标人以"单一价格"认购，美国式招标是中标人以"多种价格"认购。我国目前短期贴现国债主要运用荷兰式价格招标方式予以发行。

表6—1　　　　　**荷兰式招标与美国式招标中标价的比较**

投标人	A	B	C
投标价（元）	85	80	75
投标额（亿元）	90	60	100
中标额（亿元）	90	60	50
荷兰式招标中标价（元）	75	75	75
美国式招标中标价（元）	85	80	75

（2）收益率招标。主要用于附息债券的发行，同样可以分为荷兰式招标和美国

式招标两种形式，原理与价格招标相似。债券的票面利率由投资者以招标方式进行竞争，按照投标人所报的收益率由低到高依次中标，直到满足预定发行额为止。荷兰式招标的中标人以所有中标收益率中的最高收益率认购中标额，美国式招标则以中标人各自报出的收益率认购中标额，并均以各中标人投标收益率的加权平均值作为债券的票面利率。

【例】当面值为 100 元、总额为 200 亿元的附息国债招标发行时，若有 A、B、C三个投标人，他们的出价和申报额如表 6—2 所示，那么，A、B、C 三者的中标额分别为 80 亿元、90 亿元和 30 亿元。在荷兰式招标规则下，中标价都是 9%；而在美国式招标规则下，中标价分别是自己的投标价 8%、8.5% 和 9%。

表 6—2 　　　　　　　　荷兰式招标与美国式招标中标价的比较

投标人	A	B	C
投标价（%）	8	8.5	9
投标额（亿元）	80	90	50
中标额（亿元）	80	90	30
荷兰式招标中标价（%）	9	9	9
美国式招标中标价（%）	8	8.5	9

（3）缴款期招标。是指在债券的票面利率和发行价格已经确定的条件下，按照承销机构向财政部缴款的先后顺序获得中标权利，直至满足预定发行额为止。根据中标规则不同，也可分为荷兰式招标和美国式招标，前者是各中标商均以单一的最迟缴款日期为中标缴款期，后者是各中标商以各自投标的缴款期为中标缴款期。这一招标形式是我国的创新，曾在国债发行中运用。

我国记账式国债发行以招标方式为主，既有荷兰式招标，也有美国式招标，招标标的为利率、利差和价格，国债承购包销团成员有权参加国债的招投标。

4）直接发售方式

这种方式是指发行人通过代销方式在证券公司或银行柜台向投资者直接销售。国外的储蓄债券常采用这种方式。

6.2.4　债券的信用评级

对发行证券的机构进行信用评级具有多重意义：对机构来说，进行信用评级是发行债券的必要前提，是取信投资者、降低发债成本的必要途径；对投资者来说，知道所买入债券的信用等级是其进行投资风险管理的重要环节。

1) 债券信用评级的概念

债券信用评级是指债券评级机构对债券发行者的信誉及其所发行的特定债券的质量进行评估的综合表述。从本质上说，信用评级评估和计量了债券的信用风险，即发生不利于债权事件的可能性。它对于债券发行者、投资者和证券交易者都很重要，因为只有通过比较各种债券的信用级别，才能保证投资和交易的质量，降低投资风险。

世界上最早的债券评级制度诞生于美国，目前世界上最著名、最具权威性的评级机构是美国的穆迪投资者服务公司和标准普尔公司，此外，还有日本公社债研究所、日本投资服务公司、日本评级研究所以及艾克斯特尔统计服务公司等，它们大多是为社会公众所承认的、具有很高声誉的民间债券评级机构。

2) 证券信用评级的作用

（1）证券信用评级有利于保护投资者的利益。通过评级可以将证券发行者的信用质量和偿还债务的可靠程度公之于众，使投资者在投资决策前了解准备投资的证券的风险程度。当然，证券发行者按规定也会向社会公布其经营情况和财务状况，但是，由于缺乏专业知识和相关的信息，一般投资者往往难以据此直接做出投资决定。而信用评级通过各方面的专家对多方面的材料进行分析、评估，得出一个简明的结果，使投资者易于明白并据此决策。

（2）证券信用评级有利于证券的发行者降低筹资成本。一般来说，投资者的收益就是筹资者的成本，投资者的收益越高，就意味着筹资者的筹资成本越高；而证券的风险越大，证券投资者要求的收益就越高。因此，证券的风险不确定，投资者就可能会要求较高的收益，而信用评级的功能恰好在于它可以比较准确地标出证券的风险程度，从而使投资者接受一个虽然较低，但是配合其风险程度的收益率。另外，有了证券的信用评级，发行者在与承销商谈判发行价格时亦能较快达成共识，投资者对证券亦有信心，这都有助于发行者迅速实现筹资目的。以上两个方面满足了发行者与投资者的基本要求，是信用评级的最主要作用。

（3）证券信用评级也是证券市场的一项基本建设，它既是体现市场公正、公平、公开原则的一个重要手段，又可以提高市场的效率。有了信用评级，市场信息的透明度提高了，传播速度也提高了，促进了平等竞争，减少了市场操纵行为，规范了市场的交易与运作；有了信用评级，社会资源可以根据高质高价、低质低价的市场原则有效地确定流向，提高了资源配置的水平和效率。

（4）证券信用评级亦有助于金融监管当局对金融市场实施有效监管。各种证券都有信用等级，监管部门就可以根据监管的目标与需要，方便地确定各种金融机构或非金融机构持有资产的风险结构，规定金融机构投资证券的标准。在此基础上，也可以进行相应的检查。

需要指出的是，证券信用评级工作也有它的局限性，这种局限性主要由三方面的因素造成：其一，信用评级有一套规范的程序与评价标准，它的优点是保证了评级工作的科学性，但是，由于具体的评估对象千差万别，用统一的标准来评价，有时会失之毫厘而差之千里。其二，信用评级中的经验判断在面对新情况、新事物时往往会感到经验不足，分寸难以把握，这也会造成评出的等级与实际的信用状况有较大的出入。其三，归根到底，信用评级工作是一种预测，它总是滞后于实际情况，因此，信用评级不十分准确也是难以避免的。当然，有没有高质量的信用评级与信用评级是否准确是两个不同层次的问题，不可同日而语。

3）债券信用级别的划分及含义

国外债券等级的划分，有的是"四类十级制"，即 A、B、C 各分三级，另加 D 级；有的是"三类九级制"，即 A、B、C 各分三级；还有的是"二类六级制"，即 A、B 各分三类。但一般采用"三类九级制"的比较多，我国目前的债券信用评级就采用这种等级划分方法，即将债券的等级划分为 AAA，AA，A，BBB，BB，B，CCC，CC，C。

关于债券等级的划分及其含义，世界各国尚不完全统一，表6—3 以美国穆迪投资者服务公司和标准普尔公司为例，说明其等级划分及含义。

表6—3　　　　　　　　　　　债券级别划分表

标准普尔公司	穆迪公司	性质	级别	说明
AAA	Aaa		最高	信誉最高，债券本息支付无问题
AA	Aa		高	信誉很高，有很强的支付本息的能力
A	A	投资	中上	信誉较高，仍有较强的支付能力，但在经济形势发生逆转时，对市场较为敏感
BBB	Baa		中	有一定信誉，有一定支付能力，但在经济形势发生逆转时，较上述级别更易受影响
BB	Ba		中下	有投机因素，但投机程度较低
B	B			投机的
CCC ~ CC	Caa	投机	投机	可能不还
C	Ca			不还，但可以收回很少一点
DDD ~ D	C			不还，不履行债务，无收回的可能

　　4）证券评级的原则

　　在证券评级工作中，一般应坚持如下几条原则：

　　（1）权威性原则。这一则主要体现在三个方面：①信用评级机构的评级范围要广泛，不但在系统内适应，而且在系统外也要适应，不但在当地适应，外地也要适应；②评级机构的人员要由专家、学者或实践经验丰富的"老银行"担任；③评级机构要有代表性，有独立行使证券信用评级的权力。

　　（2）科学性原则。债券的评级是一项繁杂的工作，具有较高的要求，因此，各债券评级机构对信用评级的方法、评级指标体系以及评级手段都要具有科学性，评估依据要全面，指标要完整。

　　（3）责、权、利相结合原则。在责任上，债券评级机构对债券的评级应本着对企业负责和对投资者负责的精神，并对在评级中的失误所造成的影响承担相应责任；在权利上，评级机构有权按照国家制定的规定和办法进行评级，也有对评级办法的解释权，其他机构、人员不得进行干扰；在利益上，评级机构也应讲求盈利，根据评级规定，收取评级费用。

　　（4）公正原则。在证券信用评级过程中，评级机构不能搞人情评级，也不能凭"长官意志"行事，而要站在公正立场上，客观、公正地判断分析，使评级机构本身经得起社会的检验。

　　5）债券评级的程序

　　在国外，债券评级一般要经过如下几个过程：

　　（1）提出评级申请。债券评级首先由债券发行单位或其代理人寻找一家评级机构，并向其提出评级申请，双方开始就任务、要求与价格进行谈判，达成协议后，双方签署评级委托书。信用评级工作正式开始。

　　（2）发行者开始着手准备评级机构所需的各项资料，评级机构则开始组建该项评级的工作小组，评级小组通常包括熟悉发行者所在行业的分析师和财务专家。发行者需要提供的资料包括：过去五年的财务数据与分析、在行业竞争中的位置、筹资方案、发行者认为会对评级有影响的各项因素分析，企业过去的历史、现状及未来的前景预测等。具体的内容要根据评级小组的要求提供。

　　（3）评级小组收到这些材料后，开始对材料进行初步的分析，查阅有关的档案与信息，通过分析研究，提出需要进一步调查了解的事项。

　　（4）评级小组带着问题与企业的负责人和财务主管会面，就企业的经营计划与财务计划交换意见，在必要时还将到现场与相关的人员会面座谈，请有关人士解答问题。

（5）在与企业交换意见和现场考察后，评级小组作进一步的分析研究，在确信不需要更多的材料与信息后，根据研究结果得出评级小组意见，并据此撰写评级报告，提出企业信用等级的初步建议。报告完成后，上交评级机构的评级委员会。

（6）评级委员会开会讨论评级小组提交的报告，通过投票表决，确定评级的结论。

（7）企业的信用等级确定后，评级机构立即将结果及主要依据通知发行企业或其代理人，询问发行企业是否同意信用等级的结论，有否申诉。

（8）如果发行企业不提出申诉，评级机构做出的信用评级的等级就是正式的信用等级，除通知发行企业或其代理人外，还将通过媒体向公众发布，同时将评级结果在自己的档案中进行详细登记。评级机构与发行企业将签署进一步的协议，规定在证券整个有效期内的跟踪评级的程序、任务及费用，并开始对评级对象进行跟踪监督。

（9）如果发行企业对评级委员会的结论提出申诉，它应同时提供相应的材料以支持其申诉。然后，评级委员会迅速开会讨论申诉的理由，决定是坚持原决定还是进行修改。如果要修改，就会责成评级小组重复第二至第五个步骤的工作，评级委员会再开会决定新的信用等级。无论是维持了原决定，还是修改了原决定，这都是最后的决定。

（10）如果发行企业接受，则按第八条办理；如果发行企业不接受最后的结论，发行企业与评级机构的合作即宣告结束，双方结清财务账目。发行企业或者放弃此次发行，不再进行信用评级工作，或者再寻找另一家评级机构，重新开始这一过程。

6）债券信用评级的内容与方法

各国债券评级机构关于债券评级的内容规定尚不一致，下面以美国穆迪公司和标准普尔公司为例，简要介绍其评级的主要内容与方法：

（1）资产流动性分析。主要是从资金周转的角度衡量企业的偿债能力和生产经营能力。它主要包括八项指标：

①流动资产与流动负债比率；②迅速变现资产比例；③现金和视同现金比例；④库存与全部流动资产比例；⑤库存周转率；⑥应收账款周转比率；⑦固定资产周转比率；⑧全部资产周转比率。

（2）负债比率分析。主要是从公司负债总量和负债结构的角度，衡量偿债能力和盈利水平。在分析过程中主要考虑八项指标：

①总负债率；②流动负债与全部负债的比例；③全部负债占公司全部自有资本比例；④纯资产对长期负债比例；⑤长期负债占公司全部自有资本比例；⑥优先股占纯资产比率；⑦普通股占纯资产比率；⑧长期负债占总负债比率。

（3）金融风险分析。主要是衡量和考察筹资者的筹资风险和投资者的投资风险的大小，也有八项指标：

①纯资产与债券发行额的比例；②次纯资产与优先股的比例；③再次纯资产与普通股的比例；④毛利对债券利息的比率；⑤当年毛收入对债券本息的比率；⑥纯盈利对优先股分红比例；⑦普通股分红比率；⑧纯盈利对全部股份的比率。

（4）资本效益分析。资本效益分析主要是从经济效益的角度衡量企业的偿债能力和生产营运能力如何，主要有五项指标：

①销售毛利率；②销售成本率；③销售纯盈利率；④总资产税前收益率；⑤总资产税后收益率。

1992年，由中国信誉评级协会筹备组制定了我国的《债券信用评级办法》，规定了评级的内容，主要包括企业素质、财务质量、建设项目、发展前景和偿债能力五个方面。随着我国信用评级工作的不断探索和实践，债券评级的指标体系和评价方法将会进一步得到完善。

【参考案例】

鑫龙电器（002298）新股分析询价报告

报告标题： 鑫龙电器（002298）电网建设与铁路电气化推动行业需求，建议询价区间 6.79 ~ 8.15 元

投资要点：

公司主营业务为高低压成套开关设备、元器件和自动化产品的生产和销售。主要产品包括 40.5kV 系列开关设备、12kV 系列开关设备、12kV 系列开关、12kV 箱式变电站、低压开关设备、自动化产品、低压元器件等，其中高低压成套开关设备占到了公司收入的近90%。

公司产品盈利能力强。公司各产品毛利率较高，大部分产品毛利率均在35%以上，但是由于低压成套开关设备毛利率较高，且销售额仍占到公司的40%左右，因而公司综合毛利率水平与可比行业上市公司龙头企业仍有一定的差距。

公司主要市场在电网和铁路电气化，未来仍有较大发展空间。（1）高低压开关行业与配网建设投资相关度较高，而中国的城市配网改造和农村配网建设需求仍较大。（2）2010年，全国铁路网营业里程由 8.5 万千米调增为 9 万千米以上，客运专线建设规模由 5 000 千米调增为 7 000 千米，复线率、电化率均由 41% 调增为 45% 以上。铁路电气化进程的加快必将带动铁路相关开关及变压

器等电气设备的需求。

本次公开发行募集资金将投向 3 个项目，主要用于扩大生产能力。募投项目计划增加公司智能化箱式变电站产能 1 000 台，同时新增综合保护装置和永磁真空断路器两个新产品。3 个项目合计投资 1.65 亿元，其中固定资产投资 9 990 万元。

我们预计，公司（20）09、10、11 年完全摊薄 EPS 分别为 0.32 元、0.41 元和 0.56 元，对照可比上市公司估值水平，给予公司（20）09 年 25~30 倍市盈率和 15% 的折价，建议询价区间 6.79~8.15 元。

特别提示：本报告所预测新股定价不是上市首日价格表现，而是在现有市场环境基本保持不变的情况下的合理价格区间。

研究员：矫健　所属机构：申银万国

（资料来源　申银万国证券：《新股分析询价报告》。有删节）

光大银行上网定价发行公告

中国光大银行股份有限公司（发行人）首次公开发行人民币普通股（A 股）的申请已获中国证券监督管理委员会证监许可［2010］1019 号文核准。

本次发行的初始发行规模为 61 亿股，发行人授予 A 股联席保荐人（主承销商）不超过初始发行规模 15% 的超额配售选择权（或称："绿鞋"），若 A 股绿鞋全额行使，则 A 股发行总股数将扩大至 70 亿股。超额配售股票将通过向本次发行的部分战略投资者延期交付的方式获得，并全部面向网上投资者配售。本次发行采用向战略投资者定向配售（下称：战略配售）、网下向询价对象询价配售（下称：网下发行）与网上资金申购发行（下称：网上发行）相结合的方式进行。其中，战略配售不超过 30 亿股，约占绿鞋全额行使后发行规模的 42.9%；回拨机制启动前，网下发行不超过 15.5 亿股，约占绿鞋全额行使后发行规模的 22.1%。其余部分向网上发行。

本次发行价格区间为 2.85~3.10 元/股（含上限和下限），此价格区间对应的 2009 年市盈率水平为 15.08 倍至 16.40 倍（每股收益按照经会计师事务所审计的、遵照中国会计准则确定的扣除非经常性损益前后孰低的 2009 年归属于母公司所有者的净利润除以本次 A 股发行后且全额行使超额配售选择权时的总股数计算）。

网上发行通过上海证券交易所（下称：上证所）交易系统进行，投资者以发行价格区间上限（3.10 元/股）缴纳申购款；申购时间为 2010 年 8 月 10 日，在上证所正常交易时间内（9：30 至 11：30，13：00 至 15：00）进行；申购简称为"光大申购"，申购代码为"780818"；单一证券账户的委托申购数量最高不得超过 240 万股。凡参与初步询价报价的配售对象，无论是否有"有效报价"，均不得再参与网上发行的申购。

战略配售与网下发行由联席保荐人（主承销商）负责组织实施；网下发行通过上证所网下申购电子化平台（下称：申购平台）实施，配售对象在发行价格区间内进行累计投标询价，其申购价格可以为发行价格区间内的任一价格，每 0.01 元为一个最小申报价格单位。网下申购时间为

2010年8月9日至10日9：30至15：00。公司股票代码"601818"同时用于本次发行的网下申购。每个配售对象多笔申报的累计申购股数不得低于其有效报价所对应的"拟申购数量"总和，上限为该"拟申购数量"总和的200%，同时不超过网下初始发行股票数量，即15.5亿股。每个配售对象参与网下申购的申购数量的上限和下限可通过申购平台查询。

本次发行由承销团余额包销。

公告日期：2010-08-10

（资料来源 东方财富网/公司公告，http：//data. eastmoney. com/Notice/。经整理）

● 重要概念

发起设立 招股设立 股票增资发行 直接发行 间接发行 超额配售选择权 累计投标询价方式 注册制 核准制 价格招标 收益率招标 荷兰式招标 美国式招标 债券信用评级

● 复习思考

（1）股份有限公司发行股票的主要目的有哪些？

（2）试述股票发行价格的种类及其定价方法。

（3）有哪些主要因素影响股票发行价格的确定？

（4）在我国，申请初次发行股票需要符合哪些条件？

（5）试述超额配售选择权的含义及意义。

（6）证券承销方式有哪几种？它们各有什么特点？

（7）价格招标和收益率招标有什么区别？

（8）荷兰式招标和美式招标有什么区别？

（9）为什么要对债券进行信用评级？

（10）阅读一家公司招股说明书，通过该说明书你能获得哪些方面的信息？并分析该公司的新股定价是否合理。

（11）分析题：

宏达网络股份有限公司是一家IT业的著名企业，发起设立注册资本4 000万元。公司开业1年来经营业绩节节攀升，为抓住机遇，扩大公司规模，实现公司的大发展，公司董事会决定，向国务院授权部门及证券管理部门申请公司上市发行新股，拟发行新股总额为人民币6 000万元，每股面额1元。为吸引投资，其中2 000万元股份为优先股，优先股股东享有下列权利：①优先股股东可以用8.5折购买股票；②预先确定优先股股利11%，且不论盈亏保证支付；③优先股股东在股东大会上享有表决权。其余4 000万元股份为普通股，溢价发行，并将股票发行溢价收入列入公司利润。

问题：

①宏达股份有限公司申请公司上市发行新股能否获得批准？为什么？

②宏达公司对优先股的规定合法吗？

③新股发行方案中还存在什么问题？

第7章 证券上市与交易

◇**学习目标**

- 了解证券交易市场的类型及层次划分
- 明白设立证券上市标准的意义
- 知晓企业上市的利弊
- 掌握证券交易所交易的规则与原理
- 掌握交易所的功能与作用
- 掌握创业板的功能和上市标准
- 知晓证券交易市场的发展趋势

7.1 证券的上市与退市

7.1.1 上市证券与非上市证券

上市证券是指在证券交易所内采用集中竞价方式挂牌买卖的证券。一般来说，一个公司的证券要想在某一证券交易所公开上市买卖，它必须首先向证券交易所提出上市申请。各个证券交易所对证券的上市都有一些要求，只有符合条件的证券才能在交易所公开上市。证券上市的条件在各国证券管理立法中都有些原则性规定，但一般不作具体的强制性规定，而是主要由证券交易所自行决定。因此，各证券交易所上市条件有严有松，然而其目标都是为了切实维护投资者的利益，维持证券市场的正常运行。各个国家、各个证券交易所无论对证券上市怎样规定，总是那些信誉高、经济效益好、经营管理完善、经济实力雄厚的公司才能更为容易获准上市。

与上市证券相对应的是非上市证券。非上市证券是指那些不在证券交易所挂牌买卖的证券，它的交易通常只能在场外进行。一般情况下，非上市证券总是比上市证券

本章建议阅读资料：
1. 中国证券业协会：证券业从业资格考试统编教材（2010）——《证券交易》，北京，中国财政经济出版社，2010。
2. 乾隆电脑软件有限公司：钱龙股票投资动态分析软件操作手册暨应用法则。
3. ［美］弗兰克·赖利、埃德加·A.诺顿：《投资学》，6版，李月平译，北京，机械工业出版社，2005。

多，其中绝大多数是因为它们不符合证券上市条件，如那些较小公司的股票就往往只能在场外进行交易。

7.1.2 证券上市的利弊

对于证券的上市，人们历来有着不同的认识，有些公司热衷于自己证券的公开上市，有些公司则并不希望自己的证券公开上市，这都有一些道理。

1) 有利的方面

(1) 开辟多种直接融资渠道。证券的公开上市有利于提高股票、债券的流动性，增加对投资者的吸引力，人们对它的关心将有利于上市公司继续向公众集资。当企业再次发行新的证券时使之能够选择有利的发售方式，降低发行成本。

(2) 提高企业知名度。企业证券的公开上市可以说是企业发展史上的一个里程碑，它标志着企业的进步和发展水平。哪个企业的证券能够在证券市场上公开上市，说明该企业的生产力水平和经营管理水平已经达到相当高的程度，这样将会大大提高企业的社会知名度。此外，哪个企业的证券能够公开上市，它们的名字将经常出现在各种宣传媒介上，这本身就有一定的广告效应，对于提高企业的知名度也有相当大的作用。

(3) 规范治理结构和内部管理。企业证券的公开上市，增加了企业生产经营的透明度，而且社会上广大民众时刻都在注视着企业的生产与发展情况，并根据企业的生产发展情况以及他们对企业前途的预测来决定证券的买入和抛出。社会民众对企业的普遍关注，必然形成对企业的巨大压力，促进企业不断加强经营管理，努力提高经济效益。

2) 不利的方面

(1) 扭曲的证券市场行情会给企业带来负面影响。证券公开上市后其市场价格的频繁波动会给企业的经营带来消极影响。通常人们总是认为，股市价格能够非常灵敏地反映企业的发展变化和经营水平，因而企业的经营者不得不为维持和提高本企业股票的市场价格而大伤脑筋。其实有些时候股市行情对企业经营状况的反映并不是非常真实的，而扭曲的证券行市会给企业带来诸多伤害。

(2) 控制权分散会面临被收购的风险，也会影响决策效率。证券公开上市后，企业控股权将会因此而更加分散，这样，一方面会因为股票经常易手、股东经常易人给企业的控制权带来风险；另一方面股权的极度分散和股东的经常变化也会给企业的经营决策带来诸多困难，影响企业决策的及时性与灵活性。由此，势必造成许多情况下非上市公司可以做的事上市公司却不能做，或非上市公司很快能够做到的事而上市公司不能很快做到。

（3）强制性的约束、信息更加透明也会提高公司的经营成本。证券公开上市后，企业要定期向大众公布企业的内部情况，这样一来，透明度的增加也必然使企业许多秘密被泄漏出去，而在高度竞争的现代经济社会中，这不能不说对企业的发展和经营是非常不利的。

7.1.3　证券上市地的选择应考虑的因素

企业选择上市地的核心并不是选择交易所，而是选择企业自己的股东和市场，这样才能使产业发展与资本市场发展相得益彰。企业选择在境内上市还是在境外上市，一般应考虑以下因素：

（1）是否符合公司发展战略的需要，包括产品市场、客户和国际化程度，企业与拟上市地国家（或地区）业务的关联度。

（2）拟上市地投资者对中国及中国企业的认同度。

（3）上市标准的差异，是否足够了解拟上市地的游戏规则并符合其要求（包括对公司治理的适应）。

（4）一级市场的筹资能力（市盈率水平）、二级市场的流通性（市场活跃状况）、后续融资能力。

（5）上市成本，包括初始上市成本与后续维护费用。

（6）上市时间。

（7）地理位置、文化背景、法律制度等。

（8）政府的有关政策。

中国企业上市可供选择的目标市场如图7—1所示。

7.1.4　证券退市

证券上市后，上市公司应当一直遵守交易所的有关规定，符合上市的标准。否则，证券交易所可以根据有关法令和上市契约的规定，呈报证券主管机关核准后，暂停或终止某种证券的上市交易，即予以停牌或取消上市资格。

上市公司被暂停或终止上市的原因可能有以下多种：

（1）公司违反上市契约的规定，如不能按要求公开其财务状况，或对财务会计报告作虚假记载等。

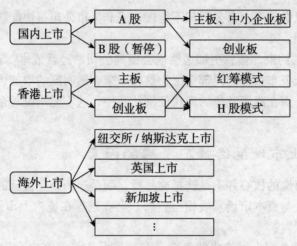

图7—1　证券上市可供选择的目标市场

（2）上市公司经营管理不善，税前盈利大大下降，已无偿债能力，达不到持续上市的最低标准。

（3）公司有严重违法行为。

（4）公司破产或被兼并。

（5）公司行为影响市场秩序或损害公共利益。

（6）公司连年亏损，严重影响股东权益而在一定期间内未有改观等等。

我国证券交易所对以下四种情形决定暂停其股票上市：一是上市公司最近三年连续亏损的；二是上市公司股本总额、股权分布等发生变化不再具备上市条件的；三是上市公司不按规定公开其财务状况，或者对财务会计报告作虚假记载的；四是上市公司有重大违法行为的。为提高创业板上市公司质量，国家对创业板上市公司在财务指标方面还增加了以下两种退市情形：①最近一个会计年度净资产为负；②最近一个会计年度的财务会计报告被会计师事务所出具否定或无法表示意见的审计报告。

上市公司在其股票暂停上市期间，应当依法履行上市公司的有关义务。当上市公司出现以下所列情况，交易所应终止其上市：①上市公司股本总额、股权分布等发生变化不再具备上市条件，在限期内未能消除的；②上市公司不按规定公开其财务状况，或者对财务会计报告作虚假记载，经查实后果严重的；③上市公司有重大违法行为，经查实后果严重的；④公司最近三年连续亏损，在限期内未能消除的；⑤上市公司决议解散的；⑥行政主管部门依法责令上市公司关闭或者法院宣告上市公司破产的。

7.2　证券交易所

证券上市和交易市场按照组织形式，可分为证券交易所和场外交易市场两种类型。其中，证券交易所交易是证券市场集中交易的代表，是证券市场发展到一定阶段的产物。

7.2.1　证券交易所的概念、特征及发展历史

1）证券交易所的概念

证券交易所是指证券流通市场中有组织、有固定地点，并能够使证券集中、公开、规范交易的场所。如《深圳证券交易规则》中规定：证券交易所是为证券交易提供交易场所及设施。交易场所及设施是由交易主机、交易大厅、交易席位、报盘系统及相关的通信系统等组成。

2）证券交易所的发展历程

证券交易所是商品经济发展的产物，早在资本原始积累时期就已出现。据记载，比利时的安特卫普和法国的里昂是出现证券交易最早的地区，但真正较早建立起比较正规的证券交易所的还要数荷兰。荷兰的阿姆斯特丹有一座非常著名的桥，它的名字叫"新桥"，初建于 1550 年，它是人类历史上第一个股票交易场所，当时，来自世界各地的从事证券买卖的商人汇聚于此，每天进行两到三个小时的交易。这些股票交易商在此一起谈论、传递和探询着各种有关股票的信息，相互讨价还价，寻找交易对手。但每逢恶劣天气，交易商们就要东躲西藏。于是，1611 年，交易商们自行集资建造了阿姆斯特丹证券交易所大厦，专门用于股票交易，它就是世界上的第一个证券交易所。到 18 世纪，海上贸易和国际金融中心逐渐向伦敦转移，英国逐渐取代荷兰拥有了海外霸主地位，伦敦的证券交易也活跃起来。英国最初的挂牌证券交易是在咖啡馆里进行的，所以英国的第一家证券交易所是于 1773 年在伦敦的新乔纳森咖啡馆成立的。但是，当时的证券交易主要对象是债券，股票交易数量较少。美国早期的证券交易也是在马路边的梧桐树下进行的，直到 1792 年 5 月 24 位证券商签订了《梧桐树协议》，才算正式成立了证券交易所，即今天世界上最著名的纽约证券交易所的前身。

证券交易所产生初期采用的是投资者之间集市般的讨价还价制度。1612 年，来

自欧洲各国的投资者让新落成的阿姆斯特丹证券交易所显得越来越拥挤了，于是，一种新的交易方式也就随之诞生了。300名最具信誉的人被推举出来，他们作为投资者的代理人进到交易所里面进行交易，而这300位代理人也被称为经纪人。经纪人制度的出现，使市场信息集中到了经纪人身上，而每一位投资人又能通过经纪人了解到市场信息，这样就缩短了交易时间、提高了市场效率。

在交易所近400年的发展历程中，经历了若干次质的飞跃，从集市般的讨价还价到经纪人制度的出现，从电子化的改革到互联网的应用，但无论怎样变化，提高市场效率、降低交易成本，使参与者更加广泛、市场信息更加透明、竞争更加充分，使整个社会资源的配置更加迅捷、更加有效，都是证券交易所发展历史轨迹中永远不变的理念。

3）证券交易所的特征

今天，证券交易所作为各种证券公开买卖的场所，作为有组织、有固定地点的证券交易市场，一般都具有如下三个特点：

（1）证券交易所本身既不持有证券，也不买卖证券，更不能决定各种证券的价格。它只是为证券买卖双方的证券交易提供服务、创造条件，并对双方的交易行为进行监督。证券交易价格由证券买卖双方以公开竞价的方式决定。

（2）证券交易所是证券买卖完全公开的市场。它要求所有申请上市的证券发行者必须定期地、真实地公开其经营情况和财务情况。它自身也定期公布各种证券的行情表和统计表，以使投资者迅速选择投资目标，使证券持有者决定保留还是转让证券。交易所还随时公布股票价格指数，投资者据此预测证券市场行情的发展趋势。

（3）证券交易所具有严格的组织性，有专门的立法和规章制度。各国都明确规定，只有证券商经纪人才能代理买卖双方进入交易所参加交易，一般投资人不能直接进场交易。交易所对成交价格、成交单位、成交后的结算都有严格的规定，并且对交易所内部的人员也严加约束，如遇有利用内部情报操纵价格和垄断等行为和事件发生，也有相应的规定予以严厉制裁。

7.2.2　证券交易所的组织形式

证券交易所的组织形式一般分为公司制和会员制两种。

（1）公司制证券交易所是一个按照股份制原则设立的，由股东出资组成的组织，是以营利为目的的法人团体。公司制交易所的特点是：证券交易所本身不参加证券买卖，只为证券经纪商提供交易场地、设施和服务，以便证券交易的完成。公司制证券交易所的最高决策管理机构是董事会，董事和监事由股东大会选举产生。

交易所由注册合格的证券商进场买卖证券，证券商与交易所签订合同，并缴纳营业保证金，同时交易所收取证券成交的佣金。公司制证券交易所的优点是：既能提供比较完善的设备和服务，又能保证证券交易的公正性。因为在采取公司制的证券交易所中，交易所本身不允许参加证券交易，这就为证券交易价格的公正性提供了基本保证。公司制证券交易所的缺点是：由于交易所的设立是以营利为目的的，交易所的收入主要靠证券成交价格一定百分比收取佣金，而且一般收费较高，所以对于证券交易者来说，费用成本较高。

（2）会员制证券交易所是一个由会员自愿出资共同组成的、不以营利为目的的法人团体。会员制交易所的会员必须是出资的证券经纪人或自营商，只有会员才有资格进场参加证券交易。会员制证券交易所由会员来共同经营，会员与交易所不是合同关系，而是自治和自律关系，这是会员制证券交易所与公司制证券交易所的最大区别。会员制证券交易所的最高决策管理机构是理事会，理事会成员由会员选举产生。会员制交易所的会员要遵照交易所制定的规章制度在所内参加交易，对于违犯法令或内部规定者，交易所将给予严厉惩罚。会员制交易所的优点是：首先，由于会员制交易所不是以营利为目的的，收取的证券交易成交佣金一般都比较低；其次，会员制证券交易所内部实行自律，各个会员要严格约束自己，而且还要相互约束，会员责任感一般都比较强。其缺点是：因在会员制证券交易所内买卖双方需自负交易责任，不能取得交易所的赔偿，因而风险较大。

西方大多数国家都是采用会员制建立证券交易所，如美国的纽约证券交易所就是按会员制建立的证券交易所。我国上海、深圳两家证券交易所也都是采用会员制形式建立的证券交易所。

自 20 世纪 90 年代以来，为了在激烈的市场竞争中取得领先地位，交易所改变自治自律互助式会员制方式正成为一种现实选择。2006 年 3 月 8 日，沿用了 213 年之久会员制的纽约证券交易所也与 Archipelago 交易所合并，改制成纽约证券交易所集团公司，并首次在纽交所挂牌交易。交易所公司化改制将成为一种新的浪潮。

7.2.3　证券交易所经纪人

证券交易所进场交易的经纪人基本可分为两种，一种是证券经纪商，另一种是证券自营商。主要从事代客买卖的证券商称为经纪商，而主要从事自行买卖证券的证券商称为自营商。

经纪商又可分为佣金经纪商、大厅经纪商和专家经纪商三种。

佣金经纪商是证券交易所会员公司派往交易大厅内专门为顾客代理买卖的经纪商，交易完成由他们收取佣金。这类经纪商在交易所内人数最多，证券交易所内的大部分证券交易都是通过他们完成的。他们就是通常人们所说的"证券商"。

大厅经纪商是以私人身份在证券交易所取得会员席位，不属于任何会员公司的经纪商。大厅经纪商在证券交易所大厅内专门接受其他经纪商的委托代为买卖，成交后收取佣金。这种现象的存在主要是因为佣金经纪商可能在业务繁忙时接受许多客户的委托，单靠自己的工作无法完成委托交易，这样就必须将客户的委托指令再委托给大厅经纪商，求其代为执行。因此，从某种意义上讲，大厅经纪商是佣金经纪商的经纪商。

专家经纪商或称专门经纪商、特殊经纪商、做市商（Market Maker）又称庄家，以其自有资金在证券市场上挂牌买进同时又卖出某一种股票，从中赚取价差。他们的特殊之处主要表现在：他们各自专门从事某几种股票的买卖活动，专门长驻在某一交易台边，专门研究和等待所受委托的股票的行市涨落，以在适当时机买卖，所以他们可称得上是某几种股票的研究专家。他们在证券交易所内的主要作用表现在：一是在开市期间，做市商必须就其负责做市的证券一直保持双向买卖报价，即向投资者报告其愿意买进和卖出的证券数量和买卖价位，如果投资者愿意以做市商报出的价格买卖证券，做市商必须按其报价以自有资金和证券与投资者进行交易；二是设法保证证券交易的连续性，维护证券交易公平而有秩序地进行，当专做的某只股票出现暂时性的没有买方或者没有卖方的时候，他们就会站出来充当缺少的一方，使该股票能够连续不断地交易下去；三是在交易供求不平衡时以自己的财力买进或卖出以缩小供求差距。

7.2.4 证券交易所的交易方式

在世界各国的证券交易业务中，证券交易的方法多种多样、应有尽有。

1）按照证券价格形成的方式划分

按照证券价格形成的方式划分，证券交易可分为：相对买卖方式交易、拍卖标购方式交易和竞价买卖方式交易。

（1）相对买卖。是指一个买主面对一个卖主的交易方式。这种交易方式在商务交易中多被采用，是一种比较原始的交易方式。采用这种交易方式，买方或卖方根据各自的标准选择合适的买卖对象，通过价格谈判达成交易合同，直至合同的履行。这种交易方式也多被运用在证券交易业务中，但在证券交易所中运用得较少，而是大量地被运用在场外交易市场中。由于采用这种交易方式进行证券买卖只是通过一对一讨价还价来形成证券交易的价格，因而这一价格很难说是公平、合理的市场价格，当然也无法形成市场的均衡价格。

（2）拍卖标购。是指一个买主对多个卖主或一个卖主对多个买主的交易方式。在这种交易方式下，不仅存在着买主与卖主之间的竞争，而且存在着买主内部之间或卖主内部之间的竞争。在一个卖主对多个买主的证券交易中，买主们为了实现自己的买入计划，必然竞相提出高于他人的买入价格，这样卖主就与出价最高的买主达成交易，这种交易方式也被称做"拍卖"。在一个买主对多个卖主的证券交易中，卖主们为了实现自己的卖出计划，必然竞相报出低于他人的出售价格，这样买主就与出价最低的卖主达成交易，这种交易方式也被称做"标购"。无论是拍卖还是标购，都是通过多个买主或卖主的竞争来产生证券的买卖价格，因此它对于证券价格的公平合理性具有一定的积极意义。

（3）竞价买卖。是指多个买主对多个卖主的交易方式。它是证券交易所中采用得最为普遍的一种证券买卖方式。竞价买卖把全国或整个地区的证券供求都集中在证券交易所中，使多个买主与多个卖主聚集在一起相互竞价，以实现出价最高的买主与报价最低的卖主达成交易。由于这种交易方式集中了多数的买主和多数的卖主，并以相互竞价的方式达成交易，因而它对于确定证券公平、合理的价格具有更可靠的保证。竞价买卖交易方式根据证券价格的决定方法又可分为两类：单一成交价格的竞价买卖与复数成交价格的竞价买卖。

2）按照交易形式划分

按照交易形式划分，证券交易可分为：现货交易、信用交易、期货交易、期权交易等。其中，现货交易是最基本的交易方式。信用交易采用保证金方式的现货交易，而期货和期权交易则为衍生金融工具交易。

（1）现货交易。是指证券买卖成交后即时履行合同的交易方式。也就是说，实行现货交易的买卖双方达成交易后，买方要立即向卖方支付价款，卖方要立即向买方交付证券。现货交易原则上要求成交后立即办理清算交割手续，但是由于技术上的限制，实际上很难完全做到，因此许多证券交易所都根据不同情况采取了一些变通的做法，规定可以在一定的期限内办理交割。例如，美国纽约证券交易所规定在成交后的第五个营业日办理完交割；日本东京证券交易所规定在成交后的第四个营业日办理完交割。现货交易有以下几个显著的特点：第一，成交和交割基本上同时进行。第二，是实物交易，即卖方必须实实在在地向买方转移证券，没有对冲。第三，在交割时，买方必须向卖方支付现款。由于在早期的证券交易中大量使用现金，所以，现货交易又被称为现金现货交易。第四，交易技术简单，易于操作，便于管理。一般来说，现货交易属于一种投资行为，它反映了购买者进行长期投资的意愿。

（2）信用交易。又称融资融券交易、垫头交易、保证金交易。它是指证券买卖者通过交付一定数量的保证金得到经纪人的信用而进行证券买卖行为。通常保证金的比例大多在30％左右。证券的信用交易也分为两种：一种是"融资"，也称"保证金买长"；另一种是"融券"，也称"保证金卖短"。

"融资"交易是指客户向经纪人（证券公司）借钱买进证券。客户要买进某种看涨证券而自己没有能力支付价款，这时他向经纪人支付一部分保证金，由经纪人代为垫付购买证券所需价款，使其能够如愿买进某种证券。经纪人垫付款项后，一方面要收取一定比例的垫款利息，另一方面要将客户购入的证券作为借款的抵押。等到一定时期以后，该种证券的价格上涨，客户再将该证券按当时的市价卖出，从中赚取中间的价差，人们将这种交易方式又称为"多头"或"买空"。

"融券"交易是指客户向经纪人（证券公司）借证券卖出。客户要卖出看跌证券，但自己手里并不拥有证券，这时他向经纪人交纳一定数额的保证金，然后从经纪人那里借入证券并按市场价格卖出，待日后该种证券价格下跌后，再按当时市价买入同等数额的证券还给经纪人并支付利息，从而在这种交易中获利，人们又将这种交易方式称做"空头"或"卖空"。

信用交易对客户来说最主要的好处是：首先，客户能够超出自身所拥有的资金量进行大宗交易，甚至使得手头没有任何证券的客户从证券公司借入，也可以从事证券买卖，这样就大大便利了客户。其次，具有较大的杠杆作用。这是指信用交易能给客户以较少的资本，获取较大的利润的机会。信用交易的弊端主要是风险较大。因此，在某些国家，如几年前的我国，通过法律形式禁止股票的信用交易。尽管如此，信用交易仍是当前西方国家金融市场上最受客户欢迎的、使用最广泛的交易方式之一。

（3）期货交易。是指已成交的证券在未来某一日按照合同规定进行清算和交割的证券交易方式。在期货交易中，证券买卖双方先签订买卖合同，就买卖证券的种类、数量、成交价格以及交割时间达成协议，买卖双方在合同规定的交割日期才正式办理交割手续。在达成交易时，卖方并不真正地交付证券，买方也不当时就付款，只有到了规定的交割日，卖方才交出证券，买方才支付价款。由于期货交易是要按预期价格结算的，在交割时，如果正遇证券价格上涨，买方则可大获其利；反之，如果正遇价格下跌，则卖方就能获利。由此可见，证券的期货交易是证券交易活动中进行期货保值或投机获利的一种方法。

（4）期权交易。又称选择权交易，它是指证券投资者事先支付一定的费用，取得一种可按既定价格买卖某种证券的权利。证券的期权交易不同于期货交易,其交易对象不是证券本身,而是一种权利,购买期权者可以在期限内的任何时候行使这个权利,买进或卖出证券,也可以到期不执行这一权利,任其作废;而对于出售期权的专门的证券商来说,则必须按规定出售或购进证券。证券的期权交易因买卖关系不同又可分为"看涨期权"和"看跌期权"两种。

7.2.5　我国证券交易所的市场层次结构及上市标准

1) 市场层次结构

我国在以上海、深圳证券交易所作为证券市场主板市场的基础上,又在深圳证券交易所设置中小企业板市场和创业板市场,从而形成交易所市场内的不同市场层次。

(1) 主板市场(Main Board)。是一个国家或地区证券发行、上市及交易的主要场所。一般而言,各国的证券交易所代表着国内主板市场。主板市场的功能定位主要是为国内乃至全球有影响的处于成熟期的大公司提供融资渠道。在主板市场上市的条件较严格,一般要求企业已达到相当的规模,企业发展速度相对稳定,要求企业在上市前若干年连续盈利,投资者进行投资判断时有往绩可循。相对创业板市场而言,主板市场是资本市场中最重要的组成部分,很大程度上能够反映经济发展状况,有"宏观经济晴雨表"之称。上海、深圳证券交易所是我国证券市场的主板市场。

(2) 中小企业板市场。2004 年 5 月 17 日,经国务院批准,中国证监会批复同意,深圳证券交易所在主板市场内设立中小企业板市场。中小企业板的功能定位是为主业突出、具有成长性和科技含量的中小企业提供直接融资平台,是分步骤推出创业板的一个步骤。中小企业板的总体设计可以概括为"两个不变"和"四个独立"。"两个不变"是指中小企业板运行所遵循的法律、法规和部门规章与主板市场相同;中小企业板的上市公司符合主板市场的发行上市条件和信息披露要求。"四个独立"是指中小企业板是主板市场的组成部分,同时实行运行独立、监察独立、代码独立、指数独立。

(3) 创业板市场。又称二板市场(Second Board Market)。其市场的功能定位主要是为有潜质的发展中的新兴产业或新兴经济增长点企业服务。由于创业板市场的上市公司多为成长型的高新技术企业,相对主板市场而言,其上市条件较为宽松,如香港创业板一般仅要求有明确的主营业务和上市前有两年活跃记录即可,因而其投资风险也大大高于主板市场。为了有效控制市场风险,创业板市场的监管与主板市场相比并未放松,相反更加严格,如实行更为严格的信息披露制度等。成功的创业板上市企业是以优秀的管理层、潜在的行业发展以及未来的高增长前景作保障的。

创业板市场具有为处于初创期的中小企业提供利用证券市场进行股权融资的机会，为风险投资退出提供出口，优化资源配置和规范企业经营管理等功能。

世界各国的创业板市场设立和运营模式主要有三种类型：

（1）由证券交易所直接设立创业板市场。如英国伦敦交易所另类投资市场（AIM）、新加坡证券交易所西斯达克（SESDAQ）市场以及香港联交所创业板市场等。证券交易所设立创业板市场，制定与主板市场不同的上市条件和标准，吸引与主板市场在经营状况及营业期限、股本大小、盈利能力、股权分散程度等方面不同的公司上市。有的证券交易所主板和创业板采取不同的交易方式，如德国新市场采用报价与指令驱动交易方式，而其相应的主板市场则采用指令驱动交易方式。

（2）由非证券交易所的机构设立创业板市场。如美国1971年创立的纳斯达克（NASDAQ）市场、欧洲易斯达克市场、韩国科斯达克市场等。这类创业板市场通常是由各国或地区的券商协会或类似机构设立，为该区域内柜台交易市场中部分质地较优的股票提供集中的电子化自动报价和交易系统。为进入此类报价和交易系统，公司需要满足一定的上市条件。美国一些著名的高科技公司，如苹果、微软以及雅虎等，都是这一市场的明星。

（3）由原先的证券交易所通过重组、合并、市场重新定位等方式转变而成。如加拿大创业交易所（Canadian Venture Exchange）。该交易所由加拿大温哥华证券交易所与阿尔伯塔证券交易所合并而成，目前，加拿大创业交易所还考虑进一步合并加拿大其他面向中小企业的证券市场，如加拿大交易网络（CDN，Canadian Dealing Network）和温匹格交易所（Winnipeg Stock Exchange），以建立一个加拿大统一的面向具有高成长性中小企业的全国性初级股票市场。

2007年8月22日，我国《创业板发行上市管理办法》（草案）获得国务院批准。2009年3月31日，证监会正式公布《首次公开发行股票并在创业板上市管理办法》，该办法自5月1日起实施。2009年6月5日，深交所正式发布《深圳证券交易所创业板股票上市规则》，筹备10余年之久的创业板于2009年10月23日在深圳证券交易所正式启动。我国创业板市场甄选企业的标准为"两高"、"六新"。"两高"即成长性高、科技含量高；"六新"意味着重点支持新能源、新材料、电子信息、生物医药、环保节能、现代服务等新兴产业的发展。

2）上市标准条件

上海、深圳交易所主板市场、深圳中小板市场以及创业板市场的上市标准条件如表7—1所示。

表 7—1 上海、深圳交易所主板市场、深圳中小板市场以及创业板市场的上市标准条件

条件	主板、中小板 （除中小板市场新发行股本一般小于 3 000 万元外，中小板与主板的上市要求没有区别）	创业板
主体资格	依法设立且合法存续的股份有限公司	依法设立且持续经营 3 年以上的股份有限公司
经营年限	持续经营时间应当在 3 年以上（有限公司按原账面净资产值折股整体变更为股份公司可连续计算）	持续经营时间应当在 3 年以上（有限公司按原账面净资产值折股整体变更为股份公司可连续计算）
盈利要求	（1）最近 3 个会计年度净利润均为正数且累计超过人民币 3 000 万元，净利润以扣除非经常性损益前后较低者为计算依据 （2）最近 3 个会计年度经营活动产生的现金流量净额累计超过人民币 5 000 万元；或者最近 3 个会计年度营业收入累计超过人民币 3 亿元 （3）最近一期不存在未弥补亏损	对发行人的财务状况审核采用两套标准（符合其中一条即可）： 第一套标准为，最近 2 年连续盈利，最近两年净利润累计不少于 1 000 万元，且持续增长 第二套标准为，最近 1 年盈利，且净利润不少于 500 万元，最近 1 年营业收入不少于 5 000 万元，最近 2 年营业收入增长率均不低于 30% 净利润以扣除非经常性损益前后孰低者为计算依据
资产要求	最近一期末无形资产（扣除土地使用权、水面养殖权和采矿权等后）占净资产的比例不高于 20%	最近一期末净资产不少于 2 000 万元
股本要求	发行前股本总额不少于人民币 3 000 万元，发行后股本总额不少于 5 000 万元	企业发行后的股本总额不少于 3 000 万元
主营业务要求	最近 3 年内主营业务没有发生重大变化	发行人应当主营业务突出。同时，要求募集资金只能用于发展主营业务
董事及管理层	最近 3 年内没有发生重大变化	最近 2 年内未发生重大变化
实际控制人	最近 3 年内实际控制人未发生变更	最近 2 年内实际控制人未发生变更

续表

条件	主板、中小板 （除中小板市场新发行股本一般小于3 000万元外，中小板与主板的上市要求没有区别）	创业板
同业竞争	发行人的业务与控股股东、实际控制人及其控制的其他企业间不得有同业竞争	发行人与控股股东、实际控制人及其控制的其他企业间不存在同业竞争
关联交易	不得有显失公平的关联交易，关联交易价格公允，不存在通过关联交易操纵利润的情形	不得有严重影响公司独立性或者显失公允的关联交易
成长性与创新能力	无	发行人具有较高的成长性，具有一定的自主创新能力，在科技创新、制度创新、管理创新等方面具有较强的竞争优势；符合"两高"、"五新"标准，即高科技、高增长、新经济、新服务、新能源、新材料、新农业
募集资金用途	应当有明确的使用方向，原则上用于主营业务	应当具有明确的用途，且只能用于主营业务
限制行为	（1）发行人的经营模式、产品或服务的品种结构已经或者将发生重大变化，并对发行人的持续盈利能力构成重大不利影响	（1）发行人的经营模式、产品或服务的品种结构已经或者将发生重大变化，并对发行人的持续盈利能力构成重大不利影响
	（2）发行人的行业地位或发行人所处行业的经营环境已经或者将发生重大变化，并对发行人的持续盈利能力构成重大不利影响	（2）发行人的行业地位或发行人所处行业的经营环境已经或者将发生重大变化，并对发行人的持续盈利能力构成重大不利影响
	（3）发行人最近一个会计年度的营业收入或净利润对关联方或者存在重大不确定性的客户存在重大依赖	（3）发行人在用的商标、专利、专有技术以及特许经营权等重要资产或者技术的取得或者使用存在重大不利变化的风险
	（4）发行人最近一个会计年度的净利润主要来自合并财务报表范围以外的投资收益	（4）发行人最近一年的营业收入或净利润对关联方或者有重大不确定性的客户存在重大依赖
	（5）发行人在用的商标、专利、专有技术以及特许经营权等重要资产或技术的取得或者使用存在重大不利变化的风险	（5）发行人最近1年的净利润主要来自合并财务报表范围以外的投资收益
	（6）其他可能对发行人持续盈利能力构成重大不利影响的情形	

续表

条件	主板、中小板 （除中小板市场新发行股本一般小于3 000万元外，中小板与主板的上市要求没有区别）	创业板
违法行为	最近36个月内未经法定机关核准，擅自公开或者变相公开发行过证券，或者有关违法行为虽然发生在36个月前，但目前仍处于持续状态；最近36个月内无其他重大违法行为	发行人最近3年内不存在损害投资者合法权益和社会公共利益的重大违法行为；发行人及其股东最近3年内不存在未经法定机关核准，擅自公开或者变相公开发行证券，或者有关违法行为虽然发生在3年前，但目前仍处于持续状态的情形
发审委	设主板发行审核委员会，25人	设创业板发行审核委员会，加大行业专家委员的比例，委员与主板发审委委员不互相兼任
初审征求意见	征求省级人民政府、国家发改委意见	无
保荐人持续督导	首次公开发行股票的，持续督导的期间为证券上市当年剩余时间及其后两个完整会计年度；上市公司发行新股、可转换公司债券的，持续督导的期间为证券上市当年剩余时间及其后两个完整会计年度。持续督导的期间自证券上市之日起计算	在发行人上市后3个会计年度内履行持续督导责任

另外，创业板上市还规定了如下要求：

（1）发行人的经营成果对税收优惠不存在严重依赖。（2）在公司治理方面参照主板上市公司从严要求，要求董事会下设审计委员会，并强化独立董事履职和控股股东责任。（3）要求保荐人对公司成长性、自主创新能力作尽职调查和审慎判断，并出具专项意见。（4）要求发行人的控股股东对招股说明书签署确认意见。（5）要求发行人在招股说明书显要位置做出风险提示，内容为"本次股票发行后拟在创业板市场上市，该市场具有较高的投资风险。创业板公司具有业绩不稳定、经营风险高等特点，投资者面临较大的市场波动风险，投资者应充分了解创业板市场的投资风险及本公司所披露的风险因素，审慎做出投资决定"。（6）不要求发行人编制招股说明书摘要。

7.2.6 证券交易程序

证券的交易过程包括选择经纪人并开户、证券买卖的委托、证券买卖的竞价、证券的清算与交割以及办理证券的过户手续等。

1) 选择经纪人并开户

(1) 选择证券公司为经纪人。证券投资者在从事证券投资前必须要选择自己的经纪人。选择经纪人可以通过别人介绍，也可以自己到证券经纪公司去聘请。对于证券投资者来说，选择一位可靠的经纪人是非常重要的，这对于证券投资者的投资成功与否具有决定意义。

(2) 签订《证券交易委托代理协议》。证券投资者确定了经纪人后，就要与经纪人签订《证券交易委托代理协议》，它是客户和证券经纪商之间在委托买卖过程中有关权利、义务、业务规则和责任的基本约定，也是保障客户与证券经纪商双方权益的基本法律文书。如果采用网上委托方式，还要签订网上委托协议书。

(3) 开户。证券投资者一般要开立证券买卖的证券账户和存放所需资金的资金账户，以便简化证券买卖手续。

①证券账户。证券投资者在证券登记结算公司开立证券账户，用于记载投资者持有的证券种类、名称、数量及相应权益和变动情况。我国证券交易所按账户的用途分为股票账户、债券账户、基金账户。在实际运用中，股票账户是目前我国用途最多、数量最多的一种通用型证券账户，它既可以买卖人民币普通股，也可以买卖债券和证券投资基金。投资基金账户也可用于买卖上市的国债。证券账户按账户可交易的币种分为人民币普通股票账户和人民币特种股票账户。

目前我国两家证券交易所实行不同的证券存管制度。

自 1998 年 4 月 1 日起，上海证券交易所实行中国证券登记结算有限公司上海分公司统一托管和证券公司法人集中托管，即投资者指定交易制度。"投资者指定交易制度"是指投资者必须在某一证券营业部办理证券账户的指定交易后，方可进行证券买卖或查询。投资者转换证券营业部买卖证券时，须在原证券营业部申请办理撤销指定交易，然后再到转入证券营业部办理指定交易手续，即投资者只能在其指定交易的席位上进行交易。投资者也有权随时解除指定交易。投资者如不办理指定交易，上海证券交易所电脑系统将自动拒绝其账户的交易申报指令。

深圳证券交易所实行中国证券登记结算有限公司深圳分公司统一托管和证券营业部分别托管的二级托管制度，又称"托管券商制度"。所谓的"托管券商制度"即投资者可以利用同一证券账户在国内任一证券营业部买入证券，证券托管是自动实现的，投资者也可将其托管股份从一个证券经营机构处转移到另一个证券经营机构处托管，称为转托管。投资者在原托管券商处递单报盘转托管，交易所当天（T 日）收市后即处理到账，同时将处理结果传送给转出转入证券商，投资者于第二个交易日（T+1 日）就可以在转入证券经营机构处卖出证券。投资者可将其名下所有证券一次性全部转出，也可转出部分券种或某一证券的一部分。"托管券商制度"具体可概括为：自动托管、随处通买、哪买哪卖、转托不限。

②资金账户。投资者在证券公司进行登记，开立资金账户，办理证券交易卡。证券公司为投资者提供代理、托管、出纳服务。

2）证券买卖委托交易

由于证券交易所实行会员制度，证券投资者在证券交易市场上买卖证券，不能直接进入交易所内自己亲自从事买卖活动，因而必须委托交易所的经纪人来完成。

（1）委托数量

证券买卖委托根据交易量大小的不同也可分为整数委托和零数委托两种。一般来说，每个证券交易所都约定一个证券交易单位，在交易所中只能按这一单位的倍数进行交易，这一交易单位人们将其称为"手"。如果证券投资者委托经纪人按整手买卖证券，则称为整数委托；如果证券投资者委托经纪人买卖不足一个交易单位的证券，则称为零数委托，如 1~99 股。我国证券交易所其股票的一个交易单位为 100 股/手，债券、基金为 1 000 元/手。我国证券交易所规定允许卖出零股委托，不允许买进零股委托。

（2）委托价格

①市价委托（Market Order）：市价委托是指证券投资者委托经纪人买卖证券时，一般只规定委托买卖证券的种类和数量，而并不指定买卖价格。经纪人接受委托后应立即在市场上按最有利于委托人的价格实施交易。市价委托便于迅速成交，尤其是在证券价格急剧波动、投资者急需卖出或买进证券时，为减少损失或增加收益，常以此方式报价成交。它的缺点是只有委托执行后才知道实际的执行价格。

②限价委托（Limit Order）：限价委托是指证券投资者委托经纪人买卖证券时，指定卖出证券的最低价或买入证券的最高价。限价委托有可能按投资者希望的价格成交，但成交速度慢，可能错失良机。限价委托由于给出了证券买卖的具体价格，因此委托人必须事先规定好委托的有效期，或者当天有效，或者几日内有效，假如委托人未指出有效期，则可视为一直有效。

③停止损失委托（Stop Order）。证券投资者以停止损失委托方式委托经纪人买卖证券时，一般应指定一个证券价格的升降幅度，一旦证券市场价格变动达到这一幅度，经纪人就应该立即进行交易。这种委托从某种意义上说是为了使证券投资者的利益不受损失，故称停止损失委托。

目前，我国规定证券交易所只接受其会员的限价委托，且委托期限为当日有效。

（3）委托形式

证券买卖的委托形式有当面柜台委托，电话委托，传真、函电委托，自助委托（网上委托、远程终端委托、磁卡委托）。

3）竞价与成交

（1）竞价原则。在证券交易所中，证券买卖的价格是通过竞价方式确定的。在经纪人以竞价方式成交时，往往会出现多个买方（或卖方）经纪人同时叫价的情形。在这种情况下到底哪个经纪人有优先购买（或出卖）证券的权利呢？均按照以下优先原则执行：

第一，价格优先原则，即买进时，较高的价格优先于较低的价格；卖出时，较低的价格优先于较高的价格；市价优先于限价。

第二，时间优先原则，同价位申报，依照申报时序决定优先顺序，即买卖方向、价格相同的，先申报者优先于后申报者。先后顺序按证券交易所交易电脑主机接受的申报时间来确定。

【例】有甲、乙、丙、丁投资者四人，均申报卖出 X 股票，申报价格和申报时间分别为：甲的卖出价 10.70 元，时间 13：35；乙的卖出价 10.40 元，时间 13：40；丙的卖出价 10.75 元，时间 13：25；丁的卖出价 10.40 元，时间 13：38。那么，这四位投资者交易的优先顺序为：丁、乙、甲、丙。

（2）竞价方式。在证券交易所中，证券买卖的价格是通过竞价方式确定的。目前的竞价方式有如下两种分类：

①按表现形式分：口头竞价（口头唱板）、书面竞价、电脑竞价。

口头竞价，是指证券商在规定的交易台前或划定的区域内相互以口头喊价的方法讨价还价，直至达成交易。其具体步骤和方法为：证券商接受委托后到交易所指定的区域内进行竞价，一般情况下他要首先对拟定买卖证券进行询价，以便较为准确地申报价格；然后他要按照委托人的具体要求以最为有利于委托人且能够成交的价格喊价，如果有其他证券商愿意接受这一喊价的话，就与其达成口头成交协议，之后共同在成交单上签字，同时及时通知委托人进行复盘。

书面竞价，是指证券买卖通过书面形式达成交易价格的一种方法。书面竞价要经过申报、撮合和最后成交等环节。首先，证券商要将拟定买卖的证券及其具体要求记录在"证券买卖记录单"上，并按照证券交易所的要求将其中的一联交给交易所的中介经纪人。其次，中介经纪人接到"证券买卖记录单"后，按照价格和时间序列记录到"证券买卖申请记录表"上，然后按照"三优先原则"进行撮合。最后，当中介经纪人撮合成交后，迅速通知买卖双方证券商交易员，由双方在"场内成交单"上签字盖章，履行成交手续，并通知委托人复盘。

电脑竞价，是指证券商利用计算机联网系统进行证券交易达成交易价格的一种方法。电脑竞价要经过申报输入、撮合成交和成交信息反馈等环节。申报输入过程是指证券商将买卖证券的有关指令输入计算机终端，然后经计算机网络将申报指令传给交易所，交易所的计算机主机接到申报指令便发出已接受的通知，并由证券商打印"买卖申报回报单"。撮合成交过程就是证券交易所计算机主机按各个证券商发来的指令进行自动搜寻，选择最佳匹配组合方案，从而撮合其成交。成交信息反馈是指证券交易所计算机主机在撮合成交时同时向成交双方证券商发出信息，通知他们成交的结果，最后由双方计算机的终端打印"成交回报单"。利用计算机进行证券交易，大大提高了证券交易的效率，促进了证券市场向现代化方向的发展。

②按连续性分：集合竞价和连续竞价。

● 集合竞价（Call Auction），是指在规定时间内接受的买卖申报一次性集中撮合的竞价方式。

目前，我国上海证券交易所和深圳证券交易所在每日开盘时都采用集合竞价方式，但是，在每日收盘时竞价交易规则却不相同。上海证券交易所规定：证券交易的收盘价为当日该证券最后一笔交易前一分钟所有交易的成交量加权平均价（含最后一笔交易）。当日无成交的，以前收盘价为当日收盘价。深圳交易所规定：证券的收盘价通过集合竞价的方式产生：14：57 至 15：00 为收盘集合竞价时间。收盘集合竞价不能产生收盘价的，以当日该证券最后一笔交易前一分钟所有交易的成交量加权平均价（含最后一笔交易）为收盘价。当日无成交的，以前收盘价为当日收盘价。

我们以上海证券交易所为例说明开盘集合竞价的过程。

上海证券交易所的开盘集合竞价规则规定，每个交易日的9：15 至 9：25 为开盘集合竞价时间。在每个交易日上午9：25，证券交易所电脑主机对9：15 至 9：25 接受的全部有效委托进行一次集中撮合处理，并在此基础上，找出一个基准价格。集合竞价时，成交价格的确定原则为：

第一，可实现最大成交量的价格；

第二，高于该价格的买入申报与低于该价格的卖出申报全部成交的价格；

第三，与该价格相同的买方或卖方至少有一方全部成交的价格。

如果符合集合竞价确定原则的价格有两个，以使未成交量最小的申报价格为成交价格；仍有两个以上使未成交量最小的申报价格符合上述条件的，以其中间价为成交价格（深圳证券交易所则规定取离上日收市价最近的价格）。集合竞价的所有交易以同一价格成交。同时还规定，9：15 至 9：25 只接受申报不进行撮合；9：15 至 9：20 期间可以撤销申报（撤单），9：20 之后不允许撤单；9：25 至 9：30 既不可以报单也不可以撤单。集合竞价中未能成交的委托，自动进入连续竞价（我国深圳证券交易所规定，每个交易日开盘开放式集合竞价的时间为 10 分钟，从每个交易日 9：15 开始至 9：25，收盘集合竞价时间为收盘前 3 分钟，从每个交易日 14：57 开始至 15：00。9：20 至 9：25、14：57 至 15：00，交易主机不接受撤销申报）。

【例】某只股票当日在集合竞价时买卖申报价格和数量情况如表 7—2 所示，该股票上日收盘价为 10.13 元。那么，该股票在上海证券交易所当日开盘价及成交量分别是多少？如果是在深圳证券交易所，当日开盘价及成交量又分别是多少？

表 7—2　　　　某只股票当日在集合竞价时买卖申报价格和数量情况

买入数量（手）	价格（元）	卖出数量（手）
	10.50	100
	10.40	200
150	10.30	300
150	10.20	500
200	10.10	200
300	10.00	100
500	9.90	
600	9.80	
300	9.70	

根据表7—2分析，各价位的累计买卖数量及最大可成交量如表7—3所示。

根据表7—3，符合上述集合竞价确定成交价的原则的价格有两个：10.20元和10.10元。那么，上海证券交易所的开盘价为：取这两个价格的中间价10.15元；深圳证券交易所的开盘价为：取离上日收市价（10.13元）最近的价位10.10元。两市的成交量均为300手。

表7—3　　　　　　　某只股票各价位的累计买卖数量及最大可成交量

累计买入数量（手）	价格（元）	累计卖出数量（手）	最大可成交量（手）
0	10.50	1 400	0
0	10.40	1 300	0
150	10.30	1 100	150
300	10.20	800	300
500	10.10	300	300
800	10.00	100	100
1 300	9.90	0	0
1 900	9.80	0	0
2 200	9.70	0	0

● 连续竞价（Continuous Auction），是指对买卖申报逐笔连续撮合的竞价方式。连续竞价时，成交价格的确定原则为：

第一，最高买入申报与最低卖出申报价格相同，以该价格为成交价；

第二，买入申报价格高于即时揭示的最低卖出申报价格时，以即时揭示的最低卖出申报价格为成交价；

第三，卖出申报价格低于即时揭示的最高买入申报价格时，以即时揭示的最高买入申报价格为成交价。

连续竞价时间规定为：

上海证券交易所在证券交易时间即每周一至周五9：30至11：30、13：00至15：00采用连续竞价方式接受申报进行撮合。深圳证券交易所在证券交易时间即以每周一至周五9：30至11：30、13：00至14：57为连续竞价时间。

【例】某股票即时揭示的买卖申报价格和数量如表7—4所示。若此时有一投资者申报买入该股票，价格为4.70元，数量为3 000手，则应以4.69元成交1 100手，以 4.70 元成交 1 457 手。

表 7—4 某股票即时揭示的买卖申报价格和数量

	价格（元）	数量（手）
卖五	4.73	1 300
卖四	4.72	1 436
卖三	4.71	324
卖二	4.70	1 457
卖一	4.69	1 100
买一	4.68	140
买二	4.67	150
买三	4.66	48
买四	4.65	15
买五	4.63	44

（3）竞价结果

竞价的结果有三种可能：全部成交、部分成交、不成交。

①全部成交。委托买卖全部成交，证券公司应及时通知委托人按规定的时间办理交割手续。

②部分成交。委托人的委托如果未能全部成交，证券公司在委托有效期内可继续执行，直到有效期结束。

③不成交。委托人的委托如果未能成交，证券公司在委托有效期内可继续执行，等待机会成交，直到有效期结束。对委托人失效的委托，证券公司须及时将冻结的资金或证券解冻。

4）清算与交割

证券买卖成交后，买卖双方之间要进行清算和交割。证券的清算与交割是证券交易结算过程中相互关联的两个方面，具体分析起来，证券的清算是指证券商在证券买卖成交后，对应收或应付的证券数量、价款分别同证券交易所按照一定的规则和惯例进行轧抵和计算，并进行结算的过程。通常清算在证券买卖成交后立即进行，而证券的交割则是证券商在事先约定的时间内，按照证券清算单据上应收、应付的净差额集中同证券交易所办理转账和交付。交割一般在交割日进行。

（1）清算。清算即结算证券价款。目前，我国证券交易所按成交金额收取股票交易印花税 2‰；经纪人收取佣金：股票低于 3‰、债券 2‰、基金 3‰。

（2）交割。交割是卖方向买方支付证券，买方向卖方支付价款的过程，包括证券商与客户之间和证券商之间交割两个阶段。证券的交割因交割期不同，分如下几种：

①当日交割：当天办理证券和价款事宜。

②次日交割：成交后第二个营业日上午办理。

③例行交割：成交之日后某个交易日办理。

④特约交割：成交之日起 15 日内办理。

目前，我国沪深两市不同的证券品种适用不同的清算、交割制度。

（1）A 股、基金、企业债券、可转换债券适用"T+1"清算、交割制度。T+1 交收是指交易双方在完成交易的第二个工作日完成与交易有关的证券和资金的兑付工作，买方收到证券、卖方收到款项。在操作上，投资者当天买入的股票将被暂时冻结，当日不能卖出，只有到下一个交易日方可卖出；当天卖出股票的投资者，其委托一旦成交，成交的资金将马上回到投资者的资金账户上，投资者即可再买入股票，而不用等到下一个交易日。但是，投资者想要从资金账户上提取当天卖出股票返回的资金，就必须等到下一个交易日才能办理。

（2）国债现货适用"T+0"清算、交割制度。完成交易的证券在交易日当天实际完成证券和资金的兑付，即当天买入的证券当天可以卖出，当天卖出证券所得资金当天可用于交易，亦可取现或转账。

（3）B 股适用"T+3"清算、交割制度，并可实行"T+0"回转交易，即当天买入的证券最早可于下一交易日卖出，但实际对应的兑付在交易日的第四个工作日完成；当天卖出证券所得资金当天可用于交易，最早可于交易日的第四个工作日划转。

从国际上看，各国及地区均根据自身情况制定相应的交收制度，如我国香港及台湾地区，韩国、巴西等实行 T+2 交收制度，美国、日本、加拿大等国实行 T+3 交收制度，英国、意大利、澳大利亚等国则实行 T+5 交收制度。

我国证券交易所的股票交易已经实行"无纸化"交易和股票集中托管制度，所以，在交割过程中，并没有实物股票的出现，证券账户的划转取代了实物交割，整个交割过程实际上只是价款的交割。

5）过户

证券的过户是指通过法定程序办理证券所有权变更登记手续。证券有记名与无记名之分。一般来看，股票多为记名的，股票的过户就是履行股东姓名的变更。只有办理了证券过户手续，改变了户头，股票的持有人才能成为公司的新股东，享有该公司股东所应享有的各种合法权益。

证券过户手续较为简单。股票过户时，股票上必须要有原股东的转让"背书"证明，也就是说，原股东要在股票背面的背书栏内签名盖章，证明该股票已经转让给现股票持有者，现股票持有者持身份证明、印鉴、证券买卖交割单，到规定的地点办理过户手续。办理过户手续的机构，有的是证券交易所，有的是专门设立的办理过户手续的专业公司。

一般来说，证券过户并不是在证券交易完成之后就马上进行的，大多数情况下是在公司派息分红之前集中办理。在实际证券交易过程中，证券市场上人们进行着频繁的交易，对于某一张证券而言，不知辗转交易多少回，不知更换多少主人，到最后临近股息分红时，它的主人才去履行过户手续。

因为我国证券交易所的股票交易已经实行"无纸化"交易和股票集中托管制度，所以，通过证券账户卡可实现电脑交易过户一体化，所有的过户手续都由交易所的电脑自动过户系统一次完成，无须投资者另外办理过户手续。由于上海证券交易所实行指定交易制度，对实现的交易活动，上交所按成交股数的1‰收取过户费。深圳证券交易所实行券商托管制度，对实现的交易活动不收取过户费。

在证券交易市场上进行证券交易，从委托开始，到清算交割完毕，并履行了过户手续，才算最终完成了它的整个交易过程。

7.2.7 除权与除息

当上市证券发生权益分派、公积金转增股本、配股等情况时，证券交易所在权益登记日的次一交易日，要对该证券作除权除息处理。

1) 与除权除息相关的概念定义

（1）含权股，是指当上市公司宣布上年度有利润可供分配，或有公积金转增股本方案、配股方案等并准备予以实施时，该股票就被称为含权股，即意味着持有该股票就享有分红派息的权利。

（2）股权登记日，是指确认和登记交易中股票附有领取本次股息、股票权利的截止日期。也就是说在该日收市前持有该股票的股东才享有分红的权利。在以前的股票有纸交易中，并不是每次交易结束后，股票持有者都到上市公司办理过户登记，所以，为了证明对上市公司享有分红权，股票持有者要在公司宣布的股权登记日予以登记，且只有在该日被记录在公司股东名册上的股票持有者，才有资格领取到上市公司分派的股息红利，登记日之后登记在册的股东则无权领取本次股息。实现股票的无纸化交易后，股权登记都通过计算机交易系统自动进行，投资者不必到上市公司或登记公司进行专门的登记，只要在登记日收市时账户中还拥有该公司股票，股东就自动享有分红的权利。

（3）派息日，是指股东领取股息的时间，一般有一个时限范围。

（4）除息，是指当上市公司向股东分派股息时，就要在股权登记日的收盘后对股票进行除息（EX dividend，简称 XD）处理。也就是将股票中含有的分派股息权利予以解除。

（5）除权，是指当上市公司发放股票股利、公积金转增股份及对老股东按一定比例配股时，就要在股权登记日的收盘后对股票进行除权（EX Right，简称 XR）处理。也就是将股票中含有的送红股、转增股本及配股的权利予以解除。参见图7—2。

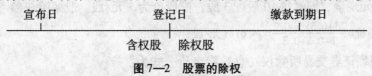

图7—2　股票的除权

（6）除息日，又称除息基准日，是指除去交易中股票领取股息权利的日期。在除息日以前买入的股票是含息股票，且即使在除息日将股票售出也不会失去这一权利。

（7）除权日，又称除权基准日，是指除去交易中股票领取本次送、配股权利的日期。在除权日以前买入的股票称为含权股票，在除权日以后买入的股票称为除权股票。

2）除息与除权后股票参考价格

因为在登记日收盘前拥有的股票是含权的，而收盘后的次日其交易的股票将不再参加利润分配，即除权之后再购买股票的股东将不再享有分红派息的权利。所以，在股票的除权除息日，证券交易所都要计算出股票的除权除息参考价，以作为投资者在除权除息日开盘竞价的参考。

所谓除权除息参考价实际上是将股权登记日的收盘价予以变换。

（1）除息参考价，是指登记日收盘价减去每股股票应分得的现金红利价。其计算公式为：

除息参考价＝股权登记日的收盘价－每股股票应分得的股利

（2）除权参考价，是指股权登记日的收盘价格除去所含有的股权权利价。因为有送股配股之分，以及送配股和派发股息时间的不同，以我国上海证券交易所为例，除权参考价的公式为：

$$除权（息）参考价=\frac{股权登记日的收盘价+配股价×配股率-每股应分的现金红利}{1+每股送股率+每股配股率}$$

除权日的开盘价不一定等于除权参考价，除权参考价是除权日开盘价的一个参考价格。当实际开盘价及以后走势高于这一理论价格时，就称为"填权"，在册的股东即可获利；反之，当实际开盘价及以后走势低于这一理论价格时，就称为"贴权"，在册的股东将遭受损失。填权与贴权是股票除权之后的两种可能，它与整个市场的状况、上市公司的经营状况、送配的比例等多种因素有关。

【例】某上市公司发行在外的普通股为 8 000 万股，该公司股票股权登记日为 5 月 7 日（星期三），在股权登记日的股票收盘价为 25 元，拟定的分配方案为每 10 送 5 股，派 2 元现金，同时每 10 股配 3 股，配股价为 5 元/股。股票除权参考价是多少？

$$除权参考价=\frac{25+0.3×5-0.2}{1+0.5+0.3}=14.61 （元/股）$$

我国深圳证券交易所除权（息）参考价公式为：

$$除权（息）参考价=\frac{（前收盘价-现金红利）+配（新）股价格×流通股份变动比例}{1+流通股份变动比例}$$

7.3 场外交易市场

7.3.1 场外交易市场的概念及特证

1）场外交易市场的概念

场外交易市场（Over The Counter Market，OTC）是证券交易所以外的证券交易市场的总称，这些市场没有集中统一的交易制度和场所，因而把它们统称为场外交易市场。它是分散的、非组织化的市场，是与证券交易所场内集中交易相对应的市场。随着证券市场的发展，有些国家在店头交易市场以外又形成了第三市场、第四市场等场外交易市场形式。不同的场外交易市场具有不同的特点和功能，场外交易市场的发达程度以美国最为典型。

2）场外交易市场的特征

（1）场外交易市场是一个分散的无形市场。它没有固定的、集中的交易场所，而是由许多各自独立经营的证券经营机构分别进行交易，并且主要是依靠电话、电报、传真和计算机网络联系成交的。

（2）场外交易市场的组织方式采取做市商制。场外交易市场与证券交易所的区别在于不采取经纪制，投资者直接与证券商进行交易。证券交易通常在证券经营机构之间或是证券经营机构与投资者之间直接进行，不需要中介人。在场外证券交易中，证券经营机构先行垫入资金买进若干证券作为库存，然后开始挂牌对外进行交易。他们以较低的价格买进，再以略高的价格卖出，从中赚取差价，但其加价幅度一般受到限制。证券商既是交易的直接参加者，又是市场的组织者，他们制造出证券交易的机会并组织市场活动，因此被称为"做市商"。这里的做市商是场外交易市场的做市商，与场内交易中的做市商不完全相同。

（3）场外交易市场是一个拥有众多证券种类和证券经营机构的市场，以未能在证券交易所批准上市的股票和债券为主。由于证券种类繁多，每家证券经营机构只固定地经营若干种证券。

（4）场外交易市场是一个以议价方式进行证券交易的市场。在场外交易市场上，证券买卖采取一对一的交易方式，对同一种证券的买卖不可能同时出现众多的买方和卖方，也就不存在公开的竞价机制。场外交易市场的价格决定机制不是公开竞价，而是买卖双方协商议价。具体来说，是证券公司对自己所经营的证券同时挂出买入价和卖出价，并无条件地按买入价买入证券和按卖出价卖出证券，最终的成交价是在牌价基础上经双方协商决定的不含佣金的净价。券商可根据市场情况随时调整所挂的牌价。

（5）场外交易市场的管理比证券交易所宽松。由于场外交易市场分散，缺乏统一的组织和章程，不易管理和监督，其交易效率也不及证券交易所。但是，美国的NASDAQ 市场借助计算机将分散于全国的场外交易市场联成网络，在管理和效率上都有很大提高。

7.3.2　场外交易市场的功能

场外交易市场与证券交易所共同组成证券交易市场要具备以下功能：

（1）场外交易市场是证券发行的主要场所。新证券的发行时间集中、数量大，需要众多的销售网点和灵活的交易时间，场外交易市场是一个广泛的无形市场，能满足证券发行的要求。

（2）场外交易市场为政府债券、金融债券以及按照有关法规公开发行而又不能或一时不能到证券交易所上市交易的股票提供了流通转让的场所，为这些证券提供了流动性的必要条件，为投资者提供了兑现及投资的机会。

（3）场外交易市场是证券交易所的必要补充。场外交易市场是一个"开放"的市场，投资者可以与证券商当面直接成交，不仅交易时间灵活分散，而且交易手续简单方便，价格又可协商。这种交易方式可以满足部分投资者的需要，因而成为证券交易所的卫星市场。

7.3.3 场外交易市场的类型

从广泛的含义上讲，场外交易市场包括店头市场、第三市场、第四市场。

1）店头市场

店头市场又称"证券商柜台买卖市场"，是证券市场的一个独特形式，其基本含义是证券经纪人或证券自营商不通过证券交易所将未上市的证券，有时也包括部分已上市证券，直接同顾客进行买卖的市场。店头市场没有大型证券交易所设立的中央市场，但个别店头市场也有不小的规模和场面。例如在美国，规模大小不等的店头市场遍布于全国各地，规模大的店头市场经营证券多达数百种，同全国 3 000 多家证券自营商建有业务联系，并装备有现代化的电子通讯设备；而规模小的店头市场只有一两间门面，营业人员只有几人。

2）第三市场

第三市场（Third Market）是指证券在交易所上市却在场外市场进行交易的市场。在 20 世纪 70 年代以前，证券交易所法令规定：凡是在交易所上市的证券的交易都要在交易所进行，只有属于交易所组织成员的证券商、经纪人才能在交易所内代客或自行买卖证券，同时买卖这些证券还实行固定佣金制，不允许任意降低佣金的标准。凡是在证券交易所挂牌上市的证券一般都是信誉好、收益高、畅销的证券，但由于最低佣金的限制，交易的费用就比较高，这对大量交易者很不利。在此情况下，就容易出现挂牌上市证券流出证券交易所，由非交易所成员的经纪人在场外进行交易，以减轻大额交易费用负担的情况。1972 年，纽约证券交易所允许对 30 万美元以上的订单实行协议佣金制，这样大额交易就形成了一个专门的市场，人们将其称为"第三市场"。第三市场的出现和迅速发展，反映了 20 世纪 70 年代以来证券市场的三大变化：一是证券交易特别是股票交易日趋分散化、多样化和成交额不断扩大；二是机构投资者在证券市场上的投资比重明显上升，如各种投资公司、年金和基金会、保险公司、互助储蓄等机构大量购买和持有各种股票和债券，据统计，它们的持有量已占证券发行总额的半数；三是强化了证券业务的竞争性，其结果是促使交易所，尤其是老资格的交易所的改革。面对激烈的竞争，1972 年，纽约证券交易所允许对 30 万美元以上的订单实行协议佣金制。

3）第四市场

第四市场（Fourth Market）是指投资者之间直接交易在交易所上市的证券，无经纪人介入的证券交易市场，是不用支付佣金的市场。由于电子通信网（Electronic Communication Network，ECN）的出现，第四市场特有的投资者之间的直接交易近年来急剧增加。ECN 既可以代替如纽约证券交易所那样的正式证券交易所，也可以代替纳斯达克那样的做市券商市场进行证券交易。这种网络可以让其成员张贴买入和卖出报价，同时系统将这一报价与其他交易者的报价进行比对，找出相符者。由于直接比对消除了其他交易方式中会出现的买卖价差，交易的双方都将因此受益（交易者无须承受通常是高额的买卖价差，而只需为每笔交易或每股交易支付很少的费用）。早期的 ECN 仅供大机构交易者使用。像 Instinet 和 Posit 这样的系统不仅可以节约交易成本，还可以给这些大交易者更大的安全隐蔽性，这是其他方式所无法比拟的。这一点对大交易者很重要，因为他们不希望公开暴露即将进行的大宗股票买卖，以免导致股价在他们进行交易之前发生变化。Posit 系统除了可进行单只股票交易外，还支持股票组合的交易。

目前，小投资者通常不直接进入 ECN 系统，他们可以通过经纪人发布报价。

7.3.4　我国的场外交易市场

1）银行间债券交易市场

（1）银行间债券市场含义

全国银行间债券市场是指依托于全国银行间同业拆借中心（简称"同业中心"）和中央国债登记结算公司（简称"中央登记公司"），包括商业银行、农村信用联社、保险公司、证券公司等金融机构进行债券买卖和回购的市场，成立于 1997 年 6 月 6 日。经过近几年的迅速发展，银行间债券市场目前已成为我国债券市场的主体部分。记账式国债的大部分、政策性金融债券都在该市场发行并上市交易。

（2）银行间债券市场的债券交易类型

银行间债券市场的债券交易包括债券回购和现券买卖两种。

债券回购是交易双方进行的以债券为权利质押的短期资金融通业务，是指资金融入方（正回购方）在将债券出质给资金融出方（逆回购方）融入资金的同时，双方约定在将来某一日期由正回购方按约定回购利率计算的资金额向逆回购方返还资金，逆回购方向正回购方返还原出质债券的融资行为。

现券买卖是指交易双方以约定的价格转让债券所有权的交易行为。

（3）银行间债券市场的债券交易方式和时间

银行间债券市场参与者以询价方式与自己选定的交易对手逐笔达成交易，这与我国沪深交易所的交易方式不同。交易所进行的债券交易与股票交易一样，是由众多投资者共同竞价并经计算机撮合成交的。

交易时间是每周一至周五（节假日除外）的 9：00 至 12：00 和 13：30 至 16：30。

（4）银行间债券市场的中介机构

中央国债登记结算有限责任公司为市场参与者提供债券托管、结算和信息服务；全国银行间同业拆借中心为市场参与者的报价、交易提供中介及信息服务。经中国人民银行授权，同业中心和中央国债登记结算公司可披露市场有关信息。

2）代办股份转让系统

（1）代办股份转让系统的含义。代办股份转让系统又称三板市场，是指经中国证券业协会批准，由具有代办系统主办券商资格的证券公司，自有或租用业务设施采用电子交易方式，为非上市公司提供股份转让服务的市场。

（2）代办股份转让系统交易品种。代办股份转让系统始建于 2001 年 7 月 16 日，目前，代办股份转让系统挂牌的公司大致分为两类：

一类是原 1992 年 7 月开始运行的 STAQ（全国证券交易自动报价系统）、1993 年 4 月开始运行的 NET（全国证券交易系统）挂牌公司和沪、深证券交易所退市公司。股份转让以集合竞价的方式配对撮合，现股份转让价格不设指数，股份转让价格实行 5% 的涨跌幅限制。股份实行分类转让，公司股东权益为正值或净利润为正值的，股份每周转让 5 次，其他公司股份每周转让 1 次或 3 次。投资者在进行股份委托转让前，需要开立非上市股份有限公司股份转让账户。

另一类是非上市股份公司的股份报价转让，目前主要是中关村科技园区高科技公司。其股票转让主要采取协商配对和定价委托的方式成交。

三板市场的主要功能是为非上市中小型高科技股份公司提供股份转让服务，同时也为退市后的上市公司股份提供继续流通的场所，并解决了原 STAQ、NET 系统历史遗留的数家公司法人股流通的问题。

2009 年 6 月中国证券业协会公布了新修订的《证券公司代办股份转让系统中关

村科技园区非上市股份有限公司股份报价转让试点办法（暂行）》，将公司挂牌条件进一步放宽，为依托中关村试点探索建立统一监管下的非上市公司股份转让制度创造了条件，也是推进我国多层次资本市场建设的又一重要举措。

【参考案例】

渝钛白——从特别处理、暂停上市到恢复上市

"渝钛白"公司前身——重庆渝港钛白粉有限公司，成立于 1990 年 9 月 4 日。1992 年 5 月始进行股份制改组，将原公司生产经营性资产净值折为 3 728.26 万股国家股和 3 728.26 万股外资法人股，于 1992 年 6 月 1 日至 1992 年 7 月 31 日发行 3 600 万股个人股，1992 年 9 月 11 日，"重庆渝港钛白粉股份有限公司"宣告成立，1993 年 7 月 12 日，"渝钛白 A"在深圳证券交易所上市交易。

（一）特别处理期间

1998 年 4 月 28 日，深圳证券交易所发布通知，根据《深圳证券交易所股票上市规则》的有关规定，重庆渝港钛白粉股份有限公司股票应实行特别处理。根据该公司董事会申请，并经交易所审定，将其原 A 股证券简称"渝钛白 A"更改为"ST 渝钛白"。4 月 29 日，公司发布《关于股票交易实行特别处理的公告》，由于公司经审计连续两个会计年度的净利润均为负值，且其股东权益低于注册资本，按照《深圳证券交易所股票上市规则》的有关规定，该公司股票于 1998 年 4 月 30 日开始实行特别处理。

在特别处理期间要求：

（1）股票报价日涨跌幅限制为"5%"；

（2）股票简称由"渝钛白 A"改为"ST 渝钛白"（"ST"是"特别处理"的英文缩写），股票代码仍为"0515"；

（3）公司的中期报告必须审计。

为保护投资者利益，公司分别于 1999 年 1 月 9 日、1 月 19 日、1 月 30 日、3 月 4 日在《证券时报》上刊登了可能连续亏损 3 年，且已资不抵债的提示性公告，提醒投资者注意投资风险。

公司于 1999 年 1 月在《证券时报》发布 1998 年预亏公告：由于公司钛白粉工程建设期长、负债巨大，未达经济规模等多种原因，致使公司财务状况恶化，经济效益极差，1996 年已亏损 1 318 万元，1997 年已亏损 11 943 万元，且重庆会计师事务所为公司出具的审计报告为有否定意见的报告；1998 年上半年重庆会计师事务所审计的中期报告已公告亏损 10 341 万元，且已资不抵债，预计 1998 年下半年将继续亏损。公司在 4 月 29 日公告：确定对公司的资产和债务进行全面清理。由于全面清理公司资产和债务的工作量相当大，因此无法在报告会计年度结束后的 120 日内编制完成 1998 年度报告并在指定报纸刊登年度报告摘要。

经公司申请，有关部门批准，本公司 1998 年年度报告摘要延期至 1999 年 6 月 30 日前在指定报纸上刊登，在此期间本公司股票继续交易。

为保护广大投资者的利益，在1999年上半年间，该公司多次发布临时停牌公告，预报1998年度公司将继续亏损，可能导致公司连续亏损3年，且公司已资不抵债。根据我国公司法规定，上市公司"最近3年连续亏损"的，由国务院证券管理部门决定暂停其股票上市。

1999年6月16日，公司发布关于股份协议转让的董事会公告，主要内容为：

（1）香港中渝实业有限公司于1998年12月31日与重庆市国有资产管理局签订协议，将其持有的重庆渝港钛白粉股份有限公司外资法人股全部转让给重庆市国有资产管理局。

（2）根据转让协议，此次转让价格为每股0元，转让股份为3728.26万股，转让股份占重庆渝港钛白粉股份有限公司总股本的28.68%，股权性质为外资法人股转变为国有股。

（3）此次转让后，重庆渝港钛白粉股份有限公司总股本未发生变化，但重庆渝港钛白粉股份有限公司原国有股由3728.26万股变为7456.52万股，占总股本的比例由原来的28.68%变为57.36%。

（4）此次股权转让后，公司董事、监事及高级管理人员持股数量无变动。

该公司于1999年6月30日年报公告：公司1998年度亏损348869715.15元，按年末总股本13000.52万股计，每股收益-2.68元，每股净资产为-2.46元。由于公司该年度出现亏损，故不进行利润分配，也不进行公积金转增股本。

本年度亏损34887万元，加上年初未弥补亏损12616万元，合计亏损47503万元，留待以后年度利润弥补。

至此，该公司已经连续3年亏损且资不抵债，根据有关规定，公司普通股股票暂停交易。

（二）暂停上市，实行特别转让

1999年7月3日，《证券时报》刊登暂停该公司股票上市的公告书及股票实行"特别转让"的公告。

鉴于公司已连续3年亏损，根据公司法和《深圳证券交易所股票上市规则》之规定，该公司股票自1999年7月5日起暂停上市。该公司亏损原因在于：由于渝钛白公司改制上市时，正值钛白粉工程在建时，仅靠原重庆化工厂硫酸等老产品微薄的利润难以使公司的效益过关，因而根本没有投资回报。更重要的是，钛白粉工程建设贷款多、负债沉重，尽管钛白粉产品市场前景看好，但即使按现有规模满负荷生产和全部销售，也难以承担巨额贷款利息和折旧负担，致使公司财务状况逐年恶化，导致公司连续3年亏损。

暂停上市期间，公司非流通股的协议转让及流通股的定价收购，按照深圳证券交易所的有关规定办理，公司遵守有关信息披露规定。同时，股票暂停上市期间，公司仍履行上市公司的一切义务。

自1999年7月9日起，公司股票实行"特别转让"，实行特别转让期间公司股票简称改为"PT渝钛白"，股票代码不变；投资者在每周星期五（法定节假日除外）开市时间内申报转让委托；申报价格不得超过上一次转让价格上下5%（上一次转让价格显示在行情系统中的昨日收盘价栏目中）；每周星期五收市后对有效申报按集合竞价方法进行撮合成交，并向深交所会员发出成交回执。

　　在暂停上市期间，该公司股东大会通过了资产重组议案，将渝钛白截至 1999 年 10 月 31 日结欠中国长城资产管理公司的贷款本息计 74 844.87 万元和资产 11 483.38 万元（评估值 16 768.94 万元）转让给重庆化工厂，转让资产主要包括硫酸生产类固定资产、热电厂等公用工程、医院等非生产用固定资产。

　　2000 年 6 月 17 日，公司董事会公告：

　　（1）重庆市国有资产管理局于 1999 年 11 月 12 日与中国长城资产管理公司签订协议，将其持有的公司国家股 7 456.52 万股无偿转让给中国长城资产管理公司。

　　（2）根据转让协议，本次转让价格为 0 元/股，转让股份为 7 456.52 万股，转让股份占公司股本的 57.36%，股权性质为国家股。

　　通过实行债转股，公司大大减轻了债务负担，从而为 2000 年度实现扭亏为盈创造了条件。

　　（三）恢复上市

　　在中国长城资产管理公司的参与下，渝钛白公司进行了重组，早在 2000 年度财务报表中就实现了扭亏，并被会计师事务所审计出具了标准无保留意见的审计报告。因在宽限期内的会计年度盈利，公司根据《亏损上市公司暂停上市和终止上市实施办法》第 12 条的规定，于 2001 年 3 月 2 日向中国证监会提出了恢复上市的申请并被受理。

　　2001 年 4 月 26 日，该公司董事会公告：中国证监会正式受理了公司恢复上市的申请。根据《亏损上市公司暂停上市和终止上市实施办法》（修订前）的规定，从 2001 年 4 月 26 日起至中国证监会做出核准或不核准本公司恢复上市之日期间内，公司股票停止特别转让服务。到 11 月 19 日，渝钛白等待批复的时间长达半年以上。渝钛白 2001 年上半年实现销售收入 10 458 万元，为年计划的 50.98%，比上年同期增长 26.53%。

　　2001 年 7 月 20 日，公司中期财务会计报告再度被同一家会计师事务所——重庆天健会计师事务所出具了标准无保留意见的审计报告。此外，公司 2001 年中期开始进行利润分配，每 10 股派发现金红利 0.10 元（含税），用资本公积按 10 比 2 的比例转增股本。

　　2001 年 11 月 20 日，该公司发布提示性公告，公司股票恢复上市，首日开盘参考价为 11.89 元，实行涨跌幅限制 10%。

　　渝铁白从特别处理、暂停上市到恢复上市的过程，是中国证券市场退市制度逐渐完善的缩影。中国证券市场的逐渐完善，有助于鼓励理性投资和建立优胜劣汰机制。

　　案例提示：2009 年 5 月 6 日，攀钢钒钛换股吸收合并攀渝钛业（渝钛白）、长城股份。因被攀钢钒钛吸收合并，曾引领无数重庆市民踏上股市征程的渝钛白，历经 17 年坎坷上市历程后，从此终止上市，淡出股民的视线。——作者注

　　（资料来源　深圳证券交易所：《关于暂停"ST 渝钛白"股票上市的公告》，1999 年 7 月 3 日；邱贤成、赵凯、赵虎：《春风唤醒渝钛白》，载《中国证券报》，2001-11-19。经整理）

● **重要概念**

上市证券与非上市证券 主板市场与创业板市场 投资者指定交易制度与托管券商制度 现货交易与信用交易 融资与融券 证券经纪商与自营商 集合竞价与连续竞价 证券交易所与场外交易市场 做市商 银行间债券交易市场 代办股份转让系统 含权股 含权股价 股权登记日 除权 除权参考价 填权 贴权

● **复习思考**

(1) 简述证券上市的含义并分析其利弊。

(2) 试述证券交易所和场外交易市场的特点及主要功能。

(3) 证券交易所有哪两种组织形式？各具有什么优缺点？

(4) 目前沪、深两家证券交易所实行的证券存管制度有何区别？

(5) 主板市场和创业板市场的功能定位有什么区别？

(6) 试论述我国代办股份转让系统的功能。

(7) 什么叫竞价？竞价有哪些方式？集合竞价如何产生开盘价？

(8) 什么是信用交易？如何理解信用交易的作用？

(9) 计算题：

上海证券交易所中某上市公司以10：3的比例向其股东增发新股，已知该公司的增发价格为5.78元，同时该公司还向股东以10：2的比例送出红股。如果股权登记日股票的收盘价为33.80元，该股票的除权价格应该是多少？

第 8 章　证券价格与价格指数

◇学习目标

- 理解股票价格的本质及各种表现形式
- 掌握股票价格指数的含义、作用
- 掌握股票价格指数的几种计算方法
- 了解中外著名股票价格指数及其特点

8.1　证券价格

8.1.1　证券价格的本质

有价证券是一种虚拟资本。所谓虚拟资本，是指以有价证券形式存在，并能给持有人带来一定收益的资本。因为：

首先，有价证券是独立于实际资本之外的一种资本存在形式，不是生产经营的物资，本身不能在生产过程中发挥作用，因而它不是真正的资本。而有价证券的代表——股票、债券能够脱离它们原来代表的现实资本在证券市场上进行相对独立的运动，产生资本的二重化现象。因此，它们可视为虚拟资本的凭证，具有虚拟资本的性质。

其次，有价证券本身没有任何价值，仅仅是一种所有权或债权的法律证书，它代表一种经济权利。有了这个证书，在法律上，所有者就有权索取这个资本应该获得的一部分利润，并可以在市场上进行买卖，形成市场价格。虚拟资本的市场价格高低是由其所代表的现实资本具有的收益大小和一般利息率水平决定的，因此，虚拟资本的运动反映了现实资本的运动。

本章建议阅读资料：
1. 中国证券业协会：证券业从业资格考试统编教材（2010）——《证券市场基础知识》，北京，中国财政经济出版社，2010。
2. 陈保华：《证券投资原理》，2 版，上海，上海财经大学出版社，2003。
3. 邢天才、王玉霞：《证券投资学》，2 版，大连，东北财经大学出版社，2007。
4. 刘德红：《证券投资教程》，北京，经济管理出版社，2009。

一般情况下，虚拟资本的价格总额总是大于实际资本额，其变化并不反映实际资本额的变化。

8.1.2 股票价格的种类

股票代表一定的价值量，它是投资者最为关心的因素之一。投资者总是希望花费最少的钱买到价值最高的股票。股票价值的确定形式主要有以下几种：

（1）股票的理论价格。股票的理论价格是在某一时刻股票的真正价值，也是股票的内在投资价值。计算股票的内在价值一般需要通过折现法，即把股票未来的股利收益按一定的折现率折成现值，它取决于每股所取得的股息与当时的市场利率。它与预期股息收益的大小成正比，而与市场利率成反比。其公式可表示为：

股票的理论价格＝预期股息收益/市场利率

（2）股票的票面价格。股票的票面价格又称股票的面额，是股份公司在发行股票时所标明的每股股票的票面金额。它表明每股对公司总资本所占的比例，以及该股票持有者在股利分配时所应占有的份额。股票的票面价格是确定股票发行价格的重要参考依据，通常，股票票面价格的高低主要取决于公司的筹资总额、公司发行股票的股数、原公司股票的票面价格等因素。

（3）股票的发行价格。股票的发行价格是指股份公司在发行股票时的出售价格。根据不同公司和发行市场的不同情况，股票的发行价格也各不相同，一般主要有面额发行、折价发行和溢价发行等。股票虽然有许多种发行价格，但在一般情况下，同一种股票只能有一种发行价格。股票发行过程中究竟采用哪一种价格，主要取决于股票的票面形式、法律的有关规定、公司状况，及其他有关因素。

（4）股票的账面价格。股票的账面价格也称为股票的净值，它的含义是指股东持有的每一股份在账面上所代表的公司财产价值。其公式为：

普通股账面价格＝（公司资产净值－优先股总面值）/普通股总股数

股票的账面价格与市场价格并不一致，一般来说，成长性股票其市场价格往往要高于其账面价格，但对于收益率取决于公司资产净值总额的股票，其账面价格和市场价格的变动却具有一致性。股票账面价格的变动主要取决于资产总额的数量、负债总额的数量以及股票股数等项因素。

（5）股票的清算价格。股票的清算价格是指公司发生兼并、破产、分立等清算时，每股股票所代表的真实价格。从理论上讲，股票的清算价格是公司清算时的资产净值与公司股票股数的比值。但实际上由于清算费用、资产出售价格等原因，股票的清算价格不等于这一比值。通常，股票的清算价格主要取决于股票的账面价格、资产出售损益、清算费用的高低等因素。

（6）股票的市场价格。股票的市场价格即股票的交易价格，也称股票行市，是证券市场上买卖股票的价格。人们谈到的股票价格更多的是指股票的交易价格。由于股票是一种特殊商品，它的价格不是由人们的主观意志决定的，而是根据时常变动的市场供求关系形成的。当供不应求时，价格就上涨；当供过于求时，价格就下跌。影响股价的因素众多，从性质上讲，可归结为两大类，一是基本因素，二是技术因素。具体内容将在以后章节阐述。

8.1.3　债券价格

债券理论价格是投资者为获得债券在未来一定时期内的利息收入而在理论上支付的价格。它受未来预期现金流、期限和利率水平的影响。

（1）债券未来预期现金流。未来预期现金流是指债券到期时的总价值，包括本金、利息两部分。

（2）债券期限。对投资者而言，债券期限包括两种：一是有效期限，指债券发行日起到最终偿还日止这段时间；二是剩余期限（待偿期），指购买日到最终偿还日止的时间。前者用于计算债券的发行价格；后者用于计算债券的交易价格。

（3）利率水平。利率水平是指债券市场上为大多数买卖双方能接受的债券收益水平。

8.2　股票价格指数

由于经济、市场、政治、技术、心理等种种因素的影响，股票价格经常处于变动之中。为了能够及时、准确地反映这种变化趋势，世界各大金融市场都编制或参考编制了股票价格指数，将某一时点上成千上万种此起彼落的股票价格表现为一个综合指标。

代表该股票市场一定标准的价格水平和变动情况，一般用股价平均数和股价指数两种方法。

8.2.1　股价平均数

股价平均数又称股价平均，它反映股票市场上多种股票价格的一般或平均水平。

股价平均数均以具体金额表示，通过不同时期股价平均数的比较，可以显示股票价格在不同时期的涨跌状态。此外，股价平均数也是编制股票价格指数的依据。其基本计算方法是：

1）简单算术平均数

把采样股票的总价格平均分配到采样股票上，从市场上每种采样股票中拿出一股，将其收盘价格相加，再除以采样股数，得出的商便是股价平均数。其计算公式为：

$$股价平均数 = \frac{采样股票总价格}{采样股票数} = \frac{P_1 + P_2 + P_3 + \cdots + P_n}{n} = \frac{\sum\limits_{i=1}^{n} P_i}{n}$$

【例】 假设某股市采样的股票为 A、B、C、D 四种，在某一交易日的收盘价分别为 10 元、15 元、25 元、30 元，计算该市场股价平均数。

$$股价平均数 = \frac{10 + 15 + 25 + 30}{4} = 20 \ （元）$$

股价平均数一般分为当日股价平均数、6 日股价平均数和 10 日股价平均数，它们的具体计算方法是：

6 日股价平均数 =（当日股价平均数 + 前 5 日股价平均数）/6

10 日股价平均数 =（当日股价平均数 + 前 9 日股价平均数）/10

世界上第一个股票价格指数——道·琼斯股票价格平均指数在 1928 年 10 月 1 日以前就是使用简单算术平均数法计算的。简单算术平均数法的优点是计算起来简单易懂。其不足之处有两个方面：一是计算时未考虑权数。例如，上述 A、B、C、D 四种股票的发行量或交易量各异，它们对股市影响也不相同。二是当样本股票发生股票分割、派发红股、增资等情况时，股价平均数会发生不合理的下跌，使时间序列前后的比较发生困难。比如，如果上述 D 股票发生 1 股拆为 3 股的情况，股价势必从 30 元下降为 10 元，这里的平均数就不是按上面计算得出的 20 元，而是下跌为 15 元（这里不考虑其他影响股价变动的因素），这显然不符合平均数作为反映股价变动指标的要求，因此，出现拆股等股权变动时，平均数必须作调整。

2）调整平均数

为克服拆股后平均数发生不合理下降的弊端，要对原数值进行修正。一般采用两种方法——调整除数、调整股价。

（1）调整除数，即把原来的除数调整为新除数。在前面的例子中除数是 4，经调整后的新除数应是：

新的除数＝拆股后的总价格/拆股前的平均数

$$= （10+15+25+10） \div 20 = 3$$

将新的除数代入下式中，则：

股价平均数＝拆股后的总股价/新的除数

$$= （10+15+25+10） \div 3 = 20 （元）$$

这样得出的平均数与未拆股时计算的一样，股价水平也不会因拆股而变动。道·琼斯股价平均指数在发生拆股时就采用此法进行调整。

（2）调整股价，即将拆股后的股价还原成拆股前的股价。其方法是：设 D 股股价拆股前是 P_n，拆股后新增股份为 R，股价为 P'_n，则：

$$调整股价平均数 = \frac{P_1+P_2+P_3+ （1+R） P'_4}{n} = \frac{10+15+25+10 （1+2）}{4} = 20 （元）$$

随着市场的不断发展完善，平均数的计算也有采用几何平均法和加权平均法的。

8.2.2　股票价格指数

由于股价平均数是以具体金额表示的，从中不能看出股票价格的波动幅度。为了弥补股价平均数的这个缺点，产生了股票价格指数。最早研究股价指数的人是美国道·琼斯公司的创始人之一的查尔斯·亨利·道，至今已有 100 多年的历史。目前，很多国家都有专门的编制股价指数的机构，并形成了具有权威性的股价指数。随着股票市场的发展，股价指数的作用愈加突出，它不仅是反映股市动态情况的重要指标，也是股票投资者从事投资的不可缺少的信息，而且还成为反映一国经济情况的"晴雨表"。

1）股价指数的概念和基本公式

股票价格指数（Stock Price Index）是表明股票市场价格水平变动的相对数，它以某个时期的价格水平与另一个时期的价格水平对比为前提。作为对比基础的价格时期叫做基期，与之进行对比的价格时期叫做报告期。通常是报告期的股价与选定的基础价格相比，并将二者的比值再乘以基期的指数值，即为该报告期的股价指数。其基本计算方法是：

$$股票价格指数 = \frac{报告期股价平均水平}{基期股价平均水平} \times 100$$

股价指数能及时全面地反映市场上股票价格水平的变动，从它的上涨或下跌可以看出股票市场价格变化的趋势，同时也能从一个侧面灵敏地反映国家经济、政治的发展变化情况。股票价格指数的作用远远超过一般统计数字。一般认为股价指数是经济的晴雨表，股价指数上涨时，经济、政治形势看好；指数下跌时，经济、政治形势看淡。因此，认真研究股价指数，对于投资者进行股票投资，对于政府官员、研究人员研究一个国家经济发展现状和趋势，都具有很重要的意义。

2）股价指数的编制方法

世界各地的股票市场都有自己独特的价格指数，尽管这些股价指数各有特点，但其编制原理大致相同，主要都经过如下几个步骤：

（1）选取有代表性的公司股票作为计算对象。一般机构计算股票指数并不是把所有上市公司的股票价格都加以平均，因为上市公司可能数量很多，并且在各自市场中的作用也不尽相同，若全部加以计算，一是工作量大，二是也没有必要，一般都是选取具有代表性的较大公司的股票。这些大公司股票的市场价值占全部股票市场价值的较大份额，据此计算的股票价格指数更能反映整个市场情况。

（2）采用一定的计算方法将选取的公司股票的市场价格加以平均化。计算股价平均数的方法应具有高度的适应性，能对不断变化的股市行情做出相应的调整和修正，使股票价格平均数具有较好的敏感性。

（3）确定股价指数的基期和基期指数值。在计算股价指数时需选好基期，基期应该有较好的代表性和均衡性，基期只有定得合理才有可比性。例如，道·琼斯股价平均指数是以1928年10月1日为基期，以基期的股票价格为100。

（4）确定股价指数。运用科学的计算公式将以后每期的平均价格都与基期平均价格进行比较，就可求出股价指数。

3）股价指数的计算

股价指数计算的方法主要有四种：相对法、综合法、加权综合法、几何加权法。

（1）相对法。又称平均法，就是先计算各个采样股票的相对股价指数，再加总求算术平均数。其计算公式为：

$$股票价格指数 = \frac{1}{n} \sum_{i=1}^{n} \frac{P_{1i}}{P_{0i}} \times 100$$

【例】现假定某股市采样股取四只，四只股票的交易资料如表8—1所示。将表中数字代入上式，得：

$$报告期股价指数 = \frac{1}{4} \left(\frac{8}{5} + \frac{12}{8} + \frac{14}{10} + \frac{18}{15} \right) \times 100 = \frac{5.7}{4} = 142.50$$

该计算结果说明报告期的股价比基期股价上升了42.5个百分点。

表 8—1 采样股交易资料表

项目 种类	市价（元）		交易量（万股）		发行量（万股）	
	基期	报告期	基期	报告期	基期	报告期
A	5	8	1 000	1 500	3 000	5 000
B	8	12	500	900	6 000	6 000
C	10	14	1 200	700	5 000	6 000
D	15	18	600	800	7 000	10 000

（2）综合法。即分别将基期和报告期的股价加总后，再用报告期股价总额与基期股价总额相比较。其计算公式为：

$$报告期股价指数 = \frac{\sum_{i=1}^{n} P_{1i}}{\sum_{i=1}^{n} P_{0i}} \times 100$$

代入表 8—1 中的数字得：

$$报告期的股价指数 = \frac{8+12+14+18}{5+8+10+15} \times 100 = \frac{52}{38} \times 100 = 136.80$$

即报告期的股价比基期股价上涨了 36.8 个百分点。

从平均法和综合法计算的股价指数来看，两者都未考虑到由于各种采样股票的发行量和交易量的不同，而对整个股市股价的影响也不同等因素，因此，计算出来的指数都不够准确。

（3）加权综合法。为了使股价指数计算精确，需要对各个样本股票的相对重要性予以加权，这个权可以是成交股数，也可以是股票发行量；按时间划分，权数可以是基期权数，也可以是报告期权数。

以基期成交股数（或发行股数）为权数的指数称为拉氏指数，即拉斯拜尔指数（Laspeyres Index）。拉氏指数采用基期固定权数加权，当权数决定后便无须变动，计算较为方便，一般经济价格指数多采用这种方法，但当样本股变更或数量变化后，就不再适用了。

拉氏指数计算公式为：

$$报告期股价指数 = \frac{\sum_{i=1}^{n} P_{1i} Q_{0i}}{\sum_{i=1}^{n} P_{0i} Q_{0i}} \times 100$$

式中：Q_{0i} 为基期第 i 只股票的发行量或交易量。

以报告期成交股数（或发行股数）为权数的指数称为派氏指数（Passche Index）。这一方法计算复杂，但适用性较强，特别是在以发行量为权数计算股价指数的情况下，发生股票分割、派送股票股息和增资配股时，一方面股价下降，另一方面股数增加，而计算期的股票市值并没有发生变化，所以不需要进行调整，虽然基期市值需要修正，但是计算相对简单。此外，派氏指数比较精确，具有很高的连续性。目前世界上大多数股票指数，包括标准普尔指数、纽约证券交易所的综合股价指数等都是采用以发行量为权数的派氏指数。其计算公式为：

$$报告期股价指数 = \frac{\sum_{i=1}^{n} P_{1i}Q_{1i}}{\sum_{i=1}^{n} P_{0i}Q_{1i}} \times 100$$

式中：Q_{1i} 为报告期第 i 只股票的发行量或交易量。

以报告期交易量为权数，将表 8—1 的有关数字代入公式中，则：

$$加权法指数 = \frac{8 \times 1\ 500 + 12 \times 900 + 14 \times 700 + 18 \times 800}{5 \times 1\ 500 + 8 \times 900 + 10 \times 700 + 15 \times 800} \times 100 = 139.466$$

表明报告期比基期股价指数上升了 39.466 个百分点。由于它是加权计算的，比平均法计算出来的指数更能准确反映股票市场的价格变动情况。

（4）几何加权法。也称费雪理想公式（Fisher's Index Formula），是对上述两种指数的几何平均。而此公式最大的缺点是样本股票增资除权（用除权数去除增资时的拆股认购权）时，修正起来很困难，也很麻烦，因而在实际中很少被采用。其计算公式为：

$$几何加权股价指数 = \sqrt{\frac{\sum_{i=1}^{n} P_{1i}Q_{0i}}{\sum_{i=1}^{n} P_{0i}Q_{0i}} \times \frac{\sum_{i=1}^{n} P_{1i}Q_{1i}}{\sum_{i=1}^{n} P_{0i}Q_{1i}}} \times 100$$

8.3 世界著名股票价格指数

8.3.1 道·琼斯股票平均价格指数

道·琼斯股票价格平均指数简称道·琼斯指数、道·琼斯股票价格平均指数或道·琼斯指数，是世界上影响最大的股票价格指数。它是在 1884 年 7 月 3 日由道·琼斯公司创始人查理斯·道开始编制的，其最初的股票价格平均数是根据 11 种具有代表性的铁路公司的股票，采用算术平均法编制而成的，发表在查理斯·道自己编辑出版的《每日通讯》上。以后样本股数逐渐增加，而且扩大到其他行业。目前这个平均数已经变动过四次：1897 年股票由 11 种增至 32 种，1916 年增至 40 种，1928 年增至 50 种，1958 年定为 65 种，直到今天。其所选用的代表性公司股票涉及工业、运输业、公用事业等所有重要行业。

道·琼斯股票价格平均指数共分四组，即：

（1）道·琼斯工业平均数（The Dow Jones Industrial Average）。是由美国 30 家最有影响的大工业公司的股票组成的股票价格指数，如埃克森石油公司、通用汽车公司和美国钢铁公司等。这一价格指数基本上能反映股票市场价格变动情况，因而常为世界各大报刊、电台、电视台所引用。

（2）道·琼斯运输业平均数。计算这个平均数选用了 20 种有代表性的运输公司的股票，涉及铁路、航空、轮船等各方面。这个平均数大致上能客观地反映出运输业股票价格行情变化情况。

（3）道·琼斯公用事业平均数。计算这个平均数选取了美国 15 家公用事业公司的上市股票，如美国电力公司等。

（4）道·琼斯股票平均价格综合指数。是由前三组合计的 65 家公司所有股票价格综合计算出来的，这一指标更能反映整个股票市场的变化情况。这个指数是以 1928 年 10 月 1 日为基期，并令基期的平均数为 100，通过和基期平均数的比较，算出以后各期的平均数。为了使道·琼斯股票价格平均指数能更好地反映出股票市场的实际情况，需要对组成平均数的一些股票经常进行调整，选用一些更具活力、更有代表性的公司股票代替那些失去代表性的公司股票。自 1928 年以来，几乎每两年就有一个新公司的股票代替老公司的股票。

8.3.2 标准普尔股票价格指数

标准普尔股票价格指数（Standard & Poor's Stock Price Index）是由美国最大的证券研究机构——标准普尔公司在 1923 年开始编制发布的股价指数。最初采样的股票有 233 种，到 1957 年扩大为 500 种，它们包括 85 个工商行业的 400 种股票，商业银行、储蓄与贷款协会、保险公司和金融公司的 40 种股票，航空公司、铁路公司和公路货运公司的 20 种股票，以及公用事业的 40 种股票，将上述 500 种普通股票加权平均编制成综合价格指数。

标准普尔股票价格指数以 1941 年至 1943 年采样股票的平均市价为基期，基期指数值为 100，然后将所有采样股票以上市数量作权数加权平均计算。其计算公式为：

$$股票价格指数 = \frac{\sum_{i=1}^{n} P_{1i}Q_{1i}}{\sum_{i=1}^{n} P_{0i}Q_{0i}(3\,年的平均数)} \times 100$$

道·琼斯股票价格平均指数仅仅代表最大的公司的股票价格，而市场上各种股票包括上等股票、中等股票和较差的股票，股价变动并不一致，所以，道·琼斯股票价格平均指数不能充分反映股票价格变动的全貌。而标准普尔股票价格指数由于是根据纽约证券交易所中当时大约 90% 的普通股票价格计算出来的，具有更好的代表性，并且该指数采用加权平均法进行计算，精确度较高，具有较好的连续性，因此，比较合理地反映了股市的走势。

比较起来，道·琼斯工业股票指数对股价的短期走势具有一定的敏感性，而标准普尔混合指数用于分析股价的长期走势较为可靠。从对股票市场价格分析研究的角度，一些证券专家和经济学家偏向采用标准普尔指数，而从实用的角度，大多数证券公司和投资者则喜欢采用道·琼斯指数。

8.3.3 纽约证券交易所普通股票价格指数

1966 年 6 月，纽约证券交易所开始公布它自己的普通股票价格指数。该指数的计算方法是把在纽约证券交易所交易的 1 570 种普通股票按价格高低分开排列起来，然后分别计算工业、金融、运输和公用事业四种股票指数。

（1）工业股票价格指数由 1 903 种工业股票组成。

（2）金融业股票指数由投资公司、储蓄贷款协会、分期付款融资公司、商业银行、保险公司和不动产等公司的 223 种股票组成。

（3）运输业股票指数包括铁路、航空、轮船、汽车等公司的 65 种股票。

（4）公用事业股票指数包括电报电话公司、煤气公司、电力公司和邮电公司等的 189 种股票。

该指数的计算方法和调整方法与标准普尔股价指数相同，不同的只是基期的确定时间和基期指数值。该指数以 1965 年 12 月 31 日为基期，基期指数值确定为 50。该指数可以全面、及时地反映股票市场活动的综合情况，较受投资者欢迎。

8.3.4　美国纳斯达克指数

纳斯达克指数（NASDAQ Index）是反映纳斯达克证券市场行情变化的股票价格指数。

纳斯达克是美国证券交易商协会于 1968 年着手创建的自动报价系统的简称。它的特点是收集和发布场外交易市场非上市股票的证券商报价。1971 年 2 月 8 日，纳斯达克市场设立，那一天纳斯达克系统为 2 400 只优质的场外交易（OTC）股票提供实时的买卖报价。以前，这些不在主板上市的股票报价是由主要交易商和持有详细名单的经纪人公司提供的。目前，纳斯达克连接着全国 500 多家做市商的终端，形成了计算机系统中心。纳斯达克的上市公司涵盖所有新技术行业，包括软件和计算机、电信、生物技术、零售和批发贸易等，现有的上市公司有 5 200 多家，已经成为全球最大的证券交易市场。纳斯达克又是全世界第一个采用电子交易的股市，它在 55 个国家和地区设有 26 万多个计算机销售终端。

纳斯达克指数的编制方法是所有在纳斯达克交易的股票的资产加权指数，以 1971 年 2 月 8 日第一个交易日为基准日，最初的基本指数值设为 100。

8.3.5　英国金融时报指数

英国金融时报指数是金融时报工商业普通股票平均价格指数（Financial Times Industrial Ordinary Index）的简称，它是由英国金融界著名报纸《金融时报》编制并公布的，是伦敦股票市场最具权威的股票指数，采用算术平均法计算。该股票指数包括三个股票指数：30 种股票指数，100 种股票指数，500 种股票指数。通常采用的金融时报指数是指第一种股票指数，它采用 30 家有代表性的工业和商业大公司股票编制而成，以灵敏反映英国股市动向著称。该指数以 1935 年 7 月 1 日作为基期，将基期指数值定为 100。

8.3.6　日经股价指数

日经股价指数又称日经道·琼斯平均股价指数（Nikkei 225 Index），是日本经济新闻社股票平均价格指数的简称。它是由日本经济新闻社编制发布的，在日本股票市场上最具有代表性的股价指数。该指数开始发布于 1950 年 9 月，计算方法采用的是美国道·琼斯指数所用的修正法，当时称为"东证修正平均股价"，基期为 1950 年 9 月 7 日，选用在东京证券交易第一市场上市的 225 种股票作样本，算出修正平均股价，这些采样股票原则上是固定不变的。1975 年 5 月 1 日，日本经济新闻社根据与道·琼斯公司的合同，买进道氏商标，公布日经道·琼斯平均股价。10 年后合同到期，经日本经济新闻社与道·琼斯公司协商，从 1985 年 5 月 1 日起，日经道·琼斯平均股价指数改为"日经股价"或"日经平均股价"，该指数每天刊登在《日本经济新闻》上。由于该指数是从 1950 年开始编制并一直延续下来，具有可比性和连续性，成为分析考察日本股票市场股价变动及其趋势最常用、最可靠的指标。

8.3.7 恒生指数

恒生指数（Hang Seng Index）是由香港恒生银行于 1969 年 11 月 24 日开始编制并对外发布的一种股票价格指数。恒生指数从上市公司中选出有代表性的 33 家公司作为样本股，其中金融业 4 家、公用事业 6 家、地产业 9 家、其他行业 14 家。以 1964 年 7 月 31 日为基期，基期指数值为 100，计算方法为修正加权综合法，即按其每天的收市价算出当天这些上市公司的总市值，再与基期的资本总市值相比，乘以 100 就求出当天的指数。后由于技术原因改为以 1984 年 1 月 3 日为基期，基期指数值为 975.47。恒生指数是香港股票市场上历史最悠久的一种股票价格指数，也是反映香港政治、经济和社会状况最重要的指数。恒生指数的计算公式为：

$$现时指数 = \frac{现时成分股总市值}{上日收市时成分股总市值} \times 上日收市指数$$

8.4 中国股票价格指数

8.4.1 上海证券交易所股价指数

（1）上证综合指数。上证综合指数简称"上证综指"，由上海证券交易所编制，是反映上海证券市场总体走势的最常用的指数。该指数的前身是上海静安指数。1990 年上海证券交易所建立后，在上海静安指数基础上开始编制上海证券交易所综合股价指数。它以 1990 年 12 月 19 日为基期，基期指数为 100，该股票指数的样本为所有在上海证券交易所挂牌上市的股票（包括 A 股、B 股），其中新上市的股票在挂牌后的第 11 个交易日纳入股票指数的计算范围，以股票发行量为权数编制。其公式为：

$$上海证券交易所股价指数 = \frac{本日市价总值}{基日市价总值} \times 100$$

$$市价总值 = \sum_{i=1}^{n} (P_i \times Q_i)$$

式中：P_i 为股票收盘价；Q_i 为股票发行量。

如遇股票扩股或新增时，做相应调整。其计算公式调整为：

$$报告期股价指数 = \frac{本日现时市价总值}{新基准市价总值} \times 100$$

$$新基准市价总值 = 修正前基日市价总值 \times \frac{修正前市值 + 市价变动额}{修正前市值}$$

（2）上证 180 成分指数。上证 180 成分指数是对原上证 30 指数进行调整和更名后产生的指数。以 1996 年 1 月至 3 月的平均流通市值为基期，基期指数定为 1 000 点，以 180 只有代表性的公司股票为成分股样本，以样本股的调整股本数为权数，并作定期调整。其公式为：

$$报告期指数 = \frac{报告期成分股的调整市值}{基日成分股的调整市值} \times 1 000$$

这里，调整市值 = $\sum$（市价×调整股本数），基日成分股的调整市值亦称为除数，调整股本数采用分级靠档的方法对成分股股本进行调整。根据国际惯例和专家委员会意见，上证成分指数的分级靠档方法如表 8—2 所示。比如，某股票流通股比例（流通股本/总股本）为 7%，低于 10%，则采用流通股本为权数；某股票流通比例为 35%，落在区间（30，40）内，对应的加权比例为 40%，则将总股本的 40% 作为权数。

表 8—2　　　　　　　　**上证成分指数的分级靠档方法**

流通比例 （%）	≤10	(10~20)	(20~30)	(30~40)	(40~50)	(50~60)	(60~70)	(70~80)	>80
加权比例 （%）	流通比例	20	30	40	50	60	70	80	100

（3）分类指数。分类指数包括上证 A 股指数、上证 B 股指数、上证工业类指数、上证商业类指数、上证房地产业类指数、上证公用事业类指数、上证综合业类指数。分类指数反映上市公司的行业走势。

（4）基金指数和国债指数。基金指数和国债指数反映基金和国债的走势。

8.4.2　深圳证券交易所股价指数

（1）成分指数

①深证成分指数。简称"深成指"，由深圳证券交易所编制，反映深圳证券市场

个体走势，是最常用的指数，始编于 1995 年 1 月 3 日。该指数共分三组：深证成分股指数、深证 A 股成分指数和深证 B 股成分指数。深证成分指数以 1994 年 7 月 20 日为基期，基期指数定为 1 000 点，从上市的股票中选取 40 只 A 股和 6 只 B 股作为成分股，以成分股的可流通股数为权数，利用派氏加权法进行计算，自 1995 年 1 月 23 日起正式发布。其公式为：

$$深证成分股指数 = \frac{报告期成分股流通市价总值}{基日成分股流通市价总值} \times 1\ 000$$

成分股中所有 A 股用于计算深证成分 A 股指数，所有 B 股用于计算深证成分 B 股指数。

②深证 100 指数。深证 100 指数选取在深交所上市的 100 只 A 股作为成分股，以成分股的可流通 A 股数为权数，采用派氏加权法编制，以 2002 年 12 月 31 日为基准日，基期指数定为 1 000 点，从 2003 年第一个交易日开始编制和发布。深证 100 指数的编制借鉴了国际惯例，吸取了深证成分指数的编制经验，成分股选取主要考察 A 股上市公司流通市值和成交金额份额两项重要指标。根据市场动态跟踪和成分股稳定性的原则，深证 100 指数每半年调整一次成分股。

（2）综合指数。深证综合指数简称"深综指"，该指数于 1991 年 4 月 4 日开始编制发布，包括 A 股指数和 B 股指数。深证综合指数以 1991 年 4 月 3 日为基期，基期指数定为 100 点，采用基期总股本为权数计算编制。深证 A 股指数以 1991 年 4 月 3 日为基日，以该日所有 A 股的市价总值为基期，基期指数定为 100 点，自 1992 年 10 月 4 日起正式发布。深证 B 股指数以 1992 年 2 月 28 日为基日，以该日所有 B 股的市价总值为基期，基期指数定为 100 点，自 1992 年 10 月 6 日起正式发布。

（3）分类指数。分类指数包括农林、采掘、制造、食品、纺织、木材、造纸、石化、电子、金属、机械、医药、水电、建筑、运输等行业指数。

8.4.3　沪深交易所指数

（1）沪深 300 指数。沪深 300 指数（Shanghai Shenzhen 300 Index），简称沪深 300（SHSE-SZSE300），是从上海和深圳证券交易所上市 A 股中选取规模大、流动性好、最具代表性的 300 只股票编制而成的成分股指数。该指数以 2004 年 12 月 31 日为基日，基点定为 1 000 点。指数成分股的数量为 300 只，全部为 A 股，其中沪市 179 只，深市 121 只。

沪深 300 指数由沪深交易所设计，并于 2005 年 4 月 8 日正式对外发布，上海行情使用代码为 000300，深圳行情使用代码 399300。沪深 300 指数是沪深证券交易所联合发布的第一只跨市场指数，是反映中国 A 股市场整体走势的指数。2005 年 9 月中证指数公司成立后，沪深 300 指数移交给中证指数公司进行管理运行。

沪深 300 指数的推出，丰富了市场现有的指数体系，增加了一项用于观察中国证券市场走势的指标，有利于投资者全面把握中国证券市场运行状况，并能作为投资业绩的评价标准，为指数化投资及指数衍生产品创新提供了基础条件。

沪深 300 指数一经推出，立即被众多机构投资者作为指数化投资的理想标的。指数推出仅 4 个月后，首只以沪深 300 指数为投资标的的嘉实沪深 300 指数基金就于 2005 年 8 月正式成立。2009 年 7 月 8 日发行结束的华夏沪深 300 指数基金以 247 亿元的规模成为首发规模最大的指数基金。截至 2009 年 7 月，以沪深 300 指数作为投资标的的指数基金已有 10 只，资产规模 935 亿元，占目前 23 只指数基金资产规模的 53.7%。此外，首只追踪沪深 300 指数的 ETF——香港标智沪深 300 中国指数基金于 2007 年 7 月 17 日在香港联交所主板挂牌交易；2008 年 4 月 11 日，日兴熊猫沪深 300 中国指数基金于东京交易所上市交易。2009 年，中国内地证券市场共发行 33 只股票型基金，其中 26 只基金选用沪深 300 指数作为业绩基准。沪深 300 指数已成为中国内地证券市场中跟踪资产最多、使用广泛度最高的指数。

（2）中证 100 指数。中证 100 指数是从沪深 300 指数样本股中挑选规模最大的 100 只股票组成样本股，以综合反映沪深证券市场中最具市场影响力的一批大市值蓝筹公司的整体状况，由中证指数有限公司于 2006 年 5 月 29 日正式发布。截至 2009 年 6 月 30 日，中证 100 指数成分股的流通市值占比为全市场的 49.24%，总市值占比为全市场的 69.60%，具有良好的市值覆盖率，是跨市场的代表两市大盘股表现的权威指数。同时，此指数历史业绩表现优异，财务指标方面也展现了很高的投资价值，是一个适合长期投资的指数。

（3）中证 200 指数。中证 200 指数成分股包括沪深 300 成分股中非中证 100 的 200 家成分股公司，中证 200 指数综合反映沪深证券市场内中市值公司的整体状况，由中证指数有限公司于 2007 年 1 月 15 日正式发布。

（4）中证 500、中证 700 和中证 800 指数。中证指数有限公司于 2007 年 1 月 15 日正式对外发布的指数还有中证 500、中证 700 和中证 800 指数。

中证 500 指数样本股的选样方式为：样本空间内股票扣除沪深 300 指数样本股及最近一年日均总市值排名前 300 名的股票；将步骤 1 中剩余股票按照最近一年（新股为上市以来）的日均成交金额由高到低排名，剔除排名后 20% 的股票；将步骤 2 中剩余股票按照日均总市值由高到低进行排名，选取排名在前 500 名的股票作为中证 500 指数样本股。中证 500 指数综合反映沪深证券市场内小市值公司的整体状况。

中证 500 和中证 200 样本股一起构成中证 700 指数样本股。

中证 500 和沪深 300 样本股一起构成中证 800 指数样本股。

中证 200、中证 500、中证 700 和中证 800 指数的计算方法同于沪深 300 指数。

【参考案例】

"中石油"将计入上证综合指数及其分类指数

中国石油于 2007 年 11 月 5 日在上海证券交易所上市，根据上证指数关于新股上市后第 11 个交易日计入指数的规则，中国石油将于 11 月 19 日计入上证综合指数及其分类指数。

同时，由于中国石油 A 股发行总市值达到 27 040 亿元，总市值排名在沪市和沪深 A 股中列第一位，根据上证系列和中证系列成分指数样本股临时调整规则，新发行 A 股股票符合样本空间条件且发行总市值排名位于沪市或沪深两市前 10 位的，启用快速进入指数的规则，在其上市第 11 个交易日计入上证 180、上证 50 以及沪深 300 等成分指数。因此，上海证券交易所和中证指数有限公司宣布，中国石油于 11 月 19 日进入上证 180、上证 50、沪深 300、中证 100、中证 800、小康指数和沪深 300 能源指数，上证 180 调出开滦股份，上证 50 调出赣粤高速，沪深 300 和中证 800 调出航天电器，中证 100 调出外运发展，小康指数调出上港集团。与此同时，中证规模指数体系中的中证 200 和中证 700 以及指数也将进行相应调整，外运发展进入这两个指数，航天电器被调出；行业指数方面，中国石油进入沪深 300 能源指数，航天电器被调出。

本次调整后，上证 180 指数的总市值覆盖率从 78.85% 提高到 84.84%，流通市值覆盖率从 68.84% 提高到 69.38%；上证 50 指数的总市值覆盖率从 67.93% 提高到 75.92%，流通市值覆盖率从 49.50% 提高到 50.45%；沪深 300 指数的总市值覆盖率从 77.97% 提高到 82.66%，流通市值覆盖率从 68.31% 提高到 68.80%；中证 100 指数的总市值覆盖率从 64.43% 提高到 71.97%，流通市值覆盖率从 47.39% 提高到 48.15%；中证 800 指数的总市值覆盖率从 87.54% 提高到 90.2%，流通市值覆盖率从 84.56% 提高到 84.79%。

（资料来源 《中国石油将计入上证综合指数及其分类指数》，载《中国证券报》，2007–11–06）

● 重要概念

股价平均数　股价指数　市价总值　道·琼斯股价指数　上证综合指数　深证成分股指数　沪深 300 指数

● **复习思考**

（1）为什么说有价证券是一种虚拟资本？

（2）什么是股票价格指数？它有哪些计算方法？

（3）简述股价指数的作用及意义。

（4）股价平均数与股价指数有何区别？

（5）国外具有代表性的股价指数有哪些？

（6）我国主要有哪几个股价指数？它们是如何编制的？

（7）在我国的指数种类中，上证 180 指数和深证 100 指数及沪深 300 指数在编制上有何特色？其编制的主要目的是什么？

（8）根据上证指数关于新股上市后第 11 个交易日计入指数的规则，"中石油"于 2007 年 11 月 19 日计入上证综指及其分类指数以及上证 180 等成分指数。试分析大盘股上市后的走势对市场指数走势会带来什么影响。

第9章 证券市场监管

◇**学习目标**

- 理解维护中小投资者的利益、加强证券市场监管的意义
- 掌握证券市场监管的含义及特点
- 了解国外证券市场监管的法律体系、监管方式和特点
- 了解中国证券市场监管的法律体系和主要特征

9.1 证券监管的目的

尽管证券市场引领着人类经济的一次次进步，但是，证券市场毕竟是一个利益的角斗场，方方面面的市场参与者在这里追逐着各自的利益。于是，谁来捍卫竞争中的公平，用怎样的手段遏制逐利者可能使用的欺诈行为，就成为股票市场发展历程中一个永无休止的话题。

【实例1】法国的密西西比公司事件

17世纪初期，有一苏格兰人名叫John Law，他在本国杀了人，1713年逃往法国巴黎居住。此人善于交际、精于赌博，在上流社会很吃得开。1715年法国国王路易十四去世，新王年幼，由叔父奥尔良大公摄政。那时法国兵祸连年，政府负债累累，国民经济百业不景，经济濒临崩溃。John Law虽是赌徒和冒险家，但却颇有些经济头脑，于是他向摄政的奥尔良大公建议，成立国家银行，发行纸币代替金银为通货，从而加大了信用膨胀，带来了工商企业的复兴，一时很见功效，为此备受奥尔良大公的器重。借此机会，他组织创立了"密西西比公司"，独占了法国对美洲大陆密西西比河流域的开发权。公司成立时发行了1亿法郎的股票，每股500法郎。由于这笔钱事先已有盟约，计划要转借给法国政府使用，所以，公司每年只能使用政府支付的借款

本章建议阅读资料：

1. 中国证券业协会：证券业从业资格考试统编教材（2010）——《证券市场基础知识》，北京，中国财政经济出版社，2010。
2. 张光平：《巴林银行倒闭与金融衍生工具》，上海，上海人民出版社，2003。
3. 邢天才、王玉霞：《证券投资学》，2版，大连，东北财经大学出版社，2007。
4. 凌华薇、王烁：《银广夏陷阱》，载《财经》，2001（8）。

利息。但是，为了提高公众的认股兴趣，他们尽其所能宣传这块处女地的富庶。但是到了1719 年，该公司的股票下跌到 300 法郎一股，这时他们耍了一个花招，宣布 6 个月后公司将用 500 法郎一股把市上的股票买回，接着公司又从政府那里得到许多经营特权，于是该公司的股票价格开始急剧上涨。趁此时机，公司又将 15 亿法郎借给政府用以还清国债，这样一来，一方面使公司声誉大增，另一方面公众得知政府的债务能清还，可以有钱来买股票，于是公司的股票价格又一次暴涨，最高时竟达到18 000法郎一股。当时股票交易在一条小巷进行，沿街生意利市百倍，连街上的补鞋匠都发了财，据说每天从欧洲其他各国来这里参加交易的人竟有 30 多万。有一个脚夫经主人吩咐以 8 000 法郎一股买入 250 股，但到手不久就被人以 10 000 法郎一股购去，转手之间就赚了 50 万。有许多人来这里大肆从事股票投机，不久就成了百万富翁。据说"百万富翁"一词就是从那时开始使用的。但是好景不长，由于通货膨胀，物价大涨，不久大家就争着脱手股票换取现金购买实物，结果股价一落千丈，投资人蒙受了巨大的经济损失，连整个国家经济也濒临崩溃了。

【实例2】英国南海公司事件

1711 年英国的一群商人与许多贵族组建了"南海公司"（South Sea Company），所谓"南海"就是现在的拉丁美洲，目的是为了向南美洲进行贸易扩张。该公司获得了南美贸易的专利，进行垄断经营。然而，公司成立之后的 8 年间，除了无休止地向南美洲贩运黑奴之外，几乎没干过一件能够盈利的事。

到了 1718 年，皇家的气派依然豪华，但在这雍容华贵的背后，英国的国家债务总额已经累积到了 3 100 万英镑。1720 年，该公司向国会建议由他们负责承担国债，以换取若干特权。根据他们的建议，凡是持有国债者可直接换取南海公司的股票。由于国会议员大多数都受了该公司的贿赂，因此他们的建议很容易就在国会中通过了。

在政府的默许下，公司管理层为南海公司编造了一个又一个美妙的故事，说在这个地区公司发现了什么金矿、银矿、香料，如何赚钱。没有人知道南海公司到底在做什么，只知道这家公司能够赚大钱，是很好的投资对象。当时弥漫着一种狂热的气氛，人们争先恐后购买股票，许多像牛顿这样正直的科学家也购买了南海公司的股票。失去理性的大众狂热，使南海公司的股价迅速飙升。据历史记载，该公司的股票从 1720 年 3 月到 9 月短短半年的时间里，价格一举从每股 330 英镑涨到了 1 050 英镑。而当时的政府成员，他们也许可以被称为最早的内幕交易者，在股价越涨越高的时候，卖掉了所持的股票。消息走漏后，立即引起股价暴跌，引发了南海泡沫的破灭。到 12 月份每股已经跌到 125 英镑，使数以千计的中小投资者损失惨重。南海公司事件除了它本身给公众及社会造成极大危害外，它的波及性影响给社会造成的危害更大。

内幕人士与政府官员的大举抛售，引发了南海泡沫的破灭。当时英国的财政部长在南海公司的内幕交易中，为自己赚取了 90 万英镑的巨额利润。丑闻败露之后，他被关进了著名的英国皇家监狱——伦敦塔。但是，比他更悲惨的却是那些不知情的投资人，如科学家牛顿，他在南海泡沫中的损失超过了 2 万英镑，事后，他不无伤感地写道，我可以准确地计算出天体的运动规律，但我却无法计算出股票市场的变化趋势。然而，比牛顿损失更大的则是英国的经济，南海泡沫的破灭让神圣的政府信用也随之破灭了，英国没人再敢问津股票。从那以后，整整 100 年间，英国没有发行过一张股票，从而为发达的英国股市历史留下一段耐人寻味的空白。

【实例3】美国 1929 年证券市场大动荡

美国由于第一次世界大战后经济的繁荣，股价从 1924 年后就逐步上升，到 1927 年涨势加剧，证券信用放款超过 35 亿美元，1928 年上半年证券市场的投机越发厉害。由于一小群投机者的诱导，汽车及收音机的股价大升，投机气氛笼罩全国。到 1929 年夏天，股票投机愈演愈烈，股价与现实完全脱节。当时，以信用方式购买证券的人就有百万人之多，信用放款利息高达 12% ~ 15%，总额达 70 亿美元，银行、公司及外国资金纷纷流入华尔街，到 9 月，股票价格进入最高峰。但跨入 10 月股票价格开始下跌，不久就呈现出一发不可收拾的情形，整个美国证券市场经历了一场大恐慌、大动荡，伴随股市的大暴跌，美国经济也随之陷入了困境。据说当时纽约街头每天排队领面包的人竟有一两千，投资人的损失难以计算。据统计，1920—1933 年间发行的证券有 500 多亿元，到 1933 年有一半变成了一文不值的废纸。1929 年 9 月 1 日在纽约证券交易所上市的证券总值 890 亿元，两年半以后只值 150 亿元。此次股市大暴跌，引发了资本主义世界最严重的一次经济危机。当时千百家企业、银行破产倒闭，成千上万的失业者沦落街头，无数家庭为无隔夜粮而愁苦。那惨痛的一幕幕直到今日仍在人们心中留着可怕的阴影。

【实例4】美国华尔街"黑色星期一"风暴

历史将永远记下这个令人心惊胆战的日子：1987 年 10 月 19 日，星期一。这的确不是平常的一天，上午 9 点，位于华尔街 11 号的美国纽约证券交易所开市了，营业大厅里万头攒动、荧屏闪烁。突然间就像平静的海面上旋起了一阵龙卷风，股票价格发生了大幅度的跌落，一时间如同发了疯的股民们竞相抛售。大厅里人们几乎用同一个声音在吼叫：抛出！抛出！开盘仅 3 个小时后，道·琼斯工业股票价格指数就下跌了 508.32 点，下跌幅度为 22.62%，成为第一次世界大战以来美国股票市场上最大一次下跌，远远超过了 1929 年 10 月 28 日那一天 12.8% 的跌幅。顷刻间，华尔街一片混乱，纸片飞扬，喊声震天，成千上万的股民目瞪口呆。22.62% 的跌幅意味着持股者手中的股票一天之内就贬值两成多，即大众的 5 000 亿元资产瞬间随风而去，相当于美国全年国民总产值的 1/8。

纽约上空这阵股市龙卷风不仅立即影响到芝加哥等美国其他城市的证券市场，而且很快就掀起了全球性大风暴。首先被牵动起来的是与纽约仅有 5 小时时差的英国伦敦股市。金融时报 100 种股票价格指数当天就下跌 10.8%，损失 450 亿英镑，次日跌势有增无减，又损失了 500 多亿英镑。随后，太平洋西岸的东京股票市场也狂风骤起，225 种日经股票平均指数继 19 日下跌 4% 以后，20 日出现了历史性大暴跌，一天之内净跌 3 836.48 点，收盘时降至 21 910.8 点，跌幅达 14.9%，资产价值损失约 4 000 多亿美元，创历史最高纪录。紧接着香港股市一天内恒生指数陡降 420.81 点，跌幅达 11%，也创历史最高纪录。除了这四大金融中心外，其他主要股市也发生了空前的暴跌。当日，法国巴黎股市下跌了 9.7%，米兰股市下跌了 6.26%，荷兰股市下跌了 12%，比利时股市下跌了 11.15%，悉尼股市下跌了 25%。

星期一，本来是个极其普通的日子，但这一天股市的风暴给它赋予了一层黑色的、灾难性的色调。"黑色星期一"之后，有许多人陷入绝境而自杀身亡。58 岁的美国人维隆·兰伯格因股价暴跌损失 50 万美元，由于无力偿还欠下的巨额债务，在旅馆用煤气自杀。纽约的银行家贝特曼是一家金融机构的副总裁，纽约华尔街股市的大崩溃使他陷入绝境，他知道大势已去，即使赔上自己的整个家产也无法偿还股票买卖的巨额亏损，于是在绝望之际从纽约一幢 32 层的高楼上纵身跳下，告别了这个纷繁的世界。股票投机人亚瑟·凯思，几年来曾靠股票投机赚取了百万家财，但在"黑色星期一"的风暴中，一夜之间就赔了 1 000 多万美元，债主催逼之下，他开枪打死了证券公司的副总经理，打伤了自己的经纪人，然后开枪自杀。

"黑色星期一"股市风暴对美国的整个国民经济也产生了巨大的影响。美国有三家股票经纪公司倒闭，几百名经纪人和律师失业，硅谷等高科技的投资受到严重制约，社会消费水平普遍锐减，美元在世界金融市场的地位进一步下降。

【启示】

国外证券市场发展史上的风风雨雨告诫我们，证券市场的发展对国民经济具有双刃剑的作用，也从另一个侧面证明了加强证券市场管理的必要性。而实际上，世界许多国家的证券管理立法也正是经受了这些事件后才得以被重视和确立的。英国南海公司事件的直接结果是 1720 年 BABBLE ACT 法的严格实施。1929 年证券市场动乱在经济上给美国政府的严重打击，迫使总统罗斯福亲自向国会提议，通过严格立法来加强对证券市场的管理，美国的一系列证券法律在 1933 年之后相继问世，它犹如一张恢恢天网，疏而不漏地使整个证券市场踏上了一条规范发展的道路。

9.2 证券市场法律体系

为了使证券市场健康发展，必须防止证券市场上隐藏的欺诈、人为操纵市场、内幕交易、不良投机等缺陷，使证券市场发挥最大效能，从而培养投资者的信心，促进资本市场良性发展，为此，世界各国都先后颁布了有关的证券管理法律。根据西方国家证券法规的特点，可将各国证券管理的法律大体分为三个体系——美国体系、英国体系、欧洲大陆体系。

1）美国体系

美国证券市场的法制建设是从 1929 年股灾之后开始的。1932 年罗斯福总统当政之后，接受了凯恩斯主义的经济学理论，强调政府对宏观经济的调控作用，开创了美国经济历史上的一个全新时代，一系列完整的有关证券市场的法律，在他推行新政的过程中问世：1933 年《证券法》、1934 年《证券交易法》、1935 年《公共事业控股公司法》。在罗斯福之后，美国又推出了 1939 年《信托契约法》、1940 年《投资公司法》，以及 1970 年《证券投资者保护法》。这些法律由联邦证券交易委员会负责统一执行。此外，各州都制定了本州的证券法，即"蓝天法"。在政府的监督下，证券商自律性组织保留相当的自律权力，可以制定证券交易规则，从而形成了联邦立法、州立法和自律组织规则这样一个完整的证券法律体系，并注重公开原则，通过强制性的手段去保护投资者的知情权。美国证券法律体系在世界上最具代表性。基本上属于该体系的国家有日本、加拿大、菲律宾等。

2）英国体系

英国法律制度源于普通法，它体现在证券立法中最主要的特点是没有专门的证券法规，而是由公司法中有关公开说明书的规定、有关证券商的登记、防止欺诈条例和有关资本发行的管理等法规组成，对证券交易所及其会员则采取本身自律为主的态度。英国证券市场的自律管理体系是以下列三个机构为基础确立起来的：一是英国证券交易所协会；二是收购和兼并问题专门小组；三是证券业理事会。这些机构负责制定并实施有关证券发行、证券交易等活动的规则，大家定规矩，大家来遵守，这就是自律的基本模式。传统上，伦敦证券交易所是完全自律的，不受政府的干预。

英国的证券市场是世界上最为古老的证券市场，伦敦证券交易所对本所的业务规定有严格的交易规则，并且拥有较高水准的专业性证券商和采取严格的注册制度与公开说明书制度，且一套完善的自律监管体系经历了数百年的市场磨合与考验。因此，英国基本上可以依靠自律性组织去完成市场的监管任务。许多英联邦的成员国都属于这一法律体系。

但近几年，许多英联邦国家或地区在公开原则与证券商的监管方面也采用了美国的一些做法。例如，1967 年英国新的《公司法》和 1986 年《金融服务法》中有关证券方面的条例，就在某些方面效仿美国证券法中的类似规定；另外，1997 年，英国金融监管局宣告成立，它不仅监管着英国的货币市场和银行体系，同时也担负着证券市场的监管义务。

3）欧洲大陆体系

欧洲各国对证券市场采用严格的实质性管理，并在公司法里规定有关新公司成立与证券交易等方面的规章。欧陆体系对证券发行人的特殊利益有所限制，它要求公司股东的实际出资一律公平，这一点比美、英体系要严格。但在公开原则的实行方面，欧陆体系做得不够。比如证券的发行人通常只在招股说明书中对公司章程与证券的内容稍作披露，缺少充分的公开。此外，该体系的部分国家还缺少对证券进行全面性管理的专门机构。属于该体系的国家除欧洲大陆的西方国家外，还有拉丁美洲和亚洲的一些国家。

9.3　证券市场监管体系及内容

1）监管原则

（1）保护投资者利益原则。对投资者的保护不仅关系资本市场的规范和发展，而且也关系到整个经济的稳定增长。投资者，尤其是中小投资者，由于信息不对称、持股比例小，相对于控股股东和管理层处于弱势地位，因此，需要重点保护。投资者保护得好，投资者对市场就有信心，入市中的资金和人数就多。从资本市场的发展历程来看，保护投资者利益，让投资者树立信心，是培育和发展市场的重要一环，是监管部门的首要任务和宗旨。国际研究表明，一国或地区对投资者保护得越好，资本市场就越发达，抵抗金融风险的能力就越强，对经济增长的促进作用也就越大。投资者保护不仅在我国有很强的现实性，同时也是全球的一个共性问题。即使在成熟的市场上，侵害中小投资者利益的事件也时有发生，因此，维护中小投资者的利益是证券市场公平的前提。严厉打击损害中小投资者利益的行为，全力维护市场的"三公"，是各国证券监管的首要任务。

（2）"三公"原则。即公开原则、公平原则和公正原则。

①公开原则，即要求证券市场具有充分的透明度，要实现市场信息的公开化。

②公平原则，即要求证券市场不存在歧视，参与市场的主体具有完全平等的权利。

③公正原则，即要求证券监管部门在公开、公平原则基础上，对一切被监管对象给予公正待遇。

对市场的监管者来说，"公开"是最为重要的原则，没有"公开"就无所谓"公平"；没有"公开"也不可能"公正"。正是这样一个简单但却十分深刻的道理，揭示出资本市场监管核心就是实施强制性信息披露制度。

（3）监督与自律相结合原则。这一原则是指在加强政府、证券主管机构对证券市场监管的同时，也要加强从业者的自我约束、自我教育和自我管理。国家对证券市场的监管是证券市场健康发展的保证，而证券从业人员的自我管理是证券市场正常运行的基础。国家监督与自我管理相结合的原则是世界各国共同奉行的原则。

2）监管要素

（1）监管主体。从监管实践上看，实施证券监管活动的主体是多元化的，可以是国家证券监督管理机构，可以是证券业协会或证券交易商协会或证券交易所等机构，一般根据各国的具体情况而定。大多数是由政府、行业协会和交易所共同完成的。

（2）监管目标。证券市场监管的目标在于：运用和发挥证券市场机制的积极作用，限制其消极作用；保护投资者权益，保障合法的证券交易活动，监督证券中介机构依法经营；防止人为操纵、欺诈等不法行为，维持证券市场的正常秩序；根据国家宏观经济管理的需要，运用灵活多样的方式，调控证券发行规模与证券交易规模。国际证监会组织（IOSCO）公布了证券监管的三个目标：保护投资者；透明和信息公开；降低系统风险。

（3）监管对象和内容。监管的对象是证券市场，包括证券市场的参与者和他们在证券市场的活动和行为。证券监管的内容包括证券发行、成交、交易、代理、咨询、融资融券活动及参与者之间的关系等。目前中国主要对证券市场的信息披露、操纵市场、欺诈行为、内幕交易四个方面进行监管。

（4）监管手段：

①法律手段，是通过建立完善的证券法律、法规体系和严格执法来实现的。这是证券市场监管部门的主要手段，具有较强的威慑力和约束力。

②经济手段，是通过利率政策、公开市场业务、税收政策等经济手段，对证券市场进行干预。这种手段相对比较灵活，但调节过程可能较慢，存在时滞。

③行政手段，是指通过制订计划、政策等对证券市场进行行政干预。这种手段比较直接，但运用不当可能违背市场规律，无法发挥作用甚至遭到惩罚。一般多在证券市场发展初期，法制尚不健全、市场机制尚未理顺或遇突发事件时使用。

3）监管体制模式

（1）集中型监管体制模式。是指政府通过制定专门的证券法规，并设立全国性的证券监管机构，来统一管理全国证券市场。在这种模式下，政府积极参与证券市场管理，并在市场监管中占主导地位，而各种自律性组织，如行业协会则起协助政府监管的作用。美国是这一类监管模式的代表。这类模式的权威性较强，但行政干预过多，自律组织和政府的配合往往难以协调。

（2）自律型监管体制模式。是指政府除了一些必要的国家立法之外，很少干预证券市场，对证券市场的监管主要由证券交易所、证券商协会等自律性组织进行，强调自我约束、自我管理的作用。英国是这一类监管模式的代表。这类模式的灵活性、针对性较强，但缺乏强有力的立法后盾，监管软弱。

（3）中间型监管体制模式。是指既强调集中立法管理，又强调自律管理，是二者相互渗透、相互结合的产物。它包括二级监管和三级监管两种子模式。二级监管是中央政府和自律机构结合的监管；三级监管是中央、地方两级政府和自律机构结合的监管。德国是这一类监管模式的代表。这种监管可以结合前两种模式的特点，发挥各自优势，使监管更有效率。这种监管模式越来越广泛地得到各国的认同。

（4）中国的监管体制。我国在总结证券市场发展的经验教训的基础上，确立了指导证券市场健康发展的"法制、监管、自律、规范"八字方针，基本上建立了证券监管的法律法规框架体系，设立有全国性的证券监管机构——中国证券监督管理委员会，同时与中国人民银行、国家发改委、地方政府及有关部委、地方监管部门共同组成有机整体。从1997年开始，证券交易所由证监会领导，强化了证券市场监管的集中性和国家证券主管机构的监管权力，初步形成了有中国特色的集中统一监管体系。证监会作为政府对于证券市场的监管机构，通常用两只手：一只手抓住信息披露，以规范上市公司行为；另一只手则抓市场中的自律性组织，以规范市场的交易行为，特别是证券从业人员的职业操守。

4）中国证券市场法律法规

中国证券市场在形成和发展的近 20 年间，出台了大量相关法律法规，基本上建立了证券监管的法律法规框架体系，对市场的规范和有序发展发挥了重要作用。

（1）《中华人民共和国公司法》于 1993 年 12 月 29 日经第八届全国人民代表大会常务委员会第五次会议通过，并自 1994 年 7 月 1 日起正式实施。此后，于 1999 年 12 月 25 日第九届全国人民代表大会常务委员会第十三次会议通过了《全国人民代表大会常务委员会关于修改〈中华人民共和国公司法〉的决定》，并于同日实施。其调整对象为公司的组织和行为，范围包括股份有限公司和有限责任公司，其核心是保护公司、股东和债券人的合法权益，维护社会经济秩序。2005 年 10 月全国人大修订了该法，并于 2006 年 1 月 1 日开始实施。

（2）《中华人民共和国证券法》于 1998 年 12 月 29 日经第九届全国人民代表大会常务委员会第六次会议通过，并自 1999 年 7 月 1 日起正式实施，是中国第一部规范证券发行与交易行为的法律，并由此确认了资本市场的法律地位。2005 年 11 月，此法经修订后颁布，这标志着资本市场走向更高程度的规范发展之路，也对资本市场的法规体系建设产生了深远的影响，它是证券领域的母法。

（3）《中华人民共和国刑法修正案》于 1999 年 12 月 25 日经第九届全国人民代表大会常务委员会第十三次会议通过，此后又不断以修正案的形式作了修正，2002 年 12 月 28 日公布了第四次修正案。其中，对欺诈发行股票、债券罪，提供虚假财务会计报告罪，擅自发行股票和公司、企业债券罪，内幕交易、泄露内幕信息罪，编造并传播影响证券交易虚假信息罪，诱骗他人买卖证券罪，操纵证券市场罪等进行了明确规定。

（4）《中华人民共和国信托法》于 2001 年 4 月 28 日经第九届全国人民代表大会常务委员会第二十一次会议通过，并自 2001 年 10 月 1 日起实施。该法对信托的设立、信托财产、信托当事人、信托的变更与终止、公益信托等方面内容做出了规定。

（5）《最高人民法院关于审理证券市场因虚假陈述引发的民事赔偿案件的若干规定》于 2002 年 12 月 26 日最高人民法院审判委员会第 1261 次会议上通过，并于 2003 年 2 月 1 日正式生效。它对规范证券市场民事行为、保护投资人合法权益做出了规定。

（6）《中华人民共和国证券投资基金法》经 2003 年 10 月 28 日第十届全国人民代表大会常务委员会第五次会议通过，并自 2004 年 6 月 1 日起正式实施。调整对象是证券投资基金当事人，包括投资基金的管理人、托管人和基金份额持有人。其核心是规范证券投资基金活动，保护投资人及相关当事人的合法权益，促进证券投资基金和证券市场的健康发展。

除了以上基本法律以外，还公布实施了《中国证监会股票发行核准程序》、《合格境外机构投资者境内证券投资管理暂行办法》、《外资参股证券公司设立规则》、《外资参股基金管理公司设立规则》、《上市公司信息披露管理办法》、《上市公司章程指引》、《上市公司治理准则》、《上市公司股东大会规则》、《上市公司股权激励管理办法（试行）》、《上市公司收购管理办法》、《上市公司证券发行管理办法》、《首次公开发行股票并上市管理办法》、《证券发行与承销管理办法》、《冻结、查封实施办法》、《上市公司治理准则》、《上市公司股东大会规则》、《上市公司章程指引（2006年修订）》、《上市公司非公开发行股票实施细则》、《证券公司董事、监事和高级管理人员任职资格监管办法》、《证券结算风险基金管理办法》、《首次公开发行股票并在创业板上市管理暂行办法》等一批规章和规范性文件，基本形成了与公司法、证券法"两法"配套的法规体系。

【参考案例】

四川明星电力——"负翁"何以变"富翁"

2006 年 9 月 4 日，成都四川明星电力股份有限公司（以下简称"明星电力"）原董事长周益明锒铛入狱，但针对明星电力国有股权转让引发的案件的侦查并没有结束。顶着"福布斯最年轻富豪"光环的周益明，在入主明星电力时净资产实际为负数，那么他是如何取得明星电力价值3.8亿元控股权的呢？

"新华视点"记者通过深入调查，一幅"民营企业家"掏空国有上市公司的犯罪流程图跃然纸上：第一步，中介机构疯狂造假，一夜之间虚构出周益明27亿元的身价；第二步，银行高管出谋划策，让周益明用贷款收购股权；第三步，国有股权转让决策草率，引狼入室；第四步，国企高管内外勾结，放任周益明大肆侵吞国有资产。这四步欺诈术其实并不高明，但是几乎所有监管环节都被击穿，周益明顺利地实现了"空手套白狼"，涉案金额高达7.6亿元。

第一步：11 万元买来 27 亿元身价。

明星电力是遂宁市 380 万人口水、电、气的主要供应商。2002 年 8 月，周益明得知明星电力欲转让 28.14% 的国有股，价值为 3.8 亿元。当时的明星电力没有外债，企业流动资金达 1 亿元，良好的资产状况引起了他的强烈兴趣。

周益明立即着手成立深圳市明伦集团与遂宁接洽，但当时他的净资产实际为负数，而按照规定，收购上市公司的资金不能超过集团公司净资产的 50%，周益明和他的明伦集团根本没有资格和实力收购明星电力股份，这似乎是个"不可能完成的任务"。

为了取得收购资格，2003年3月，周益明让人找到深圳市中喜会计师事务所，要将公司净资产做到10亿元以上。而在拿到公司资料的第二天，这家事务所就做出了一份总资产27亿元、净资产12亿元的2002年度资产审计报告。更离谱的是，由于收购上市公司需要有连续两年的财务审计报告，中喜会计师事务所又补充了一份2001年度的虚假审计报告。

周益明一夜之间从"负翁"变成了"身价27亿元的富翁"，而付出的代价仅仅是给中喜会计师事务所11万元业务费。

中喜会计师事务所所长吴光影承认，整个审计报告出炉过程中，事务所根本没有派人到明伦集团进行资产核对，在此之前他甚至都没听说过有明伦集团这么一家公司。事实上，这家于1995年成立的会计师事务所曾因违规受到过警告处分，后于2005年更名，同年又因违规被注销。这样一个屡次违规的会计师事务所却一直在这一行业中活跃多年。据公安机关透露，中喜会计师事务所两年内出具的虚假审计报告竟然多达5 000份。

第二步：银行高管出谋划策，贷款成为收购资金。

在明星电力案中，银行内部"潜规则"被周益明发挥得淋漓尽致，他不仅用银行贷款组建了集团公司，还凭借与几个银行高管的"深交"，违法获取贷款直接用作收购资金。

据遂宁市公安机关侦查，2002年8月，周益明得知明星电力部分股权将转让的消息时，他的企业还只是深圳市明伦实业有限公司，周益明一边虚构明伦集团与遂宁市洽谈收购事宜，一边临时组建所谓的集团公司。他先以10万元买来深圳某公司，用8 000万元银行贷款进行反复倒账，虚增母公司及7个子公司的注册资本金3亿元，直到2002年12月，明伦集团才正式完成了工商注册。

此时的周益明可谓"万事俱备，只欠东风"。虽然顶着"27亿元身价"的光环，但他仍拿不出一分钱来收购明星电力股权，他的眼睛又盯在了银行贷款上。而按证券市场管理的有关规定，银行贷款严禁用于上市公司收购，这似乎又是个"不可能完成的任务"，但周益明与银行高管的"深交"发挥了关键作用。

据公安机关侦查，周益明与华夏银行广州分行行长郭俊明和上海浦东发展银行深圳罗湖支行行长韩茂胜等人"交情匪浅"。郭俊明曾接受过周益明的两台高级小轿车，逢年过节还有银行卡等"过节费"可拿，周还曾许诺送他一栋别墅。而韩茂胜曾为了增加银行存款业绩，找周益明帮过不少忙，韩也在其中得到"政绩"和"实惠"。

据郭、韩等交代，2003年周益明向他们明确提出收购明星电力资金上有缺口，希望他们能"支持一下"。但银行资金不得用于上市公司收购，为了规避监管，华夏银行广州分行、浦发行深圳罗湖支行及广发行深圳分行春风路支行都做了一个"过桥贷款"的方案：以企业流动资金的名义给周益明放贷，使他获得了3.8亿元资金，完成了"空手套白狼"式的资本运作。

第三步："瞎子"、"聋子"和"家贼"。

在股权转让前，遂宁市曾派出考察组到深圳市考察明伦集团。周益明经过精心安排，带着他们到自己合作伙伴的企业参观，并称是自己的企业。这样赤裸裸的欺诈，竟然成功地蒙混过关。

许多当地干部表示，揭穿周益明的骗术其实并不难。明伦集团号称有 27 亿元总资产，那样大的规模总该有各方面的数据和事实支撑，只要到当地工商部门查一下注册资本金、到税务部门查一下税收、到企业库房看一看产品、参观企业时看一下营业执照，就不难发现明伦集团的真面目。而中喜会计师事务所出具的两份审计报告，粗略一看就漏洞百出，如反映 2002 年"借款"一项，期末数有 13 笔，其中上千万元的达 10 笔，仅 5 000 万元的就有 2 笔，但合计仅 313 万多元。如此漏洞百出的假报告，竟然成了"购买"明星电力的"通行证"。

据案发后对周益明提供的这两份假报告的重新审计，2002 年底明伦集团的总负债已高达 2.8 亿元，净资产实际为负 6 477 万元。事实上，遂宁当地干部对记者透露，当时曾有人提出，明伦集团到底有没有实力，不能光凭周益明提供的审计报告下结论，应该聘请会计师事务所重新审计一下，但建议最终没有被采纳。

第四步：监管不力成就周益明巨"捞"。

周益明在被捕后交代，他原本打算"捞"上几亿元后，就让明伦集团破产，以便抽身退出。他在入主公司后不到 4 个月，就从明星电力划走了 5 亿元。然而，面对这样庞大的可疑资金的流出，作为公司国有股代表的总经理周某不仅没有履行自己的监管职责，反而收受周益明的贿赂，坐视国有资产大量流失。

案例后续：

(1) 明星电力原总经理已被"双规"，初步查明其收受贿赂达百万元以上。

(2) 2006 年 12 月 1 日，四川省遂宁市中级人民法院一审以合同诈骗罪，判处四川明星电力股份有限公司原大股东、深圳市明伦集团有限公司董事长周益明无期徒刑，并处没收个人全部财产，剥夺政治权利终身。深圳市明伦集团犯合同诈骗罪，判处罚金 5 000 万元人民币。其余 5 名被告犯合同诈骗罪分别被判处有期徒刑 3 年到 5 年，并处罚金 10 万元至 20 万元。

(3) 2007 年 4 月 2 日，四川省高级人民法院终审裁定：依照《中华人民共和国刑事诉讼法》第一百八十九条第（一）项的规定，原判决认定事实和适用法律正确，量刑适当，裁定驳回上诉，维持原判。法院审理认为，被告单位深圳市明伦集团有限公司，被告人周益明、刘文中等人，采取虚构事实、隐瞒真相、提供虚假资产审计报告等手段，并与银行高级管理人员勾结，违规获得银行贷款，骗取了四川明星电力股份有限公司 28.14% 的控股权，并在控制明星电力后采取多种手段，非法占有公司资金 4.63 亿元人民币和 1 074 万美元，共计约 5.5 亿元人民币。至此，周益明成为中国证券资本市场上第一个以合同诈骗罪被追究其掏空上市公司的违法行为，并被判处无期徒刑的上市公司高管。

（资料来源　新华网，经整理）

● 重要概念

　　三公原则　集中型监管　自律型监管

● 复习思考

(1) 简述证券市场监管的目的。

(2) 简述西方各国证券市场监管体制模式的主要种类。其各有什么特点?

(3) 简述中国证券市场健康发展的"八字方针"。

(4) 简述中国证券市场监管体制的主要特征。

第 3 篇
投资分析篇

第 10 章　证券投资收益与风险

◇学习目标

- 掌握证券投资收益和风险的概念
- 理解收益和风险的关系
- 掌握收益率及风险度量方法
- 知晓股票投资收益的来源及各种计量方法
- 掌握债券投资的收益构成及影响债券收益的因素
- 知晓无差异曲线的含义

　　投资者放弃即时的消费（或牺牲目前的消费），牺牲货币的流动性而投资于股票、债券，或其他可供投资的资产，归根到底，就是为了获得投资收益，以增加将来的财富。证券投资的收益可以分为两部分：一是当期收入，即在投资存续期获得股票的股息收入和债券的利息收入；二是资本得利，即由于证券市场上价格变动而获得的买卖证券的价差收入。

　　投资收益是未来的，而且一般情况下事先难以确定，很多预料不到的事件或信息都会影响证券价格，因而购买证券，尤其是购买股票，并不像银行存款那样能获得稳定的收益，即未来收益的不确定性就是证券投资的风险。风险产生的因素是多种多样的，有投资者自身的因素，也有外界客观条件的因素。有的风险是短期内可预测的，有的风险是突发的，不可预测的；有的风险是可以回避或降低的，有的则不能。

　　人们在进行证券投资的时候总希望能获得最大的投资收益同时承担最小的投资风险，但是，事实上收益与风险是并存的，高收益必然伴随着高风险，投资者只能在收益和风险之间加以权衡，即在收益相同的证券中选择风险最低的品种，而在风险相同的证券中选择收益最高的品种进行投资。为了合理运用投资资金，达到风险小、收益高的投资目的，投资者必须充分了解各种证券的收益和风险情况及其度量方法。

本章建议阅读资料：
　　1. 朱宝宪：《投资学》，北京，清华大学出版社，2002。
　　2. 陈保华：《证券投资原理》，2 版，上海，上海财经大学出版社，2003。
　　3. 陈松南：《投资学》，上海，复旦大学出版社，2002。
　　4. Zvi Bodie, Alex Kane and Alan J. Marcus, Richard D. Irwin, McGraw-Hill Companies, Inc. Investments, 5th Edition, 2002.
　　5. ［美］汉姆·列维：《投资学》，任淮秀等译，北京，北京大学出版社，2000。

10.1　证券投资收益

10.1.1　投资收益的概念及计量方法

1）投资收益的概念

投资者因出让资本的使用权或所有权可能得到的货币收益有：利息、股利以及通过资产交易获得的价差收益；此外，投资者还可能得到一些资产类的收益，如红股或配股权等。有些投资的收益可能是单一的，而有些投资则可能获得多种收益，如在收到股利的同时又得到了配股权或红股等。总之，投资收益是因投资而获得的价值增加（Value Added）。

在实际生活中，经常要使用几个不同的投资收益的概念，如预期收益、实际收益、货币收益、资产收益等。由于通常是投资在前，获得收益在后，因此投资者在进行投资决策时并没有实际拿到收益，而只能对今后可能得到的收益进行估计，这种收益的概念通常被称为"预期收益"，即投资者一般根据投资合约、资产价格的变化或资产的盈利能力等有关信息，对该投资可能产生的收益进行预测或估计。实际收益是指投资者事后实际得到的投资回报，而不是可能得到的收益。

一般来讲，由于投资者无法完全控制投资收益的大小，所以，预期收益（Expected Return）在数量上一般不等于实际收益，因为大部分的投资收益带有不确定性。从投资收益的表现形式来看，投资收益有时表现为货币形式，故称之为货币收益；而有时投资收益表现为非货币收益，如资产数量的增加（红股等）或资产的升值等，这种资产类收益通常要经过市场交易转换为货币收益。

2）投资收益的计量方法

（1）单一证券预期收益率

通常情况下，投资的未来收益率是不确定的，因为未来收益受许多不确定因素的影响，因而是一个随机变量。为了对这种不确定的收益进行度量，我们假定收益率服从某种概率分布，把所有可能出现的投资收益率按其可能发生的概率进行加权平均计算，我们就对这一投资未来可能出现的收益率有一个综合估计，这就是预期（期望）收益率。数学中求预期（期望）收益率或收益率平均数的公式如下：

$$E(r) = \sum_{i=1}^{n} p_i r_i \tag{10.1}$$

式中：$E(r)$ 为期望收益率；p_i 为情况 i 出现的概率；r_i 为情况 i 出现时的收益率。

【例】表 10—1 是一个计算数学期望值的例子。计算结果表明，证券 A 的预期收益率在 10% 的可能性最大，证券 B 的预期收益率在 20% 的可能性最大。

表 10—1 证券 A、B 预期收益率的估算

经济状况（i）	不同经济环境的概率（%）	A 可能的收益率（%）	B 可能的收益率（%）
1	10	50	40
2	20	30	50
3	40	10	20
4	20	−10	0
5	10	−30	−20
合计	100	10	20

具体计算过程如下：

$E(r_A) = 0.1 \times 0.5 + 0.2 \times 0.3 + 0.4 \times 0.1 + 0.2 \times (-0.1) + 0.1 \times (-0.3) = 10\%$

$E(r_B) = 0.1 \times 0.4 + 0.2 \times 0.5 + 0.4 \times 0.2 + 0.2 \times 0 + 0.1 \times (-0.2) = 20\%$

在实际分析中，我们经常使用历史数据来估计期望收益率：假设证券的月或年实际收益率为 r_i（$i = 1, 2, \cdots, n$），则估计期望收益率的公式为：

$$期望收益率\ \bar{r} = \frac{1}{n} \sum_{i=1}^{n} r_i \tag{10.2}$$

（2）证券组合的预期收益率

如果投资者不是买一种证券，而是持有多种金融资产，即形成一个资产组合（Portfolio），资产组合的收益率就等于组成资产组合的各单个证券的收益率的加权平均，其权数是各种金融资产的投资价值占资产组合总价值的比例。即：设 A_i 的收益率为 r_i（$i = 1, 2, 3, \cdots, n$），则投资组合 P$= (w_1, w_2, w_3, \cdots, w_n)$ 的收益率为：

$$r_p = w_1 r_1 + w_2 r_2 + \cdots + w_n r_n = \sum_{i=1}^{n} w_i r_i$$

推导可得投资组合 P 的期望收益率为：

$$E(r_p) = \sum_{i=1}^{n} w_i E(r_i) \tag{10.3}$$

式中：$E(r_p)$ 为组合期望收益率；w_i 为各证券投资价值占总投资价值的比例；$E(r_i)$ 为证券 I 的收益率。

【例】假设某投资者将资金投资在上例的两个证券上，两者各占投资总额的一

半，证券 A 的预期收益率为 10%，证券 B 的预期收益率为 20%。该投资组合的预期收益计算如下：

$$E\ (r_p)\ = 0.5×10\% +0.5×20\% = 15\%$$

如果投资者调整投资比例，证券 A 的投资比例为 30%，证券 B 的投资比例为 70%，则该投资组合的预期收益为：

$$E\ (r_p)\ = 0.3×10\% +0.7×20\% = 17\%$$

由例题我们发现，若想改变组合的收益率，可调整组合内的证券品种，也可调整每种证券所占的比例，但是，也要意识到在收益发生变化的同时，组合的风险也将同时发生改变。

10.1.2　股票的投资收益

1）股票投资收益的来源

股票的投资收益是指投资者从购入股票开始到出售股票为止，整个持有期间内的收入，包括股利收入、资本利得和公积金转增收益组成。

（1）股利收入

股利收入包括股息和红利两部分。股息是指股票的利息，是公司按照票面金额的一个固定比率向股东支付的利息；红利则是在上市公司分派股息之后按持股比例向股东分配的剩余利润。因此，有人把普通股的收益称为红利，而股息则专指优先股的收益。在实际工作中，股息和红利有时并不加以仔细区分，而是被统称为股利或红利。

普通股股利的来源是公司的税后净利润。公司从营业收入中扣除各项成本和费用支出、应偿还的债务、应缴纳的税金，余下的即为税后净利润。我国公司法规定，税后净利润必须按以下顺序进行分配：①如有未弥补亏损时，首先用于弥补亏损；②按当年税后净利润的 10% 提取法定公积金，公司法定公积金的累积额为注册资本的 50% 以上的，可不再提取；③如果有优先股票，按固定的股息率给优先股股东分配红利；④经股东大会同意，可以提取任意公积金；⑤如果上市公司还有利润可供分配，就可根据情况给普通股股东分配红利。

根据我国上市公司的信息披露管理条例，上市公司必须在每个会计年度结束的 120 天内公布年度财务报告，且在年度报告中要公布利润分配预案，所以，上市公司的分红派息工作一般都集中在次年的二三季度进行。从国际市场上来看，上市公司实施具体分派时，其形式可以有五种：现金股利、股票股利、财产股利、负债股利和建业股利。

①现金股利。指上市公司以货币形式支付给股东的股息红利，也是最普通最常见的股利形式，如每股派息多少元。通常说来，现金股利分派的多少，取决于董事会对影响公司发展的诸因素的权衡，并要兼顾股东和公司两者的利益。一般来说，股东更关注眼前的利益，希望得到比其他投资形式更高的收益；而董事会更偏重于公司的财务状况和长远发展，希望保留更多的收益以追加投资。但是，股息的高低直接影响股票的市价，而股价的涨跌又关系到公司本身的声誉和筹资能力的大小，因此，董事会在权衡公司长远利益和股东的近期利益时，会力求制定出较为合理的现金股利发放政策。

②股票股利。指上市公司用股票的形式向股东分派的股利，通常是公司用新增发的股票或一部分库存股票作为股息，代替现金分派给股东，也就是通常所说的送红股。

采用送红股的形式发放股息红利，实际上是将当年的留存收益资本化，即将应分给股东的现金留在企业作为发展再生产之用，它与股份公司暂不分红派息没有太大的区别。股票红利使股东手中的股票在名义上增加了，但与此同时，公司的注册资本增大了，股票的净资产含量减少了。而实际上股东手中股票的总资产含量没什么变化。

即使这样，发放股票股利无论对公司还是投资者都是有好处的。首先，发放股票股利，可以使公司保留现金，解决公司发展对现金的需要；同时，能使股票数量增加，股价下降，有利于股票的流通。对投资者来说，持有股票股利在大多数西方发达国家都免征所得税，而且，投资者在二级市场上出售增加的股票也可以转化为现实的货币，有利于股东投资收益的实现。

③财产股利。指上市公司用现金以外的其他资产向股东分派的股息和红利。它可以是上市公司持有的其他公司或子公司的有价证券，也可以是实物。当公司现金不足时，分派财产股利，可以减少公司现金支出，满足公司对现金的需要，有利于公司的发展。公司把自己的产品以优惠价格充作股息发放给投资者时，可以扩大产品的销路；当公司把自己持有的其他公司的股票用作股息，以内部转移的方式分派给股东时，也可以继续维持其控股股东的地位。

④负债股利。指上市公司通过建立一种负债，用债券或应付票据作为股利分派给股东。这些债券或应付票据既是公司支付的股利，又确定了股东对上市公司享有的独立债权。负债股利通常是在公司已宣布发放股利，但公司又面临现金不足、难以支付的情况下不得已采取的权宜之计。董事会往往更愿意推迟股利发放日期。

⑤建业股利。又称建设股息，是一种比较特别的股息形式。它是指经营铁路、港

口、水电、机场等业务的股份有限公司，由于建设周期长，不可能在短期内开展业务并获得盈利，为了筹集所需的资金，在公司章程中明确规定并获得批准后，公司可以将一部分股本作为股息返还给股东。建业股息不同于其他股息，它不是来自于公司的盈利，而是对公司未来盈利预期的分配，实质上是一种负债分配，同时，它也是无盈利无股息分配原则的一个例外。建业股息的发放有严格的法律限制，在公司开业后，必须在分配盈余前扣抵或逐年扣抵冲销。

（2）资本利得

资本利得是指投资者利用股票价格的波动，在股票市场上低买高卖以赚取差价收入。股票卖出价和买入价之间的差额即为资本利得，或称资本损益。当卖出价大于买入价时为资本收益，当卖出价小于买入价时为资本损失。虽然我国股票市场当前对资本利得不纳入征税范围，但在很多发达市场国家，买卖股票所实现的资本利得则要纳入征税收入。

（3）公积金转增股本

公积金转增股本是指上市公司以将公司的公积金转化为股本的形式赠送给股东的一种分配方式。但是，送股的资金不是来自公司当年未分配的利润，而是公司提取的公积金。公司的公积金主要来源于：①股票发行的溢价收入；②按照公司法的规定，每年从税后利润中按比例提取的法定公积金；③股东大会决议后提取的任意公积金；④接受的赠与；⑤公司经过若干年经营后的资产重估增值；⑥因合并而接受的其他公司资产净额等。其中，股票发行溢价收入是上市公司最常见、最主要的资本公积金来源。股份有限公司经股东大会决议将公积金转为资本时，按股东原有股份比例派送新股或者增加每股面值。但法定公积金转为资本时，所留存的该项公积金不得少于注册资本的25%。

2）股票收益指标

衡量股票投资收益水平的指标主要有股利收益率、持有期收益率和拆股后持有期收益率等。

（1）股利收益率

股利收益率又称获利率，是指股份有限公司以现金的形式派发给股东的股息和红利与股票市场价格的比率。其公式为：

$$股利收益率 = \frac{D}{P_0} \times 100\% \tag{10.4}$$

式中：D 为年现金股利；P_0 为本期买入股票价格。

【例】某投资者以 15 元一股的价格买入 A 公司股票，持有一年分得现金股息 2 元，则：

$$股利收益率=\frac{2}{15}\times100\%=13.33\%$$

如果投资者打算投资某种股票并长期持有，可用该股票上期实际派发的现金股利或预计本期的现金股利与当前股票价格计算，可得出预期的股利收益率，该指标对做出投资决策有一定帮助。

（2）持有期收益率

持有期收益率是指投资者持有股票期间的股利收入与买卖差价占股票买入价格的比率，它反映投资者在一定的持有期内的全部股息收入和资本利得占资本金的比率。其公式为：

$$持有期收益率=\frac{D+(P_1-P_0)}{P_0}\times100\% \tag{10.5}$$

式中：D 为年现金股利；P_0 为股票买入价格；P_1 为股票卖出价格。

仍以上例为例，如果上例中投资者在分得现金股息后，将股票以 16 元的价格卖出，则：

$$持有期收益率=\frac{2+(16-15)}{15}\times100\%=20\%$$

（3）拆股后持有期收益率

投资者在买入股票后，有时会发生该股份有限公司进行股票分割（即拆股）的情况，拆股会影响股票的市场价格和投资者的持股数量，因此，有必要在拆股后做相应的调整，以计算拆股后的持有期收益率。

$$拆股后的持有期收益率=\frac{调整后的资本利得或损失+调整后的现金股息}{调整后的价格}\times100\% \tag{10.6}$$

仍以上例为例，该投资者在分得现金股利后，A 公司公布以 1∶2 的比例拆股。拆股决定公布后 A 公司股票的价格涨至 18 元一股，即拆股后的每股市场价格为 9 元一股，若投资者以市场价格出售，则拆股后持有期收益率为：

$$拆股后持有期收益率=\frac{(9-7.5)+1}{7.5}\times100\%=33.33\%$$

10.1.3 债券的投资收益

1）债券投资的收益构成

一般情况下，债券投资的收益由三部分组成：利息收入、买卖差价以及利息再投资收益。这三部分收益在债券投资收益率分析中具有很重要的作用。

所谓利息收入，是指按照债券的票面利率计算而来的收益。如果是息票累计债券，投资者将于债券到期时一次收入该债券的全部利息；如果是附息票债券，则债券持有人可以定期获得利息收入。显然，这一部分收益是确定的。买卖差价也被称做"资本利得（Capital Gain）"，是指债券投资者购买证券时所投入资金与债券偿还时（或者是未到期前卖出时）所获资金的差额。零息票债券其收益都由买卖差价形成。所谓利息再投资收益，是指在附息票债券情况下，投资者将每年定期收到的利息收入再进行投资所能够获得的收益。显然，利息再投资收益具有两个特征：首先，只有附息票债券才会产生利息再投资收入，而息票累计债券和零息票债券不具有到期前的利息收入，也就不会有利息再投资收益。其次，利息再投资收益具有很大的不确定性。由于利息是投资者定期收到的，而各期的市场利率是处于变化之中而各不相同的，因此，在不同时期收到的利息的再投资收益可能是各不相同的，因而利息再投资收益具有很大的不确定性。此外，越是息票利率高的债券，越是期限长的债券，利息再投资收益就会在总收益中占有越大的比例，因而对总收益的影响程度也越大。

2）影响债券收益的因素

影响债券收益的因素有很多，可把它们分为内部因素和外部因素。内部因素主要是债券的票面利率、期限和信用级别等；外部因素主要有基准利率、市场利率和通货膨胀等。在其他因素不变的情况下，只要上述其中一个因素发生了变化，债券的收益率就会发生变化。

（1）内部因素

①债券的票面利率。债券的票面利率是债券发行的重要条件之一，其高低主要取决于两个因素：一是债券发行人的资信情况。一般来说，在其他因素相同的情况下，发行人的资信水平越高，债券的利率越低；资信越低，债券的利率越高。二是发行时市场利率的高低。一般来说，在不考虑发行折价策略的情况下，发行时的市场利率越高，则债券的票面利率越高；市场利率越低，发行时的票面利率越低。

②债券的价格。债券的价格可分为发行价格和交易价格。由于债券票面利率和实际利率有差别，所以它的发行价格往往高于或低于面值。债券价格若高于面值，则它的实际收益率将低于票面利率；反之，收益率则高于票面利率。债券的交易价格是投资者从二级市场上买卖债券的价格，其价差将直接影响到债券收益率的高低。

③债券的期限。在其他因素相同的情况下，债券期限越长，票面利率越高；反之，票面利率越低。除此之外，当债券价格与票面金额不一致时，期限越长，债券价

格与面额的差额对收益率的影响越小。当债券以复利方式计息时，由于复利计息实际上是考虑了债券利息收入再投资所得的收益，所以债券期限越长，其收益率越高。

④债券的信用级别。发行债券主体的信用级别是指债券发行人按期履行合约规定的义务，足额支付利息和本金的可靠程度。一般来说，除政府发行的债券之外，其他债券都存在违约风险或信用风险。但不同的债券其信用风险不同，这种不同主要从债券的信用级别体现出来。信用级别越低的债券，其隐含的违约风险越高，因而其票面利率相对较高。

⑤提前赎回条款。提前赎回条款是债券发行人所拥有的一种选择权，它允许债券发行人在债券到期前按约定的赎回价格部分或全部偿还债务。这种规定在财务上对发行人是有利的，因为发行人可以在市场利率降低时发行较低利率的债券，取代原先发行的利率较高的债券，从而降低融资成本。但对投资者来说，他的再投资机会受到限制，再投资利率也较低，这种风险要从价格上得到补偿。因此，具有较高提前赎回可能性的债券应具有较高的票面利率，其内在价值相对较低。

⑥税收待遇。一般来说，免税债券和税收推迟的债券具有一定的优势，其价格相应较高。因为，免税债券的到期收益率比类似的应纳税债券的到期收益率低。此外，税收还以其他方式影响着债券的价格和收益率。例如，任何一种以折扣方式出售的低利率附息债券提供的收益都有两种形式：息票利息和资本收益。在美国，这两种收入都被当做普通收入进行征税，但是对于后者的征税可以等到债券出售或到期时才进行。这种推迟就表明大额折价债券具有一定的税收利益。在其他条件相同的情况下，这种债券的税前收益率必然略低于高利附息债券。也就是说，低利附息债券比高利附息债券的内在价值要高。

⑦流动性。流动性是指债券可以随时变现的性质。这一性质使债券具有可规避由市场价格波动而导致实际价格损失的能力。如果某种债券按市价卖出很困难，持有者会因该债券的流动性差而遭受损失，这种损失包括较高的交易成本以及资本损失，这种风险必须在债券的定价中得到补偿。因此，流动性好的债券与流动性差的债券相比，具有较高的内在价值。

（2）外部因素

①基础利率。一般是指无风险利率。政府债券可以近似看做是无风险利率，其风险最低，因而票面利率也较低。基础利率的高低是决定债券票面利率的重要因素。其他债券在发行的时候，总要在无风险利率的基础上增加风险溢价以弥补投资者所额外承担的风险。因此，基础利率越高，债券的票面利率也会越高。

②市场利率。属于债券投资的机会成本。在市场利率上升时，新发行的债券其收益率也会上升，但已发行债券的市场价格会下跌，因而持有已发行债券的投资者就会遭受损失。相反，市场利率下降时，已发行债券的市场价格就会上升，持有者会因此受益，但新发行的债券其收益率会下降。

③通货膨胀。通常是指一般物价水平的持续上升。通货膨胀的存在可能使得投资者从债券投资中所实现的收益不能弥补由于通货膨胀而造成的购买力损失。

3）债券收益指标

债券投资虽然事先确定了票面利率，但债券的票面利率只是投资者名义上得到的收益率，它是指利息收入与债券面额的比例。显然，票面收益率假设债券的购买价值等同于面额，它没有考虑到买入价格可能与票面金额不一致，也没有考虑到将债券中途卖出的可能。因此，票面收益率并不能真实地反映债券投资的收益。因此，要精确地表示债券的投资收益，必须使用债券收益率指标。

（1）直接收益率

直接收益率也称当期收益率，是对票面收益率的缺陷作了部分改进而得到的，它是指利息收入与购买价格的比例。显然，该收益率考虑到债券投资者的资本金可能并不等同于面额，因而用真实的购买价格取代了债券面额。直接收益率的计算公式为：

$$直接收益率 = \frac{C}{P_0} \times 100\% \tag{10.7}$$

式中：C 为年利息；P_0 为债券市场价格。

【例】一张面额为 1 000 元的债券，票面年利率为 10%，发行价格 1 200 元，期限 5 年，则其当期收益率为：

$$直接收益率 = \frac{100}{1\ 200} \times 100\% = 8.33\%$$

直接收益率由于容易解释和计算而受到欢迎，它反映了投资者的投资成本带来的收益。在上例中，投资者以溢价购买债券，所以收益率低于票面利率。直接收益率对那些每年从债券投资中获得一定利息收入的投资者来说很有意义。

但是，直接收益率也有不足之处，直接收益率仅仅是考虑了利息收入这一部分，它没有考虑到资本利得，即没有计算投资者买入价格和持有债券到期、按照面额偿还本金之间的差额，也没有考虑买入价格和中途卖出价格之间的差额。因此，直接收益率也不能真实地反映债券投资的收益。所以，直接收益率只对那些每年从债券投资中获得一定利息收入的投资者来说有一定的意义。

因此，真正的、有意义的、能够衡量债券投资价值的收益率必须能够克服这一缺陷，同时考虑债券投资的三个收益来源，并且用购买价格来决定债券的资本金。显然，下面两个收益率——到期收益率和持有期收益率就能够做到这两点。它们的不同之处在于，到期收益率衡量了债券持有到期（还本付息）时所能获得的收益率，而持有期收益率衡量了债券持有期内（尚未到期，投资者就中途将其卖出）所能够得到的收益率。虽然这两者在本质上是相同的，但在计算方法上稍有差别。

（2）到期收益率

到期收益率（Yield to Maturity）是指债券投资者从购买日起到债券到期日止，最后实际得到的年收益率。也可以说，到期收益率，就是使债券的剩余现金流（如果持有到期日）的总现值等于债券当前市场价格（买入价）的贴现率，它同项目评估中的内部收益率（IRR）是一个含义。计算到期收益率的意义在于，如果投资者准备以目前市价买入某种债券，并且计划持有至该债券期满，则到期收益率可作为预期收益率，并可将它与其他投资对象的收益率加以比较；如果投资者已经按某一价格买入了某一债券并已持有至期满，则到期收益率就是该债券的实际收益率。

到期收益率又可以分为单利到期收益率和复利到期收益率。

①单利到期收益率。适用于一次还本付息债券。对于分次付息债券，如果不考虑利息再投资因素也可以运用此收益率。它是从债券买入日到偿还日期间内所能得到的利息同偿还差异之和与投资本金的比率。其计算公式如下：

$$单利到期收益率 = \frac{年利息 + \dfrac{面额 - 购入价格}{偿还年限}}{购入价格} \times 100\% \tag{10.8}$$

【例】某息票累积债券，票面金额为 1 000 元，发行价格为 980 元，票面利率为 8%，偿还期限为 5 年，则该种债券的到期收益率为：

$$到期收益率 = \frac{80 + \dfrac{1\,000 - 980}{5}}{980} \times 100\% = 8.57\%$$

由此例我们看出，由于发行价格低于票面值，两者之差形成债券资本偿还增益，是利息以外的收益，使得认购者预期收益率高于票面利率，即 8.57% > 8%。

再如，某息票累积债券，票面金额为 1 000 元，发行价格为 1 040 元，票面利率为 8%，偿还期限为 5 年，则该种债券的到期收益率为：

$$到期收益率 = \frac{80 + \dfrac{1\,000 - 1\,040}{5}}{1\,040} \times 100\% = 6.92\%$$

由此例我们看出，由于发行价格高于票面值，两者之差形成债券资本偿还亏损，它抵消部分债券收入，使得认购者预期收益率低于票面利率，即 6.92% <8%。

②复利到期收益率。是假设每期的利息收益都可以按照到期收益率进行再投资，即假设市场利率不变，到期收益率可以根据债券的不同特点，用不同的债券定价模型公式去计算。但是，计算那些有固定期限，并定期支付利息的附息票债券的到期收益率是极其繁琐的。这是因为用公式计算到期收益率时要解高阶多项式，而这相当困难，所以通常都是采用试错法。

所谓试错法，即首先选择一个你认为最有可能的贴现率 y，代入债券内在价值公式，然后与债券价格进行比较：如果与债券价格相等则通过，如果比债券价格大，则选择一个较高的贴现率再进行计算；如果比债券价格小，则选择一个较低的贴现率再进行计算。最后，用内插法找到一个使内在价值与债券价格相等（约等）的贴现率。

对于一年付息一次的债券，可用下列公式得出到期收益率：

$$P=\frac{C}{1+Y}+\frac{C}{(1+Y)^2}+\cdots+\frac{C}{(1+Y)^n}+\frac{F}{(1+Y)^n} \tag{10.9}$$

式中：P 为债券价格；C 为年利息；F 为到期价值；n 为时期数（年数）；Y 为到期收益率。

当已知 P、C、F 和 n 值时，代入上式，在计算机上用试错法便可算出 Y 的数值。

对于半年付息一次的债券，其计算公式如下：

$$P=\frac{C/2}{1+Y/2}+\frac{C/2}{(1+Y/2)^2}+\cdots+\frac{C/2}{(1+Y/2)^{2n}}+\frac{F}{(1+Y/2)^{2n}} \tag{10.10}$$

【例】某公司债券面值为 1 000 元，债券期限为 5 年，利息率为 12%，半年支付一次利息，债券发行价格为 1 100 元。

要计算该债券到期收益率，先假设 $y=10\%\div2=5\%$，利用公式 10.10 解得：$P=1\ 077.32\neq1\ 100$。

由于 1 100>1 077.32，说明到期收益率不是 10%，而是稍低于 10%。

令 $y=8\%\div2=4\%$，继续进行试算，结果为：$P=1\ 162.66\neq1\ 100$。

由于 1 100<1 162.66，说明到期收益率不是 8%，而是稍高于 8%。

这一试算结果表明，该种债券的到期收益率介于 8% 与 10% 之间。于是，再利用内插法就可以计算出正确的到期收益率 y。其计算过程如下：

先建立一个等式反映出等比关系：

$$\frac{y-8\%}{10\%-8\%}=\frac{1\ 100-1\ 162.66}{1\ 077.32-1\ 162.66}$$

求解得：　$y=9.47\%$

这样就求出该债券的到期收益率为 9.47%。

（3）准到期收益率

事实上，采用试错法计算附息票债券的到期收益率是比较复杂的，这一点也可以从上例中看出。因此，在实践中，往往采用准到期收益率即按近似法来计算附息票债券的到期收益率。虽然这种计算方法并不是十分精确，但却十分简便，因而也具有较大的适用性。通常最常见的近似公式是：

$$y_A = \frac{C + \dfrac{M - P_0}{n}}{\dfrac{P_0 + M}{2}} \times 100\% \tag{10.11}$$

式中：y_A 为准到期收益率；P_0 为债券的购买价格（可以小于、大于或等于债券票面额）；C 为年利息；M 为债券面额；n 为年限。

公式 10.11 实际上是在债券持有期内的平均收益水平，即收益利息与年平均资本利得的和去除以债券的平均投资。所以，平均收益没有考虑时间价值。我们仍然采用前面计算到期收益率的例子计算准到期收益率：

$$y_A = \frac{120 + \dfrac{1\,000 - 1\,100}{5}}{\dfrac{1\,100 + 1\,000}{2}} = 9.52\%$$

很显然，准到期收益率与到期收益率之间有相当的差距。

（4）持有期收益率

持有期收益率（Holding Period Return，HPR）是指在某一特定持有期内的债券收益率，是投资者最关心的收益率。因为，在实际生活中，许多的投资者并不是在购买债券之后就一定要放到到期时兑付，往往有可能中途就卖出。如果中途将债券卖出，那么这时投资者得到的收益率就不是到期收益率，而是持有期收益率，即从购入到卖出这段持有期限里所能得到的收益率。持有期收益率和到期收益率的差别在于将来值的不同。其公式为：

$$P_{t+1} + C_{t+1} = P_t \, (1 + HPR_t)$$

$$\frac{P_{t+1} + C_{t+1}}{P_t} = 1 + HPR_t$$

$$HPR_t = \frac{P_{t+1} - P_t + C_{t+1}}{P_t} \times 100\% \tag{10.12}$$

式中：HPR_t 为 t 期持有收益率；P_t 为债券发行或购买价格；P_{t+1} 为债券到期日或卖出

时价格；C_{t+1} 为 $t+1$ 期获得的利息。

【例】假设某人于 1 月 1 日购买了一种债券，面值 1 000 元，30 年到期，利息率为 8%，一年付息一次，现价为 1 000 元，到期收益率为 8%。第二年的 1 月 1 日，即一年后，债券价格涨为 1 050 元，该人将债券售出。则：

$$HPR = \frac{1\,050 - 1\,000 + 80}{1\,000} \times 100\% = 13\%$$

该持有期正好是一整年，若持有期较长或现金流量的形式与上面不同，如附息票债券持有期超过一年，那么，公式 10.11 也要作相应的调整。当以复利方式计算债券持有期收益率时，如同计算到期收益率一样要用试错法来解决。

对同一种债券而言，因为使用不同的计算方法，可以得出不同而又非常相近的到期收益率或持有期收益率。在上面介绍的几种方法中试错法最精确但计算最复杂，近似法次之，而直接收益率法的计算法精确度最低，但使用最方便。

（5）赎回收益率

赎回是指债券的发行者在债券到期之前提前偿还本金的行为，是债券发行人的一种权利。因为对投资者不利，所以很多债券都附有赎回保护条款，如果债券被赎回，发行者必须支付高于债券面额的溢价作为对投资者的补偿。赎回时溢价的多少视赎回的时间而定，一般来说赎回时间越早，赎回溢价越高。其计算公式如下：

$$P_0 = \frac{C}{1 + Y_{call}} + \frac{C}{(1 + Y_{call})^2} + \cdots + \frac{C}{(1 + Y_{call})^n} + \frac{P_{call}}{(1 + Y_{call})^n} \tag{10.13}$$

或：

$$P_0 = C \left[\frac{1 - \dfrac{1}{(1 + y_{call})^n}}{y_{call}} \right] + \frac{P_{call}}{(1 + y_{call})^n}$$

式中：y_{call} 为赎回收益率；P_{call} 为赎回时投资者得到的金额；P_0 为债券买入价；n 为赎回年限；C 为债券年利息。

这里，同计算到期收益率一样，也需要用试错法求解。与计算到期收益率的不同之处在于，此计算中必须用回购价格取代到期日价格，用第一次回购的年限代替 n。

【例】有一张 30 年期的债券，票面利率为 8%，半年付息一次，市场售价为 1 150 美元。在第十年可以赎回，赎回价格为 1 100 美元。则它的到期收益率和可赎回收益率计算资料如表 10—2 所示。

表 10—2 到期收益率和可赎回收益率的计算

	赎回收益率	到期收益率
利息	40	40
期数	20	60
最终支付	1 100	1 000
市场价格	1 150	1 150

根据公式 10.13 和 10.10 解得：赎回收益率为 6.64%，到期收益率为 6.82%。

10.2 证券投资风险

10.2.1 投资风险的含义

前面章节我们已经论述了证券的本质是虚拟资本，虚拟资本的性质本身就决定了证券价格具有不确定性。

2000 至 2001 年，证券市场上的投资者都知道"银广夏"是"第一绩优股"。"银广夏"全称是广夏（银川）实业股份有限责任公司，1994 年 6 月 17 日，以"银广夏 A"为名在深圳证券交易所挂牌上市，"银广夏"的总股本为 5.05 亿股，流通股本为 2.8 亿元。公司业绩连年保持高水平基础上的高增长，根据这家上市公司 1999 年年报，每股盈利当年达到前所未有的 0.51 元，其股票价格则从 1999 年 12 月 30 日的 13.97 元先期启动，一路飙升，在 2000 年一年的时间里，股价上涨了 440%，高居沪深两市全年涨幅第二。许多投资者包括很多大的投资机构都重仓持有该公司股票。然而，就在大家坐等丰厚回报之时，《财经》杂志记者通过一年多的跟踪调查，在 2001 年 8 月号的《财经》杂志上，以《银广夏陷阱》为题，指出该公司经营业绩有虚假成分，并最后被中国证监会确认属实、立案侦查。该公司股票在停止交易一个月后复牌，结果是股价连跌了 15 个停板，从 32 元跌到 5 元，累计跌幅达 84%，几乎所有的投资者都损失惨重，有些上市公司或投资基金因为重仓持有该股票而使自身股价大幅下跌。

"银广夏"是投资收益不确定性的一个最典型案例。与此相反，由于运气好而意外获得高额收益的例子也比比皆是。投资者投资在先，而实际收益在后，实际收益与预期收益的偏离或者说预期收益的不确定性就是投资者面临的风险。投资收益的可能分布发散性越强，证券投资的风险越大。证券投资的风险是普遍存在的。

与证券投资相关的所有风险统称为总风险（Total Risk），总风险按照能否将其分散而分为系统风险（Systematic Risk）与非系统风险（Nonsystematic Risk）两大类。

1）系统风险

系统风险是指由社会、政治、经济等某种全局性的因素使整个证券市场发生价格波动而造成的风险。这种风险是在企业外部发生的，是公司自身无法控制和回避的，又称不可分散风险。这类风险的主要特点：一是由共同的因素所引起；二是影响所有证券的收益；三是不可能通过证券投资的多样化来回避或消除。系统风险的表现形式主要有宏观经济风险、购买力风险、市场风险和利率风险等。席卷全世界各个股市的"黑色星期一"就是一种系统风险，它曾使无数投资者蒙受了巨大损失，甚至破产。系统风险包括：

（1）宏观经济风险。是由于宏观经济因素变化、政府经济政策变化、经济的周期性波动以及国际经济因素的变化给证券投资者可能带来的损失。

（2）通货膨胀风险（购买力风险）。当通货膨胀发生时，全部证券的真实收益也会发生变化，因此，通货膨胀风险属于系统风险。通货膨胀初期，公司的固定资产账面价值升高，存货高价售出，名义资产与名义利率上升，自然能够使公司股票的市场价格上升，同时预感到通胀压力的人们为了保值也纷纷购买股票，促使股价短暂上扬。当通胀持续一段时间后，新的生产资料价格上升，促使生产成本上升，企业利润减少，分配降低，投资者开始抛售股票，导致股票价格下降。

（3）市场风险。是指由于证券市场行情变动而引起的风险。这些行情变动可以通过股票价格指数来分析。证券市场行情变动是指由于投资者对证券看法（主要是对证券收益的预期）的变化所引起的大多数证券的价格波动。政治、经济事件会引起人们的恐慌，几只股票的下跌或上升会引起其他股票的效仿，从而带动整个股市。某个具体事件也会引起人们的关注，动摇或树立投资者的信心。显然，市场风险属于系统风险。

（4）利率风险。当利率调整后，全部证券的价格都会有所变化，因此，利率风险属于系统风险。一般来说，利率上升，股价下跌；利率降低，股价上升。

（5）汇率风险。是指汇率波动带来的损失。本国货币升值有利于以进口原材料为主从事生产的企业，不利于产品出口企业，从而引发这类企业的股价下跌；反之亦然。货币可自由兑换的国家会影响资本的输出入，进而影响资金的供求，影响证券价格。

2）非系统风险

非系统风险又称公司个别风险（Firm-Specific Risk），是因个别公司、行业及特殊状况引发的风险，属可分散风险。这种类型风险的主要特点：一是由特殊因素所引起；二是仅影响某种证券的收益；三是可以通过证券投资多样化来消除或回避。非系统风险的表现形式主要有公司财务风险、经营风险、公司信用风险等。前面提到的"银广夏案例"就是典型的非系统风险。

（1）财务风险（融资风险、筹资风险）。是由于公司的财务结构不合理、筹资方式不当而导致的预期收益下降带来的风险。资本结构中贷款和债券的比重小，股票的财务风险低，因为公司只有偿还债务利息后才能分配股利，公司支付较少利息或不支付利息，股东的风险小；反之则大。但举债少的公司在扩张时不如以债务为后盾的公司，毕竟自己积累资本的时间长、数量少。

（2）经营风险（营业风险）。是由公司的决策人员与管理人员在经营管理过程中出现失误导致公司盈利水平变化而使投资者预期收益下降的风险，即与企业经营相关的风险，如外部环境、内部条件等造成公司收入变动而引起的证券收益的不确定性。

（3）信用风险（违约风险）。是证券发行人在证券到期时无法还本付息而使证券投资者遭受损失的风险。它实际揭示了当公司财务状况不佳时出现违约和破产的可能，主要受发行人经营能力、盈利水平、事业稳定性、规模大小的影响。信用风险是债券的主要风险。

总之，系统风险强调的是对整个证券市场的影响，而非系统风险强调的是对个别证券品种的影响，两者既有区别又有联系。系统风险是由共同因素引起的，它影响所有证券的收益，无法通过证券投资多样化来消除和回避。而非系统风险是由特殊因素引起的，它影响的是某种证券的收益，可以通过证券投资的多样化来消除和回避。

10.2.2 风险的度量

1）单一证券风险的度量

如果投资者以期望收益率为依据进行决策，那么他必须意识到他正冒着得不到期望收益率的风险，实际收益率与期望收益率会有偏差，期望收益率是使可能的实际值与预测值的平均偏差达到最小（最优）的估计值。可能的收益率越分散，它们与期望收益率的偏离程度就越大，投资者承担的风险也就越大，因而风险的大小由未来可能收益率与期望收益率的偏离程度来反映。在数学上，随机变量取值区间的大小，即概率分布的离散程度，使用随机变量的方差或标准差表示。方差或标准差越小，说明其离散程度越小、风险越小；反之，风险越大。

方差或标准差的公式为：

$$\sigma^2 = \sum_{i=1}^{n} [r_i - E(r)]^2 p_i \tag{10.14}$$

式中：σ^2 为方差；$E(r)$ 为期望收益率；p_i 为情况 I 出现的概率；r_i 为情况 I 出现时的收益率；n 为可能发生的情况数；σ 为 σ^2 的平方根，称为标准差。

【例】根据表 10—1 中的数据计算，证券 A 的方差为 0.048，标准差为 0.2191。具体计算如下：

$$
\begin{aligned}
\sigma_A^2 &= \sum_{i=1}^{n} [R_i - E(R)]^2 p_i \\
&= 10\%(50\% - 10\%)^2 + 20\%(30\% - 10\%)^2 + 40\%(10\% - 10\%)^2 + 20\%(-10\% - \\
&\quad 10\%)^2 + 10\%(-30\% - 10\%)^2 \\
&= 0.048 \\
\sigma_A &= \sqrt{\sigma^2} = 0.2191
\end{aligned}
$$

即，证券 B 的方差为 0.046，标准差为 0.2144。

同样，在实际投资中我们也可使用历史数据来估计方差。

2）证券组合风险的度量

对于多个证券的组合来说，计算方差的一般化公式是：

$$\sigma_p^2 = \sum_{i=1}^{n} \sum_{j=1}^{n} w_i w_j \text{cov}_{ij} \tag{10.15}$$

式中：w_i、w_j 为证券 I、J 的投资比例；σ_p^2 为组合的方差；cov_{ij} 为证券 I、J 的协方差，反映证券 I、J 的收益率变化间的相互影响程度。

由于当 $i=j$ 时 $\text{cov}(r_i, r_j) = \sigma_i^2$，证券组合方差的一般公式也可表示为：

$$\sigma_p^2 = \sum_{i=1}^{n} w_i^2 \sigma_i^2 + \sum_{i=1}^{n} \sum_{j \neq i}^{n} w_i w_j \text{cov}_{ij} \tag{10.16}$$

组合的风险公式表明，证券组合的方差是各证券自身方差与它们之间协方差的加权平均，也即表明投资组合的风险取决于三个因素：①各种证券所占的比例；②各种证券的风险；③各种证券收益之间的相互关系。投资者无法改变证券自身的风险 σ_i^2，但是，投资者可以通过调整不同的投资比例 w_i^2 和选定具有不同的相互关系程度的证券 $\text{cov}_{i,j}$ 来降低投资风险。

【例】某一证券组合由 15% 的 A 股票和 85% 的 B 股票组成，A、B 股票的标准差分别是 10% 和 30%，相关系数是 0.3，那么组合以后风险为：

$$\sigma_P^2 = w_A^2\sigma_A^2 + 2w_Aw_B\mathrm{cov}_{AB} + w_B^2\sigma_B^2$$

$$\sigma_P^2 = 0.15^2 \times 0.1^2 + 2 \times 0.15 \times 0.85 \times 0.3 \times 0.1 \times 0.3 + 0.85^2 \times 0.3^2 = 0.067545 = 6.7545\%$$

由此例可以看出，组合的风险已经降到很低水平，比两只证券中任何一个风险都低。可见分散化的组合投资可以降低风险。

3) 系统风险的度量

系统性风险可用 β 系数来衡量。β 系数是用来测定一种证券的收益随整个证券市场收益变化程度的指标，也可用来解释一种证券的收益对市场平均收益敏感性的程度。β 系数的计算公式为：

$$\beta_i = \frac{\mathrm{COV}\,(r_ir_m)}{\sigma_m^2} = \frac{\sigma_{im}}{\sigma_m^2} \tag{10.17}$$

式中：r_i 为证券 I 的收益率；r_m 为整个市场（市场组合）M 的收益率；σ_{im} 为第 i 种证券收益率与市场组合 m 收益率之间的协方差。

一般来说，我们可以用股票价格指数收益率代表整个市场收益率。因为股票价格指数本身就是一种分散良好的资产组合，甚至包括了所有的上市股票，其非系统风险趋向于零，只存在系统风险。因此，根据股票价格指数收益率计算出来的某一证券的 β 系数值的大小可以作为衡量该证券系统风险的指标。

由于系统风险无法通过分散化投资来抵消，因而一个证券组合的 β 系数等于该证券组合中各证券 β 系数的加权平均数，权重为各证券市场价值在证券组合市价总值中所占的比重。用公式表示为：

$$\beta_p = \sum_{i=1}^{n} w_i\beta_i \tag{10.18}$$

式中：w_i 为证券 I 在证券组合中所占的比重；β_i 为证券 I 的 β 值；β_p 为证券组合的 β 值。

利用上述公式计算出来的 β 值反映了单只证券或单个证券组合的收益率随整个市场收益率变动而变动的程度，从而也成为衡量证券或证券组合承担的系统性风险大小的一个标准。一般来说，β 值越大，系统性风险也越大。如果 β 系数大于 1，则说明单个证券或单个证券组合的系统风险大于市场证券组合；如果 β 系数小于 1，则说明单个证券或单个证券组合的系统风险小于市场证券组合；如果 β 系数等于 0，则说明单个证券或单个证券组合的系统风险为 0。此外，来自国外的实证研究结果表明，β 值的大小并不是稳定的，而是不断向 1 调整。也就是说，β 值大于 1 的股票，其 β 值会不断降低，直到接近于 1；β 值小于 1 的股票，其 β 值会不断上升，直到接近于 1。

10.3　投资收益与风险

1)　投资收益与风险的关系

收益和风险是证券投资的核心问题，投资者的投资目的是为了获得收益，但与此同时又不可避免地面临着风险，证券投资的理论和分析始终都是围绕着如何处理这二者的关系而展开的。一般来说，风险较大的证券，收益率相对较高；反之，收益率较低的投资对象，风险相对也较小。但是，绝不能认为，风险越大，收益率就一定越高，因为我们以上分析的风险是客观存在的风险，它不包括投资者主观上的风险。如果投资者对证券投资缺乏正确的认识，盲目入市，轻信传言，追涨杀跌，操作不当等，只能得到高风险、低收益的结果。

由于投资者是投资在前，获得收益在后，因此投资者在进行投资决策时只能对今后可能得到的收益进行估计，即投资者一般根据各种资产的盈利能力、资产价格的变化等有关信息进行分析，以确定对该资产投资可能产生的收益。由于风险是收益的代价，收益是风险的补偿，因此，投资者希望得到的必要收益率应是建立在无风险利率和风险补偿基础上的。用公式表示即为：

预期收益率＝无风险利率＋风险补偿

这里，"无风险利率"是指把资金投资于某一没有任何风险的投资对象而能得到的利息率，这是由于放弃即期消费而应得到的时间补偿。我们把这种收益率作为一种基本收益率，再考虑各种可能出现的风险，使投资者得到应有的风险补偿（Risk Premium）。现实生活中不可能存在没有任何风险的理想证券，但可以找到某种收益变动小的证券来代替。美国短期国库券由政府发行，联邦政府有征税权和货币发行权，债券的还本付息有可靠保障，因此没有信用风险和财务风险。短期国库券期限很短，以 3 个月（91 天）和 6 个月（182 天）为代表，几乎没有利率风险，只要在其发行期间没有严重通货膨胀，可以视为不附带任何风险的证券。短期国库券的利率很低，它的利息可以看做是投资者牺牲目前消费，让渡货币使用权的补偿。在美国，一般把联邦政府发行的短期国库券当做无风险证券，把短期国库券利率当做无风险利率。

在短期国库券无风险利率的基础上，我们可以发现：

（1）同一种类型的债券，期限不同利率水平不同，这是对利率风险的补偿。例如，同是政府债券，它们都没有信用风险和财务风险，但长期债券的利率要高于短期债券，这是因为短期债券几乎没有利率风险，而长期债券却可能受到市场利率变动的影响，二者之间利率的差额就是对利率风险的补偿。

（2）不同类型的债券，种类不同利率水平不同，这是对信用风险的补偿。通常政府债券的利率最低，地方政府债券利率稍高，其他依次是金融债券、企业债券。在企业债券中，信用级别高的债券利率较低，信用级别低的债券利率较高，这是因为他们的信用风险不同。

（3）在通货膨胀严重的情况下，会发行浮动利率债券。我国政府曾对三年以上国库券进行利率的保值贴补，就是对购买力风险的补偿。

（4）不同种类的证券，收益率不同，如股票的收益率一般高于债券，这是因为股票永远不还本，投资风险大，因此必须给投资者相应的风险补偿。同时，不同的股票面临的经营风险、财务风险及市场风险各不相同，因此，才会出现股票价格的升跌。股票价格的升跌是对股票投资风险的补偿。

当然，风险与收益的关系并非如此简单。证券投资除以上几种主要的风险之外，还有其他次要风险，引起风险的因素以及风险的大小程度也在不断变化之中。

2）证券收益和风险的权衡——无差异曲线

如果有两个证券，A 股票收益率为 9.99%，风险为 4.5%；B 股票收益率为 17.7%，风险为 8.63%。如果让投资者在这两个股票当中进行选择，不同的投资者会有不同的选择结果，这完全取决于投资者的个人偏好。

我们用无差异曲线（Indifference Curve）来表达如何选择最合乎投资者需要的证券。所谓无差异曲线，是指在一定的风险收益水平下投资者对不同证券（或组合）投资的满足程度（效用）是没有区别的。无差异曲线可画在二维坐标图上，将能产生相同效用期望值的各证券（或组合）对应的收益率期望值和标准差列出，在 $(E(R), \sigma)$ 坐标系中描出它们对应的点，并用平滑的曲线将这些点连接起来，就得到效用期望无差异曲线，也称风险收益无差异曲线。显然，在这条曲线上任意一点所对应的证券组合都能产生相等的效用期望值，亦即，对于具有相应偏好的投资者而言，这条曲线上任意一点所代表的证券组合都是没有差异的，因为它们都能产生相等的效用期望值。图 10—1 就是无差异曲线的一般形式。

易于理解，既然某些证券组合能产生相同的某一效用期望值，那么也会有另一些证券组合能产生相同的另一效用期望值，即某一效用期望值对应着一些证券组合，另一效用期望值也对应于另一些证券组合。由于效用期望值可以有许多个，因此，投资者的无差异曲线也有许多条。当然，投资者会选择能提供最大效用期望值的无差异曲线，作为投资的证券组合目标。因为在风险一定的条件下，这条曲线上的证券组合可

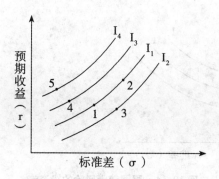

图 10—1　投资者的无差异曲线图

产生最大的收益期望值。

　　不同的投资者有不同类型的无差异曲线。愿冒风险的投资者的无差异曲线平坦，而害怕风险的投资者的无差异曲线陡峭，这是因为对愿冒险的投资者来说，只要收益有少量的提高就可弥补可能的风险损失；而对害怕风险的投资者来说，必须有收益的较大幅度提高才能促使他愿意承担较大的风险。图 10—2、图 10—3 和图 10—4 分别代表风险回避者、风险中性者和风险偏好者的不同无差异曲线。

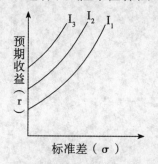

图 10—2　极不愿冒风险的投资者

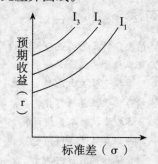

图 10—3　不愿冒较大风险的投资者

　　现在我们运用无差异曲线来分析上例中投资者对 A 股票和 B 股票的选择。现假设有 X、Y、Z 三位投资者，由于三人对风险的态度不同，无差异曲线斜率不同，对两种股票的选择也有所不同。投资者 X 是最不愿意冒险的人，他认为 B 股票的收益不足以弥补它高于 A 股票的风险，他选择 A 股票作为投资对象。投资者 Y 是不愿冒较大风险的人，他认为 B 股票较高的收益正好抵补了其较高的风险，在他看来 B 股票与 A 股票没有差别。投资者 Z 是极愿冒风险的人，他愿意为 B 股票的较高收益去承担它较高的风险，所以他选择 B 股票。

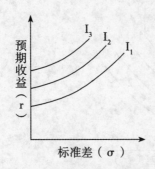

图 10—4 愿冒较大风险的投资者

总之，不同投资者对风险的态度不同，对收益与风险之间替代关系的权衡结果不同，对投资对象的偏好选择也会不同。

● 重要概念

收益率　直接收益率　持有期收益率　到期收益率　系统风险　非系统风险　市场风险
利率风险　信用风险　无风险利率　无差异曲线　β系数　标准差

● 复习思考

(1) 简要分析投资收益与风险的关系。

(2) 证券投资的风险有哪几种？如何避免风险？

(3) 股票投资收益由几部分构成？股票收益率如何计算？

(4) 债券的收益包括哪些内容？影响债券收益率的主要因素是什么？

(5) 债券投资收益率如何计算？

(6) 单一证券风险如何衡量？

(7) 组合证券风险如何衡量？

(8) 什么是β系数？它衡量证券投资的什么风险？它与标准差有什么区别？

(9) 什么是投资者的无差异曲线？有什么特点？

(10) 计算题：

①不同经济状况下的估计如下：

经济条件	概率	收益率
经济繁荣	0.15	0.20
经济衰退	0.15	-0.20
经济平稳	0.70	0.10

计算预期收益率、方差、标准差分别是多少？

②在过去的五年里，你拥有具有如下收益率的两种股票：

年份	股票 T	股票 B
1	0.19	0.08
2	0.08	0.03
3	−0.12	−0.09
4	−0.03	0.02
5	0.15	0.04

请计算两种股票的年收益率算术平均值和年收益率标准差。通过计算结果的比较，哪种股票更值得投资？

第 11 章 证券价格评估

◇**学习目标**

- 理解股票、债券投资价值分析的目的
- 掌握股票红利贴现现金流模型、市盈率模型
- 掌握债券定价原理及模型
- 理解久期和凸性的含义
- 了解开放式基金的价格及其决定因素
- 了解衍生工具的内在价值评估模型

一般来说，投资者在购买证券之前，都要评估一下证券的价值，也就是要准确掌握自己可能买卖的证券的内在价值，然后，同市场价格相比看其证券是否具有投资价值。如果证券内在价值大于市场价格，就说明该证券市场价格被低估，具有很大的上涨潜力，可以考虑买进；如果证券内在价值小于市场价格，就说明该证券市场价格被高估，具有下跌的可能性，可以考虑卖出。参见图 11—1。

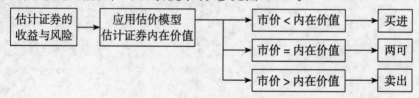

图 11—1 证券价格评估的一般过程

图 11—1 就是证券价值评估的一般过程。证券价格评估的核心环节是估计证券的内在价值，也就是说，必须把考虑了所有收益与风险情况下某证券的内在价值具体化、数量化。关于收益和风险的度量我们已在前面章节阐述，本章将具体介绍各种证券内在价值的估价模型。

本章建议阅读资料：
1. ［美］汉姆·列维：《投资学》，任淮秀等译，北京，北京大学出版社，2000。
2. ［美］罗伯特·A. 斯特朗：《衍生产品概论》，王振山等译，大连，东北财经大学出版社，2005。
3. 路透：《金融衍生工具导论》，北京，北京大学出版社，2001。
4. 刘立喜：《可转换债券》，上海，上海财经大学出版社，1999。
5. 中国证券业协会：证券业从业资格考试统编教材（2010）——《证券投资分析》、《证券投资基金》，北京，中国财政经济出版社，2010。

11.1　股票价格评估

股票投资不同于有固定利息和期限的债券投资，对于股票投资者而言，持有股票是拥有了在未来的一定时期内获得收入的权利，所以股票的内在价值取决于它未来能带来的货币收入流量。持有证券所获得的货币收入流量越大，证券内在价值就越高；反之，证券内在价值就越低。由于证券的货币收入流量是将来的，并且尚未实现，所以投资者在投资某种股票时，只能根据该公司过去的财务状况和未来的盈利水平及成长性进行分析，并同证券市场上其他投资机会的收益水平进行比较，在充分估计股票投资可能给投资者带来的各种收益和必须承担的各种风险的基础上，利用各种估价模型把股票的投资价值具体化、数量化，以便分析比较目前股票的市场价格是否合理。常见的普通股估价方法有贴现现金流估价法、市盈率估价法及每股净值估价法等。

11.1.1　贴现现金流估价法

贴现现金流模型是运用收入的资本化定价方法来决定普通股票的内在价值。按照收入的资本化定价方法，任何资产的内在价值都是由拥有这种资产的投资者在未来时期中所接受的现金流决定的。由于现金流是未来时期收益的预期值，因此必须按照一定的贴现率返为现值，对于股票来说，这种预期的现金流即在未来时期预期支付的股利。也就是说，一种资产的内在价值等于预期现金流的贴现值。从理论上来说，投资者期望报酬率即贴现率可通过证券市场线求得。该证券市场线显示了个别证券或投资组合的期望报酬与其风险的关系（本书第 15 章讲解）。显然，某种股票的投资风险越大，贴现率就应越高；反之，就应越低。遵循由简单到复杂的逻辑规律，我们先设定一系列的假设条件，从最简单的股票价值模型开始讨论。

1）贴现现金流基本模型（无限期持有）

一种资产的内在价值等于预期现金流的贴现值。对股票而言，假设投资者无限期持有股票，那么，股利就是投资者所能获取的唯一现金流量，预期现金流即为预期未来各期所能获得的股息。因此，贴现现金流模型的一般公式如下：

$$V = \frac{D_1}{(1+k)^1} + \frac{D_2}{(1+k)^2} + \frac{D_3}{(1+k)^3} + \cdots + \frac{D_\infty}{(1+k)^\infty} = \sum_{t=1}^{\infty} \frac{D_t}{(1+k)^t} \tag{11.1}$$

式中：D_t 为在未来时期以现金形式表示的每股股利；k 为在一定风险程度下投资者的期望报酬率（即现金流的合适的贴现率）；V 为股票的内在价值。

式 11.1 说明股票的价格应该等于所有各期的预期红利的折现值的加总。这是一个具有一般性的基本模型，也被称为红利折现模型（Dividend Discount Model, DDM），以后对各种模型的分析都是在此基础上进行的。

2）零增长模型

现在我们假定未来每期期末支付的股利的增长率等于 0，且持有时间无限长，即 $D_1 = D_2 = \cdots = D_n$，且 $n \to \infty$。则由贴现现金流模型的一般公式 11.1 推导得：

$$V = \sum_{t=1}^{\infty} \frac{D_t}{(1+k)^t}$$

$$= 1 - \frac{D_1}{(1+k)} \cdot \frac{1 - \frac{1}{(1+k)^\infty}}{1 - \frac{1}{(1+k)}}$$

$$= \frac{D_1}{k} \left[\frac{1}{1 - (1+k)^\infty} \right]$$

又因 $\frac{1}{(1+k)^\infty} \to 0$，所以，上述公式可归结为：

$$V = \frac{D_1}{k} \tag{11.2}$$

可见，股票的理论价格为每股股息除以市场利率。

【例】 某证券投资者在年初预测东方公司股票每年年末的股息均为 2 元，而折现率为 11%，则该年初股票投资价值为：

$$V = \frac{2}{11\%} = 18.18 \text{（元）}$$

如果该公司股票在市场上的交易价格为 16 元，可认为该公司股票价格被低估，低估值为 2.18 元，因此，应该买入此股票。

现在如果我们将折现率改为 8%，年股息收益不变，则该股票的投资价值为：

$$V = \frac{2}{8\%} = 25 \text{（元）}$$

这说明市场利率下降，致使该股票内在价值上升。

由于普通股的股利不可能一直不变，因此，这一模型的应用并不太广，只是在股利政策比较稳定的普通股估价和优先股分析中采用。

3）固定增长模型

如果我们假设公司每年分发红利，且股息永远按某一固定不变的比率增长，就可以建立固定增长模型。现在我们假设股息每年的增长率为 g，则时期 T 的股息为 $D_t = D_{t-1} \times (1+g) = D_0 \times (1+g)^t$。将 $D_t = D_0 \times (1+g)^t$ 代入现金流贴现模型 11.1 式中，可得：

$$V = \sum_{t=1}^{\infty} \frac{D_0(1+g)^t}{(1+k)^t} = D_0 \sum_{t=1}^{\infty} \frac{(1+g)^t}{(1+k)^t}$$

运用数学中无穷级数的性质，如果 $g<k$，可得：

$$\sum_{t=1}^{\infty} \frac{(1+g)^t}{(1+k)^t} = \frac{1+g}{k-g}$$

从而，得出固定增长模型：

$$V = \frac{D_0\ (1+g)}{k-g}$$

又因为 $D_1 = D_0\ (1+g)$，所以：

$$V = \frac{D_1}{k-g} \tag{11.3}$$

11.3 式就是被广泛运用的股利估价模型，又称高登（Myron J. Gorden）模型。

【例】东方公司支付每股股息为 2.00 元，预计在未来的日子里该公司股票的股息按每年 5% 的速率增长，假定必要收益率是 11%，根据固定增长模型 11.3 式可知，该公司股票的价值为：

$$V = \frac{2\ (1+5\%)}{11\% - 5\%} = \frac{2.1}{6\%} = 35\ （元）$$

如果当前每股股票价格是 32 元，因此股票被低估 3 元，投资者应该考虑买入该股票。

4）可变增长模型

零增长模型和固定增长模型都对股息的增长率进行了一定的假设。事实上，股息的增长率是变化不定的。因此，零增长模型和固定增长模型并不能很好地在现实中对股票的价值进行评估。下面，我们释放假设条件，主要对可变增长模型中的二元增长模型进行介绍。

在可变增长模型（Multiple Growth Model）中，股利在某一特定时期内（从现在到 T 的时期内）没有特定的模式可以观测或者说其变动比率是需要逐年预测的，并不遵循严格的等比关系。过了这一特定时期后，股利的变动将遵循不变增长原则。这样，股利现金流量就被分为两部分：

第一部分是从 $t=0$ 到 $t=T$ 时间内的所有预期股利流量现值（用 $T-$ 表示）。

$$V_{T-} = \sum_{t=1}^{T} \frac{D_t}{(1+k)^t}$$

第二部分是 T 时期以后所有股利流量的现值，因为设定这部分股利变动遵循不变增长原则，用 D_T 代替 D_0 代入公式 11.1，得：

$$V_T = \frac{D_{T+1}}{(k-g)}$$

需注意的是，V_T 得到的现值仅是 $t = T$ 时点上的现值，要得到 $t = 0$ 时点的现值，还需要对 V_T 进一步贴现。用 V_{T+} 表示：

$$V_{T+} = \frac{D_{T+1}}{(k-g)} \times \frac{1}{(1+k)^T}$$

将两部分现金流现值加总，即为股票的内在价值。

$$V = V_{T-} + V_{T+} = \sum_{t=1}^{T} \frac{D_t}{(1+k)^t} + \frac{D_{T+1}}{(k-g)} \times \frac{1}{(1+k)^T} \tag{11.4}$$

公式 11.4 要比前几个模型更接近现实。

从本质上来说，零增长模型和固定增长模型都可以看做是固定增长模型的特例。例如，在二元增长模型中，当两个阶段的股息增长率都为零时，二元增长模型就是零增长模型；当两个阶段的股息增长率相等但不为零时，二元增长模型就是固定增长模型。

相对于零增长模型和固定增长模型而言，二元增长模型较为接近实际情况。然而，对于股票的增长形态，我们可以给予更细的分析，以更贴近实际情况。与二元增长模型相类似，我们还可以建立三元等多元增长模型，其原理、方法和应用方式与二元增长模型差不多，证券分析者可以根据自己的实际需要加以考虑。

【例】东方公司上一年支付每股股息为 0.45 元，本年预期每股支付 0.10 元股息，第二年支付 0.90 元股息，第三年每股支付 0.60 元股息，从第四年以后预计在未来的日子里该公司股票的股息按每年 8% 的速率增长，假定必要收益率是 11%。

要求：给该公司股票估值；如果该公司股票市场价格为 18 元，是否值得投资？

根据可变增长模型 11.4 式可知，该公司股票的价值为：

$$V = V_{T-} + V_{T+}$$

$$= \left[\frac{0.1}{(1+11\%)^1} + \frac{0.9}{(1+11\%)^2} + \frac{0.6}{(1+11\%)^3} \right] + \left[\frac{0.6\,(1+8\%)}{11\% - 8\%} \times \frac{1}{(1+11\%)^3} \right]$$

$$= 1.259 + 15.794$$

$$= 17.053 \ (元)$$

分析：该股票市价为 18 元，高于内在价值 17.053 元，所以，不值得投资。

5）有限期持有股价评估模型

在现实环境下，股票往往不是永久持有，而是有限期持有，因此，在有限期持有情况下，股票内在价值可以在公式 11.1 的基础上进行修正，评估模型为：

$$V = \frac{D_1}{(1+k)^1} + \frac{D_2}{(1+k)^2} + \cdots + \frac{D_n}{(1+k)^n} + \frac{P}{(1+k)^n}$$

$$= \sum_{t=1}^{n} \frac{D_t}{(1+k)^t} + \frac{P}{(1+k)^n} \tag{11.5}$$

贴现现金流模型只考虑了股息收入，实际上股票投资与债券投资不同，股票投资意味着对公司的所有权，没有分红的收益仍然属于股东所有，所以，贴现现金流模型有缺陷。另外该模型也没有考虑资本利得给投资者带来的收益。

贴现现金流模型还存在由未分配盈余产生股利、配股增资后股利实质增加等几种情况发生的变形，但它的基本原理不变，理解也不困难，因篇幅所限，此处就不介绍了。

11.1.2　市盈率估价法

1）市盈率的概念

市盈率（Price To Earnings Ratio，P/E）又称本益比，它是每股价格与每股收益（Earnings Per Share，EPS）之间的比率，其计算公式为：

市盈率＝每股价格/每股收益　　　　　　　　　　　　　　　　　　　　　(11.6)

市盈率一直是投资者进行中长期投资的选股指标。

2）市盈率估价法

市盈率估价法也称每股盈余估价法，是一种相对估价法。其公式为：

每股价格＝市盈率×每股收益　　　　　　　　　　　　　　　　　　　　(11.7)

式中："市盈率"为可比市盈率或基准市盈率；"每股收益"为被评估公司预期下一年度可维持的每股收益。

对可比市盈率的选择可以采用市场平均市盈率、行业平均市盈率或同类公司平均市盈率。

如果我们能分别估计出股票的市盈率和每股收益，那么我们就能间接地由 11.7 公式估计出股票价格。这种评价股票价格的方法，就是"市盈率估价方法"。

11.1.3　每股净值估价法

许多稳健的投资者在进行股票投资时，常分析股票的每股净值，即分析每一股股票所代表的公司的净资产有多少。股票的每股净值是从公司的财务报表中计算出来的。每股净值的计算，通常是用公司的资产总额减去公司的负债总额，得到资产净值总额，再除以普通股股数，即得每股净值——每股账面价值（Bookvalue）。由于净资产总额是属于股东全体所有的，因此也称为股东权益。为了充分衡量股价的合理性，一般以每股股票的市场价格与每股股票资产净值的倍数作为衡量股票投资价值的指标。估价公式为：

股价净资产倍率＝股票市价/每股净资产

股票的市价是指在股票流通市场上，每种股票的现时交易价格。这个公式表明：股票的市价是股票净资产的倍数，也称市净率（P/B）。倍数越高，则表示投资价值越低；倍数越低，则表示投资价值越高。投资者一般把净资产倍率高的股票卖出，而买进净资产倍率低的股票。同时，投资者也可以计算上市股票的平均净资产倍率，对各个不同时期的平均净资产倍率进行比较，以判断现今股票市场价格是处于较高或较低的水平，从而决定是买进或卖出所持股票。因此，平均净资产倍率是分析股票市场股价水平的重要指标。而某种股票的净资产倍率则能反映此种股票的投资价值的高低。

除此之外，还有很多估价方法，本书就不一一介绍了。

11.2 债券价格评估

11.2.1 债券的价格评估

1）假设条件

债券投资是投资人以某种价格买入一定量的债券，所获得的是债券发行人对未来特定时期内向投资人支付一定量的现金流的承诺。然而，由于影响债券价格的各种因素的存在，特别是信用风险和通货膨胀的存在，使债券合约当中事先约定的本息支付及约定支付金额的购买力，存在着某种程度的不确定性，这给债券估价带来了一定的难度。

为简化评估工作，在评估债券价格之前，我们先假定各种债券的名义和实际支付金额都是确定的，尤其是假定通货膨胀的幅度可以精确地预测出来，从而使我们对债券的估价工作可以集中于时间的影响上。在这一假定的基础上，再考虑债券估价的其他因素。下面我们就来分析债券估价的时间因素。

2）债券价格评估模型

债券的价格等于来自债券的预期货币收入的现值。

（1）一年付息一次的附息债券的估价公式

附息债券是市场上最典型的债券，即固定利率、每年计算并支付利息、到期归还本金。对于按期付息的附息债券来说，其预期货币收入有两个来源：到期日前定期支付的息票利息和票面额。其必要收益率也可参照可比债券确定。其价格决定公式为：

$$V = \frac{C}{1+r} + \frac{C}{(1+r)^2} + \cdots + \frac{C}{(1+r)^n} + \frac{M}{(1+r)^n}$$

$$= \sum_{t=1}^{n} \frac{C}{(1+r)^t} + \frac{M}{(1+r)^n} \tag{11.8}$$

式中：M 为债券面值；C 为年利息；r 为贴现率；n 为持有年限。

【例】有一张票面价值为 1 000 元、10 年期 10% 息票的债券，每年付息一次，假设其必要收益率为 12%。它的价值应为多少？

解：

$$V = \sum_{t=1}^{10} \frac{100}{(1+12\%)^{10}} + \frac{1\,000}{(1+12\%)^{10}}$$

$$= 100 \times 5.6502 + 1\,000 \times 0.322 = 887.02 \text{（元）}$$

当每期利息收入相同时，公式可以转化为如下形式：

$$V = C \left[\frac{1 - \dfrac{1}{(1+r)^n}}{r} \right] + \frac{M}{(1+r)^n} \tag{11.9}$$

（2）半年付息一次的附息债券的估价公式

对于半年付息一次的债券，由于每年会有两次利息支付，因此，在计算其价格时，要对公式 11.9 进行修改。第一，年利率要被每年利息支付的次数除，即由于每半年收到一次利息，年利率要除以 2；第二，时期数要乘以每年支付利息的次数。用公式表示如下：

$$V = \sum_{t=1}^{2n} \frac{C/2}{(1+r/2)^t} + \frac{M}{(1+r/2)^{2n}} \tag{11.10}$$

或改写为：

$$V = \frac{C}{2} \left[\frac{1 - \dfrac{1}{(1+r/2)^{2n}}}{r/2} \right] + \frac{M}{(1+r/2)^{2n}} \tag{11.11}$$

以上例为例，若一年支付两次利息，则债券价值为：

$$V = \frac{100}{2} \left[\frac{1 - \dfrac{1}{(1+12\%/2)^{2\times10}}}{12\%/2} \right] + \frac{1\,000}{(1+12\%/2)^{2\times10}}$$

$$= 885.30 \ （元）$$

可见，一年支付一次利息，债券价值为 887.02 元；一年支付两次利息，债券价值为 885.30 元。由此可以看出，债券价值大小受两个因素影响：

第一，利息支付的频率。每半年支付一次利息要比一次付息更有价值，因为现金流量发生的时间提前了。

第二，年折现率的大小。一年支付两次利息，年折现率的一半（如本例中的折现率为 $0.12 \div 2 = 0.06$）作为每半年现金流量的折现率会使年折现率增大。因为有效年利率为：

$$\left(1 + \frac{0.12}{2}\right)^{1\times2} - 1 = 0.1236$$

（3）息票累积债券的估价公式

我国发行过息票累积债券，即一次还本付息的债券，其预期货币收入是期末一次性支付的利息和本金，必要收益率可参照可比债券得出。其价格决定公式为：

$$V = \frac{(1 + in) \ M}{(1+r)^n} \tag{11.12}$$

【例】我国政府发行 3 年期政府债券，票面金额为 1 000 元，票面利率为 5%，到期一次性还本付息。如果市场利率下降到了 3%，该债券的价格应为多少？

解：

$$V = \frac{1\,000 \times 5\% \times 3 + 1\,000}{(1+3\%)^3} = 1\,052.41 \ （元）$$

（4）零息债券的估价公式

零息债券也属于息票累积债券，只不过付息是在债券发行的时候，还本是在债券到期之时按面值偿还，所以可把面值视为贴现债券到期的本息和。参照上述一次还本付息债券的估价公式可计算出零息债券的价格。

$$V = \frac{M}{(1+r)^n} \tag{11.13}$$

【例】零息债券在到期日的价值为 1 000 元，偿还期为 10 年。如果投资者要求得到 15% 的收益率。那么零息债券价值为：

$$V = \frac{1\,000}{(1+0.15)^{10}} = \frac{1\,000}{32.919} = 247.18 \ （元）$$

（5）永久性债券或优先股的估价公式

永久性债券或优先股的价格计算公式相对简单，如下：

$$V = \frac{C}{r} \tag{11.14}$$

【例】某政府发行永久性公债，票面价值为 1 000 元，票面利率为 6%，折现率为 9%。则该债券的价值为：

$$V = \frac{C}{r} = \frac{60}{9\%} = 666.67 \text{（元）}$$

从以上分析可以看出，对债券进行内在价值评估时关键在于给定合理的折现率，即投资者要求的必要收益率。折现率合理才能给债券公平定价。

合理的折现率是由市场唯一确定的，它反映了投资者所要求得到的最小年收益率，投资者要求的收益率包括无风险利率、通货膨胀率和风险溢价（Yield Spread）。

11.2.2 债券的定价原理

从债券定价模型我们知道，引起债券市场价格不断波动的主要原因是市场利率的变动。但是，当市场利率发生变动时，不同债券对市场利率变化的反应程度不尽相同。马奇尔（Burfan G. Malkiel）在研究了债券价格与息票利率、到期期限和到期收益率之间的关系后，得出了债券价格波动的五条规律，即马奇尔的债券价格五大定理。其内容为：

（1）如果一种债券的市场价格上涨，则其到期收益率必然下降；反之，如果债券的市场价格下降，则其到期收益率必然提高。

【例】一张债券面值为 $ 1 000，年利息为 $ 80，期限为 5 年。根据公式 11.9，当市场价格为 $ 1 000 时，债券到期收益率为 8%，当市场价格上涨到 $ 1 100 时，则到期收益率为 5.65%；当市场价格下降到 $ 900 时，则到期收益率为 10.68%。

（2）如果债券的收益率在整个期限内没有发生变化，则价格折扣或升水会随着到期日的接近而减少，或说其价格日益接近面值。

【例】一张债券面值为 $ 1 000，年利息为 $ 60，期限为 5 年，到期收益率为 9%。如果债券的到期收益率在整个期限内没有变化，则其价格折扣或升水随着到期日的接近而以一个不断增加的比率（与面值之比）减少。参见表 11—1 中（2）项。

（3）如果一种债券的收益率在整个期限内没有变化，则其价格折扣或升水会随着债券期限的缩短而以一个不断增加的比率减少。参见表 11—1 中（3）项。

表11—1	债券的到期时间、市场价格、价格折扣、价格变化比较表		
(1) 到期时间 n	(2) 市场价格 P	(3) 价格折扣 $M-P$	(4) 价格变化 $P_{n-1}-P_n$
5	883.31	116.69	
4	902.81	97.19	19.50
3	924.06	75.94	21.25
2	947.23	52.77	23.17
1	972.48	27.52	25.25

（4）债券收益率的下降会引起债券价格的上升，且上升幅度要超过债券收益率以相同幅度上升时所引起的债券价格下跌的幅度。

【例】一张债券面值为 $ 1 000，年利息为 $ 70，期限为 5 年。根据公式 11.9，当到期收益率下降为 6% 时，市场价格上升为 $ 1 042.12，上升 4.212%，当债券到期收益率上升为 8% 时，市场价格下降为 $ 960.07，下降了 3.993%。

（5）债券的息票利率越高，则因其收益率变动而引起的债券价格变动的百分比就会越小。

【例】市场上有两个债券 A、B，到期收益率相同都是 $r=7\%$。A 债券面值为 $ 1 000，年利息为 $ 90，期限为 5 年，市场价格为 $ 1 082；B 债券面值为 $ 1 000，年利息为 $ 70，期限为 5 年，市场价格为 $ 1 000。当两个债券的到期收益率上升到 $r=8\%$ 时，根据公式 11.9，它们的价格都下降了，A 为 $ 1 039.93，B 为 $ 960.07，分别下降了 $ 42.07 和 $ 39.93，为原价格的 3.889% 和 3.993%。

11.2.3 债券的久期

1）久期的定义

久期又称持续期（Duration），是指对未来将收到的各期现金流量时间的加权平均，权数为每一现金流量现值占总现金流量现值的比例，即加权平均期限就是"久期"。久期的计算用如下公式：

$$D = \left\{ \sum_{t=1}^{n} \left[\frac{C_t}{(1+y)^t} \right] \times t + \left[\frac{F}{(1+y)^n} \right] \times n \right\} / P_0$$

式中：D 为 Duration 的简写，意为持续期或久期；$P_0 = \sum^{T} pv(C_t)$ 为债券现值；F 为债

券面值；y 为投资者要求得到的年收益率；t 为现金流流入的时期，$t=1,\cdots,n$；n 为债券的期限或者至到期日的剩余时间；C_t 为 t 期的利息。

【例】债券 A 票面利率为 6%，期限为 5 年，面值为 1 000 元，到期收益率为 8%，每年付息一次。我们可以从表 11—2 中得出债券 A 的久期值。

表 11—2

年份 (1)	现金流量 (2)	现值系数 (3)	现金流量现值 (4) = (2) × (3)	权数 (5) = (4) / $\sum$ (4)
1	60	0.9259	55.55	0.0604
2	60	0.8573	51.44	0.0559
3	60	0.7938	47.63	0.0518
4	60	0.7350	44.10	0.0479
5	1 060	0.6806	721.44	0.7840
			920.16	1.0000

$D = 0.0604 \times 1 + 0.0559 \times 2 + 0.0518 \times 3 + 0.0479 \times 4 + 0.7840 \times 5 = 4.44$ （年）

也可利用公式直接计算：

$$D = \left\{ \sum_{t=1}^{n} \left[\frac{C_t}{(1+y)^t} \right] \cdot t + \left[\frac{F}{(1+y)^n} \right] \cdot n \right\} / p_0$$

$$= \frac{\dfrac{1 \times 60}{1+0.08} + \dfrac{2 \times 60}{(1+0.08)^2} + \dfrac{3 \times 60}{(1+0.08)^3} + \dfrac{4 \times 60}{(1+0.08)^4} + \dfrac{5 \times 1060}{(1+0.08)^5}}{\dfrac{60}{1+0.08} + \dfrac{60}{(1+0.08)^2} + \dfrac{60}{(1+0.08)^3} + \dfrac{60}{(1+0.08)^4} + \dfrac{1060}{(1+0.08)^5}}$$

$$= \frac{4085.42}{920.14}$$

$$= 4.44 \text{（年）}$$

从计算结果可以看出，久期为 4.44 年，小于 5 年的期限。每年付息债券的久期总是小于其期限。这是由于到期日之前的利息支付，使债券的有效到期时间即加权平均时间小于实际到期时间。而零息债券和息票累积债券其久期和债券期限相同。

2）久期原理

实际上，久期是偿还期即持有期、息票率、到期日价格和到期收益率的函数。一般而言，久期具有以下原理：

（1）久期与价格波动正相关，因为较长的久期在利率改变时，其价格波动也大。

（2）久期与市场收益率负相关。因为收益率高，较远期的现金流量将用较高的贴现率进行贴现，因此，那些现金流量获得的权数就小，从而久期较短。

（3）久期与利息支付水平负相关。因为利息水平越高，较早期现金流量（支付的利息）分配的权数就越大，因此，支付的利息越多，久期就越短。

（4）一般来说，久期与持有期的长短正相关。除零息债券外，大多数债券都具有期限越长久期越长的特性。但这并不意味着长期债券一定有较长的久期，因为久期不只受期限的影响。

（5）久期会在一段时间内随时间的流逝而下降，但却不与时间同速度下降。

3）久期与债券价格变化之间的关系

正是因为久期具有以上原理，所以，久期可用于测量债券价格对到期收益率变化的灵敏度，因此，它可以被用来测量一种债券或一组债券投资组合的风险。此外，久期还可被用来判断在持有期的哪一点上利率风险最小。久期和债券价格变化之间的关系，用公式表示如下：

$$\frac{\Delta p}{p} \cong -\left[\frac{1}{1+y}\right] \cdot D \cdot \Delta y$$

式中：Δp 为债券价格的变化；p 为债券的初始价格；Δy 为到期收益率的变化；y 为到期收益率。

从公式中可以看出，债券价格变化的百分比约等于债券收益率变化的久期修正值。这个规则认为债券价格变化的百分比直接与债券收益率变化成比率。所以，久期长的债券比久期短的债券价格风险大。如果确实是这样，债券价格变化的百分比作为它的收益率变化的函数的图形将是一条直线，它的斜率等于$-D$。

【例】上例债券的久期为 4.44 年，到期收益率为 8%。假设到期收益率从 8% 下降到 6%，下降了 2%，债券价格上升的幅度是多少呢？

$$\frac{\Delta p}{p} \cong -\left[\frac{1}{1+8\%}\right] \times 4.44 \times (-2\%) = 8.22\%$$

由此可见，久期是考察债券系统风险的指标。

从数学上讲，市场收益率的微小变化引起债券价格的变化，是债券价格的一阶导数，由于：

$$\frac{\Delta p}{p} \cong -\frac{1}{1+y} \cdot D \cdot \Delta y$$

因此，债券的新价格就可用公式表示为：

$$P = P_0 \left(1 + \frac{\Delta p}{p}\right) = P_0 - \frac{1}{1+y} \times D \times P_0 \times \Delta y$$

式中：P_0 为市场收益率为 y 时的债券价格；P 为市场收益率变动后的债券价格。而
式 $P = P_0 - \dfrac{1}{1+y} \times D \times P_0 \times \Delta y$ 为一条直线，是债券价格曲线在市场收益率为 y 时的切线 。

11.2.4　债券的凸性

1）凸性的定义

凸性（Convexity）是指在某一到期收益率下，到期收益率发生变动而引起的价格变动幅度的变动程度。凸性是对债券价格曲线弯曲程度的一种度量。凸性越大，债券价格曲线弯曲程度越大，用久期度量债券的利率风险所产生的误差越大。

【例】A 债券期限为 10 年，面值为 1 000 元，到期收益率 $y = 12\%$，市场价格为 $P = 660.98$ 元，当利率下降 1%，即 $y = 11\%$ 时，$P = 705.52$ 元，上升 44.54 元，上升波幅 6.74%；当利率上升 1%，即 $y = 13\%$ 时，$P = 620.16$ 元，下降 40.82 元，下降波幅 6.18%。

通过分析，我们得出结论：对于在原收益率 12% 基础上上升或下降 1 个百分点，债券因收益率下降而价格上升的幅度超过了因收益率上升而价格下降的幅度。这种变化可以用图 11—2 来表示。

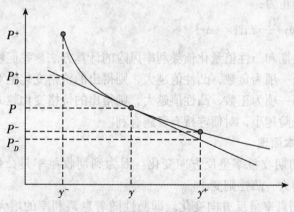

图 11—2　债券价格的久期与凸性

从图 11—2 中我们可以看出，债券价格与收益率的关系并不是直线形的，对同一债券，由于市场利率下降一定幅度而引起的债券价格上升幅度（产生资本收益）要大于由于市场利率上升同一幅度而引起的债券价格下跌幅度（产生资本损益）。这种现象是由真实价格关系的凸性决定的。

作为度量利率敏感性的工具，久期却将债券价格与收益率之间的这种反比关系视

为线性的，因此它是一个近似表达公式，由此计算得出的债券价格变动幅度存在误差，而凸性值对这种误差进行了调整。凸性准确地描述了债券价格与到期收益率之间非线性的反比关系。

从数学上讲，凸性值是价格变动幅度对收益率的二阶导数。根据泰勒扩展序列公式，我们可以得到债券价格变化的近似值：

$$\Delta p = \frac{dp}{dy} \cdot dy + \frac{1}{2} \cdot \frac{d^2 p}{dy^2} \cdot (dy)^2 + e$$

这里的 e 为 $(dy)^3$ 及其以上的各高阶小量的和。因此：

$$\frac{dp}{p} = \frac{dp}{dy} \cdot \frac{1}{p} \cdot dy + \frac{1}{2} \cdot \frac{d^2 p}{dy^2} \cdot \frac{1}{p} \cdot (dy)^2 + e \cdot \frac{1}{p}$$

公式等号右边第一项就是前面讨论过的由久期决定的债券价格变化，而等号右边第二项包含了债券价格在市场收益率 y 时的二阶导数，于是我们建立一个新的定义：

$$凸性 = \frac{d^2 p}{dy^2} \cdot \frac{1}{p}$$

凸性使我们能够在债券价格变化时改进随之变化的久期近似值。考虑债券价格凸性时，公式可以修正为：

$$\frac{\Delta p}{p} \cong -\frac{1}{1+y} \cdot D \cdot \Delta y + \frac{1}{2} \times 凸性 \times (\Delta y)^2$$

这就是利用久期和凸性值量化债券利率风险的计算方法。我们可以看到，当 y 上升时，公式右边第一项为负数，凸性值越大，则得出的价格变化绝对值越小；当 y 下降时，公式右边第一项为正数，凸性值越大，则得出的价格变化越大。因此，凸性值越大，债券利率风险越小，对债券持有者越有利。

2) 凸性的基本原理

（1）凸性与到期收益率呈反方向变化。因为到期收益率是凸性公式的分母项，所以到期收益率增大，凸性则变小。

（2）凸性与利息率呈反方向变化。即凸性随着息票利率的增大而减少，利率较高的债券凸性较为平缓。

（3）凸性与久期呈正方向变化。即久期越长，凸性弯曲程度越大。

由此可知，久期作为一条通用的准则用来估计债券价格的变化时，期限越短，付息率越高，结果越准确。

上述准则对债券投资者来说是十分重要的。如果想延长久期，增加凸性，就应该选择息票率较低的债券。因为，由久期原理可知，久期一般与利息水平呈反方向变动；凸性原理也表明凸性与利息率呈反方向变化。因此，通过抛出高息票率债券，购入相同期限的低息票率债券，既可以延长久期，又可以提高凸性。

11.3 投资基金价格分析

11.3.1 封闭式基金的价格决定

封闭式基金最为显著的特点是发行后基金份额不再发生变化，投资者如果想增加或减少持有的基金份额，只能从其他投资者手中买入或卖出。因此，封闭式基金的价格决定可以利用普通股票的价格决定公式进行计算。封闭式基金的交易价格主要受到六个方面的影响：即基金资产净值、市场供求关系、宏观经济状况、证券市场状况、基金管理人的管理水平以及政府有关基金的政策。

11.3.2 开放式基金的价格决定

开放式投资基金最显著的特点是基金的发行总额是变动的，投资者如果想增加或减少持有的基金份额，可以随时向发行人申请认购、申购或赎回。

认购是指在开放式基金募集期内，投资者向基金管理人购买基金份额的行为。

申购是指在开放式基金开放日，投资者向基金管理人购买基金份额的行为。

赎回是指在开放式基金开放日，投资者向基金管理人卖出基金份额收回投资的行为。

开放式基金管理公司与基金投资者之间是直接买卖关系，基金价格形成原理不同于股票，不存在供求关系的影响，开放式基金的价格主要由单位净资产值加上购买或赎回手续费形成。

开放式基金认购份额用公式表示为：

$$认购份额 = \frac{认购金额}{基金单位面值（1+认购费率）} \tag{11.15}$$

【例】某投资者在某开放式基金募集期认购 1 000 元基金，该基金面值 1 元，认购费率 1.2%。则认购份额为：

认购份额 = 1 000 ÷（1+1.2%）= 988.14（份）

开放式基金申购份额用公式表示为：

申购价格 = 基金单位资产净值（1+申购费率）

申购份额=申购金额/申购价格 　　　　　　　　　　　　　　　　　（11.16）

赎回价格 = 基金单位资产净值（1-赎回费率）

赎回金额 = 赎回单位数×赎回价格 　　　　　　　　　　　　　　　（11.17）

【例】根据德盛小盘精选证券投资基金的资料（见表11—3）进行相关计算。

表11—3　　　　　　　　德盛小盘精选证券投资基金的资料

基金名称	德盛小盘精选证券投资基金	
基金类型	契约型开放式	
基金风格	积极成长型	
基金管理人	国联安基金管理有限公司	
基金托管人	中国工商银行	
投资对象	重点投资于具备良好未来成长性的小盘股	
业绩基准	（天相小盘股指数×60% + 天相中盘股指数×40%）×60% + 上证国债指数×40%	
资产配置	在正常市场情况下，本基金投资组合的基本范围为：股票 20% ~ 75%，债券 20% ~ 65%，现金为 5% ~ 15%	
认购费率	认购金额（M）	认购费率（%）
	M<100 万元	1.2
	100 万元≤M<1 000 万元	1.0
	1 000 万元≤M<1 亿元	0.8
	M≥1 亿元	0.3
申购费率	申购金额（M）	申购费率（%）
	M<100 万元	1.5
	100 万元≤M<1 000 万元	1.2
	1 000 万元≤M<1 亿元	1.0
	M≥1 亿元	0.4
管理费率	1.5%。当基金累计净值的 30 日平均值低于 0.90 元时，停止收取管理费	
赎回费率	按持有期递减，最高不超过赎回总额的 0.5%。持有期满两年以上为零；一年以上两年以下为 0.25%	
首次最低认购金额（含认购费）	5 000 元	
追加最低认购金额（含认购费）	1 000 元	
单笔最低申购金额（含申购费）	5 000 元	
追加最低申购金额（含申购费）	1 000 元	
单笔最低赎回份额	100 份	

一位投资者以 100 万元用来申购德盛小盘精选证券投资基金，申购日单位基金净值为 1.25 元。则：

申购价格 = 1.25×（1+1.2%）= 1.265（元）

申购单位数 = 1 000 000÷1.265=790 513（基金单位）（非整数份额取整数）

同样，假如当天有一位投资者在持有基金半年后要赎回 100 万份基金单位，那么：

赎回价格 = 1.25 × （1 – 0.5%） = 1.24375 （元）

赎回金额 = 1 000 000 × 1.24375 = 1 243 750 （元）

11.3.3　投资基金的资产估值

1）基金资产净值

基金资产净值是指基金资产总值减去负债后的价值。基金单位资产净值（Net Asset Value，简称 Net）是指某一时点上某一投资基金每份基金份额（每一股份）实际代表的价值。

基金单位资产净值 = （基金总资产 – 基金总负债）/已售出的基金份额总额　　　（11.18）

基金单位资产净值是衡量一个基金经营好坏的主要指标，也是基金份额交易价格的内在价值和计算依据。一般情况下，基金份额价格与单位资产净值趋于一致，即单位资产净值增长，基金价格也随之提高。尤其是开放式基金，其基金份额的申购或赎回价格都直接按基金单位资产净值来计算。由于投资基金是分散投资于金融市场上的各种有价证券的，而有价证券的价格时刻都在发生变化，那么如何确定基金的资产净值呢？一般通行的方法有两种：

（1）已知价（Known Price）或称事前价（Historic Price）计算法。是指基金管理公司根据上一个交易日的证券市场（或交易所）的收市价格计算其基金的金融资产总值。如果采用已知价交易，开放式基金投资者当天就可以知道基金的买入价或赎回价。

（2）未知价（Unknown Price）或称事后价（Forward Price）计算法。是指基金管理公司根据当天的证券市场（或交易所）的收市价格计算其基金的金融资产总值。如果采用未知价交易，开放式基金投资者必须在交易结束后的第二天才能知道基金的买入价或赎回价。

2）基金资产的估值

基金管理人必须按规定在每个交易日当天对基金净资产进行估值。目前我国投资基金法规规定，基金资产的估值要采用如下方法：

上市流通的有价证券：开放式基金是以估值日证券交易所挂牌的该证券收盘价估值；封闭式基金是以估值日证券交易所挂牌的该证券平均价估值。估值日无交易的，取最近一日的价格估值。

未上市的股票分两种情况处理：其一，送股、转赠股、配股和增发新股，按估值日在证券交易所挂牌的同一股票的收盘价（开放式基金）或市场平均价（封闭式基金）估值；其二，首次公开发行的股票，按成本价估值。

配股权证：从配股除权日起到配股确认日止，如果收盘价高于配股价，按收盘价高于配股价的差额估值；如果收盘价低于配股价，则估值增值额为零。

在银行间同业市场交易的债券按不含息成本与市价孰低法估值。不含息成本是指取得债券成本（不含应计利息），市价是指银行间同业市场公布的加权平均净价，如果该日没有交易的品种，以最近一日的市场平均价为基准。

如有确凿证据表明按上述方法对基金资产进行估值不能客观反映其公允价值，基金管理人可根据具体情况，并与基金托管人商定后，按最能反映公允价值的价格估值。

虽然基金管理人必须按规定对基金净资产进行估值，但遇到下列特殊情况，有权暂停估值：其一，基金投资所涉及的证券交易场所遇法定节假日或因故暂停营业时；其二，开放式基金出现巨额赎回时；其三，因不可抗力或其他情形致使基金管理人、基金托管人无法准确评估基金资产价值时。

11.4　其他投资工具的价格分析

11.4.1　可转换证券

1) 可转换证券的价值

（1）理论价值（纯债券价值）。是指可转换证券作为不具有转换选择权的一种证券时的价值。

【例】某种可转换债券面值为 1 000 元，利息率为 4%，期限为 5 年，转换价格为 40 元，市价为 1 200 元，到期时间、信用等级等都与之相同的非转换债券的目前市价仅为 900 元。因此，该可转换债券的价值 1 200 元可分为两部分：一部分是作为债务手段的债券的内在价值，即纯债券价值，为 900 元；另一部分为可转换性价值，为 300 元。可转换性价值其实代表了暗含的普通股票买入期权的权价。

（2）转换价值。是指可转换证券所能得到的转换成普通股票后的市场价格。即可转换的普通股票的市场价值与转换比率的乘积便是转换价值。其计算公式为：

$$CV = CR \times P_0 \tag{11.19}$$

式中：CV 为转换价值；CR 为转换比率；P_0 为当前每股普通股的市场价格。

引用前例，该公司股票如果市场价格为 45 元，那么其转换价值为：

$$45×（1\ 000÷40）=1\ 125（元）$$

2）可转换证券的市场价格

由于可转换证券具有期权性质，因此，可转换证券的市场价格通常情况下会高于它的理论价值和转换价值。

（1）转换底价。可转换证券的转换价值和纯债券价值中较高者为可转换证券的转换底价。可用如下公式表示：

$$MV=\max（CV,P_b）\tag{11.20}$$

式中：MV 为转换底价；CV 为转换价值；P_b 为纯债券价值。

转换底价是可转换证券市场价格的下限，可转换证券的价值不可能降到底价以下。如果转换价格高于股票市价，即投资者不会做出转换选择，该可转换证券不具有任何可转换价值，其转换底价即为其纯债券价值。如果转换价格低于股票市价，则投资者将其转换为股票将会得到一笔收益，此时转换价值高于纯债券价值，即为可转换证券的底价。

仍引前例，如果股票市场价格仅为 20 元，则这一可转换债券的底价即为其纯债券价值。

（2）转换平价。是可转换证券持有人在转换期限内将债券转换成公司普通股票的每股价格。其计算公式为：

$$转换平价=可转换证券的市场价格/转换比率\tag{11.21}$$

如前例中：

$$转换平价=\frac{1\ 200}{25}=48（元/股）$$

一旦股票市场价格上升到转换平价水平，任何进一步的股票价格上升肯定会使可转换证券的价值增加。因此，转换平价可视为一个盈亏平衡点。

（3）转换升水。即可转换证券目前市场价格大于其转换价值。用公式表示为：

$$C_p=P_0-CV>0\tag{11.22}$$

式中：C_p 为转换升水；P_0 为可转换证券当前市价；CV 为转换价值。

为了比较不同的可转换证券，一般用百分比表示升水，称为升水率。用公式表示为：

$$C_r=\frac{C_p}{CV}×100\%\tag{11.23}$$

式中：C_r 为升水率。

一般来说，可转换证券的市价高于其转换价值，即投资者愿意为可转换证券支付升水，其原因是，如果股票市价下降，该证券价格不会跌到其底价以下，因而使其投资者所受损失有一个下限保护，而普通股持有人是没有这种保护的。

仍以上例为例：

$$C_p = P_0 - CV = 1\ 200 - 1\ 125 = 75\ （元）$$

$$C_r = \frac{C_p}{CV} \times 100\% = \frac{75}{1\ 125} \times 100\% = 6.67\%$$

（4）转换贴水。即指可转换证券目前的市场价格小于其转换价值。用公式表示为：

$$C_p = P_0 - CV < 0 \tag{11.24}$$

11.4.2 权证

（1）影响权证价值的因素

认购（沽）权证使持有人具有在约定时间内以事先约定的价格认购或沽出一定数量的标的证券的权利。用证券市场术语讲，就是允许持有人在有效期内，按某一既定比率、以某一既定价格认购或沽出一定数量的标的证券。因此，权证票面本身是没有价格的，但它在市场上却有价格，作为一种衍生产品，权证的价值主要受其标的证券的影响。具体说来，认购或认沽权证的价格走势主要受以下几个因素的影响：①标的证券的现价；②权证的行权价格；③标的证券预期的未来价格；④距离权证到期日的时间；⑤标的证券预计派发的股息。

在其他因素不变的情况下，每项因素对认购和认沽权证的影响可概括于表11—4中。这些因素不但分别影响着权证价值，而且它们之间也相互关联，形成综合效应。除这几个主要因素之外，可能存在的每股盈利的"稀释"、权证的发行数量、权证是否在交易所上市等因素也会影响权证的价值。

表11—4 各项因素对认购和认沽权证的影响

	认购权证价值	认沽权证价值
标的证券价格愈高	越高	越低
行权价格愈高	越低	越高
标的证券价格波动性愈高	越高	越高
距离权证到期日时间愈长	越高	越高
现金红利派发愈多	越低	越高

（2）权证的理论价值及时间价值

一般说来，权证的价值可分为内在价值和时间价值两部分。权证的理论价值即内在价值就是股票的市场价格与权证的行权价格之间的差额。内在价值是权证的底价，由下面公式决定：

$$V= （P-EP） \times N \tag{11.25}$$

式中：V 为权证内在价值；P 为标的证券现价；EP 为行权价；N 为一份权证可认购（沽）的标的证券份数。

权证的市价不会低于内在价值（底价），否则，市场上就会出现无风险套利。权证的市场价格和内在价值之差为时间价值。

【例】A 公司发行的权证是一种股本认购权证，权证的行权价 20 元，行权比例为 1：1，权证的市场价格为 3 元，如果 A 公司股票市场价格为 20 元，则权证的内在价值为 0 元，而市场上权证的价格为 3 元，高于内在价值部分就是时间价值的体现。如果 A 公司股票市场价格为 22 元，则权证的内在价值为 2 元，如果 A 公司股票市场价格为 18 元，投资者是不会行权的，权证的内在价值还为 0 元，不会出现负数。

（3）权证的杠杆作用

【例】假设股票 A 的市场价格为 20 元，认股权证市场价格为 3 元，权证行权价为 20 元，这时认股权证的内在价值为 0 元，假设投资者购买了公司股票，而股票价格升至 30 元，那么投资者的收益率为 50%。但是如果投资者购买的是认股权证，成本是 3 元，股票升至 30 元时的最低收益是 7 元，其收益率可高达 233%，即购买认股权证的最大损失为 3 元，而购买股票的最大可能损失为 20 元。

从此例可以看出，权证具有有限的损失和可能出现高收益的特点，使权证充满了吸引力，也增加了其时间价值。

【参考案例】

万科权证谢幕：以一张废纸结束上市历程

万科权证是深交所首只到期的股改权证，同时又是首只到期的百慕大式权证，所以它的收官表演颇为引人注目。

2006 年 8 月 28 日是万科认沽权证（万科 HRP1，038002）最后一个交易日，早晨权证开盘价为 0.018 元，开盘后当天权证表现极其疯狂，一路加速下跌，至尾盘，汹涌抛盘将其牢牢打在 0.001 元的跌停板上。全天共成交 117.11 亿份，成交额 9 799 万元，换手 547.17%。与之形成鲜明对照的是，作为万科权证正股，G 万科 A 当日放量狂涨 6.09%，收于 6.79 元。正股的强势，对万科权证而言可谓雪上加霜。

这是因为，权证的价值是由两部分构成：内在价值和时间价值，由于临近到期，其时间价值近似为零，因此其价值几乎完全由内在价值决定。

从万科权证市场轨迹来看，最高时价格达到 1.04 元，而目前却是一文不值，许多介入的投资者损失惨重。

从权证的行权期间看，权证分为欧式和美式，前者只能在到期日行权，后者可以在存续期的任何时间都可行权。而"百慕大式权证"的行权期限则是一段时间，即权证投资者可以在一段时间内行使权证所赋予的这项权利。

万科权证从 2005 年 12 月 5 日起在深圳证券交易所挂牌交易，2006 年 8 月 28 日为最后一个交易日，其间经过了 174 个交易日，作为百慕大式权证，万科权证的行权期为公司最后正股的 5 个交易日，即 8 月 29 日至 9 月 4 日内的 5 个交易日。9 月 4 日到期后，未行权的权证将予以注销。

根据国际通用的计算权证理论价值的 Black-Scholes 模型测算，万科权证的理论价值已经为零。为防止可能有投资者糊涂行权招致损失，深交所在 28 日发布的《权证行权投资者操作指南》中，特别以万科权证作为例子，提醒权证持有人审慎做出行权决策。

下面的附图显示了 2006 年 8 月 28 日万科认沽权证的交易情况。

（资料来源 http://stock.stockstar.com/SS2006082830442285.shtml；深圳证券交易所：《关于"万科 HRP1"权证的风险提示》，2006-08-28。经整理）

● 重要概念

　　内在价值　市盈率　久期　凸性　基金单位　资产净值　申购价　赎回价　已知价　未知价
可转换证券的理论价值　转换底价　转换价值　转换平价　转换升水　转换贴水　时间价值

● 复习思考

（1）说明贴现现金流模型原理。

（2）什么是市盈率估价方法？

（3）简述债券定价五大定理。

（4）为什么附息债的久期总是小于债券的到期期限？

（5）什么是债券的凸性？它与久期是什么关系？

（6）计算题：

①某公司于 1999 年 7 月 10 日发行期限为 8 年的公司债券，其面值 100 元，票面利率 6%。如果以 2001 年 7 月 11 日市场平均收益率 3% 作为贴现率，则该债券的内在价值是多少？如果当时该债券的市场价格是 115 元，该债券是否值得投资？如果投资者当时按其市场价格卖出，请问投资者持有该债券的年收益率是多少？

②某一股票的上一年度每股红利为 0.5 元，如果预期该股票以后年度的收益维持在该水平，该股票的价格应定在什么价位较为合理？如果预期该股票以后年度的收益增长率为 4%，该股票的价格又该定在什么价位？假设目前市场无风险收益率为 2.5%，风险溢价为 2.5%。

③可转换债券的面值为 100 元，转换价格为 10 元，如果该债券的市场价格是 110 元，公司股票价格为 9 元，则其转换平价和转换升水分别是多少？

④公司于 2005 年 10 月 12 日发行欧式认股权证 10 万张，权证行权价格为 4.50 元，权证剩余存续期 374 天（从发行日算起），行权比例 1∶1。2005 年 10 月 27 日该公司股票收盘价为 4.62 元，认股权证收盘价为 0.69 元。那么，权证内在价值是多少？时间价值是多少？2005 年 11 月 14 日，该公司股票收盘价为 3.79 元，则认股权证内在价值是多少？

第 12 章 证券投资的基本因素分析

◇**学习目标**

- 理解基本分析的内涵
- 掌握宏观分析、行业分析、公司分析的内容及分析方法
- 理解行业周期与经济周期的关系
- 掌握财务报表分析方法

股票市场是一个充满机会和风险的地方，也是一个现代文明的竞技场所。每个投资者都必须有备而去，掌握最基本的投资分析方法。证券投资分析的方法，按照前提假设与引用资料的不同，主要有基本分析和技术分析两种。基本分析法的理论依据是证券价格由证券内在价值决定，这个内在价值的高低主要取决于发行公司的获利能力等基本因素。市场上的股价与这个内在价值经常不相符，但迟早会向它的内在价值靠拢。因此，基本分析较多地从影响股价变动的基本因素角度出发，来评价证券的内在品质，选择合适的投资对象，预测证券市场的发展趋势。

技术分析法是一种根据证券市场价格及交易量的变动情况及两者的关系，对证券走势进行预测，以期在合适的时机买进或卖出证券，获得投资收益的方法。技术分析注重市场本身的活动，技术分析的资料主要是成交量和成交价。其基本假设是股价由市场上股票的供给与需求关系决定，供求关系又受许多理性和非理性的因素影响，不管影响股票供求关系变动的原因是什么，迟早可从反映市场活动的图形中察觉出来，因此，技术分析也称图表分析。

基本分析与技术分析在理论与分析方式上，是完全不同的分析方法，在运用方面意义也不一样。一般来说基本分析法对选择具体的投资对象特别重要，对预期整个证券市场的中长期前景很有帮助，但对把握近期股市的具体变化作用不是很大，对选择

本章建议阅读资料：

1. 中国证券业协会：证券业从业资格考试统编教材（2010）——《证券投资分析》，北京，中国财政经济出版社，2010。

2. 霍文文：《证券投资学》，3 版，北京，高等教育出版社，2008。

3. 曹凤岐、刘力、姚长辉：《证券投资学》，2 版，北京，北京大学出版社，2008。

4. Zvi Bodie, Alex Kane and Alan J. Marcus, Richard D. Irwin, McGraw-Hill Companies, Inc. Investments 5th edition, 2002, N. 17, N. 19.．

5.［美］罗伯特·C. 希金斯：《财务管理分析》，5 版，沈艺峰等译，北京，北京大学出版社，1998。

买卖证券的时机不能提供明确的提示。技术分析主要用于分析证券市场的短期波动，帮助投资者选择投资的买卖时机，但技术分析本身也有不足，图表有时会出现一些蒙蔽信号，也不能预示突发事件，当市场走势瞬息万变时，技术分析发出的信号又具有时滞性。因而，投资者应该将基本分析法和技术分析法结合起来综合运用。本章主要讲解基本分析方法。

12.1　证券投资的宏观因素分析

12.1.1　宏观经济分析

在证券投资价值分析工作中，人们越来越重视宏观经济分析工作。所谓宏观经济分析，是指对一个开放的经济体的各总量经济变量之间的相互作用关系及其运动规律的分析。具体到股市研判而言，就是指通过对影响股市运行的各主要宏观变量的分析研究，对股市运行的趋势进行预测。我们知道，作为金融市场的重要组成部分，股市也属于宏观经济运行本身的一个部分。上市公司是宏观经济的微观主体，因此，一家上市公司的利润水平和市场上反映出来的价格，本质上讲，是由宏观经济所影响和决定的。事实上，其他宏观因素也是通过影响宏观经济来影响证券市场价格的，如政局的变动可能引致经济政策的改变，从而影响证券市场价格；战争、动乱则通过影响宏观经济环境而导致证券市场价格变动；文化、自然因素及其变迁则通过影响消费、储蓄、投资、生产等来影响证券市场价格。这也说明证券市场态势从根本上讲是与宏观经济相关联的。

宏观经济因素对证券市场的影响不仅是根本性的，而且是全局性的。同样，作为经济因素，产业或区域因素一般只会影响某个板块即某个产业或区域的证券价格，公司因素则一般只会影响本公司上市证券的价格，它们一般不会对整个证券市场构成影响。而宏观经济因素则几乎对每只上市证券均构成影响，因而必然影响证券市场全局的走向。从各国证券市场发展史来看，除处于极不规范时期的新兴证券市场外，证券市场的每一次牛市均是以宏观经济向好为背景的，而证券市场的每一次熊市的形成均是因为宏观经济发展趋缓或衰退。

宏观经济因素的重要性还在于它的影响是长期性的。由于宏观经济因素对证券市场的影响是根本性的，因而它的影响也就必然是长期的。无论是政治因素、军事因素，还是市场因素，都不具有长期影响力。政治军事事件作为一个事件，本身就不具备持续性，因而也不可能对证券市场产生持续的影响。至于市场因素，其中的战略性建仓或空仓行为则是基于投资者对宏观经济和证券市场发展的未来的预期，因而是宏观经济影响证券市场的方式和体现；而短期的买卖操作则只能构成对证券市场长期发展的调整，而不能从根本上改变其长期趋势。构筑证券市场长期趋势的基础正是宏观经济态势。

综上所述，宏观经济因素对证券市场价格的影响是根本性的，也是全局性和长期性的。因此，要成功地进行证券投资，首先必须认真研究宏观经济状况及其走向，市场上常有"顺势者生"、"选股不如选时，选时不如选势"等格言，其中的"势"就是宏观经济形势。只有充分把握了宏观经济形势，投资者才可能有效地把握证券市场中的投资机会。

宏观经济分析的主要内容包括 GDP 增长、经济周期和就业情况，利率水平、通货膨胀、货币供应量、国际经济和金融市场情况等。诸如财政政策、货币政策、汇率政策等宏观政策变量及其变化趋势，也属于宏观分析的范畴。

1）GDP 增长、经济周期和就业情况

在影响股价变动的市场因素中，GDP 增长、经济周期的变动或称景气的变动，是最主要、最重要的因素，它对企业营运及股价的影响极大。由于经济周期和 GDP 增长情况、就业情况呈完全一致的变化趋势，而且由于经济周期这个概念在解释经济现象时更加具有洞察力，因此，下面我们只对经济周期与股市变动的关系进行分析。

经济周期包括衰退、危机、复苏和繁荣四个阶段。一般说来，在经济衰退时期，股票价格会逐渐下跌；到危机时期，股价跌至最低点；而经济复苏开始时，股价又会逐步上升；到繁荣时，股价则上涨至最高点。这种变动的具体原因是，当经济开始衰退之后，企业的产品滞销，利润相应减少，促使企业减少产量，从而导致股息、红利也随之不断减少，持股的股东因股票收益不佳而纷纷抛售，使股票价格下跌。当经济衰退已经达到经济危机时，整个经济生活处于非常低迷的状态，大量的企业倒闭，股票持有者由于对形势持悲观态度而纷纷卖出手中的股票，从而使整个股市价格趋跌，市场处于萧条和混乱之中。经济周期经过最低谷之后又出现缓慢复苏的势头，企业又能开始给股东分发一些股息红利，股东慢慢觉得持股有利可图，于是纷纷购买股票，使股价缓缓回升；当经济由复苏达到繁荣阶段时，企业的商品生产能力与产量大增，商品销售状况良好，企业开始大量盈利，股息、红利相应增多，股票价格上涨至最高点。应当看到，经济周期影响股价变动，但两者的变动周期又不是完全同步的。通常的情况是，不管在经济周期的哪一阶段，股价变动总是比实际的经济周期变动要领先

一步。即在衰退以前，股价已开始下跌，而在复苏之前，股价已经回升；经济周期未步入高峰阶段时，股价已经见顶；经济仍处于衰退期间，股市已开始从谷底回升。这是因为股市股价的涨落包含着投资者对经济走势变动的预期和投资者的心理反应等因素。

从美国的经验来看，经济周期与股市变动之间有着密切的关系，但也不是完全同步的，股市大势表现都存在一些提前量。根据对第二次世界大战后美国股市和经济周期的研究，股市高峰与经济高峰的时差平均为 3.5 个月，而股市低谷与经济低谷的时差平均为 5.25 个月。

根据经济周期进行股票投资的策略主要是：衰退期的投资策略以保本为主，投资者在此阶段多采取持有现金（储蓄存款）和短期存款证券等形式，避免衰退期的投资损失，以待经济复苏时再适时进入股市，或者选择那些对经济周期不敏感的行业公司进行投资。在经济繁荣期、大部分产业及公司经营状况改善和盈利增加时，即使是不懂股市分析而盲目跟进的散户，往往也能从股票投资中赚钱。当然也有例外的现象，如一般情况是企业收益有希望增加或由于企业扩大规模而希望增资的景气的时期，资金会大量流入股市，但有时却出现萧条时期资金不是从股市流走，而是流进股市的现象，究其原因，政府在此期间为了促进经济景气而扩大了财政支出，公司则因为设备过剩，不会进行新的投资，因而拥有大量的闲置货币资本，一旦这些资本流入股市，则股票价格上升就与企业效益无关，而是带有一定的投机性。

2) 通货膨胀或物价水平

所谓通货膨胀，简单说就是指一般物价水平的持续上涨。它也是影响股票市场以及股票价格的一个重要宏观经济因素，但它对大势的影响比较复杂，不能一概而论。它既有刺激股票市场的作用，又有压抑股票市场的作用。在经济处于低迷状态时，中央银行为了保证经济发展、降低失业率，而采取扩大货币发行量和降低利率的政策，其基本过程是货币供应量增大使包括股票在内的所有商品的价格上升，同时由于货币供应量扩大导致上市公司利润（至少是账面利润）增加，从而导致股市大势的走好；但是，当通货膨胀加剧时，也使得人们寻找保值手段，比如购买金银首饰、房地产以及股票等，通货膨胀已经危害经济的健康发展时，中央银行往往采取紧缩的货币政策（如提高利率水平），抑制通货膨胀，从而导致股市大势的走软。

3) 利率水平

一般而言，利率水平通过两个途径影响股市：其一是金融市场替代效应，即利率水平的高低及其变化趋势将引起资金在不同的金融市场上流动，直到达到某种均衡。

例如，如果市场利率高企，且有进一步升高的趋势，则资金有流向银行存款或者借贷出去以获取更高的利息收益的趋势，因此股市将受到不利影响；反之则相反。其二是上市公司经营效应，即利率水平的高低及其变化趋势将使得企业的盈利水平受到影响，从而进一步影响股市表现。例如，如果市场利率高企且有进一步升高的趋势，则企业投资的成本也会加大，影响了其投资积极性，其盈利能力势必将受到负面影响。

"看利率水平及其变化趋势行事"，是美国等发达国家中做股票的最简单有效的"法则"，投资者只要能正确分析、预测中央银行的利率政策，那么做股票就可以胜券在握了，其原因正在于此。这里其实是政府的经济政策（货币政策）对股市的影响问题。

4）汇率水平

外汇行情与证券价格尤其是股票价格，有着密切的联系。一般来说，如果一国的货币升值，股价便会上涨；一旦其货币贬值，股价即随之下跌。

在当代经济全球化的基础上，汇率对一国经济的影响越来越大，而且影响程度的高低取决于该国的对外开放度。其中受影响最直接的就是进出口贸易，如果本国货币升值，那么受益的多半是本国的一些进口企业，亦即依赖海外供给原料的企业；相反，出口企业由于本币升值，竞争力就会降低。当本国货币贬值时，情形恰恰相反。但不论是本币升值还是贬值，对公司业绩以及经济形势的影响都各有利弊，所以，投资者不能单凭汇率升值就买进股票，贬值则卖出，要区别对待货币升贬值对不同企业的影响。具体来说，汇率变动对那些从事进出口贸易的股份公司影响较大，它通过对公司的进出口额及利润的影响，从而影响着股价。

5）宏观经济政策

20 世纪 50 年代以后，由于凯恩斯在二三十年代资本主义经济危机（大萧条）背景下提出的政府积极干预经济政策收到了良好的效果，各国政府纷纷逐渐地摒弃了传统的"新古典主义经济理论"（该理论的主要观点是，认为市场可以将经济自动引导至均衡状态，因而主张政府对市场采取不干预的政策，"管得越少的政府越是好政府"），转而求助于凯恩斯的积极干预政策。凯恩斯理论简单说来主要包含两点：一是经济本身存在不确定性，经济运行内在地具有不稳定的特性，时常表现出"有效需求不足"；二是投资者（资本家）的"动物精神"，即在市场的"自动"引导下并不能保证总供给与总需求的均衡，因此通过政府的适时、适当干预可以熨平经济波动，达到解决失业问题、使经济平稳运行的目的。

由此，货币政策、财政政策、汇率政策等就成了调控宏观经济运行的主要政策工具。当然，产业政策、贸易政策和人力资源政策等也属于宏观经济政策的范畴，由于字数所限，除货币政策和财政政策以外，其他政策这里不详述。

（1）货币政策

中央银行贯彻货币政策、调整信贷与货币供应量的手段主要有三个：调整法定存款准备金率、再贴现政策、公开市场业务。当国家为了防止经济衰退、刺激经济发展而实行扩张性的货币政策时，就会通过降低法定存款准备金率、降低中央银行再贴现率或在公开市场买入国债的方式来增加货币供应量、扩大社会需求。当经济持续高涨、通货膨胀压力较重时，国家往往采用适当紧缩的货币政策。此时，中央银行通过提高法定存款准备金率、提高再贴现率或在公开市场上卖出国债以减少货币供应量，紧缩信用，实现社会总需求与总供给的大体平衡。货币政策的调整能直接、迅速地影响证券市场。因此，我们可以得到启示：既然中央银行根据一定的经济指标做出相应的货币政策决定，那么作为投资者完全可以根据自己对经济形势的分析，对中央银行可能采取的货币政策进行预测，这就是所谓的股市中的"博弈"。因而，具体到我们讨论的证券投资分析问题，我们需要关注的就是两个方面的问题，一是中央银行将采取哪种货币政策，二是这种货币政策将引起股市怎样的反应。

（2）财政政策

财政政策主要是政府采取诸如国家投资、税收、转移支付等政策对经济实施干预的政策。其特点是见效快，即很快可以使得表现疲软的 GDP 增长率、失业率等获得明显改观，而且政府的主动性、选择性都很强，尤其对于维护社会稳定、公平的作用较大。

以财政政策中的税收政策为例。2001 年 8 月 18 日《经济日报》报道：国家税务总局宣布，粮食白酒和薯类白酒维持现行 25% 和 15% 的税率，另对每斤白酒按 0.5 元从量新征一道消费税，并取消以外购酒勾兑生产企业可以扣除购进酒已纳消费税的抵扣政策。以 2000 年白酒行业产量 500 多万吨计算，仅从量征收一项，白酒行业每年就痛失 5 亿元。白酒行业上市公司 2000 年销售总量为 4.9 万吨，净利润 16.3 亿元，新政策造成的增缴消费税额近 5 亿元，占净利润的 30%。这项税收政策导致白酒行业利润下降，分配减少，使这类证券的投资吸引力降低，价格下滑。从此案例可以看出，国家对公司税率的调整会对公司的利润水平产生影响，进一步影响企业扩大再生产的能力和积极性，从而影响公司未来的成长潜力。所以，一般来说，税率的提高会抑制证券价格上扬，而税率的降低或免税会促进证券价格上升。

从传导机制上讲，财政政策是以实体经济为媒介，通过控制财政收入和支出，经过企业的投入和产出来影响总需求的，与货币政策有明显的区别。因此，财政政策的传导过程比较长，不像货币政策那样立竿见影，但比较持久。

（3）对经济政策的总体把握

通常在经济过热时，采用紧缩的财政政策和货币政策；在经济不景气时，采用扩张的财政政策和货币政策。经济政策通常有一定的连续性；这对预测经济政策取向有指导意义。对投资者来说，最重要的是把握政策转变中的拐点，如降息或加息。我国从 1996 年开始到 2008 年曾连续八次降息；而从 2010 年 1 月 18 日起到 2011 年 6 月 20 日，中央银行又连续 12 次上调法定存款准备金率，在 2011 年 6 月 20 日上调后，大型金融机构存款准备金率已经达到 21.5% 的历史高位。这些都充分体现了经济政策的连续性。另外，还有取消保值贴补、恢复对利息的征税等。当然，现实中需要注意政策的作用效果和时滞问题。

12.1.2 国内国际政治因素

在当今世界，政治与经济已经密不可分，政治上的变化会引起经济变化，自然也将波及股市。影响证券价格变动的政治因素是指国内外政治活动、政府的政策与措施、政权更替、战争爆发，以及国际政治的重大变化等。例如，从 1968 年以来，美国总统竞选年股票价格平均上涨 13.7%，而正常年份股票价格平均上涨只有 4.2%，显示出四年一次的循环周期。这一结论也被历史其他时期股价走势所证实，美国四年一次的总统选举，显示出证券市场每四年一次循环的投资机会，这是因为人们考虑到总统上任后可能会出台有利于经济发展的政策，对股市未来的预期使得选举年股价大幅波动。又如，2001 年美国 9·11 事件发生之后，美国股市和美元汇率双双走低，在美国股市停市 4 天重新开市后，开市第一天（9 月 17 日）就下挫近 700 点。9·11 事件后一周股市主要指数下跌逾 11%，为 20 世纪 30 年代大萧条后最大跌幅。甚至在美国 9·11 事件一周年纪念日，美国股市主要股指收盘也微幅下跌，交投十分清淡。

我国股市对政治变动尤其敏感，股市行情与政治的相关性特别强，政府主要官员有关股市的一言一行，都可能导致股市行情突变，甚至猛升或狂跌，成为影响股价变动的决定因素。

12.2　证券投资的行业因素分析

12.2.1　行业分析目的

从证券投资分析的角度看，宏观经济分析是为了掌握证券投资的宏观环境，把握证券市场的总体趋势。但宏观经济分析并不能提供具体的投资领域和投资对象的建议，面对众多的上市公司，投资者除了要分析宏观经济环境和政策外，更需要进行深入的行业分析和公司分析。

行业分析是对影响行业盈利能力的各种经济因素的确认。分析一家公司的盈利潜力时，应当首先评估公司正参与竞争的行业盈利潜力，因为各行业的盈利能力是不同的并且是有规律和可预测的。例如，1995—1997 年间中国通信设备制造业的投资收益率平均为 12.5%，而纺织业的投资收益率平均则接近零乃至负数。从这两个行业平均利润率的差别可以看出，在国民经济中具有不同地位的行业，其投资价值也不一样。公司的投资价值可能会由于所处行业不同而有明显差异。因此，行业是决定公司投资价值的重要因素之一。那么，是什么导致这些行业盈利能力的差别呢？下面我们对此进行分析。

12.2.2　行业竞争程度分析

现实社会中各行业的市场都是不同的，在最基本的条件下，一个行业的利润是由消费者愿意向该行业的产品或服务支付的最高价格所决定的。决定价格最主要的一个因素是提供相同或相似产品的供应商之间的竞争程度。根据行业中企业的数量、产品性质、价格的制定和其他一些因素，各行业基本上可分为以下四种市场类型：

（1）完全竞争的市场。是指许多企业生产同质产品的市场情形，如初级产品市场。这种市场中生产者众多，生产的产品基本无差别，价格由市场需求决定，生产者和消费者对市场均非常了解并可自由进出市场。

（2）不完全竞争或垄断竞争市场。是指许多生产者生产同种但不同质的产品，如制成品市场。这种市场中的生产者众多，产品之间存在差异，因此生产者可以借以树立自己产品的信誉，从而对其产品的价格有一定的控制能力。

（3）寡头垄断市场。是指少量生产者在某种产品的生产中占很大市场份额的情形。资本密集、技术密集型产品，如汽车、钢铁等，以及储量集中的矿产品，如石油等多属于这种市场。

（4）完全垄断市场。独家生产某种特质产品的市场就是完全垄断市场，如公用事业。这种市场分为政府垄断和私人垄断两种。由于市场被垄断，产品又没有合适的替代品，因此垄断者可以制定理想的价格和产量，以获取最大利润。但垄断者也受到反垄断的法律和政府管制的约束。

12.2.3　行业对经济周期的敏感度

各行业变动时，往往呈现出明显的、可测的增长或衰退的格局。这些变动与国民经济总体的周期变动是有关系的，但关系密切的程度又不一样。据此，可以将行业分为以下几类：

（1）增长型行业。增长型行业的运动状态与经济活动总水平的周期及其振幅并不紧密相关。这些行业收入增长的速率并不会总是随着经济周期的变动而出现同步变动，因为它们主要依靠技术的进步、新产品推出及更优质的服务，从而使其经常呈现出增长态势。

在过去的几十年间，网络、计算机和复印机行业表现出了这种态势。投资者对高增长的行业十分感兴趣，主要是因为这些行业对经济周期性波动来说，提供了一种财富"套期保值"的手段。然而，这种行业增长的态势却使得投资者难以把握精确的购买时机，因为这些行业的股票价格不会随着经济周期的变化而变化。

（2）周期型行业。周期型行业的运动状态与经济周期紧密相关。当经济处于上升时期，这些行业会紧随其扩张；当经济衰退时，这些行业也相应衰落。

产生这种现象的原因是，当经济上升时，对这些行业相关产品的购买相应增加。例如，房地产业、建材业、高档消费品业、耐用品制造业、旅游业以及其他需求的收入弹性较高的行业，就属于典型的周期型行业。

（3）防守型行业。除上述行业之外，还有一些行业被称为防守型行业。这类行业运动形态的存在是因为行业的产品需求相对稳定，需求弹性小，经济周期处于衰退阶段对这种行业的影响也比较小。甚至有些防守型行业在经济衰退时期还会有一定的实际增长。例如，食品业和公用事业就属于防守型行业。正是因为这个原因，投资于防守型行业一般属于收入型投资，而非资本利得型投资。

12.2.4　行业的生命周期

通常，每个行业都要经历一个由成长到衰退的发展演变过程。这个过程便称为行业的生命周期。一般的，我们把一个行业经历的由成长到衰退的发展演变过程分为初创（开拓）期、成长（扩展）期、成熟（稳定）期和衰退期四个阶段（参见图12—1）。

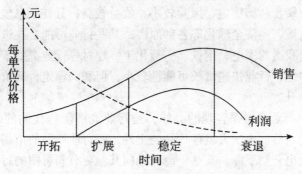

图12—1　行业生命周期

（1）初创期。在这一阶段，由于行业刚刚诞生或初建不久，只有为数不多的投资公司投资于这个新兴的行业。另外，创业公司的研究和开发费用较高，而大众对其产品尚缺乏全面了解，致使产品市场需求狭窄，市场规模小制约了销售收入的增长，市场认同度低封杀了产品价格的上扬空间，成本较高使业绩不佳。这一时期是风险大、收益小的时期，其主要风险是技术风险和市场风险，如目前的基因工程。初创期由于收益少甚至亏损，但人们的预期较高，股价有的也有可能会很高。由于这种价格的大幅上升没有业绩基础，而初创期的风险较大，因而必然是投机性的，所以价格波动不可避免。

（2）成长期。成长期是行业发展的黄金时期，产品受到普遍认同，技术成熟化、产品多元化和标准化，使成本降低，销售收入增加，行业业绩优良，高速增长。这一时期的主要风险是管理和市场风险。投资于这些企业的投资者往往能获得极高的投资回报，所以成长期阶段有时被称为投资机会时期。网络服务、软件、计算机硬件、新型材料、精细化工等行业都正处于成长期。以比尔·盖茨为代表的美国新型亿万富翁大都是通过持有这些行业股票而致富的。在成长期后期，由于前期加速成长的示范效应，众多企业纷纷加入，投资于新行业的厂商大量增加，产品也逐步从单一、低质、高价向多样、优质和低价方向发展，出现了生产厂商之间和产品之间相互竞争的局面，超额利润会减少，但仍然能在一定程度上超过宏观经济的发展，这种状况会持续数年、十数年或数十年，因此这种行业仍然是较好的投资对象，如中国的电子、通讯、电力、旅游、交通等行业。当市场需求趋向饱和，产品的销售增长率减慢时，整个行业便开始进入成熟期。在成长期由于产业利润快速增长，股价呈上涨趋势，由于有业绩基础，所以上涨具有长期性。

（3）成熟期。行业的成熟期是一个相对较长的时期。其特点是市场规模增速减弱，产品价格、业绩、利润稳定，风险较小，收益较高，分红派息较多。当然，由于技术创新、产业政策、经济全球化等各种原因，某些行业可能会在进入成熟期之后迎来新的增长。目前我国的家电、钢铁、一般化工、建材等行业都处于这个时期。成熟期是蓝筹股的集中地，行业快速增长可能性较小，但利润稳定，股价一般不会大幅度升降，但会稳步攀升。

（4）衰退期。行业衰退是客观的必然，是行业经济新陈代谢的表现。衰退期出现在较长的稳定期之后。由于大量替代品的出现，原行业产品的市场需求开始逐渐减少，产品的销售量也开始下降，某些厂商开始向其他更有利可图的行业转移资金，因而原行业出现了厂商数量减少、利润水平停滞不前或不断下降的萧条景象。至此，整个行业便进入了衰退期。此时的风险主要是生存风险。但在很多情况下，行业的衰退期往往比行业生命周期的其他三个阶段的总和还要长，大量的行业都是衰而不亡，甚至会与人类社会长期共存。例如，纺织业在衰退，但是人们却看不到它们的消亡；烟草业更是如此，难有终期。

另外，由于行业已丧失发展空间，所以在市场上已无优势，股价呈下跌趋势，但有重组题材或借壳上市等利好因素，股价就会大幅度上涨，如许多 ST 股票的价格超过蓝筹股，即是"乌鸦变凤凰"的现象。

总之，投资者应当仔细研究公司所处的行业生命周期，跟踪考察该行业的发展趋势，分析行业的投资价值和投资风险。

12.2.5 影响行业兴衰的因素

一个行业的实际生命周期会受到以下因素的影响：

（1）技术进步。技术进步对行业的影响是巨大的，它往往催生了一个新的行业，同时迫使一个旧的行业加速进入衰退期。例如，电灯的出现极大地削减了对煤气灯的需求，蒸汽动力行业则被电力行业逐渐取代，喷气式飞机代替了螺旋桨飞机，大规模集成电路计算机则取代了一般的电子计算机等等。这些新产品在定型和大批量生产后，市场价格大幅度下降，从而很快就能被消费者所使用。上述这些特点使得新兴行业能够很快地超过并代替旧行业，或严重地威胁原有行业的生存。未来优势行业将伴随新的技术创新而到来，处于技术尖端的基因技术、纳米技术等将催生新的优势行业。

当然，新旧行业并存是未来全球行业发展的基本规律和特点，大部分行业都是国民经济不可缺少的。多数行业都会在竞争中发生变化，以新的增长方式为自己找到生存的空间。例如，传统农业已经遍布全世界，未来农业还会靠技术创新来获得深度增长。传统工业在通过技术创新获得深度增长的同时，还可以通过行业的国际间转移，在其他相对落后的国家获得广度增长的机会。

（2）产业政策。任何一个政府对经济发展都有长远规划，会采用不同的产业政策，在一定时期内重点发展某些行业，限制发展另一些行业。政府实施的政策措施可以包括政府直接投资、制定差别税率、实行折旧和成本控制等。政府想重点发展某些行业就可以通过补贴、优惠税、保护性关税和保护某一行业的附加法规等措施来实现。因为这些措施有利于降低该行业的成本，并刺激和扩大其投资规模。政府的支持往往成为优势产业成长的重要条件，这会连带地刺激该行业股票价格上涨；反之，则使股票价格下跌。某些时候，政府可能会直接干预企业行为，如美国政府历史上屡次以违反反垄断法状告一些大公司就是个明显的例子。

此外，由于股市中心理预期的作用，通常在政府部门着手制定或酝酿有关法规和政策时，股价就会开始涨跌变动，到正式实施时，变动幅度更大。

（3）生活习惯的改变。随着人们生活水平和受教育程度的提高，消费心理、消费习惯、文明程度和社会责任感会逐渐改变，从而引起对某些商品的需求变化并进一步影响行业的兴衰。在收入相对比较低的时候，由于恩格尔定律的作用，人们对生活用品有较大需求，提供生活消费品的可口可乐、宝洁、强生公司和满足这些需求的销售渠道诸如沃尔玛公司，均在不断满足这些消费需求的过程中发展起来。随着收入水平的提高，生活消费品支出占消费总支出的比例逐渐下降，人们更多地需要服务消费和金融投资，金融、旅游、教育、医疗、保险、体育、文化等行业从中获得了快速增长的动力。

（4）相关行业变动因素。相关行业变动对股价的影响一般表现为三个方面：

①如果相关行业的产品是该行业生产的投入品，那么相关产品价格上升，就会造成该行业的生产成本提高、利润下降，从而股价会出现下降趋势；相反的情况也成立。例如，钢铁材料价格上涨，就可能使生产汽车的公司股票价格下跌。

②如果相关行业的产品是该行业产品的替代品，那么若相关行业产品价格上涨，就会提高对该行业产品的市场需求，从而使市场销售量增加，公司盈利也因此提高，股价上升；反之也成立。例如，茶叶价格上升，可能对经营咖啡制品的公司股票价格产生利好消息。相关的替代产品不一定是形式相同的，而是那些具有同样效用的产

品。例如，对于短距离旅行来说，火车与出租客车服务可以互相替代；饮料业中作为包装物的塑料瓶和金属罐可以相互替代。

③如果相关行业产品与该行业产品是互补关系，那么相关行业产品价格上升，对该行业内部的公司股票价格将产生利淡影响。例如，1973年石油危机爆发后，美国消费者开始偏好省油的小汽车，结果对美国汽车制造业形成相当大的打击，其股价大幅下跌。

12.2.6　投资选择

（1）顺应趋势，选择潜力股。

（2）对处于不同阶段的行业的投资选择。对处于初创期的行业，如目前的遗传工程行业，由于风险较大、收益小，企业只有几家，可选择余地小，因此适合于投机者。对于处于成长期的行业，如计算机、通讯等，一方面高速增长，另一方面竞争激烈，破产倒闭可能性大，一般适合于趋势投资者，但不适合于价值型投资者，如果选择正确可能获得巨额回报，否则就会血本无归。对于成熟期的行业，风险较小、收益较大，适于收益型或价值型投资者。对处于衰退期的行业，要关注规模小的上市公司，有可能被重组或是成为"壳资源"。

（3）正确理解国家的行业政策，把握投资机会。国家对某一行业的扶持或限制，往往意味着这一行业会有更大的发展空间，或者被封杀发展空间，因而国家的行业政策具有导向作用，在把握行业结构演进趋势的基础上正确理解国家的行业政策，能更好地实现投资效益。

12.2.7　个人电脑——IBM兼容机行业盈利分析

当1981年IBM公司宣布其个人电脑与Intel公司的微处理器和微软公司的DOS操作系统兼容时，该产业就产生了。截至1998年，全球该产业已发展成为超过1 500亿美元的产业。尽管有如此神奇的增长历史，但长期以来该产业的特点却是利润水平极低，包括像行业内著名的康柏以及国内的联想这类企业。怎么解释这种低利润率呢？该行业未来的盈利潜力如何呢？下面就国内PC行业做一提要性分析。

（1）个人电脑行业由于以下多方面的原因导致了竞争的激烈：

①市场高度细分，行业集中度很低，即使国内最大企业——联想公司，也只占有大约近18%的市场份额。最大的8家企业共占有35%的市场份额。

②零部件成本占个人电脑总成本的80% ~90%，而且零部件的批量购买可以降

低成本。因此，电脑生产商为争夺市场份额展开了激烈的竞争。

③不同的企业生产的产品实际上是一样的，几乎无法区别。在该行业发展早期，品牌和服务是消费者对电脑估价的标准。当个人电脑的买主对电脑技术比较了解后，品牌和服务变得越来越不重要了。

④不同品牌的 PC 之间的替代成本相对较低，因为它们都可以与 IBM 电脑兼容。

⑤分销途径不是主要的障碍。各类电子市场及电脑超市减轻了这种限制，因为这些商店愿意同时经营几种不同的品牌。DELL 的直销方式更使得分销途径不成为障碍。

⑥既然实际上生产一台 PC 的所有零部件都可以买到，几乎没有什么能够阻碍企业进入该行业。M. Dell 在 20 世纪 80 年代初创办 DELL 公司时，就是从在大学宿舍里组装电脑开始的。

⑦苹果公司的 Macintosh 电脑、Sun 公司的工作站 HPC 新型掌上电脑等产品都是 PC 的替代品或潜在替代品。

（2）供应商和买方的议价能力。供应商和买方对该行业的企业具有很强的议价能力，原因如下：

①PC 所用关键硬件和软件事实上都由垄断公司控制。Intel 公司控制着 CPU，微软公司 Windows 控制着操作系统。

②作为消费群体主要部分的公司买主对 PC 价格高度敏感，这是因为 PC 支出占其经营成本的很大比重。而且，个人消费者对个人电脑技术越来越了解时，电脑的品牌已经很少影响他们的购买决策了。买主日益把电脑视为一种商品，购买时主要考虑的是价格因素，因此具有很强的议价能力。

综上所述，由于进入 PC 业十分方便，不同生产商之间展开了激烈的价格竞争。对企业来说，迅速宣传新产品、保持高质量以及提供出色的售后服务是必需的，这些都要花费一大笔钱，从而导致行业的利润率较低；而供应商和买方很强的议价能力又进一步降低了利润潜力。这样，尽管 PC 代表了一个高技术和高成长的新兴行业，但其利润潜力却很低。

由于个人电脑业基本结构没有多大变化，在投入产出市场上还没有可能出现向微软和 Intel 公司的统治地位发起挑战的企业，而来自 PC 的各类替代品的威胁也在增加，这导致 PC 业的盈利能力至少在近期内不可能有大的提高。

12.3 证券投资的公司因素分析

上市公司股票价格的变化，除了受宏观经济形势和公司所处行业的发展趋势影响之外，还受到公司内在因素的影响。投资者通过对影响公司股价变动的公司内部因素、公司经营策略、公司历史业绩和公司前景的分析，可以判断出某个公司投资价值的高低以及股价的可能变动趋势。

12.3.1 影响公司股价变动的内部因素

（1）盈利能力。公司盈利能力大小，是一个公司是否值得投资的关键因素。理论上，公司的盈利能力强，公司的盈余就会增加，可供派发的股息就多，公司的股价就会上涨；反之，股价就可能下跌。统计资料显示，公司股票价格的变化往往发生在公司盈利水平变动之前，变动的幅度显著超出公司盈利的变动幅度。所以，投资者要对盈利能力事先做出预测。

（2）股利派发政策。公司的股利派发政策直接影响股票价格。一般来说，股利是股价的基础，也是投资者选择股票的标准。股利高，股价上涨；股利低，股价下降。公司盈利的增加并不意味着股利也能增加，盈利的增加只不过为增加股利提供了可能性。公司盈利增加后，可以不增加股利而是扩大投资，也可能是增加股利的派发。如果公司宣布增加股利，股票价格上升；如果减少股利，则股票价格下降。

公司发放股利的形式有许多种，除了现金股利外，还有股票股利、财产股利等，公司有时还会对公司股票进行分割，或者在市场上收购公司股票，抬高股价，从而使股东获得资本利得。股份分割后，虽然持有人的股份并没有改变，但它能给股票持有人带来更高的希望，往往比公司宣布增加股利更富吸引力，因而会刺激股价上升。同样，股票分红也比增加现金股利更受投资者欢迎，易成为影响股价的因素。因此，投资者在分析股利多寡时，要从不同角度综合考虑，要计算以其他方式流入股东手中的股利是多少。

（3）资产账面价值。每股账面价值又称每股净资产。这里所说的账面净资产是指公司账面上的公司总资产减去总负债后的余额，即股东权益总额。每股净资产指标反映了在会计期末每一股份在公司账面上到底值多少钱，它与股票面值、发行价值、市场价值乃至清算价值等往往有较大差距。它反映公司的含金量是多少，是投资者衡量上市公司股票投资价值的指标。在公司性质相同、股票市价相近的条件下，某一公司股票的每股净资产越高，则公司发展潜力与其股票的投资价值越大，投资者所承担的投资风险越小，越容易受到人们的追捧。但是，也不能一概而论，在市场投机气氛较浓的情况下，每股净资产指标往往不太受重视。投资者，特别是短线投资者注重股票市价的变动，有的公司的股票市价低于其账面价值，投资者会认为这个公司没有前景，从而失去对该公司股票的兴趣；如果市价高于其账面价值，而且差距较大，投资者会认为公司前景良好，有潜力，因而甘愿承担较大的风险购进该公司股票。

（4）股份变动。当公司有新股发行和上市，公司有收购兼并事件发生时，对股票价格影响极大，而且这种影响是多方面的。

（5）领导变动。根据公司章程，股份公司要定期进行董监事改选。每逢此时，有意控制上市公司管理权的实力大户会逐步买进该公司的股票。市场上的股价受其影响就会节节上升，敏锐的投资者可以从股市行情的波动中判断出来，积极参与购进，以待价格高位时抛出，获取资本利得。因此，在每一次公司领导层变动的前后都会有股价的涨落。

（6）公司的竞争能力。公司竞争能力的强弱，也会引起公司股价的涨跌。公司的竞争能力主要看公司是否是市场的领导者。在一个行业中，上市公司在行业中的地位，将决定该公司竞争能力的强弱。如果某公司为该行业的领头羊，其产品在市场上占主导地位，其他同行业的企业都无法与其抗衡，则该公司的竞争能力就较强，在行业中有较强的号召力，因而该公司的股价将相对稳定或稳步上扬。公司的竞争能力主要用以下三个指标来衡量：①年销售额；②销售额的年增长率；③销售额的稳定性。因为，效益好并能长期存在的公司，其市场占有率必须是长期稳定并呈增长趋势的。比如，可口可乐公司的产品遍及世界各国，在每个销售区其市场占有率均是当地饮料的三强之一，如此巨大而稳定的市场份额是公司的立身之本，也是公司的利润之源。

（7）管理人员的素质和管理才能。一个企业的兴衰与企业管理层的能力、素质和开拓精神有密切的联系，很多时候对企业的投资实际上是对管理层的认同。一个有能力的企业家可以挽救一个经营陷于困难的企业，优秀的企业家总是有胜人一筹的长远决策能力。上市公司管理层的素质和管理才能对于公司的发展是非常重要的，投资者也会以此为依据评价公司的成长性。

除了以上因素以外，公司股票流通盘大小、流通市值高低、成长性的好坏、行业前景、政策性扶持程度、上市时间的长短、机构平均成本的高低、往年送配的情况等等都是影响公司市场价格的主要因素，只有通过对这些因素的充分挖掘，在充分认知其公司价值的基础上，才能充分了解该公司的市场价值。

12.3.2 公司财务状况分析

财务状况分析就是通过一定方法根据企业一定时期连续的财务报表，比较各期有关项目的变化情况，以掌握企业的财务状况变化及其基本趋势。

1）财务报表

财务状况分析的主要对象是财务报表，企业的财务报表包括资产负债表、利润表、现金流量表和所有者权益（或股东权益）变动表。财务报表分析是以企业基本活动为对象，以财务报表为主要信息来源，以分析和综合为主要方法的系统认识企业的过程，其目的是了解过去、评价现在和预测未来，以帮助报表使用人做出投资决策。

（1）资产负债表

资产负债表（Balance Sheet）是反映企业在某一特定日期财务状况的报表。资产负债表是静态报表，表明在某一特定日期企业所拥有的经济资源、所承担的债务和所有者拥有的权益。该表是根据"资产＝负债+所有者权益"的平衡公式进行编制的，分为左右两方，左方是各项资产，右方为负债和所有者权益。"资产"表示企业所拥有的财产，"负债和所有者权益"表示企业资金的来源和每一种来源提供了多少金额的资金。由于企业所拥有的各项财产都是由债权人和所有者提供的，因此，债权人和所有者所享有的权利必须和企业的全部资产相等，即资产负债表的左方总计和右方总计永远是相等的。参见表12—1。

表12—1　　　　　　　　　　**合并资产负债表**

20××年12月31日

编制单位：××××股份有限公司　　　　　　　　　　　　　　单位：元　币种：人民币

项　　目	附注	期末余额	年初余额
流动资产：			
货币资金		1 176 683 931.49	941 576 087.21
交易性金融资产		28 387 335.00	66 487 025.00
应收票据		2 621 860.00	3 354 900.00
应收账款		28 705 964.94	36 509 707.68
预付款项		20 227 996.71	21 778 504.77

续表

项　目	附注	期末余额	年初余额
应收利息			
应收股利			1 295 059.08
其他应收款		28 323 620.82	118 649 190.85
存货		1 030 418 859.38	611 122 041.94
一年内到期的非流动资产			
其他流动资产			
流动资产合计		2 315 369 568.34	1 800 772 516.53
非流动资产：			
发放贷款及垫款			
可供出售金融资产		43 282 024.71	105 008 933.17
持有至到期投资			
长期应收款			
长期股权投资		392 060 143.62	253 344 579.23
投资性房地产		148 342 809.88	149 267 499.01
固定资产		49 021 230.50	50 275 906.29
在建工程		12 320 273.00	24 306 847.93
工程物资			
固定资产清理			
生产性生物资产			
油气资产			
无形资产			
开发支出			
商誉			
长期待摊费用		235 616.60	317 516.60

项　目	附注	期末余额	年初余额
递延所得税资产		27 414 071.30	11 285 178.06
其他非流动资产			
非流动资产合计		672 676 169.61	593 806 460.29
资产总计		2 988 045 737.95	2 394 578 976.82
流动负债：			
短期借款		138 000 000.00	158 000 000.00
交易性金融负债			
应付票据			
应付账款		60 805 950.48	54 566 834.43
预收款项		804 246 302.76	449 807 566.90
应付职工薪酬		55 290 225.14	48 723 838.77
应交税费		−35 132 152.74	14 572 290.96
应付利息		283 883.18	257 670.00
应付股利		5 888 596.07	5 955 988.07
其他应付款		369 312 206.82	96 397 262.07
一年内到期的非流动负债			
其他流动负债			
流动负债合计		1 398 695 011.71	828 281 451.20
非流动负债：			
长期借款		20 000 000.00	75 000 000.00
应付债券			
长期应付款			
专项应付款			
预计负债		248 957.62	202 841.20

续表

项　目	附注	期末余额	年初余额
递延所得税负债		7 907 565.62	29 663 745.58
其他非流动负债			
非流动负债合计		28 156 523.24	104 866 586.78
负债合计		1 426 851 534.95	933 148 037.98
股东权益：			
股本		514 303 802.00	395 618 309.00
资本公积		671 421 579.85	715 003 437.97
减：库存股			
盈余公积		67 658 808.44	46 350 507.88
一般风险准备			
未分配利润		256 419 347.25	249 868 734.20
外币报表折算差额			
归属于母公司所有者权益合计		1 509 803 537.54	1 406 840 989.05
少数股东权益		51 390 665.46	54 589 949.79
股东权益合计		1 561 194 203.00	1 461 430 938.84
负债和股东权益合计		2 988 045 737.95	2 394 578 976.82

公司法定代表人：钱明　　　　主管会计工作负责人：阎德松

由表 12—1 可知，资产负债表反映了企业在期末结余的全部资产、负债和所有者权益的存量情况，利用该表可以了解企业的变现能力和偿债能力，与其他报表结合还可以了解企业的盈利能力。

（2）利润表

利润表（Income Statement）是反映企业一定会计期间经营成果的报表。利润表是动态报表。利润表编制的要素是收入、费用和利润。

利润表的格式有单步式和多步式两种。我国企业会计制度规定利润表的格式为多步式。多步式利润表的编制方法是自上而下分层次列出各项收入与费用（成本）的累计金额，两者相减得出盈亏。参见表 12—2。

表 12—2　　　　　　　　　　合并利润表

20××年 12 月 31 日

编制单位：××××股份有限公司　　　　　　　　　　　　单位：元　币种：人民币

项　目	附注	本期金额	上期金额
一、营业总收入		881 951 804.73	839 252 652.71
其中：营业收入		881 951 804.73	839 252 652.71
二、营业总成本		857 145 094.87	753 687 541.37
其中：营业成本		758 084 295.36	616 723 036.94
营业税金及附加		27 529 669.95	46 755 715.05
销售费用		19 764 761.08	15 101 976.61
管理费用		52 500 856.65	74 057 271.73
财务费用		−1 839 014.69	−699 803.44
资产减值损失		1 104 526.52	1 749 344.48
加：公允价值变动收益（损失以"−"号填列）		−48 443 495.00	27 412 513.98
投资收益（损失以"−"号填列）		156 695 839.29	90 307 377.10
其中：对联营企业和合营企业的投资收益		136 303 871.10	61 232 750.51
三、营业利润（亏损以"−"号填列）		133 059 054.15	203 285 002.42
加：营业外收入		33 788 308.09	5 438 239.00
减：营业外支出		8 641 676.95	974 748.43
其中：非流动资产处置净损失		6 600 009.80	393 798.92
四、利润总额（亏损总额以"−"号填列）		158 205 685.29	207 748 492.99
减：所得税费用		−12 336 989.33	44 973 700.79
五、净利润（净亏损以"−"号填列）		170 542 674.62	162 774 792.20
归属于母公司所有者的净利润		166 383 113.13	152 203 427.91
少数股东损益		4 159 561.49	10 571 364.29
六、每股收益：			
（一）基本每股收益		0.324	0.346
（二）稀释每股收益		0.324	0.346

公司法定代表人：钱明　　　　主管会计工作负责人：阎德松　　　会计机构负责人：林瑞玉

由表 12—2 可知，利润表可以体现企业的实际绩效，如与资产负债表结合起来可以全面反映企业的盈利能力。由于多步式利润表注意收入与费用配比的层次，因此便于投资者对企业生产经营情况进行分析，有利于不同企业间进行比较。更重要的是，通过利润表提供的不同时期的比较数字，可以分析预测企业今后利润的发展趋势。

（3）现金流量表

现金流量表（Cash Flow Statement）是反映企业在一定期间内现金和现金等价物流入流出过程的信息报表，从一个侧面展现出企业资产负债表和利润表信息的质量。参见表 12—3。

表 12—3
合并现金流量表
20××年 12 月 31 日

编制单位：××××股份有限公司　　　　　　　　　　　　　　　　单位：元　币种：人民币

项　目	附注	本期金额	上期金额
一、经营活动产生的现金流量：			
销售商品、提供劳务收到的现金		1 268 148 407.75	775 430 312.82
收到的税费返还		32 570 411.85	2 051 078.97
收到其他与经营活动有关的现金		469 455 639.98	225 748 064.05
经营活动现金流入小计		1 770 174 459.58	1 003 229 455.84
购买商品、接受劳务支付的现金		1 180 850 243.93	726 073 113.84
支付给职工以及为职工支付的现金		40 882 890.45	44 735 585.14
支付的各项税费		95 032 512.01	60 456 544.69
支付其他与经营活动有关的现金		109 714 222.62	141 220 158.09
经营活动现金流出小计		1 426 479 869.01	972 485 401.76
经营活动产生的现金流量净额		343 694 590.57	30 744 054.08
二、投资活动产生的现金流量：			
收回投资收到的现金		27 220 638.75	44 308 352.03
取得投资收益收到的现金		22 282 990.08	33 301 126.20
处置固定资产、无形资产和其他长期资产收回的现金净额		10 393 105.71	233 660.00
处置子公司及其他营业单位收到的现金净额			11 393 374.15
收到其他与投资活动有关的现金			60 546.50

续表

项 目	附注	本期金额	上期金额
投资活动现金流入小计		59 896 734.54	89 297 058.88
购建固定资产、无形资产和其他长期资产支付的现金		13 760 088.65	11 455 482.71
投资支付的现金		36 937 188.61	96 753 960.05
质押贷款净增加额			
取得子公司及其他营业单位支付的现金净额			
支付其他与投资活动有关的现金			
投资活动现金流出小计		50 697 277.26	108 209 442.76
投资活动产生的现金流量净额		9 199 457.28	−18 912 383.88
三、筹资活动产生的现金流量:			
吸收投资收到的现金			579 938 400.00
其中：子公司吸收少数股东投资收到的现金			
取得借款收到的现金		168 000 000.00	253 000 000.00
发行债券收到的现金			
收到其他与筹资活动有关的现金			
筹资活动现金流入小计		168 000 000.00	832 938 400.00
偿还债务支付的现金		243 000 000.00	188 000 000.00
分配股利、利润或偿付利息支付的现金		42 587 418.44	9 326 870.51
其中：子公司支付给少数股东的股利、利润		7 425 907.62	4 851 017.18
支付其他与筹资活动有关的现金			16 718 998.99
筹资活动现金流出小计		285 587 418.44	214 045 869.50
筹资活动产生的现金流量净额		−117 587 418.44	618 892 530.50
四、汇率变动对现金及现金等价物的影响		−198 785.13	82 913.56
五、现金及现金等价物净增加额		235 107 844.28	630 807 114.26
加：期初现金及现金等价物余额		941 576 087.21	310 768 972.95
六、期末现金及现金等价物余额		1 176 683 931.49	941 576 087.21

公司法定代表人：钱明　　　主管会计工作负责人：阎德松　　　会计机构负责人：林瑞玉

由表 12—3 可知，现金流量表是按收付实现制原则编制的，因此不受会计核算方法的影响。企业全部现金流量由经营活动、投资活动、筹资活动产生的现金流量组成。相比利润指标，现金流量可以更准确地揭示企业是否有能力偿还债务、支付利息和分配股利以及是否具有持续性等等，投资者可以据此做出投资决策。

因为，企业的现金状况是企业生存和发展的基础，所以现金流量比利润更重要。现金犹如企业日常运作的"血液"，对现金流量表分析，可初步得出企业日常运作的好坏。获得足够的现金是企业创建优良经营业绩的有力支撑，一个企业的账面利润再高，如果没有相应的现金流量，依然无法进行正常的经营活动，甚至会使财务状况恶化，最终导致破产。在 1997 年的亚洲金融风暴中，最令人感到震惊的恐怕就是香港"百富勤"的被迫清盘了。"百富勤"因无法及时筹集 6 000 万美元以偿还到期债务，最终导致崩溃。事实上"百富勤"只是定息市场业务在东南亚金融危机中蒙受了巨大损失，但集团整体仍在盈利，也远未达到资不抵债的地步，但终因现金不足无法清偿到期债务，被迫清盘。所以说，只有现金流量与利润同步增长才能说明企业增长具有可信度。分析现金流量为评判企业价值提供了一种比考察利润更为客观的方法，它剔除了利润在各年的分布受折旧方法等人为因素的影响。对现金流量的分析表明，一个企业的价值应等于在企业生命周期内可产生的净现金流量的现值，这与巴菲特的现金决定企业价值的投资理念不谋而合。

从以上的简单讨论可见，现金流量要比利润指标更能反映企业的经营质量和企业的价值。

（4）所有者权益变动表

所有者（股东）权益变动表（Retained Earnings Statement, Owner'S Equity Statement）是反映企业在一定会计期间所有者权益（股东权益）变动情况的报表。所有者（股东）权益变动表是动态报表，该表是根据所有者权益（股东权益）的增减变动来展示。参见表 12—4。

由表 12—4 可知，所有者权益变动表是根据当期净利润、直接计入所有者权益的利得和损失项目、所有者投入资本和向所有者权益分配利润、提取盈余公积等情况分析填列的，反映企业年末所有者权益变动情况。投资者利用所有者（股东）权益变动表可以了解企业所有者权益（股东权益）变动情况及结果，通过所有者（股东）权益变动表提供的不同时期的比较数字，可以分析企业资金结构及发展趋势，了解投资者投入资本的完整性。

表 12—4　　　　　　　　　合并所有者（股东）权益变动表

20××年 12 月 31 日

编制单位：××××股份有限公司　　　　　　　　　　　　　　　单位：元　币种：人民币

项　目	本年金额							少数股东权益	所有者权益合计
	归属于母公司所有者权益								
	股本	资本公积	减：库存股	盈余公积	一般风险准备	未分配利润	其他		
一、上年年末余额	395 618 309.00	715 003 437.97		46 350 507.88		249 868 734.20		54 589 949.79	1 461 430 938.84
加：同一控制下企业合并产生的追溯调整									
会计政策变更									
前期差错更正									
其他									
二、本年年初余额	395 618 309.00	715 003 437.97		46 350 507.88		249 868 734.20		54 589 949.79	1 461 430 938.84
三、本年增减变动金额（减少以"-"号填列）	118 685 493.00	-43 581 858.12		21 308 300.56		6 550 613.05		-3 199 284.33	99 763 264.16
（一）净利润						166 383 113.13		4 159 561.49	170 542 674.62
（二）直接计入所有者权益的利得和损失		-43 581 858.12							-43 581 858.12
1. 可供出售金融资产公允价值变动净额		-58 109 144.16							-58 109 144.16
2. 权益法下被投资单位其他所有者权益变动的影响									
3. 与计入所有者权益项目相关的所得税影响		14 527 286.04							14 527 286.04
4. 其他									
上述（一）和（二）小计		-43 581 858.12				166 383 113.13		4 159 561.49	126 960 816.50
（三）所有者投入和减少资本									
1. 所有者投入资本									
2. 股份支付计入所有者权益的金额									

项　目	本年金额							少数股东权益	所有者权益合计
	归属于母公司所有者权益								
	股本	资本公积	减：库存股	盈余公积	一般风险准备	未分配利润	其他		
3. 其他									
(四) 利润分配				21 308 300.56		−41 147 007.08		−7 358 845.82	−27 197 552.34
1. 提取盈余公积				21 308 300.56		−21 308 300.56			
2. 提取一般风险准备									
3. 对所有者 (或股东) 的分配						−19 780 932.94		−7 332 731.52	−27 113 664.46
4. 其他						−57 773.58		−26 114.30	−83 887.88
(五) 所有者权益内部结转	118 685 493.00					−118 685 493.00			
1. 资本公积转增资本 (或股本)									
2. 盈余公积转增资本 (或股本)									
3. 盈余公积弥补亏损									
4. 其他	118 685 493.00					−118 685 493.00			
四、本期期末余额	514 303 802.00	671 421 579.85		67 658 808.44		256 419 347.25		51 390 665.46	1 561 194 203.00

2）财务报表分析

企业财务分析的方法主要有比较分析法、比率分析法、因素分析法。

对上市公司财务指标进行比较分析的方法主要包括：①将分析期的实际财务数据与计划数据进行对比，以分析实际与计划的差异，比较计划的实际完成情况；②将分析期的实际数据与过去连续几年的财务报表的有关数据进行对比，以比较分析期实际数据与过去不同时期实际数据的差异，从而对公司持续经营能力、财务状况变动趋势、盈利能力做出分析，并预测公司未来的发展趋势；③把公司的实际数据与同行业的平均或先进水平的数据进行比较，从而确定公司财务状况与本行业平均或先进水平的财务状况的差异，通过比较得出公司在行业中的地位，认清优势与不足，正确确定公司的价值。

比率分析法是指在同一期财务报表的若干不同项目或类别之间，用相对数揭示它们之间的相互关系，以分析和评价公司财务状况和经营成果的一种方法。

因素分析法又称连环替代法，是指在财务指标对比分析确定差异的基础上，利用各种因素的顺序替代，从数值上测定各个相关因素对有关财务指标差异的影响程度的一种方法。这种分析方法首先确定某个指标的影响因素及各因素的相互关系，然后依次把其中一个作为可变因素进行替换，最后再分别找出每个因素对差异的影响程度。因素的排列顺序一般是：先数量指标，后价值指标；先外延，后内涵。

本教材重点介绍比率分析法。财务比率分析可分为以下五类：

（1）公司偿债能力分析

公司偿债能力是指公司偿还各种到期债务的能力。如果公司债务结构不合理，短期内到期的债务比较多，而公司又没有那么多的现金偿还债务的话，公司就会陷入债务危机，如公司又不能融通到足够的资金归还到期债务，则该公司可能会破产。公司没有足够的清偿能力，即使盈利能力再高，也是一个危险的企业。所以，公司偿债能力是测试公司的经营基础是否稳固、企业财务结构是否合理的指标。公司偿债能力的大小是任何与公司有关联的人员所关心的重要问题之一。

公司偿债能力分析又可以从三个角度进行：

第一，短期偿债能力分析。

短期偿债能力是指公司以流动资产偿还流动负债的能力。反映公司短期偿债能力的财务比率主要有流动比率、速动比率。

①流动比率。是指全部流动资产除以全部流动负债的比率，流动比率可以反映公司的短期偿债能力的高低。用公式表示为：

$$流动比率 = \frac{流动资产}{流动负债} \times 100\%$$

一般而言，生产类上市公司合理的最佳流动比率应该是 2。这是由于在流动资产中，变现能力最差的存货金额约占流动资产总额的一半，剩下的流动性较大的各类流动资产总额至少要等于流动负债，这样，公司的短期偿债能力才会有保证。但是，这样计算出来的流动比率，只有与同行业平均流动比率、本公司历史的流动比率进行比较，才能知道这个比率是高还是低。

如果要分析流动比率高或低的原因，必须分析流动资产和流动负债所包括的内容以及公司经营上的因素。一般情况下，公司的营业周期、流动资产中的应收账款数额和存货的周转速度是影响流动比率的主要因素。

需要注意的是，流动比率并非越高越好。流动比率过高表示公司可能没有充分有效地运用资金，或者是由于存货的超储积压过多所致。因此，流动比率过高并不一定表示公司财务状况良好。

②速动比率。流动比率越高，公司的偿债能力也就越强，但是流动比率没有考虑公司流动资产中个别资产项目的流动性。流动性即在不需要进行大幅度价格让步的情况下，公司资产转换成现金的能力。所以，还要用速动比率来测试公司资产的流动性。速动比率也称酸性测试比率，是指从流动资产中扣除存货部分，再除以流动负债所得的比率。其计算公式为：

$$速动比率 = \frac{流动资产 - 存货}{流动负债} \times 100\%$$

一般正常的速动比率为 1，低于 1 的速动比率被认为是短期偿债能力偏低。在不同的行业中，速动比率会有很大的不同。如采用大量收取现金销售的商业公司，应收账款很少，速动比率大大低于 1 是很正常的；而一些应收账款较多的工业公司，速动比率可能大于 1。

在计算速动比率时，要把存货从流动资产中减去，这主要是因为：其一，在流动资产中，存货的流动性最差；其二，部分存货可能已经损失但还没有处理；其三，部分存货可能已抵押给债权人；其四，存货估价存在成本价与合理市价的差异。

应收账款的变现能力是影响速动比率真实性的一个重要因素。公司会计账面上的应收账款不一定都能变成现金，因此，实际的坏账可能比计提的坏账准备要多。而且，由于公司业务的季节变化，可能使公司财务报表中的应收账款数额不反映平均水平。

第二，长期偿债能力分析。

长期偿债可以从公司资本结构中反映出来。对于公司的投资者及长期债权人而言，他们不仅关心公司的短期偿债能力，而且更关心公司的长期偿债能力。反映公司长期偿债能力的财务比率有资产负债率、产权比率、有形净值债务率。

①资产负债率。是公司的负债总额除以资产总额的比率。资产负债率反映在总资产中有多大比率是通过借债来筹集的，同时也可以衡量公司在资产清算时债权人有多少权益。资产负债率的计算公式为：

$$资产负债率 = \frac{负债总额}{资产总额} \times 100\%$$

上述公式中的负债总额不仅包括长期负债，而且也包括短期负债。因为短期负债作为一个整体，公司总是长期占用着的，所以可以看成是长期性资本来源的一部分。

资产负债率说明在公司每 100 元资产中，有多少是由负债构成的。通常，公司的资产负债率应控制在50%左右为宜，由此看来，从公司债权人的立场来讲，债权人最关心借给公司的款项的安全性。因此，债权人希望公司的资产负债率越低越好，这样，公司的偿债能力有保证，借款的安全系数就高。从公司投资者的角度来看，如果公司全部资本利润率高于借款利息率，则资产负债率越高越好；反之，则越低越好。而从公司经营者角度来看，如果资产负债率很高，超出债权人的心理承受程度，公司就借不到钱。如果公司资产负债率很低，这说明公司在经营过程中比较谨慎，不轻易借款进行投资；或者是自有资金比较充足，暂时还不需要大规模举债。

②产权比率。也称债务股权比，它是衡量公司长期偿债能力的一个指标。产权比率的计算公式为：

$$产权比率 = \frac{负债总额}{股东权益总额} \times 100\%$$

产权比率反映由债权人提供的资本与股东提供的资本的相对关系，反映公司基本财务结构是否稳定。一般而言，股本大于借入资本较好。从投资者的角度来分析，产权比率高，是高风险、高报酬的财务结构；产权比率低，是低风险、低报酬的财务结构。

③有形净值债务率。公司的有形净值债务率是公司负债总额占有形净值的比率。有形净值是将公司的股东权益减去无形资产净值的差额，即股东所具有所有权的有形资产的净值。其计算公式为：

$$有形净值债务率 = \frac{负债总额}{股东权益 - 无形资产净值} \times 100\%$$

有形净值债务率是产权比率的延伸，从公司长期偿债能力来讲，有形净值债务率越低越好。由于无形资产包括商誉、商标、专利权以及非专利技术等，是不一定能用来还债的，为谨慎起见，一律视其为不能还债的资产，而将其从股东权益中扣除。

第三，偿债能力保障程度分析。

偿债能力保障程度主要衡量公司对固定利息费用所提供的保障程度。反映偿债能力保障程度的财务比率是已获利息倍数。

已获利息倍数是指公司经营业务收益与利息费用的比率，用于衡量公司偿付借款利息的能力。其计算公式为：

已获利息倍数 = （税后利润+所得税+利息费用）/利息费用

已获利息倍数越大，公司到期不能支付利息的风险就越小；反之，则公司到期不能支付利息的风险就越大。一般认为，公司已获利息倍数为3时，公司即具有良好的偿付利息的能力。但已获利息倍数也有缺点，因为公司除偿还利息外，还必须偿还借款本金。尽管公司短期内不立即偿还本金，但也应建立偿债基金，以备借款到期时有足够的资金用于偿还所欠债务。

（2）资本结构分析

资本结构分析主要是分析企业资产与负债、股东权益之间的相互关系，反映企业使用财务杠杆的程度及财务杠杆的作用。涉及四个指标：

①股东权益比率。是股东权益对总资产的比率，简称权益比率。其公式为：

$$股东权益比率 = \frac{股东权益}{资产总额} \times 100\%$$

股东权益包括普通股票股本、优先股票股本、资本公积金以及保留盈余等。对股东来说，股东权益比率过高，意味着企业不敢负债经营，没有积极地利用财务杠杆作用。在企业的资本利润率高于融资的固定利率或费用时，财务杠杆发挥积极有效的作用，股东权益比率偏低些较好。但是，如果企业的资本利润率低于融资成本时，股东权益比率过低意味着利息负担过重，财务杠杆发挥消极的负面作用。对债权人来说，股东权益比率高意味着企业资金来源中股东投资的比率大，举债融资的比率小，债权人的权益受到保护的程度大。

②负债比率。即资产负债比率（Debt Ratio），已在长期偿债能力分析中论述。

股东权益比率与负债比率两者相加应该等于100%。这两个比率结合起来分析，可反映公司的资本结构、两种资本在公司总资本中的比例关系以及各自的作用。

③长期负债比率。长期负债占固定资产的比率。其公式为：

$$长期负债比率 = \frac{长期负债}{固定资产} \times 100\%$$

这一比率反映公司固定资产中长期负债占的比率，如果这一比率较高，说明公司过多地依赖长期债务购置固定资产，由于固定资产流动性较差，债权人的权益受保护程度小。这一比率较低，说明公司尚未充分利用财务杠杆作用，也说明公司尚有较大的潜在借债能力，特别是在需要用固定资产作抵押时，可为债权人提供安全保障。

④股东权益占固定资产比率。其计算公式是：

$$股东权益占固定资产比率 = \frac{股东权益}{固定资产} \times 100\%$$

由于股东权益主要用于固定资产投资，所以这一比率可反映公司股东投资是过多还是不够充分。这一比率与长期负债比率比较，表明公司购置固定资产的两个资金来源以及各占多少比率。一般情况下，股东权益占固定资产比率应略大于50%，而长期负债比率应略小于50%为好。

（3）公司营运能力分析

营运能力比率也称资产管理比率，是用来衡量公司资产管理方面效率的财务比率。它主要取决于公司资产与权益周转的速度。公司资产与权益的周转速度越快，公司资金的使用效率就越高，公司的营运能力就越强；反之，公司的营运能力就越差。

①应收账款周转率。公司的应收账款在流动资产中具有举足轻重的地位。公司应收账款如能及时收回，公司的资金使用效率便能大幅提高。应收账款周转率是评估企业应收账款的变现速度和企业流动资产周转状况的重要指标。其计算公式为：

$$应收账款周转率 = \frac{赊销净额}{平均应收账款净额}（次/年）$$

式中：

平均应收账款 =（年初应收账款余额+年末应收账款余额）/2

$$应收账款周转天数 = \frac{360}{应收账款周转率} = \frac{平均应收账款×360}{销售收入}$$

一般而言，公司的应收账款周转率越高，平均收账期越短，说明公司的应收账款回收得快；反之，则公司的营运资金过多地呆滞在应收账款上，会严重影响公司资金的正常周转。

同时，也有一些因素会影响应收账款周转率和周转天数的计算。首先，由于公司生产经营的季节性原因，使应收账款周转率不能正确反映公司销售的实际情况。其次，公司在产品销售过程中大量使用分期付款的方式。再次，有些公司采取大量收取现金方式进行销售。最后，有些公司年末销售量大增或年末销售量大幅下降。这些因素都会对应收账款周转率或周转天数造成很大的影响。财务报表的分析者应将公司的应收账款周转率与周转天数与公司前期指标、行业平均水平和其他类似公司相关指标相比较，才能分析、判断出公司该指标的真实水平。

②存货周转率。是衡量和评价公司购入存货、投入生产、销售收入等各环节管理状况的综合性指标。存货周转率是销售成本与平均存货的比率。用时间表示的存货周转率就是存货周转天数。其计算公式为：

$$存货周转率 = \frac{销货成本}{平均存货}×100\%$$

式中：

平均存货 =（期初存货+期末存货）/2

$$或： = \frac{\sum_{1}^{12} 年度内每月末存货余额}{12}$$

存货周转天数=360/存货周转率

公司存货的流动性如何，将直接影响公司的流动比率。一般而言，公司存货的周转速度越快，存货的占用水平就越低，流动性越强，存货的变现速度越快。所以，提高存货周转率可以提高存货的变现能力。

存货周转率和存货周转天数分析的目的是找出公司存货管理中存在的问题，从而提高存货管理的水平，使存货管理在保证公司生产经营连续性的同时，尽可能少占用公司的经营资金，提高公司资金的使用效率，促进公司管理水平的提高。

③总资产周转率。是公司销售收入与平均资产总额的比率。其计算公式为：

总资产周转率=销售收入/平均资产总额

式中：

平均资产总额=（年初资产总额+年末资产总额）/2

总资产周转次数越多，周转天数越少，则表明一家公司全部资产的利用效率越高，公司的获利能力就越强。

（4）公司盈利能力分析

企业盈利能力分析主要反映资产利用的结果，即企业利用资产实现利润的情况。通过对盈利能力指标的长期趋势分析，可判断公司的投资价值。

①销售毛利率。是指企业的销售收入与销售成本的差额（或是营业收入与营业成本的差额）占销售收入的百分比。其计算公式为：

$$销售毛利率=\frac{利润总额}{销售收入}\times100\%$$

该指标表示每 1 元销售收入扣除销售成本后，用于期间费用和形成利润的部分，是考核公司经营状况和财务成果的重要指标。一般来说，毛利率指标越高越好，但不同行业间的毛利率相差很大，而在同一行业中，各企业的毛利率差距不大，通过行业内的横向比较还是可以发现企业在定价、销售及成本控制等方面存在的问题及差距的。

②销售净利率。企业销售净利率是指公司净利润占销售收入的百分比。其计算公式为：

$$销售净利率=\frac{净利润}{销售收入}\times100\%$$

销售净利率与净利润成正比，与销售收入成反比。销售净利率反映每 1 元的销售收入带来的净利润是多少，表示销售收入的最终收益水平，所以，销售净利率指标越高越好。通过分析销售净利率升降变动，可以促使企业在扩大销售的同时，改进经营管理，提高盈利水平。

③总资产报酬率。简称 ROA（Return On Assets），又称总资产收益率。是指公司在一定时期内的净利润与资产总额的百分比。其计算公式为：

总资产报酬率＝净利润/平均资产总额

式中：

平均总资产＝（年初总资产＋年末总资产）/2

总资产报酬率指标用来衡量公司利用全部资产实现利润的情况，即每 1 元钱的资产能获取多少净利润。该指标最能显示出公司的经营绩效。该比率越高表示公司运用经济资源的获利能力越强。

（5）投资者获利能力分析

①每股收益。是衡量公司每一股普通股所能获得的纯收益是多少的一个指标。其计算公式为：

$$每股收益 = \frac{净利润 - 优先股的股利}{发行在外的加权平均普通股股数}（元/股）$$

每股收益的计算关键在于普通股股数的确定。一般来说，年度中股数未发生变化时，以年终股数计算；年度中增发新股时，新股需按实际流通期间占全年时间之比率做权数加权计算。

每股收益是投资者评估股票内在价值的最重要的财务指标，它直接影响着普通股股东可获股息的多少和普通股的投资价值，该指标应该是越高越好。在分析每股收益指标时，应注意公司利用回购库存股的方式减少发行在外的普通股股数而使每股收益简单增加的问题。另外，如果公司将盈利用于派发股票股利或配售股票，就会使公司流通在外的股票数量增加，这样将会大量稀释每股收益。在分析上市公司公布的信息时，投资者应注意区分公布的每股收益是按原始股股数还是按完全稀释后的股份计算规则计算的，以免受到误导。

②股利支付率。又称股息支付率、派息率，表明公司派发的普通股票股息在其税后净收益中所占的比率。其计算公式为：

$$股息支付率 = \frac{每股股利}{每股净收益} \times 100\%$$

股利支付率反映了上市公司的股利分配政策和支付股利的能力，也是投资者非常关心的一个指标。股息支付率与行业特点有关，收入较稳定的行业、处于稳定发展阶段的行业，往往股息支付率较高，而新兴的行业、成长性公司的股息支付率却很低。

③每股股利。是指公司股利总额与公司股数的比值。其计算公式为：

每股股利＝股利总额/股本总数

每股股利反映的是上市公司每一普通股获取股利的大小。每股股利越大，则公司股本获利能力就越强。

影响上市公司每股股利发放多少的因素，除了上市公司获利能力大小以外，还取决于公司的股利发放政策。如果公司为了今后的扩大再生产，现在多留公积金，以增强公司发展的后劲，则当前的每股股利必然会减少；反之，则当前的每股股利就增加。

④每股净资产。即每股净值，也称每股账面价值（Bookvalue）或每股权益。是指企业期末净资产（即股东权益）与期末发行在外普通股股数的比值。其计算公式为：

每股净资产＝净资产/发行在外普通股票股数

每股净资产的多少是由股份公司经营状况决定的，股份公司的经营业绩越好，其资产增值越快，每股净值就越高，表明公司的积累越丰厚，分红派息和持续经营的能力越强，股东所拥有的权益也越多。所以，每股净资产值是决定股票市场价格走向的主要根据。

⑤净资产收益率。是公司一定时期的税后净利润与净资产的比率。其计算公式为：

$$净资产收益率 = \frac{净利润}{净资产} \times 100\%$$

净资产收益率又称股东权益报酬率，投资者的投资在资产负债表中形成了股东权益部分，收益在利润表中表现为净利润。两者的比率被定义为股东权益报酬率（Return On Equity，简称 ROE），该指标反映企业所有股东，包括普通股股东和优先股股东投入资本所获取收益的能力。净资产收益率与股东们的经济利益密切相关，税后净利润是股东收益的基本来源，而净资产则是股东对企业的总投资金额。净资产收益率越高，说明公司投资者投入资本的获利能力越强，这一比率越高越好。证券市场的有关法规一般以净资产收益率作为上市公司取得增发或配股的必要条件。

⑥普通股净资产收益率。如果公司既发行普通股票，又发行优先股票，还可以计算普通股净资产收益率，也称普通股股东权益报酬率，是指普通股股东的投资回报率。投资者最关心的就是自己 1 元钱的投资，经过公司经营之后，每年能够带来多少收益。其计算公式为：

$$普通股股东权益报酬率 = \frac{税后净利润 - 优先股股利}{平均普通股股东权益} \times 100\%$$

投资者还可以延伸分析市盈率和市净率指标。

⑦市盈率。是指普通股每股市价与每股盈余的比率，也称为本益比，P/E 值。其计算公式为：

市盈率＝每股市价/每股盈利（倍数）

市盈率反映股票投资者获得单位盈余所付出的成本，是投资者衡量股票的投资报酬率和风险最常用的指标。一般而言，市盈率越低越好。市盈率越低，表示公司的盈利能力越强或每股市价越低，因此，投资风险就越小，股票的投资价值就越高；反之，则投资价值越低。然而，也有一种观点认为，市盈率越高，意味着公司未来成长的潜力越大，也即投资者对该股票的评价越高；反之，投资者对该股票的评价越低。同其他财务指标一样，市盈率指标的应用要具体情况具体分析，而且该指标的应用仅限于行业内部的横向比较，不同行业的公司之间缺乏可比性。

⑧市净率。是指普通股每股市价（P）和每股净资产（Bookvalue）的比值，也称P/B 值。其计算公式为：

市净率＝每股市价/每股净资产

该指标反映了市场对公司资产质量的评价，是投资者评价股票投资价值的一个重要指标。上市公司的每股内含净资产值高而每股市价不高的股票，即市净率越低的股票，其投资价值越高；相反，其投资价值就越小。但在判断投资价值时还要考虑当时的市场环境以及公司经营情况、盈利能力等因素。

市净率能够较好地反映出"有所付出，即有回报"的规则，它能够帮助投资者寻求哪个上市公司能以较少的投入得到较高的产出，对于大的投资机构，它能帮助其辨别投资风险。

投资者在使用上述财务比率分析公司财务状况时，要注意以下三点。

第一，财务比率分析所采用的公司财务报表的财务数据都属于历史数据，对于未来公司财务变动的预测只具有一定的参考价值。

第二，计算财务比率所使用的财务报表数据不一定反映公司财务的真实情况。这是因为公司财务报表是按会计准则编制的，所以公司财务报表上的财务数据符合企业会计准则的要求，但不一定完全反映公司财务的客观实际。例如：①财务报表数据未按通货膨胀或物价水平进行调整；②非流动资产的余额是按历史成本减折旧或摊销计算的，不代表现行成本或变现价值；③有许多项目，如科研开发支出和广告支出，从理论上讲是资本支出，但费用发生时已立即列作了当期费用；④有些项目是估计的，如无形资产摊销和公司开办费摊销，但这种估计未必正确；⑤公司发生了非常的或偶然的事项，如财产盘盈或坏账损失，可能歪曲本期的净收益，使之不反映盈利的正常水平。

第三，个别公司可能选择不同的会计程序，使它们的财务比率失去可比性。对同一会计事项的账务处理，会计准则允许使用几种不同的规则或程序，公司可以自行选择。如：①存货成本和销货成本的计价，可以使用先进先出法、后进先出法、加权平均法、分批实际法等；②折旧的提取，可以使用加速折旧法和直接折旧法等；③对外投资的收益，可以使用成本法或权益法；④所得税费用的确认，可以使用应付税款法或所得税影响法。虽然在公司财务报表的附注说明文字中，对公司的主要会计政策有一定的说明，但财务报表的分析不一定能完成各公司财务比率可比性的调整工作。

因此，鉴于以上几方面的原因，投资者只能在有限的范围内使用财务比率指标，并且不能将其绝对化。

【参考案例】

中国联通（600050）投资价值分析

背景：

中国联通（600050）发布了 2009 年半年报，并在 8 月 31 日上午召开了 A 股投资者关系会议。

上半年主要业绩概述：

（1）财务情况简述。2009 年上半年，公司实现营业收入 784.9 亿元。其中，通信服务收入 766.1 亿元，同比下降 4.2%，按可比口径同比下降 3.1%。移动业务实现通信服务收入 350.7 亿元，同比增长 6.2%；固网业务实现通信服务收入 414.0 亿元，同比下降 11.4%，按可比口径同比下降 9.8%。其中，固网宽带业务收入为人民币 120.9 亿元，同比增长 10.3%。公司实现盈利 65.1 亿元，同比上年持续经营业务盈利下降 42.1%，按可比口径计算同比下降 33.0%，归属于母公司的净利润为 21.9 亿元，基本每股收益为 0.103 元。

（2）业务表现概述。上半年，公司 GSM 用户数累计净增 701.2 万户，用户总数达到 14 037.7 万户。ARPU 为人民币 41.7 元，同比下降 4.3%，环比基本持平。移动增值业务收入占移动业务通信服务收入的比重达到 26.8%。固网宽带用户累计净增 483.2 万户，用户总数达到 3 491.3 万户，ARPU 为 60.2 元，同比下降 13.5%；本地电话用户累计流失 111.8 万户，用户总数达到 10 845.2 万户。

关于 iPhone，中国联通在半年报中发布消息，2009 年 8 月 28 日，公司与苹果公司就未来三年内 iPhone 手机合作销售达成协议，将于 2009 年第四季度正式在中国大陆市场推出 iPhone 手机。

分析：

（1）移动业务稳定增长，期待 3G 发力。公司 2009 年上半年移动业务实现通信服务收入 350.7 亿元，同比增长 6.2%，收入占比从去年同期的 41.9% 提高到 45.9%。GSM 用户累计净增 701.2 万户，用户总数达到 14 037.7 万户；GSM 通信使用量达到 2 048.3 亿分钟，比去年同期增长 10.2%。因为 3 家运营商竞争加剧，中国联通移动用户的市场份额有一定程度的下滑，从 2008 年 8 月的 21.94% 下滑到 2009 年 6 月份的 20.87%，新增用户市场份额仅为 12.56%。但 ARPU 值并未出现大幅下滑的趋势，2009 年为 41.7 元/户·月，和去年同期的 43.6 元/户·月相比，下降 4.3%，但和下半年的 41.0 元/户·月相比，环比基本保持平稳；平均每月每用户通话分钟数（MOU）为 248.9 分钟，比去年同期的 249.6 分钟/户·月下降 0.3%，但和下半年的 243.3 分钟/户·月相比，有小幅提升。在 3G 业务方面，公司未来推进的方面有：①公司计划在 9 月 28 日推出 iPhone，可能是 iPhone3G 的 8GB 机型以及 iPhone3GS 的 16G 和 32G 机型。在 3G 移动终端方面，手机终端及上网卡会存在一定的频段占用及收入贡献匹配问题，考虑到资源有限，预计公司将会侧重于发展手机终端。②目前，公司试商用友好体验城市已达到 268 个。由于规模采购以及网络的协同效应，降低了建设成本，在原 3G 网络建设资本开支计划额度内，年内（2009）公司 3G 网络覆盖城市将由年初计划的 284 个扩大到 335 个。3G 建网进程快于预期。③3G 运营将有望带动公司移动业务 ARPU 值的提升。公司预计 3G 的 ARPU 值将达到 2G 的 1.5~2 倍。但因为 C 网和 G 网互博的教训，公司 3G 的营销策略将不会采用低价及话音定位方式，否则就无法区分公司 3G 及 2G 的业务特点。中国联通希望能通过其他方式撬动移动增值服务市场的收入增长。

（2）固网业务下滑超预期。公司 2009 年上半年固网业务实现通信服务收入 414.0 亿元，同比下降 11.4%，按可比口径同比下降 9.8%，收入占比从去年同期的 57.9% 下降到 53.9%。其中，宽带业务完成服务收入 120.9 亿元，比去年同期增长 10.3%，本地电话业务（固定电话及小灵通）完成服务收入 215.7 亿元，比去年同期下降 17.2%，固网非语音业务收入占固网通信服务收入（不含初装费）的比例达到 47.2%。上半年，固网宽带用户累计净增 483.2 万户，用户总数达到 3 491.3 万户，ARPU 为 60.2 元，同比下降 13.5%；本地电话用户累计流失 111.8 万户，用户总数达到 10 845.2 万户，ARPU 为 32.0 元。未来推进的方面主要有：①固网移动融合采用的是捆绑销售的方式，上半年主要是简单的捆绑，即共享时长、统一账户以及增值业务捆绑，下半年将通过深度捆绑的方式进一步推进。②公司将一方面通过宽带提速，另一方面通过增值业务的开展，提高固网业务的 ARPU 值。③固网和无线宽带各具优势，公司仍会继续推进 FTTX。

（3）剔除不可比因素后成本费用率有所下降。2009 年上半年，公司共发生成本费用人民币 667.4 亿元，比去年同期增长 0.9%。若剔除上年同期不存在的新收购南方 21 省固网资产租赁费的不可比因素，调整后成本费用总计为 658.29 亿元，同比减少 0.5%，环比大幅下降 7.4%。受去年无线市话资产减值因素影响导致需计提折旧之资产余额下降，折旧及摊销发生人民币 235.2 亿元，比去年同期下降 2.8%；但预计四季度，新建 3G 资产陆续开始计提折旧，全年的折旧占比将可能持平并略有增加。随着网络及基站规模扩大，网络、营运及支撑成本 110.1 亿元，比去年同期增长 27.6%；受行业竞争加剧以及 3G 及全业务品牌全面推出等影响，销售费用 96.3 亿元，比去年同期增长 8.1%。

（4）设备价格下降导致公司资本支出减少。上半年公司共支出 372.5 亿元，低于全年预算

1 100亿元的一半。其中3G部分199.3亿元，2G部分44.2亿元，基础设施及传输网60.1亿元，主要原因是集采导致公司资本支出减少。预计全年的资本支出在850亿元左右，未来网络优化将成为公司投资的重点。

(5) 盈利预测：预计公司2009—2011年EPS分别为0.22元、0.27元、0.31元。

（资料来源　http：//www.sse.com.cn/sseportal/cs/zhs/scfw/gg/ssgs/2009-08-29/600050）

● **重要概念**

　　公开市场业务　周期型行业　流动比率　速动比率　资产负债率　应收账款　周转率　存货周转率　已获利息倍数　销售净利率　每股盈余　每股净资产　净资产收益率　总资产收益率　总资产周转率　市盈率　市净率

● **复习思考**

(1) 简述基本分析的主要内容。

(2) 为什么说宏观经济因素是影响证券市场价格变动最重要的因素？

(3) 行业生命周期各阶段的特征主要有哪些？

(4) 货币政策的变动对证券价格有何影响？

(5) 利率变化如何影响股市行情？

(6) 试述股市周期与经济周期的关系。

(7) 试述影响行业兴衰的因素。

(8) 如何通过财务报表对公司投资价值进行分析？

(9) 根据书中上海嘉宝实业股份公司财务报表计算有关指标，对公司的偿债能力、营运能力、盈利能力及投资者获利能力进行分析。

第 13 章 证券投资的技术分析

◇ 学习目标

- 理解技术分析的三大假设及分析要素
- 掌握道氏理论的要点及对技术分析的贡献
- 掌握 K 线的基本种类及含义
- 理解股价变动的趋势特征及确认趋势有效突破的方法
- 知晓股价的几种典型图形形态及含义
- 知晓主要技术分析指标的含义
- 掌握我国沪深交易所实时行情盘口语言指标

证券投资的技术分析，是指通过对证券市场过去已经存在的各种证券价格变化的方向、幅度进行统计记录分析，并据此对证券市场上各证券的价格变化趋势进行预测，从而使投资者做出正确的投资判断。

13.1 技术分析概述

技术分析的理论基础是基于三项合理的市场假设：（1）市场行为涵盖一切信息；（2）价格沿趋势线移动；（3）历史会重演。

第一条假设是进行技术分析的基础。其主要思想是认为任何一个因素对证券市场的影响最终必然体现在股票价格的变动上，对价格的分析即对市场全部的分析。即外在的、内在的、基础的、政策的和心理的因素，以及其他影响股票价格的所有因素，都已经在市场的行为中得到了反映，技术分析人员只需关心这些因素对市场行为的影响效果，而不必对影响股票价格的具体因素是什么过多的关心。

第二条假设是进行技术分析最根本、最核心的因素。其主要思想是股票价格的变

本章建议阅读资料：

1. 中国证券业协会：证券业从业资格考试统编教材（2010）——《证券投资分析》，北京，中国财政经济出版社，2010。
2. 郑超文：《技术分析详解》，上海，复旦大学出版社，1993。
3. 曹雪峰：《证券技术指标精解》，上海，上海财经大学出版社，2001。
4. 鲁正轩：《看盘高手》，广州，广东经济出版社，1999。
5. 乾隆电脑软件有限公司：钱龙股票投资动态分析软件操作手册暨应用法则。

动是按一定规律进行的，股票价格有保持原来方向运动的惯性。一般说来，一段时间内股票价格一直是持续上涨或下跌，那么，今后一段时间，如果股价没有调头的内部和外部因素，股票价格也会按这一方向继续上涨或下跌，没有理由改变这一既定的运动方向。因此，技术分析人员应力图找出股票价格变动的规律，以此指导今后的股票买卖活动。否认了第二条假设，即认为即使没有外部因素影响，股票价格也可以改变原来的运动方向，技术分析就没有了立足之本。

第三条假设是从人的心理因素方面考虑的。在市场中进行具体买卖的是人，是由人决定最终的操作行为，这一行为受人类心理学中某些规律的制约。在证券市场中，一个人在某种情况下按一种方法进行操作取得成功，那么以后遇到相同或相似的情况，就会按同一方法进行操作。如果前一次失败了，后面这一次就不会按前一次的方法操作。证券市场的某个市场行为给投资者留下的阴影或快乐会长期存在。在进行技术分析时，一旦遇到与过去某一时期相同或相似的情况，应该与过去的结果比较。过去的结果是已知的，这个已知的结果应该作为预测未来的参考。

技术分析的要素是：价、量、时、空。

市场行为中最基本的表现是成交价和成交量。技术分析就是利用这些资料，以图表分析和指标分析工具来解释、预测未来的市场走势。时间对行情的判断也有重要作用，在某一时点上的价和量反映的是买卖双方在这一点上共同的市场行为，是双方暂时的均衡点，随着时间的变化，均衡点会发生变化，这就是价量关系的变化。已形成的趋势短时间内不会发生根本变化，但经过一段时间趋势会改变。空间一定意义上可以认为是价格的一个方面，它指的是价格波动能够达到的从空间上考虑的限度，即价格的波动幅度。

13.2 技术分析理论

13.2.1 道氏理论

道氏理论是股市技术分析的鼻祖，是各种技术分析方法的理论基础。为了反映市场的总体趋势，它创立了著名的道·琼斯工业平均指数，并认为市场价格指数可以解释和反映市场的大部分行为。

道氏理论认为，股价变动趋势有三种，即长期趋势、中期趋势和短期趋势，三种趋势同时存在、相辅相成。

1）长期趋势分析

证券市场的长期趋势也称主要趋势（Primary Trend），是指连续 1 年或 1 年以上的证券价格的变化趋势，是市场价格运动的主要方向。长期趋势包括两个相反趋势，一部分是上升趋势，另一部分是下降趋势。

（1）上升趋势。它通常包括三个阶段：

第一阶段：进货阶段。市场表现为价升量增。买方对发行证券的企业盈利情形看好，开始买进被悲观的卖方卖出的股票和债券，或者卖方由于种种原因减少卖出量，这一切导致了证券市场价格的徐徐上升。在这一阶段，企业公布的财务报表显示的企业财务状况尚属一般，投资者对证券买卖尚存戒心，证券市场交易不很活跃，但交易量开始增加。

第二阶段：上升阶段。投资者入市，价格上升较快。证券市场价格已经上升，企业盈余的增加导致了证券市场交易量的增加；企业收益情况的好转已引起投资者的注意，敏感的投资者在这一阶段可能获利颇丰。

第三阶段：沸腾阶段。价格迅速上扬，成交量激增。证券市场上各种证券的价格已经升至一个高峰，投资者争先恐后购买证券，股市一片沸腾，交易量很大；企业收益情况日进佳境的事实已为投资者熟悉与知晓；企业趁此机会大量发行新的股票和债券。

（2）下跌趋势。它通常也包括三个阶段：

第一阶段：出货阶段。由于先入市的投资者获利丰厚，不断平仓了结，股价见顶回落，上述的上升趋势已经结束。交易额虽然并未下降，反而略有增加，但已有减少的趋势；投资者参与交易仍然很活跃，但获得的差价利益已经大大减少，整个购买气氛已经冷却下来；敏感的投资者预感到企业的收益达到高峰，于是提前将其所持有的证券卖出以获取差价利益。

第二阶段：恐慌阶段。此时，股价呈垂直下跌状，成交量的比例差距达到最大。这时，买方数量减少而卖方数量增多，证券价格急剧下跌，交易量已大幅度减少，投资者参与交易的活跃程度已大幅度下降。这一阶段过后，一般都必须经过较长期间的喘息或停滞才进入第三阶段。

第三阶段：结束阶段。此时，下跌趋势并没有加速，低价股可能在第一或第二阶段就跌掉了前面多头市场所涨升的部分。业绩较为优良的股票持续下跌，因为这种股票的持有者是最后动摇信心的。各种坏消息弥漫整个证券市场，只有在这些坏消息消失之后，这一阶段才告结束。

2）证券市场的中期趋势分析

证券市场的中期趋势也称次要趋势（Secondary Trend），是指连续 3 周以上、1 年以下（中国一般在 3 个月）证券价格的变化趋势。它是主要趋势进行过程中的调整。证券市场的中期趋势与其长期趋势有密切的关联，这主要表现在：

第一，中期趋势的证券价格波动幅度约为长期趋势的升降幅度的 1/3 左右。

第二，当中期趋势下跌时，若其谷底较上期谷底为高，就表明长期趋势上升；反之，当中期趋势上升时，若其波峰较上期波峰为低，就表示长期趋势下降。如图 13—1 所示。

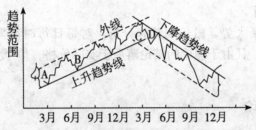

图 13—1　证券市场的中期趋势

图中左半部所表示的情形是：中期趋势不断地上升或下降，但其下降时的谷底却总是较上期的谷底为高，则意味着长期趋势上升。图中右半部所表示的情形是：中期趋势不断地上升或下降，但其上升时的波峰却总是较上期的波峰为低，则意味着长期趋势下降。而对于投资者来说，至关重要的是寻找长期趋势从上升转为下降或从下降转为上升的转折点。

道氏理论认为，长期趋势上升与下降的转折点应根据道·琼斯工业股指数及铁路股指数的运动方向互证来判断确定。

3）证券市场短期趋势分析

证券市场的短期趋势也称短暂趋势（Near Term Trend），是指连续 6 天以内的证券交易价格的变化趋势。它是次要趋势中的调整。短期趋势可能是人为操纵而形成的，这与客观反映经济动态的中长期趋势有本质的不同。鉴于此，证券市场的短期趋势一般不被人们作为重要趋势分析的对象。当然也应该承认，证券市场的短期波动也是形成中期趋势和长期趋势的基础。证券市场的长期趋势运动犹如海潮，中期趋势好比海浪，而短期趋势就像微波。海潮既有涨潮也有退潮；海浪寄于海潮之中，虽排空大浪也不能抗逆海潮；微波寄于海浪之中，几股微波联结在一起就可形成海浪。

对于投资者来说，证券市场趋势分析的重要意义在于把握时机，通过适时地买卖证券来获取利益。这里重要的问题有两点：一是要弄准证券市场的趋势是上升还是下降；二是要认识清楚投资者自己目前所处的位置。如果长期趋势处于上升阶段，则在中期趋势上升到一个顶峰时不要急于将证券脱手，因为更好的卖出机会在后面。此时如能清楚自己的位置，静下心来等等看，证券在手中多放一段时间会卖出更好的价钱。同样道理，当证券市场的长期趋势是上升而中期趋势处于下跌之势时，也不必为自己手中证券贬值而恐慌，因为不久证券市场的价格总要涨起来的。如果证券市场的长期趋势处于下跌阶段，即使中期趋势处于上升状态，甚至达到较高的顶峰，也不要盲目乐观，应抓紧时间把证券赶快出手，否则将失去一次机会，而且近期恐怕再难等到比现在更好的机会了。

道氏理论适于判断大势，做长期趋势分析，对每日每时都发生的小波动无能为力，对选股作用不大，且由于理论的结论落后于实际价格，信号太迟，所以短线操作性较差。

13.2.2　K 线理论

1）K 线的含义

K 线又称为日本线，起源于日本。当时日本还没有股票市场，K 线只是用于米市交易，经过上百年的运用和变更，目前已经形成了一整套 K 线分析理论。

K 线是将某一种股票一天的价格变动情况用蜡烛形连接起来的图形。价格的变动主要体现在四个价格上，即开盘价、最高价、最低价和收盘价。K 线由影线和实体组成。影线在实体上方的部分叫上影线，下方的部分叫下影线。实体分阳线和阴线两种，又称红（阳）线和黑（阴）线。如果收盘价比开盘价高，则实体为阳线或红线；如果收盘价比开盘价低，则实体为阴线或黑线，如图 13—2 所示。

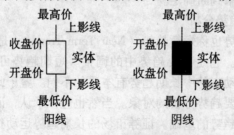

图 13—2　K 线的两种常见形态

一条 K 线记录的是某一种股票一天的价格变动情况。将每天的 K 线按时间顺序排列在一起，就组成该股票自上市以来的每天的价格变动情况，这就叫日 K 线图。

2）K 线的主要形状

除了图 13—2 所画的 K 线形状外，由于四个价格的不同取值，还会产生其他形状的 K 线。概括起来，常见的 K 线有如图 13—3 所示的几种。

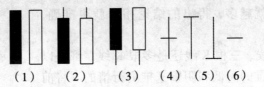

（1）　（2）　（3）　（4）（5）（6）

图 13—3　K 线常见的几种形状

（1）光头光脚的阳线和阴线。这种 K 线既没有上影线又没有下影线。当收盘价和开盘价分别与最高价和最低价中的一个相等时，就会出现这种 K 线。

（2）光脚阳线和光脚阴线。这是没有下影线的 K 线。当开盘价或收盘价正好与最低价相等时，就会出现这种 K 线。

（3）光头阳线和光头阴线。这是没有上影线的 K 线。当收盘价或开盘价正好与最高价相等时，就会出现这种 K 线。

（4）十字形。当收盘价与开盘价相同时，就会出现这种 K 线，它的特点是没有实体。

（5）T 字形和倒 T 字形。在十字形的基础上，如果再加上光头或光脚的条件，就会出现这两种 K 线。它们没有实体，而且没有上影线或者没有下影线，形状像正和倒的英文字母 T。

（6）一字形。这是一种非常特别的形状，同十字形和 T 字形 K 线一样，没有实体，并且它的四个价格相等。这种情况在国外非常罕见，往往是在发行一个事先定好价格的股票时，会遇到这种情况。在中国由于实行涨跌停板制度，经常可以看到此图形。

除了日 K 线外，我们还可以画周 K 线、月 K 线和年 K 线。其画法与日 K 线几乎完全一样，区别只在四个价格时间参数的选择上。周 K 线是指这一周的开盘价、这一周之内的最高价和最低价，以及这一周的收盘价。月 K 线则是这一个月之内的四个价格。周 K 线和月 K 线的优点是反映趋势和数周期比较清晰。

3）K 线的应用

K 线图其实是将买卖双方一段时间以来实际"战斗"的结果用图形表示出来的

方法之一。从中能够看到买卖双方在争斗中力量的增加和减少、风向的转变，以及买卖双方对争斗结果的认同。

K线的应用有单独一根K线的应用和两根K线、三根K线乃至多根K线组合的应用，一般来说，取得根数越多，获得的信息就越多，得出的结论相对就更准确，可信度也更大些。

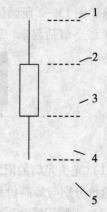

无论是两根K线、三根K线还是多根K线，都是以各根K线的相对位置的高低和阴阳来推测行情的。将前一天的K线画出，然后，将这根K线按数字划分成五个区域，如图13—4所示。之后，看第二天K线相对于第一天K线的位置，第二天多空双方争斗的区域越高，越有利于上涨；越低，越有可能下跌，也就是从区域1到区域5是多方力量减少、空方力量增加的过程。

图13—4   K线区域划分

例如，如果出现连续两阴两阳线的情况（见图13—5），是多空双方的一方已经取得决定性胜利，今后将以取胜的一方为主要运动方向。左图是空方获胜，右图是多方获胜。第二根K线实体越长，超出前一根K线越多，则取胜的一方优势越大。

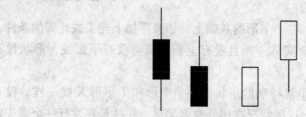

图13—5   连续两阴、两阳

总之，无论K线的组合多么复杂，考虑问题的方式是相同的，都是由最后一根K线相对于前面K线的位置来判断多空双方的实力大小。

4）应用K线组合应注意的问题

无论是一根K线，还是两根、三根K线以至多根K线，都是对多空双方的争斗做出的一个描述，由它们的组合得到的结论都是相对的，不是绝对的。对具体进行股票买卖的投资者而言，结论只是起一种建议作用。

在应用时，有时会发现运用不同种类的组合会得到不同的结论。有时应用一种组合得到明天会下跌的结论，但是次日股价没有下跌，而是出现与事实相反的结果。这个时候的一个重要原则是尽量使用根数多的 K 线组合的结论，将新的 K 线加进来重新进行分析判断。一般说来，多根 K 线组合得到的结果不大容易与事实相反。

13.2.3　切线理论

前面的道氏理论已经告诉我们，证券投资一定要弄准证券市场的趋势是上升还是下降，是暂时的还是长久的，然后再认识清楚投资者自己目前所处的位置。也就是说要"顺势而为"，不要"逆势而动"。要认清趋势，就需要运用切线理论和方法，它是一种帮助人们识别大势是继续维持原方向还是将要掉头反向而去的较为实用的方法。

1）趋势线

（1）趋势的定义

趋势就是股票价格市场运动的方向。技术分析的三大假设中的第二条明确说明价格的变化是有趋势的，没有特别的理由，价格将沿着这个趋势继续运动。这一点就说明"趋势"这个概念在技术分析中占有很重要的地位。

一般说来，市场变动不是朝一个方向直来直去，中间肯定要有曲折，从图形上看就是一条曲折蜿蜒的线，每个折点处就形成一个峰或谷。由这些峰和谷的相对高度，我们可以看出趋势的方向。

（2）趋势的方向

趋势的方向有三种，上升方向，下降方向，水平方向——无趋势方向。

如果图形中每个后面的峰和谷都高于前面的峰和谷，则趋势就是上升方向。这就是常说的，一底比一底高或底部抬高。

如果图形中每个后面的峰和谷都低于前面的峰和谷，则趋势就是下降方向。这就是常说的，一顶比一顶低或顶部降低。

如果图形中后面的峰和谷与前面的峰和谷相比，没有明显的高低之分，几乎呈水平延伸，这时的趋势就是水平方向。水平方向趋势是被大多数人忽视的一种方向，这种方向在市场上出现的机会是相当多的，就水平方向本身而言也是极为重要的。大多数的技术分析方法，在对处于水平方向的市场进行分析时，都容易出错，或者说作用不大。这是因为这时的市场正处在供需平衡的状态，股价下一步朝哪个方向走是没有规律可循的，可以向上也可以向下，而此时去预测它朝何方运动是极为困难的，也是不明智的。图 13—6 是三种趋势方向的最简单的图形表示。

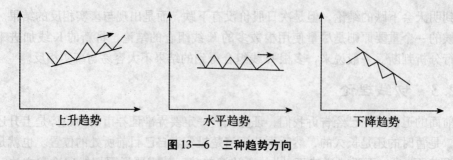

图13—6 三种趋势方向

2）支撑线和压力线

趋势确认以后，就有了选择入市时机的问题。我们总是希望在涨势中途回落的低点买入，在跌势中途反弹的高点卖出。这个点怎么判断？支撑线和压力线会给人们一定的帮助。

（1）支撑线和压力线的含义

支撑线（Support Line）又称抵抗线。当股价跌到某个价位附近时，股价停止下跌，甚至有可能还有回升，这是因为多方在此买入造成的。支撑线起阻止股价继续下跌的作用。这个起着阻止股价继续下跌的价格就是支撑线所在的位置。

压力线（Resistance Line）又称阻力线。当股价上涨到某价位附近时，股价会停止上涨，甚至回落，这是因为空方在此抛出造成的。压力线起阻止股价继续上升的作用。这个起着阻止股价继续上升的价位就是压力线所在的位置。

有些人往往会产生这样的误解，认为只有在下跌行情中才有支撑线，只有在上升行情中才有压力线。其实，在下跌行情中也有压力线，在上升行情中也有支撑线。但是由于在下跌行情中人们最注重的是跌到什么地方，这样关心支撑线就多一些；在上升行情中人们更注重涨到什么地方，所以关心压力线多一些。

（2）支撑线和压力线的作用

如前所述，支撑线和压力线的作用是阻止或暂时阻止股价朝一个方向继续运动。我们知道股价的变动是有趋势的，要维持这种趋势，保持原来的变动方向，就必须冲破阻止其继续向前的障碍。比如说，要维持下跌行情，就必须突破支撑线的阻力和干扰，创造出新的低点；要维持上升行情，就必须突破上升压力线的阻力和干扰，创造出新的高点。由此可见，支撑线和压力线有被突破的可能，它们不足以长久地阻止股价保持原来的变动方向，只不过是使它暂时停顿而已（见图13—7）。同时，支撑线和压力线又有彻底阻止股价按原方向变动的可能。当一个趋势终结了，它就不可能创出新的低价或新的高价，这时的支撑线和压力线就显得异常重要。

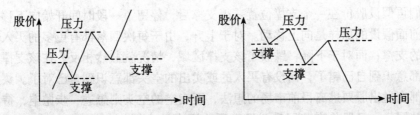

图 13—7　支撑线和压力线

在上升趋势中，如果下一次未创新高，即未突破压力线，这个上升趋势就已经处在很关键的位置了，如果往后的股价又向下突破了这个上升趋势的支撑线，这就产生了一个趋势有变的很强烈的警告信号。通常这意味着，这一轮上升趋势已经结束，下一步的走向是下跌。同理，下降趋势分析正好相反。见图 13—8。

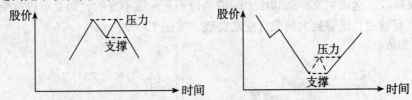

图 13—8　支撑线和压力线的突破

（3）支撑线和压力线的相互转化

支撑线和压力线之所以能起支撑和压力作用，很大程度上是由于心理因素方面的原因，两者的相互转化也是如此，这就是支撑线和压力线理论上的依据。

证券市场中主要有三种人：多头、空头和旁观者。旁观者又可分为持股的和持币的。假设股价在一个区域停留了一段时间后开始向上移动，在此区域买入股票的多头者肯定认为自己对了，并对自己没有多买入而感到后悔。在该区域卖出股票的空头者这时也认识到自己弄错了，他们希望股价再跌回他们卖出的区域时，将他们原来卖出的股票补回来。而旁观者中的持股者的心情和多头相似，持币者的心情同空头相似。无论是这四种人中的哪一种，都有买入股票成为多头的愿望。

正是由于这四种人决定要在下一个买入的时机买入，所以股价稍一回落就会受到大家的关心，他们会或早或晚地进入股市买入股票，这就使价格根本还未下降到原来的位置，上述四个新的买进大军自然又会把价格推上去，使该区域成为支撑区。在该支撑区发生的交易越多，就说明很多的股票投资者在这个支撑区有切身利益，这个支撑区就越重要。

我们再假设股价在一个支撑位置获得支撑后，停留了一段时间开始向下移动，而不是像前面假设的那样是向上移动。对于上升，由于每次回落都有更多的买入，因而产生新的支撑；而对于下降，跌破了该支撑区域，情况就截然相反。在该支撑区买入的多头都意识到自己错了，而没有买入的或卖出的空头都意识到自己对了。买入股票的多头都有抛出股票逃离目前市场的想法，而卖空的空头则想进一步抛空，待股价下跌伺机补回。一旦股价有些回升，尚未到达原来的支撑位，就会有一批股票抛压出来，再次将股价压低。这样，原来的支撑线就转化为压力线。

以上的分析过程对于压力线也同样适用，只不过结论正好相反。

这些分析的附带结果是支撑线和压力线地位的相互转化。如上所述，一条支撑线如果被跌破，那么这一支撑线将成为压力线；同理，一条压力线被突破，这个压力线将成为支撑线。这说明支撑线和压力线的地位不是一成不变的，而是可以改变的，条件是它被有效的、足够强大的股价变动突破。见图13—9。

图13—9　支撑线和压力线的转化

（4）支撑线和压力线的确认和修正

如前所述，每一条支撑线和压力线的确认都是人为进行的，主要是根据股价变动所画出的图表，这里面有很大的人为因素。

一般来说，一条支撑线或压力线对当前影响的重要性有三个方面的考虑：一是股价在这个区域停留时间的长短；二是股价在这个区域伴随的成交量大小；三是这个支撑区域或压力区域发生的时间距离当前这个时期的远近。很显然，股价停留的时间越长，伴随的成交量越大，离现在越近，则这个支撑或压力区域对当前的影响就越大，反之就越小。

上述三个方面是确认一条支撑线或压力线的重要识别手段。有时，由于股价的变动，会发现原来确认的支撑线或压力线可能不真正具有支撑或压力的作用，比如说，不完全符合上面所述的三个条件，这时，就有一个对支撑线和压力线进行调整的问题，这就是支撑线和压力线的修正。

对支撑线和压力线的修正过程其实是对现有各个支撑线和压力线的重要性的确

认。每条支撑线和压力线在人们心目中的地位是不同的。股价到了这个区域，投资者心里清楚，它很有可能被突破，而到了另一个区域，投资者心里明白，它就不容易被突破。这为进行买卖操作提供了一些依据，不至于仅凭直觉做决策。

切线为我们提供了很多价格移动可能存在的支撑线和压力线，这些直线有很重要的作用。但是，支撑线、压力线有被突破的可能，它们的价位只是一种参考，不能把它们当成万能的工具。

3）黄金分割线和百分比线

（1）黄金分割线

黄金分割是一个古老的数学方法，源自弗波纳奇神奇数字，即大自然数字。0.6180339……是众所周知的黄金分割比率，反映了大自然的静态美与动态美，对它的各种神奇的作用和魔力，数学上至今还没有明确的解释，只是发现它屡屡在实际中发挥我们意想不到的作用。在股市行情分析实际操作中，人们主要是依据 0.618 黄金分割率原理计算得出点位，这些点位在证券价格上涨行情或下跌行情中表现出较强的支撑和压力作用，是股市中最常见、最受欢迎的切线分析工具之一。

运用黄金分割线的第一步是记住若干个特殊的数字：

0.191，0.382，0.618，0.809，
1.191，1.382，1.618，1.809，
2.191，2.382，2.618，2.809.

在这些数字中 0.382、0.618、1.382、1.618 最为重要，股票价格极为容易在这四个数字处产生支撑和压力。

第二步是找到一个基点。这个点是上升行情结束调头向下的最高点，或者是下降行情结束调头向上的最低点。当然，我们知道这里的高点和低点都是指一定的范围，是相对的和局部的。只要我们能够确认一个趋势（无论是上升还是下降）已经结束或暂时结束，则这个趋势的转折点就可以作为进行黄金分割的起点，这个点一经选定，我们就可以画出黄金分割线。

【例】用一个基点确定上升或下降行情。

在上升行情时，我们关心上涨到什么位置将遇到压力。黄金分割线提供的位置是基点价位乘上特殊数字。假设基点价格为 10 元，则：

$$10.00 = 10 \times 1.000$$

$$13.82 = 10 \times 1.382$$

$$15 = 10 \times 1.500$$

16. 18 = 10×1. 618

20. 00 = 10×2. 000

26. 18 = 10×2. 618

这几个价位极有可能成为未来的压力位。其中 16. 18 元和 26. 18 元成为压力线的可能性最大。

同理，在下降行情时，我们关心下落将在什么位置获得支撑。黄金分割线提供的位置是由这次上涨的最高价位分别乘上特殊数字中的几个。假设基点是 10 元，则：

8. 09 = 10×0. 809

6. 18 = 10×0. 618

5 = 10×0. 5

3. 82 = 10×0. 382

1. 91 = 10×0. 191

这几个价位极有可能成为未来的支撑位，其中 6. 18 元和 3. 82 元成为支撑位的可能性最大。

实际操作中需注意：黄金分割线中最重要的两条线为 0. 382、0. 618。在反弹中 0. 382 为弱势反弹位，0. 618 为强势反弹位；在回调中 0. 382 为强势回调位，0. 618 为弱势回调位。

不过，黄金分割线没有考虑到时间变化对股价的影响，所揭示出来的支撑位与压力位较为固定，投资者不知道什么时候会到达支撑位与压力位。因此，如果指数或股价在顶部或底部横盘运行的时间过长，则其参考作用就要打一定的折扣。另外，如果股市处在活跃程度很高、股价上下波动较为剧烈的市场，这个方法容易出现误导。

（2）百分比线

百分比线考虑问题的出发点是人们的心理因素和一些整数的分界点。

当价格持续向上，涨到一定程度，肯定会遇到压力，遇到压力后，就要向下回撤，回撤的位置很重要。黄金分割提供了几个价位，百分比线也提供了几个价位。

以这次上涨开始的最低点和开始向下回撤的最高点两者之间的差，分别乘上几个特别的百分比数，就可以得到未来支撑位可能出现的位置。

设低点是 10 元，高点是 22 元。这些百分比数一共 9 个，它们是：1/8、1/4、3/8、1/2、5/8、3/4、7/8、1/3、2/3 。按上面所述方法我们将得到如图 13—10 所示的 9 个价位。

百分比线中，1/2、1/3、2/3 这三条线最为重要，往往起到重要的支撑与压力作用。在很大程度上，回撤到 1/2、1/3、2/3 是人们的一种心理倾向。如果没有回落到

1/2、1/3、2/3 以下，就好像没有回落够似的；如果已经回落了 1/2、1/3、2/3，人们自然会认为回落的深度已经够了。

上面所列的 9 个特殊的数字都可以用百分比表示：1/8 = 12.5%，1/4 = 25%，3/8 = 37.5%，1/2 = 50%，5/8 = 62.5%，3/4 = 75%，7/8 = 87.5%，1/3 = 33.33%，2/3 = 66.67%。之所以用上面的分数表示，是为了突出整数的习惯。这 9 个数字中有些很接近，如 1/3 和 3/8，2/3 和 5/8。在应用时，以 1/3 和 2/3 为主。

对于下降行情中的向上反弹，百分比线同样也适用。其方法与上升情况完全相同。

如果百分比数字取为 61.8%、50% 和 38.2%，就得到另一种黄金分割线——两个点黄金分割线。在实践中，两个点黄金分割线使用得很频繁，差不多已经取代了百分比线，但它只是百分比线的一种特殊情况。

4）甘氏线

甘氏线（Gann Line）分上升甘氏线和下降甘氏线两种，是由 William D. Gann 创立的一套独特的技术分析方法。甘氏线是 William D. Gann 将百分比原理和几何角度原理结合起来的产物。甘氏线是从一个点出发，依一定的角度，向后画出的多条直线，所以又称角度线，如图 13—11 所示。

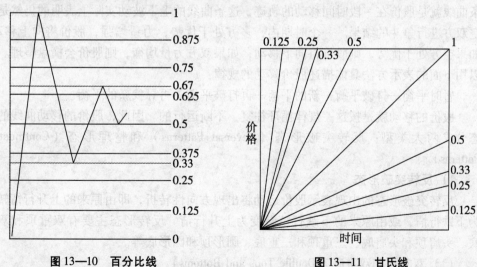

图 13—10　百分比线　　　　　图 13—11　甘氏线

图中的每条直线都有一定的角度，这些角度的取得都与百分比线中的那些数字有关。每个角度的正切或余切分别等于百分比数中的某个分数（或者说是百分数）。

甘氏线中的每条直线都有支撑和压力的功能，但这里面最重要的是 45 度线、63.75 度线和 26.25 度线。这三条直线分别对应百分比线中的 50%、62.5% 和 37.5% 线。其余的角度虽然在价格的波动中也能起一些支撑和压力作用，但重要性都不大，也都很容易被突破。

甘氏线的具体应用：

第一步：确定起始点，被选择的点同大多数切线的选点方法一样，一定是显著的高点和低点，如果刚被选中的点马上被创新的高点和低点取代，则甘氏线的选择也随之变更。

第二步：确定起始点后再找角度（即 45 度线），如果起始点是高点，则应画下降甘氏线；反之，如果起始点是低点，则应画上升甘氏线。这些线将在未来起支撑和压力作用。

13.2.4 形态理论

前面的 K 线理论已经告诉我们一些有关对今后股价运动方向进行判断的方法。只是 K 线理论更注重短线的操作，它的预测结果只适用于很短的时期，有时仅仅是一两天。为了弥补这种不足，我们将 K 线按时间序列组成一条上下波动的曲线，这条曲线就是股价在一段时间移动的轨迹，这条曲线的上下波动实际上表明的仍然是多空双方进行争斗的结果。一个时期内，多方处于优势，力量增强，股价将向上移动；如果空方处于优势，则股价将向下移动；如果双方力量均衡，则股价会横盘整理。可以用下面的表示方法具体描述股价移动的规律：

暂时平衡—打破平衡—新的平衡—再打破平衡—再寻找新的平衡……

股价的移动就是按这一规律循环往复、不断运行的。因此，股价的移动曲线的形态分成两大类型：反转突破形态（Reversal Patterns）和整理形态（Continuation Patterns）。

1）反转突破形态

反转突破形态的出现表示股价运动将出现方向性转折，即由原来的上升行情转变为下跌行情，或由原来的下跌行情转变为上升行情。反转形态主要有双重顶和双重底、头肩顶和头肩底、三重顶和三重底、圆形顶和圆形底等。

（1）双重顶和双重底（Double Tops and Bottoms）

双重顶和双重底也称 M 头和 W 底，这种形态在实际中出现得非常频繁。图 13—12 是这种形态的简单形状。

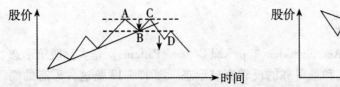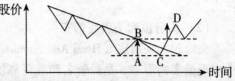

图 13—12　双重顶和双重底

从图中可以看出，双重顶底一共出现两个顶和两个底，也就是两个相同高度的高点和两个相同高度的低点。下面以 M 头为例说明双重顶形成的过程。

在上升趋势过程的末期，股价在第一个高点 A 建立了新高点之后正常回落，受上升趋势线的支撑，这次回落将在 B 点附近停止。之后就应继续上升，但是力量不够，上升高度不足，在 C 点（与 A 点几乎等高）遇到压力，股价向下，这样就形成 A 和 C 两个顶的形状。

M 头形成以后，有两种可能的前途：第一是未突破 B 点的支撑位置，股价在 A、B、C 三点形成的狭窄范围内上下波动，演变成今后要介绍的矩形。第二是突破 B 点的支撑位置继续向下，这种情况才是双重顶反转突破形态的真正开始。前一种情况只能说是一个潜在的双重顶反转突破形态出现了。

以 B 点作平行于 A、C 连线的平行线（图 13—12 中的中间一条虚线），就得到一条非常重要的直线——颈线（Neck Line）。A、C 连线是趋势线，颈线是与这条趋势线对应的轨道线，这条轨道线在这里起的是支撑作用。

一个真正的双重顶反转突破形态的出现，除了必要的两个相同高度的高点以外，还应该向下突破 B 点支撑。

突破颈线就是突破轨道线、突破支撑线，所以也有突破是否被认可的问题。前面介绍的有关支撑压力线被突破的确认原则在这里都适用，主要是百分比原则和时间原则。前者要求突破到一定的百分比数，后者要求突破后至少是两日。

双重顶反转突破形态一旦得到确认，就可以用它对后市进行预测了。它的主要功能是测算功能，详述如下：

从突破点算起，股价将至少要跌去与形态高度相等的距离。

所谓的形态高度，就是从 A 或 C 到 B 的垂直距离，亦即从顶点到颈线的垂直距离。图 13—12 中右边箭头所指的将是股价至少要跌到的位置，换句话说，股价必须在这条线之下才能找到像样的支撑，它之前的支撑都不足取。

上面说的是双重顶。对于双重底，有完全相似或者说完全相同的结果，只要将对双重顶的介绍反过来叙述就可以了。比如，向下说成向上，高点说成低点，支撑说成压力。

（2）头肩顶和头肩底形态

头肩顶和头肩底（Head And Shoulders Tops and Bottoms Patterns）是实际股价形态中出现最多的形态，是最著名和最可靠的反转突破形态。图13—13是这种形态的简单形式。

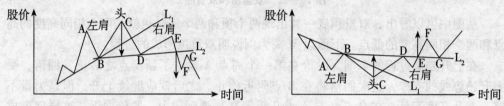

图13—13 头肩顶和头肩底

从图中可以看出，这种形态一共出现三个顶和三个底，也就是要出现三个局部的高点和局部低点。中间的高点（低点）比另外两个都高（低），称为头（底），左右两个相对较低（高）的高点（低点）称为肩，这就是头肩形名称的由来。以下以头肩顶为例对头肩形进行介绍。

在上升趋势中，不断升高的各个局部的高点和低点保持着上升的趋势，然后在某一个位置趋势的上涨势头将放慢。

图13—13中A点和B点还没有放慢的迹象，但在C点和D点已经有了势头受阻的信号，这说明这一轮上涨趋势可能已经出了问题。最后，股价走到了E和F点，这时反转向下的趋势已势不可挡。

在图13—13中的直线 L_1 和直线 L_2 是两条明显的支撑线。在C点到D点突破直线 L_1 说明上升趋势的势头已经遇到了阻力，E点和F点之间的突破则是趋势的转向。另外，E点的反弹高度没有超过C点，也是上升趋势出了问题的信号。

图中的直线 L_2 其实就是头肩顶形态中极为重要的直线——颈线。在头肩顶形态中，它是支撑线，起支撑作用。

头肩顶形态走到了E点并调头向下，只能说是原有的上升趋势已经转化成了横向延伸，还不能说已经反转向下了。只有当图形走到了F点，即股价向下突破了颈线，才能说头肩顶反转形态已经形成。

同大多数的突破一样，这里颈线的被突破也有一个是否被认可的问题。百分比原则和时间原则在这里都适用。

颈线被突破，反转确认之后，我们就知道股价下一步的大方向是下跌，而不是上涨或横盘。下跌的深度，可以借助头肩顶形态的测算功能进行计算。

从突破点算起，股价将至少要跌去与形态高度相等的距离。

形态高度的测算方法是这样的：量出从"头"到颈线的距离（图 13—13 中从 C 点向下的箭头长度），这个长度就是头肩顶形态的形态高度。上述原则是股价下落最起码的深度，是最近的目标，价格的实际下落位置要根据很多别的因素来确定。

上述原则只是给出了一个范围，只对我们有一定的指导作用。预计股价今后将跌到什么位置能止住或将要涨到什么位置而调头，永远是进行股票买卖的人最关心的问题，也是最不易回答的问题。

对头肩底而言，除了在成交量方面与头肩顶有所区别外，其余可以说与头肩顶一样，只是方向正好相反。

值得注意的是，头肩顶形态完成后，向下突破颈线时，成交量不一定扩大，但日后继续下跌时，成交量会放大。头肩底向上突破颈线，若没有较大的成交量出现，可靠性将降低，或者会再跌回底部整理一段时间，积蓄买方力量才能上升。

（3）三重顶（底）形态

三重顶（底）形态（Triple Top and Bottom Patterns）是头肩形的一种变体，它是由三个一样高或一样低的顶或底组成。其与头肩形的区别是头的价位回缩到与肩差不多相等的位置，有时甚至低于或高于肩部一点。从这个意义上讲，三重顶（底）与双重顶（底）也有相似的地方，前者比后者多涨落了一次。

图 13—14 是三重顶（底）的简单图形。三重顶（底）的颈线差不多是水平的，三个顶（底）也差不多是相等高度。

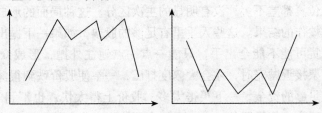

图 13—14　三重顶（底）

应用和识别三重顶（底）主要是用识别头肩形的方法，可以直接应用头肩形的结论和应注意的事项。头肩形适用的规律三重顶（底）都适用，这是因为三重顶（底）从本质上说就是头肩形。有些文献甚至不把三重顶（底）单独看成一类形态，而直接将其纳入头肩形态。

与一般头肩形最大的区别是，三重顶（底）的颈线和顶部（底部）连线是水平的，这就使得三重顶（底）具有矩形的特征。比起头肩形来说，三重顶（底）更容易演变成持续形态，而不是反转形态。另外，如果三重顶（底）的三个顶（底）的高度依次从左到右是下降（上升）的，则三重顶（底）就演变成了直角三角形态。这些都是我们在应用三重顶（底）时应该注意的地方。

（4）圆弧形态

圆弧形态（Rounding Top and Bottom Patterns）将股价在一段时间的顶部高点用折线连起来，每一个局部的高点都考虑到，我们有时可能得到一条弧线，盖在股价之上；将每个局部的低点连在一起也能得到一条弧线，托在股价之下（如图13—15所示）。

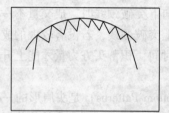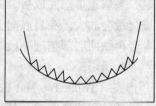

图13—15 圆弧形态

圆弧形在实际中出现的机会较少，但是一旦出现，则是绝好的机会，它的反转深度和高度是不可测的，这一点同前面几种形态有一定区别。圆弧的形成过程与头肩形中的复合头肩形有相似的地方，只是圆弧形的各种顶或底没有明显的头肩的感觉。这些顶部和底部的位置都差不多，没有明显的主次区分。这种局面的形成在很大程度上是一些机构大户炒作的结果。这些人手里有足够的股票，如果一下抛出太多，股价下落太快，手里的货可能不能全出手，只能一点一点地往外抛，形成众多的来回的拉锯，直到手中股票接近抛完时，才会大幅度打压，一举使股价跌到很深的位置。如果这些人手里持有足够的资金，一下买得太多，股价上得太快，也不利于今后的买入，也要逐渐地分批建仓，使得股价一点一点地来回拉锯，往上接近圆弧缘时，才会用少量的资金一举将股价提拉到一个很高的高度。因为这时股票大部分在机构大户手中，别人无法打压股价。

在识别圆弧形时，成交量也是很重要的。无论是圆弧顶还是圆弧底，在它们的形成过程中，成交量的过程都是两头多、中间少。越靠近顶或底，成交量越少，到达顶或底时成交量达到最少（圆弧底在到达底部时，成交量可能突然大一下，之后恢复正常）。在突破后的一段时期，都有相当大的成交量。

圆弧形形成所花的时间越长，今后反转的力度就越强，越值得人们去相信这个圆弧形。一般来说，圆弧形形成所花的时间应该与一个头肩形形成的时间相当。

（5）V 形

V 形是一种反转形态，它出现在市场进行剧烈波动的过程中。它的顶或底只出现一次，这一点同其他反转形态有较大的区别。V 形的反转一般事先没有明显的征兆，我们只能从别的分析方法中得到一些不明确的信号，如已经到了支撑位或处于压力区域等。V 形是一种失控的形态，在应用时要特别小心（参见图 13—16）。

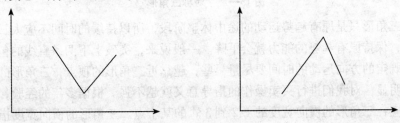

图 13—16　V 形顶和底

2）整理形态

整理形态的出现表示股价原来趋势的继续，是市场仅仅在股价某一个水平做出必要的调整运动的形态。调整完成后股价仍沿着原来的趋势继续运动而不是趋势的反转。整理形态主要有三角形、矩形、旗形和楔形等。

（1）三角形

三角形态属于持续整理形态的一类形态。三角形主要分为三种：对称三角形、上升三角形和下降三角形。

①对称三角形。对称三角形（Symmetrical Triangles Pattern）情况大多是发生在一个大趋势的进行中，它表示原有的趋势暂时处于休整阶段，之后还要顺着原趋势的方向继续运行。由此可见，出现对称三角形后，股价今后走向最大的可能是沿原有的趋势方向运动。

图 13—17 是对称三角形的一个简化图形，这里的原有趋势是上升，所以，三角形态完成以后是突破向上。从图中可以看出，对称三角形有两条聚拢的直线，上面的向下倾斜，起压力作用；下面的向上倾斜，起支撑作用。两直线的交点称为顶点。另外，对称三角形要求至少应有四个转折点，图中的 A、B、C、D、E 都是转折点。四个转折点的要求是必然的，因为每条直线的确定需要两个点，上下两条直线就至少要

求有四个转折点。正如趋势线的确认要求第三点验证一样，对称三角形一般应有六个转折点，这样，上下两条直线的支撑压力作用才能得到验证。

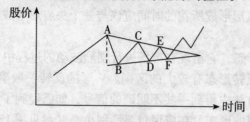

图 13—17 对称三角形

对称三角形只是原有趋势运动的途中休整阶段，所以持续的时间不应太长。持续时间太长，保持原有趋势的能力就会下降。一般说来，突破上下两条直线的包围，继续沿原有既定的方向运动的时间要尽量早些，越靠近三角形的顶点，三角形的各种功能就越不明显，对我们进行买卖操作的指导意义就越不强。根据多年的经验，突破的位置一般应在三角形的横向宽度的 1/2 到 3/4 的某个点。三角形的横向宽度指的是图 13—17 中顶点到虚线的距离。

②上升三角形。上升三角形（Ascending Triangles Pattern）是对称三角形的变形体。对称三角形有上下两条直线，将上面的直线逐渐由向下倾斜变成水平方向就得到上升三角形。除了上面的直线是水平的以外，上升三角形与对称三角形在形状上没有什么区别。只不过上升三角形比起对称三角形来，有更强烈的上升意识。因为，在上升三角形中上面的压力线是水平的，始终都一样，没有变化，而下面的支撑线却是越撑越高。由此可见，多方比空方更为积极。通常以三角形的向上突破作为这个持续过程终止的标志。

如果股价原有的趋势是向上，则很显然，遇到上升三角形后，几乎可以肯定今后是向上突破。一方面要保持原有的趋势，另一方面形态本身就有向上的愿望。这两方面的因素使股价很难逆大方向而动。

如果原有的趋势是下降，则出现上升三角形后，前后股价的趋势判断会有些难度。一方要继续下降，保持原有的趋势；另一方要上涨，两方必然发生争执。如果在下降趋势处于末期时（下降趋势持续了相当一段时间）出现上升三角形，还是以看涨为主，这样上升三角形就成了反转形态的底部。图 13—18 是上升三角形的简单图形表示。

③下降三角形。下降三角形（Descending Triangles Pattern）同上升三角形正好反

向，是看跌的形态。它的基本内容同上升三角形可以说完全相似，只是方向相反。从图 13—19 可以很明白地看出下降三角形所包含的内容。

此外，三角形还有两种变形体，即喇叭形与菱形，在实际中出现的次数不多。这两种形态的共同之处在于大多出现在顶部，而且两者都是看跌。受篇幅所限，不做详述。

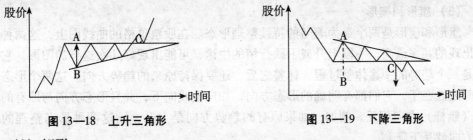

图 13—18　上升三角形　　　　　　　图 13—19　下降三角形

（2）矩形

矩形又叫箱形，也是一种典型的整理形态。股票价格在两条横着的水平直线之间上下波动，作横向延伸的运动。矩形在形成之初，多空双方全力投入，各不相让。空方在价格上涨到某个价位就抛压，多方在股价下跌到某个价位就买撑，时间一长就形成两条明显的上下界线。随着时间的推移，双方的战斗热情会逐步减弱，市场趋于平淡。

如果原来的趋势是上升，那么经过一段矩形整理后，会继续原来的趋势，多方会占优势并采取主动，使股价向上突破矩形的上界。如果原来是下降趋势，则空方会采取行动，突破矩形的下界。图 13—20 是矩形的简单图示。

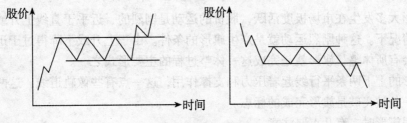

图 13—20　矩形

从图中可以看出，矩形在其形成的过程中极可能演变成三重顶（底）形态，这是我们应该注意的。正是由于矩形的判断有这么一个容易出错的可能性，在面对矩形和三重顶（底）进行操作时，几乎一定要等到突破之后才能采取行动，因为这两个形态今后的走势方向完全相反。一个是持续整理形态，要维持原来的趋势；一个是反转突破形态，要改变原来的趋势。

与别的大部分形态不同，矩形为我们提供了一些短线操作的机会。如果在矩形形成的早期能够预计到股价将进行矩形调整，那么，就可以在矩形的下界线附近买入，在矩形的上界线附近抛出，来回做几次短线的进出。如果矩形的上下界线相距较远，那么，这种短线操作的收益也是相当可观的。

（3）旗形和楔形

旗形和楔形是两个最为著名的持续整理形态。在股票价格的曲线图上，这两种形态出现的频率最高，一段上升或下跌行情的中途，可能出现好几次这样的图形。它们都是一个趋势的中途休整过程，休整之后，还要保持原来的趋势方向。这两个形态的特殊之处在于，它们都有明确的形态方向，如向上或向下，并且形态方向与原有的趋势（旗杆）方向相反。例如，如果原有的趋势方向是上升，则这两种形态整理的形态方向就是下降。

①旗形。从几何学的观点看旗形（FlagsFormation）应该叫平行四边形，它的形状是一上倾或下倾的平行四边形，如图 13—21 所示。

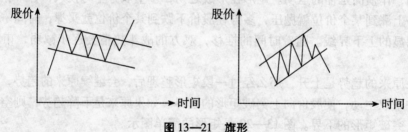

图 13—21　旗形

旗形大多发生在市场极度活跃，股价的运动是剧烈的、近乎于直线上升或下降的方式的情况下。这种剧烈运动就是产生旗形的条件。由于上升或下降得过于迅速，市场必然会有所休整，旗形就是完成这一休整过程的主要形式之一。

旗形的上下两条平行线起着压力和支撑作用，这一点有些像轨道线。这两条平行线的某一条被突破是旗形完成的标志。

应用旗形时，有几点要注意：

第一，旗形出现之前，一般应有一个旗杆，这是由于价格作直线运动形成的。

第二，旗形持续的时间不能太长，时间一长，它的保持原来趋势的能力将下降。经验告诉我们，应该短于三周。

第三，旗形形成之前和被突破之后，成交量都很大。在旗形的形成过程中，成交量从左向右逐渐减少。

②楔形。如果将旗形中上倾或下倾的平行四边形变成上倾和下倾的三角形，我们就会得到楔形（Wedge Formation），如图 13—22 所示。

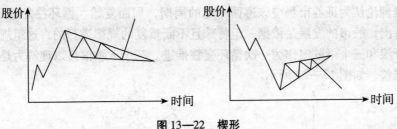

图 13—22　楔形

从图中可以看出，楔形的上下两条边都是朝着同一个方向倾斜。这与前面介绍的三角形形态不同。

同旗形和三角形一样，楔形有保持原有趋势方向的功能。股价运行趋势的途中会遇到这种形态。

与旗形和三角形不同的是，楔形偶尔也可能出现在顶部或底部而作为反转形态。这种情况一定是发生在一个趋势经过了很长时间且接近尾声的时候。我们可以借助很多别的技术分析方法，从时间上判断趋势是否可能接近尾声。尽管如此，当我们看到一个楔形后，首先还是把它当成中途的持续形态。

在形成楔形的过程中，成交量是逐渐减少的。楔形形成之前和突破之后，成交量都很大。

13.2.5　波浪理论

波浪理论全称是艾略特波浪理论，它是技术分析方法中最为神奇的方法，是以美国人艾略特（R. N. Elliott）的名字命名的一种价格趋势分析理论。该理论是依据大海的潮汐及波浪的变化规律，来描述和预测股票价格的波动规律及未来走势。波浪理论是股市分析理论中运用最多，而又最难了解和精通的方法。

1）波浪理论的主要原理

波浪理论主要研究三方面问题：价格走势所形成的形态、价格走势图中各个高点和低点所处的相对位置、完成某个形态所经历的时间长短。其中，价格的形态是最重要的，它是波浪理论赖以生存的基础。高点和低点所处的相对位置是波浪理论中个浪的开始和结束位置，它可以用黄金分割率加以推断。完成某个形态所处的时间可以预测某个大趋势的即将来临和结束，提示我们采取应变的措施。总之，这三个方面可以概括为形态、比例和时间，其中，以形态最为重要。

2）波浪理论的形态分析

波浪理论认为证券市场应该遵循一定的周期，周而复始、循环往复地向前发展。艾略特指出，股市的发展是依据一组特殊且不断重复的规律进行的，这组规律即是以五个上升浪和三个下跌浪作为一次循环交替推进。三个下跌浪可以理解为是对五个上升浪的调整，如图13—23所示。

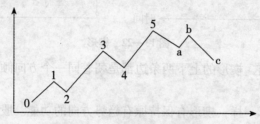

图13—23 八浪结构的基本形态

0~1是第一浪，1~2是第二浪，2~3是第三浪，3~4是第四浪，4~5是第五浪。这5浪中，第一、第三和第五浪称为上升主浪，而第二和第四浪称为是对第一和第三浪的调整浪。上述5浪完成后，紧接着会出现一个3浪的向下调整，这3浪是：从5到a为a浪，从a到b为b浪，从b到c为c浪。

考虑波浪理论必须弄清一个完整周期的规模的大小。因为趋势是有层次的，每个层次的不同取法，可能会导致我们在使用波浪理论时发生混乱。但是，我们要记住，无论我们所研究的趋势是何种规模，是原始主要趋势还是日常小趋势，8浪的基本形态结构是不会变化的。

在图13—23中，从0到5我们可以认为是一个大的上升趋势，而从5到c我们可以认为是一个大的下降趋势。如果我们认为这是2浪的话，那么c之后一定还会有上升的过程，只不过可能要等很长时间，这里的2浪只是一个大的8浪结构中的一部分。

3）浪的合并与浪的细分

波浪理论考虑股价形态的跨度是可以随意而不受限制的。大到可以覆盖从有股票以来的全部时间跨度，小到可以只涉及数小时、数分钟的股价走势。正是由于上述时间跨度的不同，在数8浪时，必然会涉及到将一个大浪分成很多小浪和将很多小浪合并成一个大浪的问题，这就是每一个浪所处的层次的问题。处于层次较低的几个浪可以合并成一个层次较高的大浪，而处于层次较高的一个浪又可以细分成几个层次较低的小浪。层次的高低和大浪、小浪的地位是相对的。对比其他层次高的浪来说，它是小浪，而对层次比它低的浪来说，它又是大浪。下面我们以牛市为例，说明一下波浪细分和合并的原则。见图 13—24。

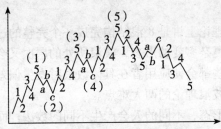

图 13—24　波浪的合并与细分

从图中可以看出，规模最大的是 2 浪，从起点到顶点是第一大浪，从顶点到末点是第二大浪，它是第一大浪的调整浪。第一大浪和第二大浪又可以细分成 5 浪和 3 浪，共 8 浪。第一大浪可以分成（1）、（2）、（3）、（4）、（5）共 5 浪，而第二大浪可以分成 3 浪，这 8 浪是规模处于第二大的大浪。

第二层次的浪又可以细分成下一层次的小浪，这就是图中的各个 1、2、3、4、5 以及 a、b、c。数一下可知这样的小浪一共有 34 个。

将波浪细分时，会遇到这样的问题，是将一个较大的浪分成 5 个较小的浪，还是分成 3 个较小的浪呢？这个问题要看这个较大的浪是在上升还是在下降，同时还要看比这个较大的浪高一层次的波浪是上升还是下降。以上两个因素决定这个较大的浪的细分是 3 浪还是 5 浪。

4）波浪理论的应用及其注意的问题

我们知道了一个大的周期的运行全过程，就可以很方便地对大势进行预测。首先，我们要明确当前所处的位置，只要明确了目前的位置，按波浪理论所指明的各种浪的数目就会很清楚地知道下一步该做什么。

要弄清楚目前的位置，最重要的是认真准确地识别 3 浪结构和 5 浪结构。这两种结构具有不同的预测作用。一组趋势向上（或向下）的 5 浪结构，通常是更高层次的波浪的 1 浪，中途若遇调整，我们就知道这一调整肯定不会以 5 浪的结构而只会以 3 浪的结构进行。

如果我们发现了一个 5 浪结构，而且目前处在这个 5 浪结构的末尾，我们就清楚地知道，一个 3 浪的回头调整浪即将出现。如果这一个 5 浪结构同时又是更上一层次波浪的末尾，则我们就知道一个更深的、更大规模的 3 浪结构将会出现。上升 5 浪、下降 3 浪的原理也可以用到熊市中，这时结论变成下降 5 浪、上升 3 浪。

从表面上看，波浪理论会给我们带来利益，但是从波浪理论自身的构造我们会发现它众多的不足。

首先，波浪理论从理论上讲是 8 浪结构完成一个完整的过程，但是，主浪的变形和调整浪的变形会产生复杂多变的形态，波浪所处的层次又会产生大浪套小浪、浪中有浪的多层次形态，这些都会使应用者在具体数浪时发生偏差。浪的层次的确定和浪的起始点的确认是应用波浪理论的两大难点。

其次，面对同一个形态，不同的人会产生不同的数法，而不同的数浪法产生的结果可能相差很大。且波浪理论只考虑了价格形态上的因素，而忽视了成交量方面的影响，这给人为制造形态的人提供了机会。正如在形态学中有假突破一样，波浪理论在应用中也可能会产生一些形态让人上当。当然，这个不足是很多技术分析方法都存在的。

13.3　技术分析指标

13.3.1　移动平均线——短线及中线指标

移动平均线法（Move Averagely Line）也是分析证券市场变化趋势的一种常用方法，它是人们为了克服道琼法所存在的缺点而创建的证券市场长期趋势分析方法。

1）移动平均线的基本含义

移动平均线（MA）就是将过去一段时间的股价指数每日往后移动一个股价指数来计算股价平均值，并依次绘成一条线，该线就是所谓的移动平均线。天数就是 MA 的参数。MA 的参数一般取 5 日、10 日、20 日、60 日、120 日、250 日。

移动平均线的作用在于取得一段时期的平均股价的移动趋势，以避免人为的股价操作，且通过移动平均线可以知道目前股价的平均成本。移动平均线所取的参数越大，其移动趋势越缓慢、线条越平滑，但比较能反映真实的股价变动。一般情况下，移动平均线有两大作用：助涨作用和助跌作用。

（1）助涨作用。当某日某只股票的股价位于某条平均线之上，说明在此时买入股票的成本要比前几日买入股票的平均成本高。而大盘指数出现这种情况时，往往说明当前的市场状态是买方的力量占有优势地位，市场的人气较为旺盛，买盘力量偏大。因而，若此时移动平均线保持上行状态，则对股价起一种不断上推的作用。这种作用即称为移动平均线对股价的助涨作用。

（2）助跌作用。当某日某只股票价格处于某条移动平均线之下，说明在此时买入股票的成本要比前几日买入股票的平均成本低。而大盘指数出现这种情况时，往往说明当前的市场状态是卖方的力量占有优势地位，抛盘加重，买方力量支持不住，才使股价跌到移动平均线的下方，股价将呈现出一种下跌态势。而股价的下落，又进一步带动移动平均线的下降，移动平均线的下降又使市场买方的人气涣散，股价继续下跌。这种作用即称为移动平均线对股价的助跌作用。

MA 参数取值可以有很多种，取值不同就可以得到不同的均线，如 5 日均线又称周线、10 日均线又称半月线、20 日均线又称月线、60 日均线又称季线、120 日均线又称半年线、250 日均线又称年线。期限越短，敏感性越强；在股价变动剧烈的股市中，宜选择短期移动平均线。

2）证券买卖时机的选择

利用移动平均线与股价的变化可以决定买卖时机，西方的证券投资专家葛南维尔（Joseph Granville）曾根据股价线与移动平均线之间的关系，给出了买卖证券的八大法则。图 13—25 即为葛南维尔利用 200 天移动平均线揭示的四大买入信号及四大卖出信号。

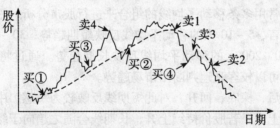

图 13—25　葛南维尔的四大买入和四大卖出信号

（1）四大买入信号

买入信号 1：当移动平均线走势由下降逐渐转平或回升，股价从平均线的下方向上升穿平均线时，为买入信号。

买入信号 2：股价连续上升后因获利回吐导致一时跌破平均线，但平均线在短期内仍继续上升，而股价回跌幅度不大，并马上恢复再次向上升穿平均线时，为买入信号。

买入信号3：股价连续上升远离平均线后出现大涨小回的突然下跌，但未跌破平均线又再度上升，仍可视为买入信号。

买入信号4：股价跌破平均线后，突然连连暴跌，远离平均线，属于超卖现象。当股价向平均线方向回升时，是短线技术反弹的有利买进时机。

（2）四大卖出信号

卖出信号1：当平均线走势由上升逐渐走平转弯下跌，而股价从平均线上方向下跌破平均线时，为重要卖出信号。

卖出信号2：股价虽向上突破平均线，但又立即跌到平均线之下，而这时平均线仍在继续向下，为卖出信号。

卖出信号3：股价跌落于平均线以下，然后向平均线弹升，但未升穿平均线即又告回落，为卖出信号。

卖出信号4：股价升穿平均线后，在平均线上方急速上升，距平均线越来越远，且上涨幅度相当可观，属于超买现象，随时会因获利回吐产生卖压，为卖出信号。

应用以上法则时，采用不同天数的移动平均线则会发出不同的买入、卖出信号。葛南维尔的本意是用股价和200日移动平均线的相互关系来判断信号，但结合我国沪深股市的实际，移动平均线的天数太长，则买卖信号的出现过于迟缓，并不适用。

3）移动平均线的组合分析

在实际使用中常用多条移动平均线的组合来进行股市分析，不同的组合有不同的预测功能。一般而言，5～10天的移动平均线反映短期趋势；30～60天的移动平均线反映中期趋势；100～200天的移动平均线反映长期趋势。通过将各种移动平均线加以适当组合，我们可以较客观地判断出市场趋势。

股价持续下跌后，探底、回升，对此短期线反映较为敏感。中期线表现为下降趋于缓慢，不久转为上升。若股价持续上升，长期线会随之趋向于缓慢上升。因此，各种移动平均线呈错综交替的局面。首先，短期线升过中期线，又升过长期线。如果股价仍继续上升，中期线也会升过长期线。这种中期线升过长期线，从而确认市场大势上升的情形，称为黄金交叉。黄金交叉之后，三条平均线从上至下依次是短期线、中期线、长期线，均处于持续上升势态，通常表示市场进入牛市，如图13—26所示。

股价上升缓慢并且在高价位上下徘徊时，短期线的上升会明显趋缓；随着股价下跌，短期线也开始下跌，接着对中期线、长期线产生影响，直至中期线跌至长期线之下。这时的两线交叉意味着上升市场的终结，故称其为死亡交叉。

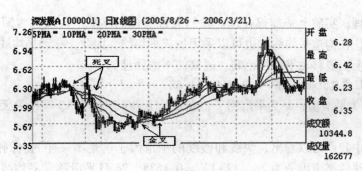

图 13—26　黄金交叉与死亡交叉

在死亡交叉之后，从下至上平均线的位置依次是短期线、中期线、长期线，通常表示熊市到来。

移动平均线在实际应用中的不足之处是出现买卖信号延迟，因此，在证券投资分析中不宜单独使用移动平均线来确定买卖信号，一般用移动平均线作长期趋势分析。

13.3.2　平滑异同移动平均线——中长线指标

平滑异同移动平均线（Moving Average Convergence and Divergence）指标的英文缩写为 MACD。该指标由 G. 阿普尔（Gerald Appel）于 1979 年首创。

1）设计原理

我们介绍移动平均线时曾指出两条均线的偏离和交叉可以产生买卖信号，行情的演化总要经历快的移动平均线先穿过慢的移动平均线，然后两者之间的差距越来越大，到达某一点后快线开始回头，以后快慢线之间的距离又逐渐缩小，最后再次发生交叉，前后两次交叉产生两个相反的交易信号（即如前一交叉为买入信号，则后一交叉为卖出信号；反之亦然）。如果我们用一个指标来表示快慢移动平均线之间的离差值并且用柱状图将其表示出来，则该指标将围绕 0 轴上下不断地震荡，形成一个不规则的类似于波谱的图形。这种离差值就是最初始的 MACD。用公式表示为：

$$MACD = M_{快} - M_{慢}$$

式中：$M_{快}$ 为快速平均线，即较短时间移动平均线；$M_{慢}$ 为慢速移动平均线，即较长时间的移动平均线。

实战中，一些技术分析人士就是如此使用 MACD。但是，简单地利用移动平均线，有时会遇到均线交叉过于频繁的困境，尤其是在市场趋势不明朗时。因此，阿普尔认为可以对移动平均线作平滑处理，以过滤掉一些较小的波动所产生的扰动影响。

所谓平滑处理，实质上是加权处理。我们通常所说的移动平均线皆为简单算术平均线。实际上，在构造平均线时也可以采用加权平均线。因此，移动平均线在作平滑处理后，本质上仍属移动平均线范畴。通常的平滑处理如下：

EMA = 当日收盘价×& + 前一日的 EMA×（1–&）

式中：EMA 为平滑值；& 为平滑因子，在设计上 & = 2/（N+1）（N 为天数，通常取值 12、26）。

从上式中我们可以看出，快线和慢线的平滑因子值是不一样的。例如，12 日平滑移动平均线的平滑因子为 2/（12+1）= 0.1538，26 日平滑移动平均线的平滑因子为 2/（26+1）= 0.0741。也就是说，当日收盘价在快线中所占的权重要比在慢线中大。在作平滑处理后，线的离差值可以表示如下；

DIF = 12 日 EMA–26 日 EMA

式中：DIF 为离差值；12 日 EMA 是时间参数为 12 天的当日平滑值，即快的平滑移动平均线；26 日 EMA 是时间参数为 26 天的当日平滑值，即慢的平滑移动平均线。

同移动平均线原理一样，单独的 DIF 也能进行行情预测，但为了使信号更可靠，依据"交错分析法"，阿普尔再展绝技，对 DIF 再次进行平滑，这一新的平滑值通常被称为 MACD 值（也有的称为 DEA 值）

MACD = 当日的 DIF×B+前一日的 DIF×（1–B）

式中：B 为平滑因子，在设计上 B = 2/（m+1）（m 为平滑天数，通常取值为 9）。

上式是 MACD 的指标设计中最主要的创新。但将 DIF 的平滑值称为 MACD，极容易让一般投资者尤其是新手产生误解或混淆，以为 MACD 指标就是 DIF 的平滑值。实际上，MACD 包括两项指标，其一是 DIF，其二是 DIF 的平滑值（也被称为 MACD）。以上是 MACD 的简明的设计原理。

将每日的 DIF 与 DEA 值分别绘在坐标轴上，就得出两条线，如图 13—27 所示。

此外，在分析软件上还有一个指标 BAR，BAR =（DIF 线–MACD 线）×2，为图中垂直的红绿柱状线。

2）应用法则

（1）当 DIF 线向上突破 MACD 平滑线，即为涨势确认之点，也就是买入信号；反之，当 DIF 线向下跌破 MACD 平滑线，即为跌势确认之点，也就是卖出信号。

（2）一般而言，在持续的涨势中，12 日 EMA 在 26 日 EMA 之上，其间的正差离值（+DIF）会愈来愈大。反之，在跌势中，差离值可能变负（–DIF），负差离值的绝对值也愈来愈大。所以，当行情开始反转时，正或负差离值的绝对值将会缩小。

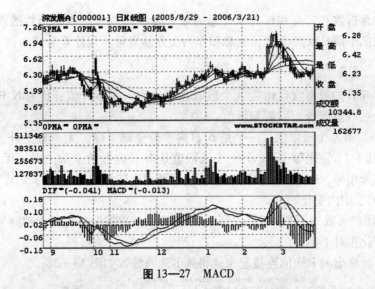

图 13—27　MACD

（3）分析 MACD 柱状线，由红变绿（正变负），卖出信号；由绿变红，买入信号。当直线棒由大开始变小，即为卖出信号，当直线棒由最小（负数的最大）开始变大，即为买进信号。因此我们可依据直线棒研判短期的反转点。

（4）0 轴以下为空头行情，0 轴以上为多头行情。

MACD 的缺点同 MA 一样，在股市没有明显趋势而进入盘整时，失误的时候极多。另外，对未来股价的上升和下降的深度不能提供有帮助的建议。

13.3.3　相对强弱指数——多空力量的强弱指标

相对强弱指数（Relative Strength Index）简称 RSI，是目前流行最广、使用最多的技术指标之一，它是由美国技术分析大师威尔德（J. Welles Wilder）在 1978 年提出的。RSI 可应用于股票、期货和外汇等市场。

1）相对强弱指数的基本含义

相对强弱指数即股市收盘指数（个股收盘股价）的相对升降幅度。它反映出一段时间内，在股市中买方力量与卖方力量的相对强弱程度及买卖双方力量对比的变化情况，并以此为据来分析股价未来的走势。此方法运用简单，效果良好，成功率高，甚至有"RSI 必胜"之说。

RSI 的计算方法，是采用某一时期（N 天）内收盘指数每天的涨跌大小，来反映这一时期内多空力量的强弱对比。RSI 将 N 日内每日收盘指数涨势（即当日收盘指数高于前日收盘指数）的总和作为买方总力量，而 N 日内每日收盘指数的跌势（即当日收盘指数低于前日收盘指数）的总和作为卖方总力量。其计算公式为：

$$RSI（N）= \frac{A}{A+B} \times 100$$

式中：A 为 N 日内股市收盘指数（个股收盘股价）升幅累计值；B 为 N 日内股市收盘指数（个股收盘股价）跌幅累计值。

RSI（N）有两个极限值：一个是 N 日内股价全部下降，无一日上升，则上式的分子为 0，RSI（N）也等于 0；另一个极限值是 N 日内股价全部上升，无一日下降，则分子、分母相等，RSI（N）等于 100。这两种情况较少出现，通常情况下 RSI（N）在 0 ~ 100 的范围内变化。

RSI 选用的天数 N 可取 6 天、9 天、14 天等，天数越少曲线变化越频繁，天数越多曲线则变化相对平稳。

将每日计算出的 RSI 值连接起来就得到 RSI 曲线，如图 13—28。

图 13—28　RSI

2）应用法则

（1）强弱指标的值在 0 与 100 之间。RSI 取值超过 50，表明市场进入强势；RSI 低于 50，表明市场处于弱市；RSI 高于 80，表明市场超买严重；RSI 低于 20，表明市场超卖严重。

（2）交叉信号：短期的 RSI 在 20 以下的水平，由下往上交叉长期的 RSI 时，为买进信号。短期的 RSI 在 80 以上的水平，由上往下交叉长期的 RSI 时，为卖出信号。

（3）盘整时，RSI 一底比一底高，多头势强，后市可能续涨应买进；反之，是卖出信号。股价尚在盘整阶段，而 RSI 已整理完成，股价将随之突破。

（4）背驰信号：从 RSI 与股价的背离方面判断行情：

①RSI 处于高位，并形成一峰比一峰低的两个峰，而此时，股价却对应的是一峰比一峰高，这叫顶背离信号。股价这一涨是最后的衰竭动作，这是比较强烈的卖出信号。

②RSI 在低位形成两个依次上升的谷底，而股价还在下降，这为底背离信号，股价是最后一跌或者说是接近最后一跌，是可以开始建仓的信号。

在 RSI 出现"顶背驰"和"底背驰"时，虽然 RSI 可小于 80 或大于 20，也应视为重要的卖出或买入信号，此点请注意。

（5）RSI 在 40～60 之间的交叉信号尽量不用，骗线的可能性较大。

13.3.4　威廉指数——测量超买、超卖情况的指标

威廉指数（WMS% 或 %R）全称威廉超买、超卖指标，亦是反映买卖双方力量强弱的技术指标。与相对强弱指数不同的是，前者重视累计值的比较，而后者则直接以当日收市价与 N 日内高低价位之间的比较，来判断短期内行情变化的方向，因此是一种更为敏感的指标。

1）计算公式

$$\%R = \frac{H_n - C}{H_n - L_n} \times 100$$

式中：C 为当日收市价；L_n 为 N 日内最低价；H_n 为 N 日内最高价；一般取 14 日或 20 日。将每日的 %R 值连接起来就得到 %R 曲线，如图 13—29 所示。

2）应用法则

威廉指数值在 0～100 之间变化。由上面的公式可知当目前收市价越接近 N 日内最高价时，%R 值越小，超买严重，应当卖出；而当目前收市价越接近 N 日内最低价时，%R 值越大，应考虑买入。一般判断规则有：

（1）取值为 0～100，50 为轴，%R>50，行情处于弱势；%R<50，行情处于强势。威廉指数的值越小，市场的买气越重；反之，其值越大，市场卖气越浓。

（2）%R 上升至 20 以上，超买，即将见顶，应及时卖出；下跌至 80 以下，超卖，即将见底，应伺机买进。

威廉超买、超卖指标是短线操作的有力工具，反应敏感是其优点，但捕捉不到大行情亦是此类工具的通病，所以配合其他指标使用非常重要。

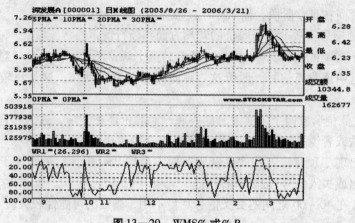

图13—29　WMS%或%R

13.3.5　随机指数——反映价格走势的强弱和超买、超卖现象的指标

随机指数（%K、%D）亦称 KDJ 指标，与相对强弱指数的分析方法类似，常用来做短期的市场超买、超卖判断，并且以与股价走势的"背驰"现象作为重要的转势信号。

1）随机指数的基本含义

随机指数（Stochastics）是研究判断股市中收盘价、最高价、最低价的波动及相互关系的一种指数，由美国技术分析大师乔治·兰（George Lane）创立。一般认为，在股市上升行情中，收盘价偏于高位；而在股市下跌行情中，收盘价则偏于低位。因此，可用收盘价与最高价和最低价之间的相互关系来判断股价走势。一般在股市上升行情中，%K 线、%D 线向上；而在股市下跌行情中，%K 线、%D 线则向下。

随机指数的计算方法：

（1）在产生 KDJ 以前，先计算产生未成熟随机值 RSV（Row Stochastic Value）

$$RSV\,(N) = \frac{\substack{\text{第 N 日股市收盘指数} \\ \text{（个股收盘股价）}} - \substack{\text{N 日内股市最低指数} \\ \text{（个股最低股价）}}}{\substack{\text{N 日内的股市最高指数} \\ \text{（个股最高股价）}} - \substack{\text{N 日内的股市最低指数} \\ \text{（个股最低股价）}}} \times 100$$

RSV（N）的极限值：当第 N 日的收盘价等于 N 日内的最高价时，分子、分母相等，RSV（N）等于100；反之，当第 N 日的收盘价等于 N 日内的最低价时，分子为0，则 RSV（N）等于0。通常 RSV（N）在 0 ~ 100 的范围内变化。N 一般可取 6 日或 9 日。

（2）计算%K 及%D

对 RSV 进行指数平滑，就得到如下 K 值：

今日%K=（2×前一日%K+今日 RSV）÷3

对 K 值进行指数平滑，就得到 D 值：

%D=（2×前一日%D+当日%K）÷3

开始计算时，式中前一日%K 及前一日%D 的初始值均可取 50。

%J=3×当日%D−2×当日%K

式中：3 为平滑因子，可以改变成别的数字。

将计算出来的每日%K、%D、%J 值连成平滑曲线即得到随机指数线，如图 13—30 所示。

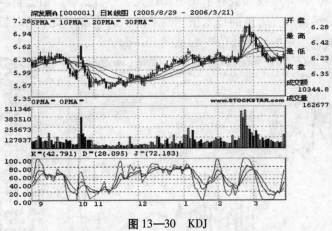

图 13—30　KDJ

2）应用法则

（1）超买、超卖区域的判断——K 值在 80 以上，D 值在 70 以上为超买的一般标准。K 值在 20 以下，D 值在 30 以下，即为超卖的一般标准。

（2）背离判断——当股价走势一峰比一峰高时，随机指数的曲线一峰比一峰低，或股价走势一底比一底低时，随机指数曲线一底比一底高，这种现象被称为背离，随机指数与股价走势产生背离时，一般为转势的信号，表明中期或短期走势已到顶或见底，此时应选择正确的买卖时机。

（3）K 线与 D 线交叉突破判断——K 值大于 D 值时，表明当前是一种向上涨升的趋势，因此 K 线从下向上突破 D 线时，是买进的信号；反之，当 D 值大于 K 值，表明当前的趋势向下跌落，因而 K 线从上向下跌破 D 线时，是卖出信号。

K 线与 D 线的交叉突破，在 80 以上或 20 以下较为准确。

（4）因随机指数具有随机概念，所以比相对强弱指数更为敏感，可用来进行短线操作。如与相对强弱指数和背离率配合使用，则更为可靠。

除以上介绍的技术分析方法和指标外，还有众多的方法与指标，本书在此就不一一介绍了。

13.4　中国证券交易所实时行情技术分析指标

前面几节介绍的技术指标大多是以交易日为单位，不适用于日内即时交易行情的判断。在这里我们将介绍我国证券市场中如钱龙、分析家等行情分析软件所普遍使用的一些衡量实时买卖双方力量的技术指标及术语，这些指标及术语对投资者分析日内实时行情走势具有一定的使用价值。参见图13—31。

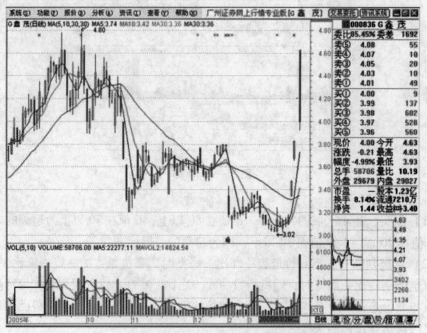

图13—31　我国证券市场个股实时行情走势 K 线图

（1）委比。是衡量某一时段买卖盘相对强度的指标。其计算公式为：

$$委比 = \frac{委买手数 - 委卖手数}{委买手数 + 委卖手数}$$

我国证券交易所电脑主机将所有的委托买卖申请，按照价格优先原则自动从低往高排列，并实行三级委托买卖盘显示，也就是说，对于买方和卖方的报价分别显示三个价位以及各自的买卖数量，委买手数为当前个股委托买入下三档的总数量，委卖手数为当前个股委托卖出上三档的总数量。不难看出，委比值的变化范围为-100% ~ +100%，当委比值为-100%时，表示只有卖盘而没有买盘，说明市场的抛盘非常大；当委比值为+100%时，表示只有买盘而没有卖盘，说明市场的买盘非常有力。当委比值为负时，卖盘比买盘大；而委比值为正时，说明买盘比卖盘大。

一般情况下，委比只能说明在这一时刻，这只股票买卖的强度对比。所以，经常出现某只股票涨势不错，而委比却显示空方力量比较强的情况，此时就需要对这只股票进行连续观察。如果是在高位卖盘涌现，则有可能是主力拉高出货，投资者需要谨慎操作，不妨逢高减磅，适当降低风险；如果只是在较低位置或者在震荡整理时出现，则有可能是做多不坚决或者是割肉出局，投资者可以不必理会，应该坚决持有股票。

（2）委差。也是衡量某一时段买卖盘相对强度的指标，其公式为：委差=委买手数-委卖手数，其意义同委比。

（3）现手。是现在交易所电脑主机最近时刻撮合成交的手数，单位手（1手为100股）。

（4）内盘和外盘。内盘：成交价在买入价叫内盘；外盘：成交价在卖出价叫外盘。

【例】某只股票的实时交易数据如表13—1所示。

表13—1　　　　　　　　　　　**某只股票的实时交易数据**

时间	买入	卖出	成交	成交手数	外盘累计手数	内盘累计手数
9：30	9.00	9.10	9.00	50	1 000	500
9：31	9.00	9.10	9.00	100	1 000	600
9：32	9.00	9.10	9.10	80	1 080	600

外盘：当成交价在卖出价时，将现手数量加入外盘累计数量中，当外盘累计数量比内盘累计数量大很多，而股价上涨时，表示很多人在抢盘买入股票，说明主动性买

盘多，投资者看好后市，所以股票继续上涨的可能性较大。

内盘：当成交价在买入价时，将现手数量加入内盘累计数量中，当内盘累计数量比外盘累计数量大很多，而股价下跌时，表示很多人在抛盘，说明主动性抛盘多，投资者不看好后市，所以股票继续下跌的可能性较大。

（5）量比。是一个衡量相对成交量的指标，它是开市后每分钟的平均成交量与过去 5 个交易日每分钟平均成交量之比。其公式为：

$$量比 = \frac{现在成交总手}{\dfrac{过去 5 日平均成交总手}{240} \times 目前已开市时间（分钟）}$$

当量比大于 1 时，说明当日每分钟的平均成交量要大于过去 5 日的平均数值，交易比过去 5 日火爆；而当量比小于 1 时，说明现在的成交量比不上过去 5 日的平均水平。通过量比的观察，投资者可以简单地判断市场主力活动的动向，尤其是在洗盘过程当中。当股价下跌一定的幅度之后，成交量持续萎缩，量比一天比一天小，如果突然有一天量比开始放大，股价上涨，则说明当前该股票开始变得成交活跃，极有可能是主力开始出来活动。

（6）均价。即个股均价，是现在这个时刻买卖股票的每股平均价格。其公式为：

$$均价 = \frac{\sum（分时成交的量 \times 成交价）}{总成交股数}$$

如图 13—32 所示，个股分时走势图中的那根黄色曲线即是个股均价线，而图中那根白色波动频繁的线是分时价位线，表示该只股票的分时成交价格。

均价线的原理与移动平均线的原理是一样的，只是均价线反映的是当天投资者的平均持股成本，只有一条线，而移动平均线有任意多条，反映的是一段时间内投资者的平均持股成本。投资者可以运用均价线来判断当天多空力量的对比。例如，K 线虽然收阳，而股价却不能企稳于当天的均价线之上，说明市场抛压较重，上行行情难以持续。另一方面投资者可以有效识破主力的骗线行为，主力能够在尾市大幅拉高或是刻意打压股价，通过改变收盘价来改变原来的 K 线形态或技术指标，但一般难以使当天均价线出现大幅变化。收盘时的均价客观地反映了全天的股价重心，尾市的波动对其影响较小。

一般来说，若股价一直在均价线之下运行，说明市场抛压沉重，后市看跌。有时日 K 线虽然收阳，但均价线却以平缓的角度向下倾斜，说明当天重心下移，短期上行阻力重，这是明显的冲高乏力的表现。若股价始终在均价线之上运行，说明当天投资者愿以更高的价格买入该股，处于强势，可重点关注。

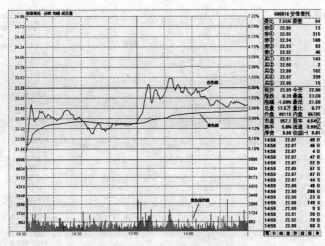

图 13—32　个股分时走势图

应用均价线时，需注意与日线指标以及中线指标相对照，若日线指标和中线指标同时向多，均价线亦处于强势，即产生共振现象，此时买入风险较低，从日线图上看刚刚脱离底部的个股，中线买入安全性较高。

（7）换手率。也称"周转率"，是指在一定时间内市场中股票转手买卖的频率，是反映股票流通性强弱的指标之一。它等于在某一段时期内某只股票的成交量与发行在外总股数的比率。

换手率越高说明交投就越活跃，人们购买的欲望就越高；反之则说明该只股票交投冷淡，少有人问津。有时投资者可以利用换手率的大小来观察机构大户的吸货行为，如果某只股票换手率在低位突然放大，必定有人在低位大量吸筹。但是，在股价大幅下跌时，成交量出现大幅增加，换手率高，说明市场产生了恐慌性的抛售。

（8）上证领先指标图中的白线和黄线。上证领先指标参见图 13—33。

在上证领先指标图中有两根曲线，一根白色曲线，一根黄色曲线。白色曲线表示上证交易所对外公布的通常意义上的大盘指数，也就是说是按个股总股本加权平均计算得出的上证指数走势图；黄色曲线是不考虑上市股票发行数量的多少，将所有股票对上证指数的影响等同对待，不含加权的上证指数走势图。

因白色曲线表示的上证指数是以各上市公司的总股本为权数加权计算出来的，故盘子大的股票较能左右上证指数的走势，如工商银行、中国联通、宝钢股份、中国石化、浦发银行等。而黄色曲线表示的是不含加权的上证指数，各股票的权数都相等，

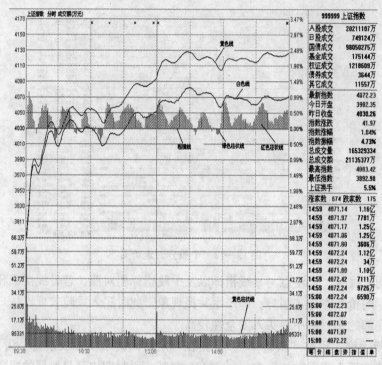

图 13—33 上证领先指标图

所以价格变动较大的股票对黄线的影响要大一些。这样，参考白色曲线和黄色曲线的相对位置，可以得到以下信息：当上证指数上涨时，如白线在黄线的上方，说明大盘股的影响较大，盘子大的股票涨幅比盘子小的股票要大；反之，如黄线在白线的上方，就是小盘股的涨幅比大盘股要大。而当上证指数下跌时，如黄线在白线的下方，表示大盘股的下跌幅度较小而小盘股的股票跌幅较大；反之，如白线在黄线的下方，表示大盘股的跌幅比较大。

（9）上证领先指标图中的红色及绿色柱状线。红色柱状线和绿色柱状线反映当前市场即时所有股票的买盘与卖盘的数量对比情况。当红色柱状线长度逐渐往上增长时，表示买盘大于卖盘，指数增长的力量逐渐增强；而当红色柱状线的长度逐渐缩短时，表示卖盘大于买盘，股票指数增长的力量在渐渐减弱。当绿色柱状线长度逐渐往下增长时，表示指数下跌的力量逐渐增强；而当绿色柱状线的长度逐渐缩短时，表示指数下跌的力量在渐渐减弱。

（10）上证领先指标图中的黄色柱状线。上证领先指标图中下方黄色柱状线表示市场中每分钟的成交量，单位为手（100 股/手）。

我国证券市场中其他需要了解的指标还有（接上述指标排序）：

（11）总成交额：表示一日交易下来的总金额，以万元为单位。

（12）总成交量：一日交易下来的股票总数，以手为单位。

（13）指数涨跌：现在股价指数减去前一个交易日收盘股价指数。若为正值，表示股价在上涨，图中表示为红色；若为负值，表示股价在下跌，图中表示为绿色。

（14）指数涨跌幅度：幅度（%）等于现在股价指数减去前一个交易日收盘股价指数后与前一个交易日收盘股价指数的比值。若幅度为正值，表示股价在上涨，图中表示为红色；若幅度为负值，表示股价在下跌，图中表示为绿色。

（15）指数振幅：指开盘后最高股价指数、最低股价指数之差的绝对值与前日收盘股价指数的百分比。一般振幅大的股票有三种可能：①庄家高度控盘，外面流动的筹码很少，一点点成交量就会使股价存在形成很大波动的可能。②处于多空明显分歧的趋势，比如某个股票连续上涨甚至涨停（或者连续下跌甚至跌停）之后，打开涨停或者跌停时，就会出现较大的波动。③庄家通过大幅度拉高或者杀跌来吸筹或者出货。

【参考案例】

矩形——箱体平台的整理与突破

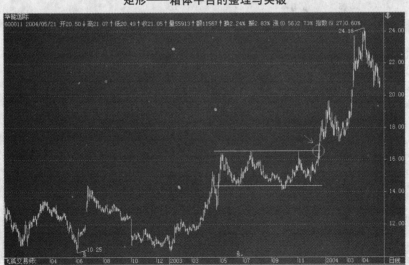

八个子浪的完整运动过程

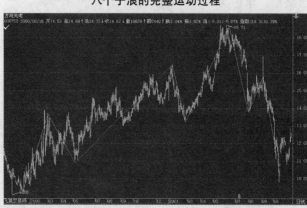

（资料来源：根据分析软件加工整理）

● 重要概念

　　道琼法　波浪理论　移动平均法　指数平滑异同平均线　K线图　相对强弱指数　随机指标　双底　头肩底　圆底　上升三角形　双顶　委比　量比　外盘　内盘

● 复习思考

（1）道氏理论的要点是什么？它对技术分析有何贡献？

（2）K线的基本种类有哪些？各有什么含义？

（3）波浪理论所阐述的主要思想是什么？

（4）怎样利用股票价格移动平均线进行趋势判断？

（5）怎样利用葛南维尔投资法则进行买卖操作？

（6）支撑线和压力线的作用如何？如何判断和分析支撑和压力？

（7）股价的反转图形有几种？它们各有什么意义？

（8）股价的整理图形有几种？它们各有什么意义？

（9）什么是相对强弱指数？简述其优缺点。

（10）什么是随机指标KDJ？简述其优缺点和局限性。

（11）运用威廉指数如何判断短期内股市变化的方向？

（12）什么是成交量？它对研判行情有什么作用？

（13）技术分析方法的作用与局限是什么？

（14）怎样看待基本分析与技术分析法？

第4篇
投资理论篇

第 14 章　证券组合管理理论

┌─── ◇学习目标 ───────────────────────┐
- 了解理性投资者的行为特征
- 理解分散化投资对总风险的影响
- 掌握两项资产的相关系数在度量投资组合风险中的重要性
- 掌握可行域和有效边界的含义
- 掌握有效证券组合的含义和特征
- 掌握马科维茨确定最优证券投资组合的方法与步骤
└──────────────────────────────────┘

14.1　现代证券组合管理理论

投资组合（Portfolio）通常是指个人或机构投资者同时所持有的各种有价证券的总称，如股票、债券、存款单等。投资组合不是证券品种的简单随意组合，它体现了投资者的意愿和投资者所受到的约束，即受到投资者对投资收益的权衡、投资比例的分配、投资风险的偏好等的限制。

14.1.1　现代投资组合管理理论的形成与发展

1）现代投资组合管理理论的形成

为解决证券投资中收益与风险的关系，现代投资组合理论（Modern Portfolio Theory，MPT）应运而生。其创始人是马科维茨（Harry Markowitz），他于 1952 年 3 月在《金融杂志》上发表了一篇题为《资产组合的选择》的论文，为现代证券理论的建立和发展奠定了基础。投资组合理论提出了一整套分散投资的方法，投资组合的意义在于采用适当的方法选择多种证券作为投资对象，达到在保证预定收益的前提下使

本章建议阅读资料：
1. 中国证券业协会：证券业从业资格考试统编教材（2010）——《证券投资基金》，北京，中国财政经济出版社，2010。
2. 曹凤岐、刘力、姚长辉：《证券投资学》，2 版，北京，北京大学出版社，2008。
3. ［美］Robert A. Haugen，Modem Investmert Theory，5 版，北京，北京大学出版社，2002。
4. ［美］凯斯·布朗、弗兰克·瑞利：《投资分析与投资组合管理》，5 版，李秉祥译，沈阳，辽宁教育出版社，1999。

投资风险最小或在控制风险的前提下使投资收益最大。为此，瑞典皇家科学院将
1990 年的诺贝尔经济学奖授予哈里·马科维茨，以表彰他在现代证券投资理论方面
所做出的关键性的卓越贡献。

马科维茨现代证券投资理论主要解释了投资者如何衡量不同的投资风险，如何合
理组合自己的资金以取得最大收益，认为组合证券资产的投资风险与收益之间有一定
特殊关系，投资风险分散有其规律性。马科维茨考虑的问题是单期投资问题：投资者
在某个时期（称为期初）用一笔资金购买一组证券并持有一段时间（称为持有期），
在持有期结束时（称为期末），投资者出售他在期初购买的证券并将收入用于消费或
再投资。马科维茨在考虑这一问题时第一次对证券投资中的风险因素进行了正规阐
述。他注意到，一个典型的投资者不仅希望"收益高"，而且希望"收益尽可能确
定"，这意味着投资者在寻求"预期收益最大化"的同时追求"收益的不确定性最
小"，在期初进行决策时必然力求使这两个相互制约的目标达到某种平衡。马科维茨
分别用期望收益率和收益率的方差来衡量投资的预期收益水平和不确定性（风险），
建立均值方差模型来阐述如何全盘考虑上述两个目标，从而进行决策。推导出的结果
是，投资者应该通过同时购买多种证券而不是一种证券进行分散化投资。

2）现代投资组合管理理论的发展

在投资者只关注"期望收益率"和"方差"的假设前提下，马科维茨提供的方
法是完全精确的。然而，这种方法涉及计算所有资产的协方差矩阵，面对上百种可选
择资产，其计算量是相当可观的，当时即使是借助计算机也难以实现，更无法满足实
际市场在时间上近乎苛刻的要求，这严重地阻碍了马科维茨方法在实际中的应用。

1964 年，马科维茨的学生威廉·夏普根据马科维茨的模型，建立了一个计算相
对简化的模型——"单因素模型"。这一模型假设资产收益只与市场总体收益有关，
使计算量大大降低，在此基础上发展出后来的"多因素模型"，使图与实际有更精确
的近似。这一简化形式使得投资组合理论应用于实际市场成为可能。特别是 20 世纪
70 年代计算机的发展和普及，以及软件的成套化和市场化，极大地促进了现代投资
组合理论在实际中的应用。当今，在西方发达国家，因素模型已被广泛应用在同类资
产内部不同的资产组合——如投资组合中普通股之间的投资分配上，而最初的、更一
般的马科维茨模型则被广泛应用于不同类型的资产组合——如债券、股票、风险资产
和不动产等证券之间的投资分配上。

也是在 20 世纪 60 年代初期，金融经济学家们开始研究马科维茨的模型是如何影
响证券的估值的，这一研究导致了资本资产定价模型 CAPM（Capital Asset Pricing

Model）的产生。夏普、林特（Lintner）和摩森（Mossin）三个人分别于 1964 年、1965 年和 1966 年独立推导出著名的资本资产定价模型。这一模型阐述了在投资者都采用马科维茨的理论进行投资管理的条件下，市场价格均衡状态的形成，把资产预期收益与预期风险之间的理论关系用一个简单而又合乎逻辑的线性方程式表示出来。在实践中，很多专家用它来估计资产收益，指导投资行为，确定投资策略。这一模型在金融领域盛行了十多年。然而，1976 年，理查德·罗尔（Richard Roll）对这一模型提出了批评，因为这一模型永远无法用经验事实来检验，这使讨论发展到了一个新的阶段。一方面，其他资产定价模型开始出现，其中以史蒂夫·罗斯（Steve Ross）提出的套利定价理论 APT（Arbitrage Pricing Theory）最为著名，这一理论认为，只要任何一个投资者不能通过套利获得收益，那么期望收益率一定与风险相联系。这一理论需要较少的假定。罗尔和罗斯在 1984 年认为这一理论至少在原则上是可以检验的。套利定价理论发展至今，其地位已不亚于 CAPM。另一方面，人们通过释放传统 CAPM 的假设条件而发展了多种 CAPM，以使其更接近现实。资产组合理论和资本资产定价模型的发展为科学评价职业货币经营者的业绩提供了依据。

14.1.2　证券投资组合理论

在构建投资组合时，投资者谋求的是在他们愿意接受的风险水平既定的条件下，使投资的预期收益最大化，或在预期收益一定的条件下使投资的风险最小，满足这一要求的投资组合被称为有效组合（Efficient Portfolios）。因为马科维茨是投资组合理论的创立者，有效组合有时又叫做"马科维茨有效组合"。

1）有效边界

前面第 10 章我们已经学习了用期望收益率和方差或标准差来计量单个证券和证券组合的收益率与风险的方法。有效边界就是在以期望收益率为纵轴，以标准差为横轴的平面坐标系中，在各种风险水平上，期望值为最大点的轨迹。确定有效边界的前提是必须具有可行区域。所谓可行区域，是指在一系列条件约束下可能实现的投资组合。

（1）两个证券投资组合的可行区域与有效边界

一般情况下，两个证券构成的可行区域是平面区域中的一条曲线，该曲线的弯曲程度由它们的相关系数决定，随着两个风险证券间的相关系数由 1 变为-1，曲线向左变得愈来愈弯曲。

设由两项证券资产 A 和 B 构成投资组合，A 的期望收益率为 5%，标准差为 20%；B 的期望收益率为 15%，标准差为 40%；A 和 B 的相关系数为 ρ_{AB}，A、B 在组合中的比例分别为 w_A，w_B（$w_B = 1 - w_A$）。

以组合标准差为横轴，组合期望收益率为纵轴画图（如图 14—1），当我们给定不同的投资比例 w_A、w_B 和不同的相关关系 ρ_{AB}，可以得到不同的资产组合集合。

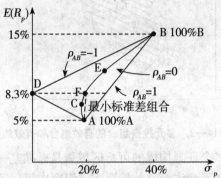

图 14—1　二元投资组合的有效组合和有效边界

设 $\rho_{AB} = 0$，当赋予 w_A、w_B 不同值时，不同组合的期望收益率与标准差连接成一条曲线 ACFEB，这条曲线就是 $\rho_{AB} = 0$ 时所有由 A、B 构成的资产组合的可行区域集合。在这一集合中，C 点所代表的是最小方差（标准差）组合（该点 $w_A = 4/5$，$w_B = 1/5$，$E(R_P) = 7\%$，$\sigma_P = 17.9\%$）。

尽管投资者可以在曲线 ACFEB 上任意选择投资组合，但因为对应线段 AC 上的每一组合如点 A，线段 CEB 上都有相应的一个组合（如点 F），其风险程度（标准差）与 AC 段上的对应组合相同，但期望收益率更高。根据风险回避型投资者追求效用最大化的假设，投资者只会在线段 CEB 上选择其所需要的资产组合。线段 CEB（即最小标准差组合与资产 B 之间的全部组合）即为全部资产组合的有效边界，又称有效率资产组合。

设 $\rho_{AB} = 1$，A 与 B 完全正相关，A、B 构成的资产组合集合为直线 AB，效率边界也为直线 AB。

设 $\rho_{AB} = -1$，A 与 B 完全负相关，A、B 构成的资产组合集合为折线 ADB，D 为最小标准差组合，直线 DB 为效率边界。

（2）多个投资组合的可行区域与有效边界

将每个证券的期望收益、标准差以及由单个证券所能构成的全部组合的期望收益、标准差画在以标准差为横轴、以期望收益为纵轴的坐标中，就会生成证券资产组合集合，其基本形状如图 14—2 所示。

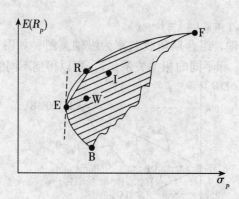

图14—2 多元投资组合的有效组合和有效边界

从图中可以看出，多个证券构成的可行区域集是标准差—期望收益率坐标系中的一个弹头型平面区域。在不允许卖空的情况下，组合中每一证券的投资比例系数均为正，因此所形成的可行区域是闭合区域。

根据偏好收益、厌恶风险假设，我们可将可行区域的范围缩小，具体分析如下：

在可行区域 BERF 内，包括了全部单个证券与全部组合的风险与收益的坐标点。集合左边界 BERF 一段为最小方差边界，即在相同期望收益的条件下，由投资风险（方差或标准差）最低的资产（证券）组合所组成的曲线。

BF 线段的下半部即 BE 段为无效率边界。因为在这一段，期望收益越高，风险越低，投资者只会选择这一段的最高点，因为在最高点 E 上，资产组合的期望收益最高，而风险却是最低的。

BF 线段的上半部即 ERF 段为有效率边界，它包括全部有效资产组合。有效资产组合的定义为：在相同风险情况下期望收益最大的组合，或者在相同期望收益的情况下风险最低的组合。

因此，依据偏好收益投资者将范围缩小到上边界，依据厌恶风险投资者将范围缩小到左边界，可行区域的左上边界即是有效边界。只有有效边界上的点（代表一个投资组合）所代表的投资组合才是有效组合。效率边界是凹性的即凸向纵轴。

2）最优投资组合的选择

给定若干有效组合供投资者选择，投资者最乐意选择的投资组合即能达到效用最大化的投资组合就是最优组合（Optimal Portfolio）。

由于每个投资者的偏好不同，因此需要根据投资者的个人偏好与无差异曲线进行选择。

对于风险回避的投资者而言，其效用的无差异曲线是凸性的（即向纵轴的相反方向凸出，在第 10 章已经讲述），能给投资者带来最大效用的就是最左上方的无差异曲线，而前面已经论证了效率边界是凹性的（即凸向纵轴）。因此，能够与最左上方无差异曲线相切的有效率边界的点，一定是给投资者带来最大效用的组合，即风险回避者的最佳组合一定位于效率边界上，且由于有效边界的特性与无差异曲线的特性，决定了它们之间的切点只有一个——O，如图 14—3 所示。

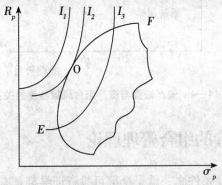

图 14—3 最优资产组合的确定

在图中，无差异曲线 I_2 优于 I_3。投资者为获得 I_3 的效用，他可以有多种投资选择，但 I_2 投资给投资者带来的效用比 I_3 投资高。I_2 与效率边界相切于 O 点，O 组合就成为给投资者带来最大效用的投资组合。

3）资产组合中资产数量与资产组合风险的关系

法玛在他 1976 年出版的 *Foundations of Finance* 一书中，对资产组合风险与资产组合中证券数量的关系作了实证研究。他首先计算了 50 种从纽约股票交易所随意选出的股票从 1963 年 7 月至 1968 年 6 月间月收益率的标准差，然后逐一计算从 1～50 种资产的资产组合的标准差。他先选了一种标准差为 11% 的股票，然后又随机选了另一种加进去，权数相同的这两种股票组合的结果使资产组合的标准差降到了 7.2%。依此类推，一种一种地增加股票，分别计算出各种组合的标准差。结果，法玛发现，在最初几种股票被加入资产组合时，对标准差的降低作用非常大，股票从 4 种增加 5 种时，标准差的降幅最大，当股票数增加到 20 种时，再增加证券，对资产组合标准差的降低作用就不大了。当股票数从 30 种增加到 34 种时，出现风险边际下降情况，这是因为进一步增加资产数量只能加大交易费用和管理的困难。因此，资产组合理论认为，要想有效地降低风险，至少要有 10 种左右的资产，15 种证券是比较好的数量。风险程度和资产数量的关系如图 14—4 所示。

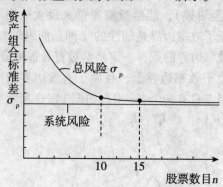

图 14—4　资产数量与资产组合风险程度的关系

14.2　无风险证券的组合管理理论

马科维茨模型的假设条件之一就是全部可投资证券都是有风险的，即每一项资产的方差都大于零。如果我们把资产分别投在一种风险资产和一种无风险资产上的话，情况会怎样呢？托宾取消了马科维茨模型全部证券都存在风险这一假设，投资组合当中包含一项无风险资产，他于 1958 年发表了《投资组合选择原理》和《风险条件下的流动性偏好行为》两文，从而发展了投资组合理论，创建了托宾模型。

我们通过分析托宾模型就会发现，在可能的投资组合中包含一项无风险资产具有现实意义，会大大简化效率边界的形状。

14.2.1　无风险资产

我们已经定义了风险资产是指未来收益不确定的资产。而无风险资产是未来收益和风险都确定的资产。

根据数学中两组收益率的协方差公式，其计算公式表示为：

$$\text{cov}_{ij} = \frac{\sum [r_i - E(r_i)][r_j - E(r_j)]}{N}$$

因为无风险资产的收益率是确定的，无风险证券是没有风险的，其标准差为零。因此，意味着在所有时间段内 $r = E(r_i)$，即 $[r_i - E(r_i)] = 0$，它与其他表达式的乘积等于 0。由此可以推出，一个无风险证券的收益率与任何一个风险证券的收益率之间的协方差都为零。同理可得，由于无风险证券的收益率是确定的，与任何风险证券的收益率无关，因此它们之间的相关系数也都为零。

14.2.2　卖空与权数

以上分析当中，投资者的投资权数（比例）均为正数，这是我们预测证券的收益率都将上升故分别买入的缘故，这时我们处在多头的状态。有时，投资者预测到某种证券价格将会下跌，他就可能到证券商那里去借这种证券，按现行的行市售出，等行情下跌以后再以低价购回，从中赚取价差，这种投资策略叫卖空。卖空时，投资的权数为负值。

【例】假设我们有 100 万元的资本金，投资于证券 A（投资权数为正数），证券 A 的收益率为 20%；我们还要在证券 B 上做 30 万元的卖空（投资权数为负数），即借 30 万元证券 B 售出。假设证券 B 的收益率为 10%，售后收入全部投资于证券 A，试问我们这一投资组合的预期收益是多少？

根据公式解得：

$$E(r_p) = x_A E(r_A) + x_B E(r_B)$$
$$= 1.3 \times 20\% + (-0.3) \times 10\% = 23\%$$

非卖空投资的损失是有限的，最多为 100%，即你花 100 买的证券跌得一文不值；卖空的损失则是无限的，因为，价格的上涨是无限的。在实际经济环境中，把借入证券的售后收入全部进行投资的做法，一般属于大的机构投资者行为，小投资者不但要把售后收入单独保存，还要另交一定数额的保证金。

14.2.3　有无风险借入和贷出时的效率边界

在建立投资组合模型时，托宾假设在市场中存在一种无风险证券，投资者有借贷机会，该证券可以自由地按一定的利率借入或贷出。贷出是指投资者可以将组合的一部分资金投资于无风险证券，按无风险利率借入相当于卖空一定比例的无风险证券，加大风险证券的投资权数。

当无风险证券 F 与风险证券 I 进行组合时，组合的期望收益率为：

$$E(r_p) = W_f E(r_f) + W_i E(r_i) = W_f E(r_f) + (1-W_f) E(r_i)$$

组合的标准差为：

$$\sigma_p^2 = x_f^2 \sigma_f^2 + 2x_f x_i \text{cov}_{fi} + x_i^2 \sigma_i^2$$

整理得到：

$$\sigma_p = x_i\sigma_i = (1-x_f)\ \sigma_i$$

$$X_f = 1 - \frac{\sigma_p}{\sigma_i}$$

将结果代入公式，得：

$$E\ (r_p) = R_f + \left[\frac{(R_i - R_f)}{\sigma_i}\right] \sigma_p$$

从公式可以看出收益和风险之间呈线性关系。说明由无风险证券与有风险证券构成的全部组合都处在连接无风险证券与有风险证券两点的直线上。无风险证券与有风险证券进行组合的线性关系可以用图14—5来表示。

由于可以将一个投资组合看做是一个单个资产，因此，前面的分析可以扩展并应用于马科维茨模型上，如图14—6所示。

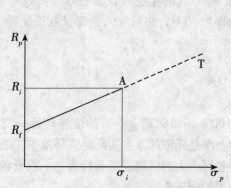

图14—5　无风险证券与风险证券进行投资组合的线性关系

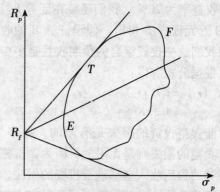

图14—6　风险证券组合与无风险证券的新组合

任何一个风险证券投资组合都可以与无风险证券进行新的组合，但在众多的组合中，有一个特殊的组合是非常重要的。这一投资组合就是从无风险证券向马科维茨模型中效率边界画切线时所产生的切点，在图形中表示为 T 点。任何一条经过无风险利率点的射线，只要斜率低于那个切线的斜率，就不能带来最佳的收益与风险的匹配，因为在给定风险时，那个切线所带来的收益是最高的，因此给投资者带来的效用也是最大的。任何经过无风险利率点但斜率高于切线的射线都是不可能的，因为在这样的射线上所有的点都超过了马科维茨投资可行区域的范围。

当引入无风险证券时，可行区域发生了变化，新的效率边界就变成了一条直线，在这条直线上，所有的组合都是无风险证券与切点 T 组合而成的新组合。

14.2.4　最优组合的选择

在新的效率边界上，有一点是最佳的，即投资者的效用曲线与效率边界的切点。在托宾模型中，效用曲线的形状没有发生变化，因此，投资者效用曲线与新的效率边界的切点就是投资者的最优投资选择（见图 14—7）。很明显，若该切点刚好落在 T 点上，说明投资者的资金全部购买风险证券，无风险证券的持有量为零，也就是说投资者既不借入资金，也不借出资金；若切点落在 T 点的左下方，说明投资者的全部投资组合中，既包括风险证券，又包括无风险证券，也就是说投资者购买的风险证券的量是其总资金量的一部分，另一部分以无风险证券的形式持有；若切点落在 T 点的右上方，说明投资者购买的风险证券的量已经超过了他的资金总量，超过的部分是通过卖空无风险证券或通过借入资金来实现的。

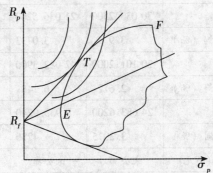

图 14—7　加入无风险证券后效率边界与最优投资选择

资产组合理论在现代投资学中有着重要的影响和广泛的应用，但它的应用存在着一些明显的局限。第一，这一理论将收益率的期望值和标准差作为实际收益和风险的代表，但真实情况显然会与这一假设有所不同。第二，运用这一理论要求利用股票的历史数据求出其期望收益率、标准差及相关系数，但未来并不是历史的重演，用过去的数据来预测和判断未来显然是不够准确的。第三，需要利用复杂的计算机程序进行计算。尽管如此，资产组合理论还是为投资管理提供了很重要的启示和指导。

【参考案例】

华夏大盘基金（000011）2010/12/31 资产配置

序号	数据日期	2010-12-31	2010-9-30	2010-6-30	2010-3-31
1	资产净值（万元）	769 559.0000	684 484.0000	566 537.3000	677 051.6000
2	股票市值（万元）	708 271.9000	606 545.1000	506 355.6000	623 542.9000
3	股票投资占净资产比例（%）	92.0361	88.6135	89.3773	92.0968
4	国债及持有现金总值（万元）	50 134.4500	63 118.9100	48 797.4900	49 391.3600
5	国债及持有现金投资占净资产比例（%）	6.51	9.2214	8.6133	7.2951
6	国债市值（万元）	30 033.2500	21 036.5200	20 816.1000	5 678.6560
7	国债市值占净资产比例（%）	3.9	3.0733	3.6743	.8387
8	现金市值（万元）	20 101.2000	42 082.3900	27 981.3900	43 712.7100
9	现金市值占净资产比例（%）	2.612	6.148	4.939	6.4563
10	其他资产（万元）	24 683.6200	2 933.9240	12 047.0600	4 794.0250
11	其他资产占净资产比例（%）	3.2075	.4286	2.1264	.7081
12	债券市值（不含国债）（万元）	未公布	未公布	未公布	未公布
13	债券市值（不含国债）占净资产比例（%）				
14	借贷方差额（万元）	未公布	未公布	未公布	未公布
15	金融债市值（万元）	10 043.0000	10 147.0000	9 001.8000	25 874.4000
16	金融债市值占净资产比例（%）	1.3	1.4824	1.5889	3.8216

（资料来源 http：//fund.eastmoney.com/000011.html）

● **重要概念**

　证券组合　可行区域　有效边界　有效证券组合　无风险证券

● **复习思考**

(1) 什么是组合投资? 构建组合投资有何意义?

(2) Markowitz 均值方差模型的前提假设条件是什么?

(3) 使用 Markowitz 均值方差模型进行投资分析有哪些基本步骤?

(4) 试论述最优风险证券组合与市场组合的含义及两者的关系。

(5) 计算题:

①有一两个证券的组合, 它们的期望收益率分别为 10% 与 15%, 标准差分别为 20% 与 25%, 其权数分别为 0.35 与 0.65, 对于各种相关系数水平, 最大的投资组合标准差是多少? 最小的又是多少? (最终结果保留小数点后两位)

②三种组合的有关数据如下表所示, 问其组合的收益和风险是多少?

资产类型	股票 (S)	股票 (B)	现金等价物
收益率期望值	0.12	0.08	0.04
标准差	0.20	0.10	0.03
相关关系	$r_{S,B} = 0.25$		
	$r_{S,C} = -0.08$		
	$r_{B,C} = 0.15$		
所占比例	0.60　0.30　0.10		

第 15 章 风险证券定价模型

◇**学习目标**

- 了解资本资产定价模型的基本假定
- 理解资本市场线的内涵
- 理解证券市场线和资本市场线的关系
- 理解资产组合在无风险资产和风险资产之间进行配置时的风险特点
- 掌握市场组合和分离定理的内涵
- 知晓单因素模型、多因素模型、套利定价理论的基本原理

15.1 资本资产定价模型

资本资产定价理论研究问题的出发点是，如果投资者都按照上一章介绍的方法去选择投资组合的话，这种集体行为会对证券价格产生什么样的影响，从而建立了揭示市场均衡状态下投资收益与风险关系经济本质的资本资产定价模型（Capital Asset Pricing Model，CAPM）。

15.1.1 资本资产定价模型的假设条件

因为资本资产定价模型理论是建立在马科维茨的证券组合理论基础上的，所以资本资产定价模型中包含了证券组合模型的假设。除此之外，夏普自己还补充了以下三个假设：

假设 1：所有的投资者都依据期望收益率评价证券组合的收益水平，依据方差（或标准差）评价证券组合的风险水平，并采用上一节介绍的方法选择最优证券组合。

本章建议阅读资料：

1. 中国证券业协会：证券业从业资格考试统编教材（2010）——《证券投资分析》，北京，中国财政经济出版社 2010。
2. 曹凤岐、刘力、姚长辉：《证券投资学》，2 版，北京，北京大学出版社，2008。
3. Zvi Bodie，Alex Kane and Alan J. Marcus，Richard D. Irwin，McGraw-Hill Companies，Inc. Investments，5th Edition，2002，N. 17，N. 19.。
4. ［美］弗兰克·赖利、埃德加·A. 诺顿：《投资学》，6 版，李月平译，北京，机械工业出版社，2005。

假设 2：所有的投资者对证券的期望收益率、标准差及证券间的相关性具有完全相同的预期。

假设 3：证券市场是完美无缺的，没有摩擦。所谓摩擦是指对整个市场上的资本和信息的自由流通的阻碍。该假设意味着不考虑交易成本及对红利、股息和资本收益的征税，并且假定信息向市场中的每个人自由流动，在借贷和卖空上没有限制及市场上只有一个无风险利率。

在上述假设中，第一项和第二项假设是对投资者的规范，第三项假设是对现实市场的简化，即市场是效率市场，市场价格是均衡价格，且存在一种无风险资产，任何投资者都可以不受限制地以无风险利率进行借入和借出。

这些假设使 CAPM 得以清楚地反映在资本市场均衡状态下资产收益与风险之间的关系。尽管这些假设与实际情形有一些差距，但它毕竟抓住了一些主要因素，对实际问题在一定程度上给出了有利的说明，从而具有一定的指导作用。

风险条件下的市场均衡理论是威廉·夏普（William F. Sharp）于 1964 年 9 月在发表于《金融杂志》上的《资本资产价格：风险条件下的市场均衡理论》一文中提出来的。但是，林特纳（Lintner）和摩森（Mossin）也几乎在同时独立地推导出了类似的理论，所以，又有人将该理论称为夏普—林特纳—摩森（SLM）资本资产定价模型。

15.1.2　资本市场线

在资本资产定价理论中，对无风险资产的假设是资产定价理论的关键。在上一章托宾模型中，我们已经分析了当无风险资产与风险资产组合时，其组合的收益和风险是线性相关的，其计算公式为：

$$E\left(r_p\right) = R_f + \left[\frac{(R_i - R_f)}{\sigma_i}\right]\sigma_p$$

由于可以将一个投资组合看做是一个单个资产，因此，前面的分析结论也可以适用于将无风险资产与一个风险资产投资组合再组成的投资组合，即无风险资产与风险资产组合形成的任何组合的预期收益率和标准差将落在连接它们的直线上。

引入无风险资产后，马科维茨模型的可行区域发生了变化，由于可行区域发生了变化，因此有效边界也随之发生了变化。新的有效边界变成了一条直线，即由无风险资产 R_f 出发并与原马科维茨模型的风险资产组合的有效边界相切的射线 R_fMT，便是在现有假设条件下所有资产组合形成的可行区域的有效边界，见图 15—1。R_fMT 这条直线被称为资本市场线（Capital Market Line，CML），资本市场线上的点代表无风险资产和风险资产组合的有效组合。

在这条直线上的点，代表此时所有的有效组合都是由不同投资比例的无风险资产 R_f 与切点 M 点（风险资产组合）组合而成的新组合。

资本市场线之所以为直线，原因很简单，因为，任何一条经过无风险利率点的射线，只要斜率低于那个切线的斜率，就不能带来最佳的收益与风险的匹配，因为在给定风险时，那个切线所带来的收益是最高的，因此给投资者带来的效用也是最大的。正如上一章所述，任何经过无风险利率点但斜率高于切线的射线都是不可能的，因为在这种射线上的点都超过了马科维茨投资可行区域的范围。

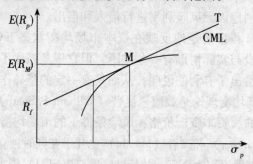

图 15—1　资本市场线（CML）

有效边界 R_fMT 的斜率是 $(R_m - R_f)/\sigma_m$，该斜率表明单位总风险的市场价格。$(R_m - R_f)$ 代表风险溢价，即风险组合收益率超过无风险收益率部分。

切点 M 所代表的是市场组合，是有效组合中唯一一个不含无风险资产而仅由风险资产构成的组合。也就是说，市场上仅有两种资产，一种是无风险资产，另一种是风险资产，而风险资产就是市场组合 M。如果投资者遵从效率原则，那么，任何一个投资者所选择的风险资产都是市场组合。不管投资者的效用函数如何，只要他是风险回避者，他的投资组合中的风险资产就一定包括市场组合。

1）分离定理与投资者的选择

由于资本资产定价模型的前两条假设：

（1）所有的投资者都依据期望收益率评价资产组合的收益水平，依据方差（或标准差）评价资产组合的风险水平，并采用上一章介绍的方法选择最优资产组合。

（2）所有的投资者对资产的期望收益率、标准差及资产间的相关性具有完全相同的预期。

因此，所有投资者对风险资产的选择都是相同的，即每个投资者选择的风险资产都是同一个资产组合。这意味着引入无风险借贷后形成的线形有效边界对所有投资者都是相同的，这和个人投资偏好没有关系。那么，效用函数和效用无差异曲线有什么作用呢？效用函数将决定投资者在有效边界上的具体位置。也就是说，效用函数将决定投资者持有无风险资产与市场组合的份额，资本资产定价模型中这一特征被称之为分离定理（Separation Theorem）。

　　根据分离定理，确定投资者无差异曲线之前，我们就可以确定风险资产的最优组合。即投资者的投资决策分为两个阶段：

　　第一阶段是确定最优风险资产组合。在这一阶段内，投资者只需考虑每项资产的期望收益、方差和相关系数，即只考虑风险资产本身的特性，而无须考虑自身的风险偏好。因此，不管投资者之间风险偏好差异多大，只要他们对风险资产特性的判断相同，他们将选择同样的风险资产组合。

　　第二阶段是在资本市场线上选择自己需要的一点即最优资产组合的选择，投资者将选定的风险资产组合 M 与无风险资产相组合，构成一个新的有效边界。在新的有效边界上，最优组合的位置将由与有效边界相切的投资者效用无差异曲线决定。参见图 15—2。

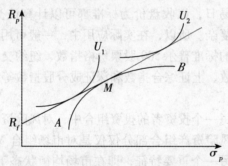

图 15—2　市场分割定理与投资者的选择

　　如果投资者的效用无差异曲线为 U_1，那么，该投资者将同时持有无风险资产与市场组合。效用曲线与有效边界的切点离 R_f 越近，投资者持有无风险资产的比例就越大；切点离 R_f 越远，投资者持有风险资产的比例就越大。

　　如果投资者的效用曲线为 U_2，那么，投资者将按无风险利率借入资金购买风险资产，加大风险资产的投资比重，即风险资产的投资比重大于 1。

　　在风险回避者中，完全不承受风险的投资者将不持有市场组合，愿意承受较低风险的投资者将同时持有无风险资产和市场组合，而愿意承受更多风险的投资者将借入资金来购买市场组合。

2）市场组合

市场组合（Market Portfolio）是指将证券市场上的所有种类证券按照它们各自在整个证券市场总额中所占的比重组成的证券组合。其中，每一个证券的投资比例等于他们的相对市场价值，而每个证券的相对市场价值简单地等于该证券的总市场价值除以所有证券的市场价值之总和。

【例】如果一种证券的市场价值为10，而全部证券的市场价值为100，该证券的相对市场价值就是10%，那么在一个市场组合中该种证券所占的比例就是10%。用公式表示就是：

X_i=第 i 个证券的价值/所有证券的市场价值之和

理论上讲，市场上流通的证券包括股票、债券和货币市场工具。我们这里强调的"所有证券"是指我们在进行投资组合选择时可供选择的所有投资机会。投资对象的确定涉及资产配置问题，在此不作具体分析，本书是以整个股票市场再加上一个理想的债券为投资对象，即假设市场上存在 N 个风险资产和一个无风险资产。

当然，单从股票市场看，股票市场往往拥有很多只上市交易的股票，在不考虑其他资产时，任何一个交易日，以收盘价为标准都可以计算该交易日收盘时的市场组合，但计算量太大、太复杂。所以，在实际应用中，一般可用股票价格指数来代替市场组合。如前面章节讲的标准普尔500股票价格指数、纽约交易所综合指数等。对于我国来说，沪深300指数、上证综合指数和深证成分股指数等都可作为衡量市场价值变化的指标。

根据分离定理，在每一个投资者的投资组合中，对风险资产组合的选择与投资者个人的风险偏好无关，风险资产组合部分仅仅是对市场组合 M 的投资。这样就得出了资本资产定价模型的另一个重要特征，即在市场均衡状态下，切点组合 M 中各证券构成比例等于该证券的市场价值占全部证券的市场价值的比例。也就是说，习惯上，人们将切点组合称为市场组合，并用 M 来表示。市场组合是每一个愿意承担风险的投资者所必须持有的唯一风险资产，是独立于投资者效用无差异曲线函数的最佳组合。市场组合的预期收益率是市场上所有证券的加权平均收益率。市场组合中各单项证券的非系统风险会相互抵消，剩下的是证券投资活动中无法避免的系统风险，因此，市场组合可以提供最大程度的资产多样化效应。

由于资本资产定价模型是市场组合与无风险借贷的组合，并以此构成有效组合，因此，市场组合在资本资产定价模型中具有核心作用。

3）市场均衡

市场均衡是指证券市场的均衡。对于市场上每一个证券的某一个价格，投资者对这些证券都有一定的需求和供给。当总供给等于总需求时，市场出清（Market Clear），这时的市场就被称为均衡市场，是一个没有套利机会的市场。

当市场达到均衡状态时，切点投资组合 M 必定包含所有在市场上交易的资产，且每一种资产所占份额均为非零的实数。因为，由分离定理可知所有投资者对风险资产的投资比例是相同的，他们都选择 M 作为投资组合中的风险证券的投资组合方式。如果某一风险证券的投资组合份额为零，这表明所有投资者对该证券都没有需求，这说明该证券定价过高，从而供大于求，市场不均衡，要达到均衡状态必须重新对价格进行调整，降低该证券的价格，从而使收益率上升。M 中不包含的证券可以看做在 M 中份额为零的情形。类似地，投资组合份额为负数表明整个市场对该证券只有供给而没有需求，市场同样不均衡。

由此可见，当证券市场达到均衡状态时，有如下特征：

（1）切点投资组合 M 包含所有证券，且持有份额为正数。

（2）均衡价格使得每种证券的需求与供给相等。

（3）均衡条件下，无风险利率使资本市场上的资金借贷相等（即无风险资产的买卖相等）。

由均衡的定义不难理解上述前两个特性。我们已经分析了均衡时切点投资组合中的每一个分量都不等于零，实际上也不等于负数。因为如果为负数，如前所述所有投资者都要将该资产卖出，显然不能达到均衡。当持有份额为正数时，表明所有投资者愿意以某一比例来购买并持有证券。切点投资组合反映的是需求，供给则由股份公司根据其筹资的需求来决定。这里，我们将供给看成是对投资者外生给定的。值得说明的是，当市场达到均衡状态时，如果每种证券的价格不再发生变化，那么投资者将不再改变其投资组合，因此在投资者之间也就没有交易发生。

当证券市场处于均衡状态时，由于所有投资者对风险资产持有的相对比例不变，因此，切点投资组合就是市场组合。所以，在上述一系列假设条件下，市场组合是有效组合。一般地，如果上述假设不成立，则市场组合就不是有效组合。

4）资本市场线方程

资本市场线揭示了当市场处于均衡状态时，有效投资组合的收益和风险之间的关系。它表明资产投资组合的收益和风险呈线性关系，风险越高所带来的预期收益越高；风险越低，则带来的预期收益越低。这种均衡关系可以用资本市场线方程来描述，其公式为：

$$E(R_p) = R_f + \frac{R_M - R_f}{\sigma_M} \cdot \sigma_p$$

式中：$E(R_p)$ 为有效组合 P 的期望收益率；R_f 为无风险证券收益率；σ_p 为有效组合 P 的标准差；R_M 为市场组合 M 的期望收益率；σ_M 为市场组合 M 的标准差。

资本市场线方程式对有效组合的期望收益率和风险之间的关系提供了十分完整的阐述。有效组合的期望收益率由两部分构成：一部分是无风险收益率 R_f，它是由时间创造的，是对投资者放弃即期消费的补偿；另一部分是风险溢价 $\frac{R_M - R_f}{\sigma_M} \cdot \sigma_p$，它与承担风险大小成正比，是对投资者承担风险 σ_p 的补偿。其中的系数即资本市场线方程式中第二项（斜率）代表了对单位风险的补偿，通常称之为单位风险的市场价格。

15.1.3　证券市场线与资本资产定价模型

资本市场线只是揭示了在市场均衡状态下有效组合的收益和风险之间的关系，而没有给出任意单个资产或组合的收益风险关系。下面，我们首先建立任意单个资产的收益风险关系，之后将其推广到任意资产组合。

1）风险衡量指标 β 系数

由资本市场线所反映的关系可以看出，在均衡状态下，市场对有效组合的风险（标准差）提供补偿。而有效组合的风险（标准差）由构成该有效组合的各单个成员资产（指风险证券）的风险共同构成，因而，市场对有效组合的风险补偿可视为市场对各单个成员资产的风险补偿的总和，或者说市场对有效组合的风险补偿可以按一定的比例分配给各单个成员证券。当然，这种分配应按各单个成员证券对有效组合风险贡献的大小来分配。不难理解，实现这种分配就意味着在单个证券的收益风险之间建立了某种关系。

为实现这种分配，首先要知道各单个成员证券对有效组合风险的贡献大小。鉴于市场组合 M 也是有效组合，因此将市场组合 M 作为研究对象，分析市场组合 M 中各单个成员证券对市场组合风险的贡献大小，之后再按照贡献大小把市场组合的风险补偿分配到各单个成员证券。

为能够分辨各单个成员证券对市场组合风险贡献的大小，我们自然要对衡量市场组合风险水平的指数——方差 σ_M^2 进行考察。数学上容易证明，市场组合 M 的方差可分解为：

$$\sigma_M^2 = x_1\rho_{1M}\sigma_1\sigma_M + x_2\rho_{2M}\sigma_2\sigma_M + \cdots + x_n\rho_{nM}\sigma_n\sigma_M$$

$$= x_1\sigma_{1M} + x_2\sigma_{2M} + \cdots + x_n\sigma_{nM} = \sum_{i=1}^{n} x_i\sigma_{iM}$$

式中：x_i 为第 i 种成员证券在市场组合 M 中的投资比例；σ_{iM} 为第 i 种成员证券与市场组合 M 之间的协方差。

把市场组合的方差改写成分解的形式，就使我们能够清晰地从中分离出单个成员证券对市场组合风险的贡献大小。因为，分解式中的 $x_i\sigma_{iM}$ 可被视为投资比重为 x_i 的第 i 种成员证券对市场组合 M 的风险贡献大小的绝对度量，而 $\dfrac{x_i\sigma_{iM}}{\sigma_M^2}$ 被视为投资比重为 x_i 的第 i 种成员证券对市场组合 M 的风险贡献大小的相对度量。

期望收益率 $E（r_M）-r_f$ 可被视为市场对市场组合 M 的风险补偿，也即相当于对方差 σ_M^2 的补偿，于是分配给单位资金规模的证券 I 的补偿按其对 σ_M^2 做出的相对贡献应为：

$$\frac{x_i\sigma_{iM}}{\sigma_M^2}\left[E（r_M）-r_f\right]$$

单位资金规模的证券 I 的补偿又等于 $E（r_i）-r_f$，其中 $E（r_i）$ 表示证券 I 的期望收益率。于是有：

$$E（r_i）-r_f = \left[E（r_M）-r_f\right]\frac{\sigma_{iM}}{\sigma_M^2}$$

$$令 \quad \beta_i = \frac{Cov（r_i, r_M）}{\sigma_M^2} = \frac{\dfrac{1}{n}\displaystyle\sum_{t=1}^{n}（r_i - E(r_i)）（r_M - E(r_M)）}{\dfrac{1}{n}\displaystyle\sum_{t=1}^{n}（r_M - E(r_{iM})）^2}$$

这样，β 系数度量的就是资产 I 和整个市场组合 M 的共同走势，是对单个资产（如深万科）的风险度量。

2）证券市场线与资本资产定价模型

方程 $E（r_i）-r_f = \left[E（r_M）-r_f\right]\dfrac{\sigma_{iM}}{\sigma_M^2}$ 可改写为：

$$E（r_i）= r_f + \left[E（r_M）-r_f\right]\beta_i$$

这就是资本资产定价模型。由此模型可知：单个证券 I 的期望收益率与其对市场组合方差的贡献率 $\beta_i = \dfrac{\sigma_{iM}}{\sigma^2}$ 之间存在着线性关系，而不像有效组合那样与标准差（总风险）

有线性关系。因而，从定价角度考虑，单个证券的风险用 β_i 来测定更为合理。β_i 在 CAPM 中成为衡量证券承担系统风险或市场风险的一个标准，用来反映某一证券或组合的收益率水平对市场平均收益率水平变化的灵敏度。

可见，无论单个证券还是证券组合，均可将其 β 系数作为对风险的合理测定，其期望收益与由 β 系数测定的系统风险之间存在线性关系。这个关系在以 $E(r_p)$ 为纵坐标、β_i 为横坐标的坐标系中代表一条直线，这条直线被称为证券市场线。图 15—3 给出的就是证券市场线（Security Market Line，SML）或资本资产定价模型（CAPM）的图形。

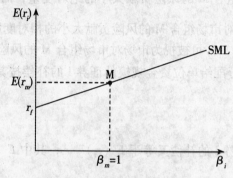

图 15—3　证券市场线（SML）

3）证券市场线与资本资产定价模型的理论意义

证券市场线方程对任意证券或组合的期望收益率和风险之间的关系提供了十分完整的阐述。

首先，从 CAPM 可以看出，任意证券或组合的期望收益率都由两部分构成，一部分是无风险利率 r_f，它是由时间创造的，是对放弃即期消费的补偿；另一部分则是 $[E(r_M)-r_f]\beta_i$，是对承担风险的补偿，通常称为风险溢价，它与承担的风险 β_i 的大小成正比，其中的 $E(r_M)-r_f$ 代表了对单位风险的补偿，通常称之为风险的价格。

其次，从 CAPM 可以看出，任意证券或组合的总风险也由两部分构成，一部分是因为市场组合 M 收益变动而使资产 I 收益发生的变动，即 β 系数值，这是系统风险；另一部分，即剩余风险被称为非系统风险。因为非系统风险可以通过多元化投资分散掉，所以当投资者持有市场组合时，就可以说是没有非系统风险。

因此，单个资产的价格只与该资产的系统风险的大小有关，而与其非系统风险的大小无关。因为，所有证券资产都将落在资本市场线上，这条直线也就为我们提供了一种确定某一证券预期收益率的方法。

一般的，我们认为每个 β 系数值都代表一个风险等级，由 SML 可知，落在某一风险等级内的所有证券都渴望获得与这个风险等级相称的收益率。这就意味着，我们如果知道了某种证券的 β 系数值，我们就能运用资本资产定价模型公式来求得预期收益率，换言之，运用资本资产定价模型可以获得证券的预期收益率。

这个模型就说明了风险资产的预期收益率是多少。这个转换很重要，因为，它通过提供适当的折现率可以帮助投资者在任何定价模型中确定一项资产的价值。而且，如果投资者已经估计出将在一项投资中获得的收益率，那么投资者就可以将这个估计出的收益率和资本资产定价模型测算得出的预期收益率进行比较，确定该项投资是被高估还是被低估了。

通常，人们也用 β 系数值来对证券进行分类。一般来说，β 系数的绝对值越大，表明证券承担的系统风险越大；β 系数的绝对值越小，表明证券承担的系统风险越小。

如果一只证券的 β 系数大于1，说明该证券收益率的变化大于市场组合收益率的变化，则这只证券被称为进取型证券。例如，某股票 β 系数为 1.2，说明当大盘涨 1% 时，它有可能涨 1.2%，同理大盘跌 1% 时，它有可能跌 1.2%。

如果一只证券的 β 系数小于1，说明该证券的收益率变化小于市场组合收益率的变化，则这只证券被称为防守型证券。例如，某股票 β 系数为 0.8，说明当大盘涨 1% 时，它有可能涨 0.8%，同理大盘跌 1% 时，它有可能只跌 0.8%。

如果一只证券的 β 系数等于1，说明该证券收益率的变化与市场组合收益率的变化一致。

这也说明，人们在做股票投资时，当有很大把握预测到一个大牛市或大盘某个上涨阶段的到来时应该选择那些高 β 系数值的证券，它将成倍地放大市场收益率，为投资者带来高额的收益。相反，在一个熊市或大盘某个下跌阶段到来时，投资者应该调整投资结构以抵御市场风险，避免损失，办法是选择那些低 β 系数的证券。

4）资本市场线与证券市场线的比较

资本市场线与证券市场线是资本资产定价模型中两个重要结论，二者存在着内在的关系：

（1）资本市场线表示的是无风险资产与有效率风险资产再组合后的有效资产组合期望收益与总风险（σ_p）之间的关系，因此在资本市场线上的点就是有效组合；而证券市场线表明的是任何一种单个资产或组合的期望收益与其系统风险（β）之间的关系，因此在证券市场线上的点不一定在资本市场线上。

（2）证券市场线既然表明的是单个资产或组合的期望收益与其市场风险或系统风险之间的关系，因此在均衡情况下，所有证券都将落在证券市场线上。

（3）资本市场线实际上是证券市场线的一个特例，当一个证券或一个证券组合是有效率的，该证券或证券组合与市场组合的相关系数等于 1，此时证券市场线与资本市场线就是相同的。

15.2 因素模型

15.2.1 市场模型

市场模型是直接在证券市场线（SML）基础上提出来的一种模型，具有很强的实用性。资本资产定价模型（CAPM）在理论上指出，风险资产的收益率与其 β 系数成线性关系，即 $E(r_i) = r_f + [E(r_m) - r_f] \beta_i$。

其中，$E(r_m)$ 为全市场组合的预期收益率，它是指一种由所有的风险资产组成的投资组合，而且该投资组合中任一风险资产的份额都大于零。显然，要估计 $E(r_m)$ 是比较困难的，对于股票市场而言，一个简单易行的办法是用市场指数，如上证综合指数、深证成分股指数、沪深 300 指数等股票价格指数来代替市场组合，同时将上述公式改写为：

$$E(r_i) = (1-\beta_i) r_f + E(r_m) \beta_i$$

该公式表明单个证券的预期收益率与全市场组合成线性关系，由此提出证券市场上普通股票的收益率与同期股票指数满足一阶线性回归方程，这就是市场模型（Market Model）：

$$r_i = \alpha_i + \beta_i r_I + \varepsilon_i$$

式中：r_i 为在给定时间内证券 I 的收益率；r_I 为同时期的市场指数的收益率，对应于公式中的 r_m；β_i 为斜率项，描述证券 I 对市场指数变动的敏感性；α_i 为截距项，是常数收益项；ε_i 为随机误差项，它包含了除市场指数以外所有其他因素的影响，等于由市场指数收益率决定的收益率与证券实际收益率之差。同时还假设：$E(\varepsilon_i) = 0$，$COV(\varepsilon_i, r_I) = 0$，$COV(\varepsilon_i, \varepsilon_j) = 0$。这些附加的假设主要是对随机误差项进行说明：即随机误差项的期望值为零；它与市场指数的变动不相关；任意两只证券间的随机误差项的变动是不相关的。因此有：

$$E（r_i）＝\alpha_i＋\beta_i E（r_I）$$

$$\sigma_i^2＝\beta_i^2\sigma_I^2＋\sigma_{\varepsilon i}^2$$

这一模型的含义是：我们假设资本市场上的风险资产的收益率是由唯一的因素——市场指数来确定的，而且它们之间呈一元线性关系。在此假定条件下，只要把握市场指数的变动水平以及风险资产对市场指数的敏感性，就能很好地对这一风险资产的收益率进行预测。公式 $E（r_i）＝\alpha_i＋\beta_i E（r_I）$ 给出的是风险资产预期收益率与市场指数收益率之间的关系，公式 $\sigma_i^2＝\beta_i^2\sigma_I^2＋\sigma_{\varepsilon i}^2$ 则说明风险资产的风险可分解为两部分，一个与市场有关，一个则与自身有关，即我们所说的系统风险与非系统风险。

【例】有一证券 I 满足 $\alpha_i＝4\%$，$\beta_i＝1.2$，则它的市场模型为：

$$r_i＝\alpha_i＋\beta_i r_I＋\varepsilon_i$$

$$＝4\%＋1.2r_I＋\varepsilon_i$$

值得说明的是，实际的 r_I 并不一定等于 $4\%＋1.2r_I$，两者之差即为误差项 ε_i 的值，它反映了除市场指数收益率之外，其他因素对该证券收益率的影响。

15.2.2　单因素模型

市场模型认为股票的收益率由市场指数这个唯一的因素决定。推而广之，我们可以认为风险证券的收益率由经济中的某一因素来决定，这个因素并不一定是全市场组合，因素模型实质是关于证券收益率生成过程的模型，而单因素模型则认为收益形成过程只包含唯一的因子。它假设：

$$r_i＝a_i＋b_i F＋\varepsilon_i$$

式中：r_i（$i＝1，2，\cdots，n$）为风险资产的实际收益率；F 为影响证券 r_i 的共同因素，是一个随机变量，对任意的 i 都相同；a_i 为截距项；b_i 为第 i 个证券对因素 F 的敏感性系数；ε_i 为误差项。

影响证券收益的共同因素可以是经济增长率，也可以是股票价格指数等。

对于未来而言，我们既不知道共同因素的数值，也不知道每个证券收益的误差，因此通常取它们的期望值。而收益误差项的期望值通常为零，因此，用期望值来表示上述单因素模型为：

$$E（r_i）＝a_i＋b_i E（F）$$

式中：$E（r_i）$ 为证券 I 的收益的期望值；F 为共同因素的期望值。

证券 I 的风险用公式为：

$$\sigma_i^2＝b_i^2\sigma_F^2＋\sigma_{\varepsilon i}^2$$

即证券 I 的风险分为两个部分：一个是共同因素相关风险，也就是系统风险 $b_i^2 \sigma_F^2$；另一个就是非共同因素风险，也叫非系统风险 $\sigma_{\varepsilon i}^2$。

任何两个证券的协方差用公式表示为：

$$COV\ (r_i,\ r_j) = b_i b_j \sigma_F^2 \qquad i \neq j$$

在上一章讨论马科维茨资产组合理论时我们知道，如果我们要分析一个由 50 个资产构成的证券组合集合，我们需要估计：$n = 50$ 个期望收益率估计值；$n = 50$ 个方差估计值；$\frac{1}{2}\ (n^2 - n) = 1\ 225$ 个协方差估计值。即总共需要估计 $\frac{1}{2}\ (n^2 - n) + 2n = 1\ 325$ 个估计值。如果组合中的资产扩大到 100 个，我们则需要估计 5 150 个值。如果资产数目为 1 000 个，则估计值的数量将达到 50 万个。显然，上述计算工作量相当大，尽管现代计算机技术已有了很大进步，但过于繁琐的计算仍然是很不方便的。

在单因素模型公式中，我们知道要全面估计 N 个证券组成的集合时，我们只需知道：N 个 a_i，N 个敏感系数 b_i，N 个个别因素方差 $\sigma_{\varepsilon i}^2$ 和 1 个共同因素 F 以及 1 个共同因素方差 $\sigma^2\ (F)$，共 3N+2 个参数即可。例如，对 100 个证券，我们只需估计 302 个参数，而不是 5 150 个参数。因此，利用单因素模型就可以大大简化上述计算量。

单因素模型是市场模型的一个推广，因此，市场模型的很多结论在单因素模型中仍然成立。

值得说明的是，实证结果表明，各公司股票随机误差项之间的协方差并不为零，一般是正值。这说明证券的实际误差值方差大于由单因素模型求出的结果。

15.2.3 多因素模型

经济中影响证券收益的共同因素有很多，如经济增长率、消费者价格指数、利率水平以及股票价格指数等。如果影响单个证券收益的因素可以归纳为多个的话，那么就产生了多因素模型。多因素模型公式为：

$$r_i = a_i + b_{i1} F_1 + b_{i2} F_2 + \cdots + b_{im} F_m + \varepsilon_i \qquad (i = 1,\ 2,\ \cdots,\ n)$$

式中：m 为要素的个数。

同样假设：个别收益的期望值为零，即 $E\ (\varepsilon_i) = 0$；个别收益之间互不相关，即 $COV\ (\varepsilon_i,\ \varepsilon_j) = 0$，$(i \neq j)$；个别收益与共同因素也不相关，即 $COV\ (\varepsilon_i,\ F_i) = 0$；不同因素之间彼此也不相关，即 $COV\ (F_i,\ F_j) = 0$，$(i \neq j)$。利用上述模型，我们可以求单个证券的预期收益率和方差，用期望值来表示上述多因素模型为：

$$E\ (r_i) = a_i + b_{i1} E\ (F_1) + b_{i2} E\ (F_2) + \cdots + b_{im} E\ (F_m) + \varepsilon_i$$

则证券 I 的风险为:

$$\sigma_i^2 = \sum_{j=1}^{m} b_{ij}^2 \sigma_{Fj}^2 + \sigma_{\varepsilon i}^2$$

公式 $E(r_i) = a_i + b_{i1}E(F_1) + b_{i2}E(F_2) + \cdots + b_{im}E(F_m) + \varepsilon_i$ 表明证券的预期收益率与 M 个要素的预期值成线性关系。公式 $\sigma_i^2 = \sum_{j=1}^{m} b_{ij}^2 \sigma_{Fj}^2 + \sigma_{\varepsilon i}^2$ 较为复杂,但含义仍然简单,只有两个部分:等式右边第一项还是系统风险,第二项则是非系统风险。

15.3 套利定价理论

套利定价理论(Arbitrage Pricing Theory,APT)是由罗斯(Ross S. A)于 1976 年提出来的一个替代 CAPM 的理论。APT 是以多因素模型为基础,建立在一个重要的假设基础上的理论。这一重要假设是"一价法则"(Low of One Price),即两种具有相同风险和收益的证券,其价格必定相同。也就是说市场上应一物一价,如果存在一物多价的情况,那么就会产生无风险套利的机会,而无风险套利活动将使一物多价的情形消失,恢复到一物一价的市场均衡状态。当市场达到均衡时,不存在套利机会。

15.3.1 套利的定义

套利通常用套利机会来描述。套利机会是指一种能毫无风险地赚取收益的条件。

【例】市场上有三个股票的期望收益率分别为 8%、13%、20%,β 系数(因素敏感度)分别是 1、2、3,某投资者对三个股票的投资比例分别为 1、-2、1,则投资组合的投资为 0、风险为 0,而收益却为 2%。

理论上将套利机会分为第一类套利机会和第二类套利机会。

第一类套利机会是指这样的一种机会,投资者能够在期初投资为零。即投资时没有付出任何费用,通常是仅仅通过卖空一些资产并同时购买另一些资产;而期末收益大于零,即期末得到一些正的收益。

第二类套利机会则是指另一种投资机会,投资者能够在期初投资为负,即上述的投资中没有将卖空的收益全部用于购买另一些资产,而期末收益非负,即期末平仓无须任何支出。

第一类套利机会可以使你白手起家而赚取收益。

【例】你的开户银行授信给你 1 万元人民币低利息循环贷款额度,利率为 4%,

你用这 1 万元购买了 1 年期年利率为 6% 的企业可转化债券，表明你可以利用你的信用来套利 200 元，这是第一类套利。

第二类套利机会使你现在就可以赚取收益而到期末无须付出任何代价。

【例】有一集邮爱好者找到你要以 1 000 元卖掉某张珍贵邮票，而刚好不久前另一位集邮爱好者向你寻购这种邮票，并愿支付 1 200 元，同时支付了 1 200 元定金，这时对你便形成了一个第二类套利机会。

当然，我们所强调的套利机会主要是在资本市场上的套利机会。通常，当上述的"一价法则"被违背时，便会出现套利机会。尤其是引入期货、期权、互换等衍生金融工具后，可以通过这些衍生金融工具将一些风险资产的价格锁定。如果同时在现货市场上相应的证券的价格定得不合理，就会形成套利机会。

一般将套利分为两种：跨时间套利和跨地域套利。跨时间套利，是指利用不同时点同类产品不合理定价而进行的套利，前面所述的借钱买债券即是此类。而跨地域套利则是指利用同种商品或资产在不同地方定价不同而进行的套利。

【例】IBX 公司股票在纽约证交所的交易价格为 35 美元，在东京证交所的交易价格为 33 美元。假设股票的交易费用可以忽略，那么投资者在东京证交所买入 IBX 股票，在纽约证交所卖出 IBX 股票，就可以套利 2 美元/股。

套利的一个重要特点是无风险性，即赚钱的可能性是 100%。当然，近期有些学者将保险业归为第三类套利——跨风险套利，他们认为某些风险对个体而言较大，但当保险公司将这些个体纳入其业务服务对象，因而形成一个整体以后，每个个体的平均风险较低。保险公司正是承担这种平均风险，并通过跨风险来套利的。

必须指出的是，套利是一种操作行为。这种操作是否成功，市场的完备性起着很重要的作用。只有当市场流动性很强时，即在资本市场上人们能很快地买卖自己想要买卖的资产时，只要存在套利机会，就可以进行套利，而套利的结果是套利机会很快就会消除。

15.3.2 套利定价模型

与 CAPM 类似，APT 模型也是建立在一系列假设基础之上的，只不过其假设没有 CAPM 那么多，它不要求投资者有一致性预期等假设，它只要求：

(1) 市场是完全的，即市场无摩擦，因此无须考虑交易成本和税收。

(2) 投资者为风险厌恶者，追求效用极大化。

(3) 市场上证券个数 N 远远大于因素个数 K。

(4) 证券的收益率受 K 个因素影响，并满足：

$$r_i = E(r_i) + b_{i1}F_1 + b_{i2}F_2 + \cdots + b_{in}F_n + \varepsilon_i$$

式中：r_i（$i = 1, 2, \cdots, n$）为风险资产 I 的实际收益率；$E(r_i)$ 为风险资产 I 的期望收益率；F_j（$j = 1, 2, \cdots, n$）为第 j 个共同因素对其期望值的偏离，其本身的期望值（即偏离的期望值）为零；b_{ij}（$j = 1, 2, \cdots, n$）为第 i 个证券对 j 个因素 F 的敏感性系数；ε_i 为误差项。

【例】设某证券收益率受通货膨胀率、利息率和 GDP 增长率三个系统风险因素影响，若预期的通货膨胀率为 5%，利息率为 6%，GDP 增长率为 3%，b_1、b_2、b_3 分别为 2、-1.5 和 1，则该证券的预期收益为：

$$E(r_i) = 2 \times 5\% + (-1.5) \times 6\% + 1 \times 3\% = 4\%$$

若实际公布的数字表明通货膨胀率将为 7%，实际利息率将为 4%，GDP 增长率将为 2%，则该证券的实际收益为：

$$r_i = E(r_i) + b_{i1}F_1 + b_{i2}F_2 + \cdots + b_{in}F_n + \varepsilon_i$$
$$= 4\% + 2 \times (7\% - 5\%) + (-1.5) \times (4\% - 6\%) + 1 \times (2\% - 3\%)$$
$$= 10\%$$

15.3.3　套利定价理论与资本资产定价模型的比较

APT 与 CAPM 既有区别，又有联系，首先两者都是一种均衡模型，APT 假设当市场处于均衡状态时将不存在套利机会，从而能将证券的收益确定下来，它体现的是整个市场上给出的一种合理的定价——投资者无套利机会可利用。当然，现实中不可能完全消除套利机会，相反地，正是因为套利机会的存在才促使投资者去套利，而套利的结果反过来又使得套利机会消失，然后新的套利机会又会产生，再套利、再消除，如此往复使得市场更加趋于合理化。CAPM 则是一种理想的均衡模型，它强调的是证券市场上所有证券的供需均达到均衡。

APT 与 CAPM 都是建立在一系列的假设之上的，只不过 APT 的假设比 CAPM 的假设少得多。两者的区别是明显的：

首先，APT 是一种收益生成模型，它认为证券的收益是由几个因素决定的，但通常并不指明是哪些因素。而 CAPM 则认为唯一影响证券收益的是全市场投资组合。APT 主张风险资产的预期收益率是一个多因素方程，这和 CAPM 定价模型相反，CAPM 是一个单因素模型。

其次，CAPM 模型假设投资者对风险的态度都属于风险回避者，而 APT 并没有对投资者的风险偏好做出规定，因此 APT 理论的适用性更大。

第三，根据 APT 定价理论，投资者可以构建纯因素组合，而且对于同一个证券投资者可能构建出各种因素的纯因素组合，这样，投资者可以根据自己对待风险的态度，选择自己愿意和能够承担的风险，而完全回避掉那些自己不愿意承担的风险，这对投资者选择资产是一个重要的启示和帮助。

● **重要概念**

资本资产定价模型　市场组合　市场均衡　分离定理　资本市场线　证券市场线　β 系数　因素模型　套利定价理论

● **复习思考**

(1) 什么是 β 系数？它衡量证券投资的什么风险？它与标准差有什么区别？

(2) 为什么在讲资本资产定价模型时要强调市场均衡？

(3) 资本市场线与证券市场线有何异同？

(4) 对整个投资组合的风险度量方法与对单个证券的风险度量有什么不同？

(5) APT 与 CAPM 有什么区别与联系？

(6) 计算题：

①有关市场、无风险利率及两只股票的信息如下：

	期望回报率	与市场的相关系数	标准差
国库券利率	4%	0.00	0.00
股票指数	11%	1.00	0.15
股票 A	14%	0.70	0.25
股票 B	9%	0.40	0.20

要求：画出证券市场线；计算每只股票的 β 系数值；以证券市场线为参照，画出各股票的位置。

②假设无风险收益率为 3%，市场已处于资本资产定价模型所描述的均衡状态。如果已知市场上有一种风险证券，其期望收益率为 6%、β 系数为 0.5，那么，β 系数为 1.5 的证券的期望收益率是多少？

第16章 有效率市场理论与组合管理业绩评价

◇**学习目标**

● 掌握有效市场的含义
● 掌握有效市场的三种形式
● 了解有效市场理论的产生和发展
● 掌握投资组合管理绩效的三种评估方法
● 理解三种风险调整衡量方法的区别与联系

16.1 有效率市场理论

市场有效性是指市场根据信息自动调整股票价格的能力或者说将信息与价格进行整合的速度。如果一个市场是有效的，那么所观察到的价格应该完全地并且时时刻刻地反映所有的信息。在有效市场上信息成本应是低廉的，以便禁止所有超常利润。

16.1.1 股票价格的随机漫步与有效市场

股票价格的高低涨落是否有规律可循始终是投资者最为关心的问题之一。莫里斯·肯德尔（Maurice and Kendall）在 1953 年对这一命题进行了研究。他惊异地发现，他确定不出任何可以进行事前预测的股票价格变化模式，股票价格的变化似乎是随机的，在任何一天它们都有可能上升或下跌，而不论过去的业绩或价格如何变化。那些过去的数据提供不了任何方法来预测股票价格的涨跌。

肯德尔的结论困扰着一些金融经济学家并使他们陷入窘境。这一结论似乎暗示着，股票市场是由不确定的市场心理主宰着，没有任何逻辑规律。简而言之，市场的运行无理性。尽管如此，金融学家们的进一步反应则是要彻底扭转对肯德尔研究的

本章建议阅读资料：
1. 中国证券业协会：证券业从业资格考试统编教材（2010）——《证券投资基金》，北京，中国财政经济出版社，2010。
2. 曹凤岐、刘力、姚长辉：《证券投资学》，2 版，北京，北京大学出版社，2008。
3. ［美］Robert A. Haugen，Modern Investment Theory，5 版，北京，北京大学出版社，2002。
4. ［美］凯斯·布朗、弗兰克·瑞利：《投资分析与投资组合管理》，5 版，李秉祥译，沈阳，辽宁教育出版社，1999。

诠释。

这个问题不久就变得显而易见，即股价的随机变化正好表明了市场是正常运作或者说是有效的，而非无理性的。我们设想一下，假设某人确实找到了某种可预测股票价格未来变化的规律，那么该人无疑是发现了一个金矿，他只要按照这一规律的指引，在股价将要上涨时买入而在股价将要下跌时抛出就可以获得无止境的利润。但是，这种状况在现实中不会持续太久，因为如果这一规律确实存在并且可以为人们所发现和掌握的话，那么这一规律将会在很短的时间内失去效用。

现假设某一规律表明目前价格为 100 元/股的 A 公司股票将在未来三天内大幅度地涨至 110 元/股，而所有投资者通过规律掌握了这一信息，那么他们都会希望用 100 元或稍高一点的价格买入 A 公司股票。然而，所有持有 A 公司股票的人显然不会同意以如此低廉的价格售出自己手中的股票，其最终结果将是 A 公司股票瞬间就上涨到 110 元/股。也就是说，由"规律"所带来的"好消息"将立即反映在股票价格上，而不是在一段时间之后才反映出来。这个简单的例子解释了为什么肯德尔想找出股价运动变化规律的企图注定要失败。对好的未来表现的预测将导致好的表现提前到来，致使所有的市场参与者都来不及在股价上升前采取行动。

一般来说，分析家们是通过各种"信息"或"消息"来预测股票未来价格变化的，而任何可用于预测股票表现的信息一定已经在股价中被反映出来了。一旦有信息指出某种股票的价位被低估，便存在着一个赚钱的机会，投资者就会蜂拥而至购买该股票，从而促使股票价格立刻上升到正常的水平，投资者只能得到与股票风险相称的合理回报率。

如果股票价格已经完全反映了所有已知的信息，则股票价格的进一步变化只能依赖于新信息的披露。而所谓的新信息，显然是指人们事先无法预测到的信息，如果可以预测到，则这些可预测到的信息就成为已知信息的一部分，而不是新信息了。因此，股票价格随新的（不可预测的）信息的出现而变化也就是无法预测的，股票价格的变化就应表现为"随机漫步"（Random Walk）。股票价格的这种特性，就是股票市场的有效性。事实上，如果股价变动是可预测的，那将会成为股市无效性的毁灭性证据，因为预测股价的能力将表明所有已知信息并非已经完全在股价中反映出来。所谓有效市场假说，就是说股票价格已经完全反映了所有的相关信息，人们无法通过某种既定的分析模式或操作始终如一地获取超额利润。

需要说明的是，我们这里对有效市场的解释是从长期的、统计平均的角度来说的。每个投资者都可以使用某种特定的分析方法来帮助自己在个别的投资活动中获取超额利润，但有效市场使他们无法反复使用同一方法来击败市场，从而长期一贯地获取超额利润。

16.1.2　有效市场的分类

与证券价格有关的"可知"的信息是一个范围广泛的概念，它包括三类信息。第一类信息范围最广，既包括有关公司、行业、国内及世界经济的所有公开可用的信息，也包括个人、群体所能得到的所有私人的、内部的信息；第二类信息是第一类信息中已公布的公开可用的信息；第三类信息是第二类信息中从证券市场历史交易数据中得到的信息。这三类信息是一种包含关系，我们可用图 16—1 来表示这种关系。

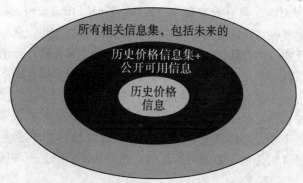

图 16—1　强有效率、次强有效率和弱式有效率市场信息之间的相互关系

在 1967 年 5 月美国芝加哥大学举行的证券讨论会上，Harry V. Roberts 根据股票价格对相关信息反映的不同程度，相应提出了证券市场有效性的三种形式：弱式有效率市场、次强有效率市场、强有效率市场。1970 年，芝加哥大学金融学家法玛又对这三种效率市场做了阐述。

（1）弱式有效率市场。弱式有效率市场（Weak-form Efficiency）假定，如果市场是弱式有效的，那么证券价格充分反映了所有过去历史的证券市场信息。这些市场信息包括历史上一系列交易价格和交易量，以及其他由市场产生的信息，如大宗交易等，从而投资者不可能通过对以往的价格进行分析而获得超额利润。弱式有效理论认为，当前市场价格完全反映了过去由市场产生的有关信息，也是绝大多数投资者可以免费得到的信息，因此广大投资者会充分利用这些信息并使之迅速完全地反映到证券市场价格中去，最终，这些信息由于广为人知而失去了价值。这暗示过去的收益率或其他市场数据与未来的收益率不会存在任何关系。因而，所有的图表或技术分析都是无效的，利用这些方法不会赚取超额收益。

（2）次强有效率市场。次强有效率市场（Semi-Strong Form Efficiency）也称半强式有效市场。假定包括历史数据在内的所有公开信息都已反映在现时股票价格中，这些公开信息不但包括市场信息，还包括所有非市场信息，如盈利报告、年度报告、财务分析人员公布的盈利预测和公开发布的新闻、公告等。如果用这些信息来预测未来的证券价格，投资者也将不会得到超额收益，因为证券的现价已在这些信息的作用下得到了充分的反映。在这样的市场中，只有那些利用内部消息者才能获得超常的投资回报。因此，在次强有效率市场上，投资者即不能依靠技术分析也不能依靠基本分析来获取超额收益。

（3）强有效率市场。强有效率市场（Strong-From Efficiency）假定，市场参与者具有非常强的消化吸收和预期能力，所有影响证券价格的公开信息和私人信息都在证券价格中得到了反映。换句话说，证券价格除充分反映所有公开有用的信息外，也反映了尚未公开的或者原本是要保密的内幕信息。可见，按照强有效率市场假设，股票价格对信息的反应能力相当迅速，市场中每一种证券的价格都永远等于其投资价值，也就是说，每一种证券总是按它的公平价值出售，任何试图寻找被错误估值的证券的努力都是徒劳的，市场上不留任何可以获得非正常回报的买卖机会。所有的职业投资者甚至是内幕交易者对此都无能为力。显然，强有效率市场是一种极端假定。

16.1.3 有效市场理论对投资管理的启示

上述有效市场的划分对证券投资有着重要的实践意义，在不同的假设下投资者采用的投资策略应该是不同的。如果市场是弱式或次强式有效率的，投资者应该采取积极进取的态度，在证券选择和买卖时机上大下工夫，努力寻找那些价格偏离价值的证券从而可以获得超常收益。如果市场是强有效率的，投资者应该选择被动的态度，只求获得市场的平均收益。在强有效率的市场态度下，指数化投资是最主要的一种投资策略。

16.2 组合管理业绩评价

对证券组合管理进行科学合理的考核评估是证券投资管理过程中的重要一环，它不仅是投资管理过程结束后的总体评价，也存在于整个投资管理过程之中。其目的是评价投资计划在多大程度上实现了原定的投资目标。

习惯上，评价组合管理业绩的标准往往采用直接计算期间投资收益率，然后再与市场平均收益率比较，或进行同行间的横向比较的方法。这是一个非常简单的方法，仅是比较不同组合之间收益水平的高低，收益水平越高的组合越是优秀的组合。然而，我们知道收益水平较高不仅仅与管理者的技能有关，还可能与当时市场整体向上运行的环境有关，原因是期间收益可能来源于三个方面：一是管理收益，即由管理者的投资能力带来的收益，属于主动收益；二是市场收益，即市场整体上涨带来的收益，属于被动收益；三是风险收益，即管理人冒险带来的收益。

我们通过前面的学习知道，仅仅考虑投资收益率的方法不是一个恰当的绩效测评方法，还应考虑风险大小，因为风险和收益率之间有一定的关系，进行投资组合的目的是追求在风险相等的条件下收益水平最高或预期收益相同的条件下风险最小。因此，对投资组合的业绩评估除了要衡量其盈利水平以外，还必须与其所承担的风险大小相联系，应本着"既要考虑组合收益的高低，也要考虑组合所承担风险的大小"的基本原则，采用风险调整后的绩效测评法，即去掉由风险带来的收益后，再与市场绩效比较，或进行同行间的横向比较。而资本资产定价模型为组合业绩评估者提供了实现这一基本原则的多种途径。譬如，可以考察组合已实现的收益水平是否高于与其所承担的风险水平相匹配的收益水平，也可以考察组合承受单位风险所获得的收益水平之高低。

本节主要介绍基于风险调整的思想而建立的专门用于评价证券投资组合优劣的风险调整指标。

16.2.1　夏普业绩指数

夏普（Sharpe）业绩指数是 1966 年由夏普提出的，它以资本市场线为基准，计算每承担一个单位的总风险所获得的风险补偿额的大小。其计算公式为：

$$S_p = \frac{r_p - r_f}{\sigma_p}$$

式中：s_p 为夏普指数；r_p 为证券组合 P 的实际平均收益率。

在图形上，一个证券的夏普指数是连接证券组合与无风险资产的直线的斜率，如图 16—2 所示。

将投资组合与市场组合的夏普指数比较来衡量组合投资的业绩，一个高的夏普指数（图中 p_2）表明该管理者比市场经营得好，而一个低的夏普指数（图中 p_1）表明该管理者经营得比市场差。前者的组合位于资本市场线上方，后者的组合则位于资本

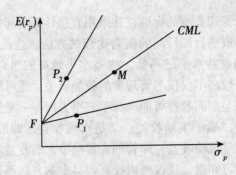

图 16—2 Sharpe 业绩指数

市场线下方。在资本市场线上的组合的夏普指数与市场组合的夏普指数均相等，表明管理具有中等绩效。

16.2.2 特雷诺业绩指数

特雷诺（Treynor）业绩指数是 1965 年由特雷诺提出的，他想创建一个适用于所有投资者而不论其风险偏好如何的业绩衡量尺度。他假定风险由两部分组成：一是由于整个市场波动而产生的风险；二是由于组合中单个证券的波动而产生的风险。他在证券市场线基础上侧重考核因承担系统风险而得到的收益，指出证券市场线的斜率可以衡量一个投资组合的收益相对整个市场收益的波动性，这一斜率是该投资组合的 β 系数。他指出，理性的风险规避型的投资者总是倾向于那些具有较大斜率的投资组合可行线，原因是具有较高斜率的可行线能使投资者位于效用较高的无差异曲线上。这种投资组合可行线的斜率用 Treynor 的第一个字母 T 来表示，其公式为：

$$T_p = \frac{r_p - r_f}{\beta_p}$$

式中：T_p 为 Treynor 业绩指数；r_p 为证券组合 P 的实际平均水平。

在图形上，一个证券组合的特雷诺指数是连接证券组合与无风险证券的直线的斜率，如图 16—3 所示。

当这一斜率大于证券市场线的斜率（$T_P > T_m$）时（如图 P_2），投资组合位于证券市场线上方，表明该投资组合具有优秀的风险调整业绩，即投资组合的绩效好于市场绩效；相反，斜率小于证券市场线的斜率（$T_p < T_m$）时（如图 P_1），投资组合位于证券市场线下方，表明该投资组合的绩效不如市场绩效。

Treynor 业绩指数衡量尺度与 Sharpe 业绩指数有明显相似之处，因为等式中的分

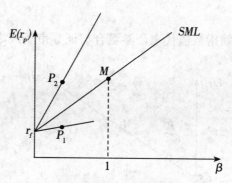

图 16—3　Treynor 业绩指数

子为投资组合的风险溢价，所以该衡量尺度也反映每单位的风险溢价收益。二者的不同之处在于，Sharpe 业绩指数衡量尺度采用收益标准差作为风险衡量标准，而 Treynor 业绩指数衡量尺度所采用的却是 β 值（系统风险）。这样，Sharpe 业绩指数衡量尺度是从收益和风险水平两方面来评价投资组合的业绩水平的。

对于一个完全分散的投资组合来说（即不存在非系统风险），两种衡量尺度对投资组合评价的结果是相同的，因为完全分散的投资组合的总方差就是它的系统方差。另外，一个分散水平很低的投资组合的业绩，采用 Treynor 衡量尺度评价时会很高，而采用 Sharpe 衡量尺度评价则会很低。这两种测量尺度评价结果的差别是由分散水平的不同直接造成的。

这样，这两种业绩衡量尺度提供了关于业绩的相互补充但却不同的信息，所以应该同时使用。如果评价的是一组分散水平很高的投资组合，这两种衡量尺度评价的结果是一致的。

Treynor 和 Sharpe 衡量尺度的缺点是它们对投资组合业绩的评价是一个相对结果，而不是绝对结果。我们不能确定的是，这种差别在统计上的显著性如何。

16.2.3　詹森业绩指数

詹森（Jensen）业绩指数是 1969 年由詹森提出的。它以证券市场线为基准，指数值实际上就是证券组合的实际平均收益率与由证券市场线所给出的该证券组合的期望收益率之间的差。其公式为：

$$J_P = r_P - [r_F + (r_M - r_F) \beta_P]$$

式中：J_P 为 Jensen 业绩指数；r_P 为证券组合 P 的实际平均收益率。

可见，詹森业绩指数就是证券组合所获得的高于市场的那部分风险溢价，风险由

β 系数测定。

在图形上，詹森业绩指数值代表证券组合与证券市场线之间的垂直落差，如图 16—4 所示。

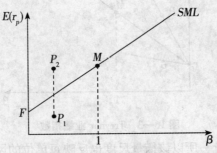

图 16—4　Jensen 业绩指数

从图中可以看出，如果证券组合的詹森业绩指数为正，则其位于证券市场线的上方（如 P_2），落差大于 0，表明业绩较好；如果组合的詹森业绩指数为负（如 P_1），则其位于证券市场线的下方，落差小于 0，表明绩效不好。

16.2.4　业绩评估应注意的问题

使用特雷诺指数、夏普指数以及詹森指数评价组合业绩固然有其合理性，但也不能忽视这些评价方法的不足。这些不足主要表现在三个方面：

其一，三类指数均以资本资产定价模型为基础，后者隐含与现实环境相差较大的理论假设。这可能导致评价结果失真。

其二，三类指数中都含有用于测度风险的指标，而计算这些风险指标有赖于样本的选择。这可能导致基于不同的样本选择所得到的评估结果不同，也不具有可比性。

其三，三类指数的计算均与市场组合发生直接或间接关系，而现实中用于替代市场组合的证券价格指数具有多样性，这同样会导致基于不同市场指数所得到的评估结果不同，也不具有可比性。

正因为如此，实际应用中应当注意评估指数在理论假设方面存在的局限性，在组合风险估值和市场指数选择方面的多样性，并多做一些研究，在实践中不断摸索，以获得更为科学的评价结果。

● **重要概念**

Jensen 业绩指数　　Treynor 业绩指数　　Sharpe 业绩指数

● **复习思考**

（1）有效市场分为哪几类？有效市场假说对证券投资分析具有哪些意义？

（2）绩效评估的基本方法有哪些？试比较这些方法的异同。

（3）计算题：

某投资基金 2000 年的实际收益率是 7.2%，经估算该投资基金的标准差为 10%，它的 β 系数为 0.9，市场组合的实际收益率是 8%，标准差为 14%。试用三种指数评价该投资基金的业绩。假设无风险收益率为 5%。

附录　分析计算题参考答案

第6章　证券发行与承销

（11）分析题答案：

①股份有限公司申请其股票上市必须符合我国公司法规定的条件。从本案来看，宏达公司申请公司上市：第一，注册资本4 000万元人民币，低于公司法要求的5 000万元人民币；第二，该公司系发起设立，不具备股票可向社会公开发行的条件；第三，宏达公司开业不足3年，也不符合持有股票面值达人民币1 000元以上的股东人数不少于1 000人的规定，所以申请公司上市不会被批准。

②优先股是指与普通股相比，在分配收益及分配剩余资产方面比普通股股东享有优先权的股份。但优先股事先确定的红利率能否实现有赖于公司能否有盈利及盈利是否足以保证优先股红利的获取，盈利不足或无盈利时优先股红利是无法保证的。宏达公司向优先股股东承诺不论公司是否盈利，都按固定利率支付股利，这违背了法律规定。此外，优先股股东一般不享有股东会的表决权，宏达公司承诺优先股股东享有表决权也是错误的。公司法规定，股票发行价格可以是票面金额，也可以超过票面金额，但不得低于票面金额，宏达股份公司的优先股股东以8.5折购买股份，违反了法律规定。

③公司法规定，以超过票面金额发行的股票所得溢价款应列入资本公积金，宏达公司将溢价发行的普通股的溢价收入款列入公司当年利润，显然是错误的。

第7章　证券上市与交易

（9）计算题答案：

$$除权参考价 = \frac{33.80 + 0.3 \times 5.78}{1 + 0.2 + 0.3} = 23.69（元/股）$$

第10章　证券投资收益与风险

（10）计算题答案：

①收益率 $E(R_i) = [(0.15)(0.20)] + [(0.15)(-0.20)] + [(0.70)(0.10)] = 0.07$

$$方差 \sigma^2 = \sum_{i=1}^{n}(p_i)[R_i - E(R_i)]^2$$

$$= (0.15)(0.20 - 0.07)^2 + (0.15)(-0.20 - 0.07)^2 + (0.70)(0.10 - 0.07)^2 = 0.0141$$

标准差 $\sigma = \sqrt{0.0141} = 0.11874$

②$AM_T = [0.19 + 0.08 + (-0.12) + (-0.03) + 0.15]/5 = 5.4\%$

$AM_B = [0.08 + 0.03 + (-0.09) + 0.02 + 0.04]/5 = 1.6\%$

因为：$\sigma^2 = \sum_{i=1}^{n}(p_i)[R_i - E(R_i)]^2$

所以：

$$\sigma_T^2 = \frac{1}{5} \times \left[(0.19-0.054)^2 + (0.08-0.054)^2 + (-0.12-0.054)^2 + (-0.03-0.054)^2 + (0.15-0.054)^2 \right]$$

$$= 0.013144$$

$$\sigma_T = 11.46\%$$

$$\sigma_B^2 = \frac{1}{5} \times \left[(0.08-0.016)^2 + (0.03-0.016)^2 + (-0.09-0.016)^2 + (0.02-0.016)^2 + (0.04-0.016)^2 \right]$$

$$= 0.003224$$

$$\sigma_B = 5.68\%$$

计算结果显示，股票 B 更适合投资。

第 11 章　证券价格评估

（6）计算题答案：

①·公司债券的内在价值为：

$$V = \sum_{t=1}^{n} \frac{M \times i}{(1+r)^t} + \frac{M}{(1+r)^n} = \sum_{t=1}^{6} \frac{100 \times 6\%}{(1+3\%)^t} + \frac{100}{(1+3\%)^6} = 116.25 \text{（元）}$$

·该债券值得投资，因为它的内在价值（116.25 元）大于它的市场价格（115 元）。

·该投资者持有公司债券的年收益率 r 由下式算出：

$$M = \frac{M \times i}{1+r} + \frac{M \times i}{(1+r)^2} + \frac{P}{(1+r)^2}$$

$$100 = \frac{100 \times 6\%}{1+r} + \frac{100 \times 6\%}{(1+r)^2} + \frac{115}{(1+r)^2}$$

解之得：$r = 13.04\%$。

②·公司股票的内在价值为：

$$V = \frac{D_0}{r} = \frac{0.5}{2.5\% + 2.5\%} = 10 \text{（元）}$$

·公司股票的内在价值为：

$$V = \frac{D_0 (1+g)}{r-g} = \frac{0.5 (1+4\%)}{2.5\% + 2.5\% - 4\%} = 52 \text{（元）}$$

③转换平价为：110/10 = 11（元），可转债转换升水：110-90 = 20（元），每股转换升水为：11-9 = 2（元）。

④2005 年 10 月 27 日该权证的内在价值为 4.62-4.50 = 0.12（元），时间价值为：0.69-0.12 = 0.57（元）；2005 年 11 月 14 日，认股权证内在价值为：0。

第 14 章　证券组合管理理论

（5）计算题答案：

①

$$\sigma_p^2 = 0.35^2 \times 0.2^2 + 0.65^2 \times 0.25^2 + 2 \times 0.35 \times 0.65 \times 0.2 \times 0.25 \times 1 = 0.0541 = 5.41\%$$

$\sigma_p^2 = 0.35^2 \times 0.2^2 + 0.65^2 \times 0.25^2 + 2 \times 0.35 \times 0.65 \times 0.2 \times 0.25 \times 0 = 0.03131 = 3.13\%$

$\sigma_p^2 = 0.35^2 \times 0.2^2 + 0.65^2 \times 0.25^2 + 2 \times 0.35 \times 0.65 \times 0.2 \times 0.25 \times (-1) = 0.0086 = 0.86\%$

②

$E(r_p) = 0.6 \times 0.12 + 0.3 \times 0.08 + 0.1 \times 0.04 = 10\%$

$\sigma_p^2 = [(0.6)^2 (0.2)^2 + (0.3)^2 (0.10)^2 + (0.1)^2 (0.03)^2]$

$\quad + 2 \times 0.6 \times 0.3 \times 0.20 \times 0.10 \times 0.25$

$\quad + 2 \times 0.6 \times 0.1 \times 0.20 \times 0.03 (-0.08)$

$\quad + 2 \times 0.3 \times 0.1 \times 0.10 \times 0.03 \times 0.15$

$\quad = 0.015309 + 0.0018 + (-0.0000576) + 0.000027$

$\quad = 0.0170784$

$\sigma_p = \sqrt{0.0170784} = 13.07\%$

第 15 章　风险证券定价模型

（6）计算题答案：

①·$R_f = 4\%$，$E(R_m) = = 11\%$，　$\sigma(R_m) = 0.15$

　　SML：$4\% + 7\% \beta_{im}$

·$\beta_{im} = \rho_{im} \times \sigma_i / \sigma_m$

　　$\beta_A = 0.7 * 0.25 / 0.15 = 1.17$　　　　　　$\beta_B = 0.4 * 0.2 / 0.15 = 0.53$

·$E(R_A) = 4\% + 7\% * 1.17 = 12.19\%$　　　　　$E(R_B) = 4\% + 7\% * 0.53 = 7.71\%$

　　　A、B 两点都在 SML 线上方，价值被低估。（图略）

②·首先可由下式计算出市场组合收益率：

$6\% = 3\% + 0.5 (r_M - 3\%)$，即得 $r_M = 9\%$

　　·写出证券市场线方程：$r_i = 3\% + \beta_i (9\% - 3\%)$

　　·β 系数为 1.5 的证券的期望收益率为：$r_i = 3\% + 1.5 (9\% - 3\%) = 12\%$

第 16 章　有效率市场理论与组合管理业绩评价

（3）计算题答案：

①Jensen 业绩指数

$J_P = r_P - [r_F + (r_M - r_F) \beta_P] = 7.2\% - [5\% + (8\% - 5\%) \times 0.9] = -0.5\%$

由于 $J_P = -0.1 r_F < 0$，所以该基金业绩不好。

②Treynor 业绩指数

$T_P = (r_P - r_F) / \beta_P = (7.2\% - 5\%) / 0.9 = 2.67\%$

与评估比率 $r_M - r_F = 3\%$ 相比较小，所以该基金业绩不好。

③Sharpe 业绩指数

$S_P = (r_P - r_F) / \sigma_P = (7.2\% - 5\%) / 10\% = 22\%$

与评估比率 $(r_M - r_F) / \sigma_M = (8\% - 5\%) / 14\% = 21.4\%$ 相比 S_P 大，此时该基金业绩较好。

参考文献

1. 王玉霞：《投资学》，2 版，大连，东北财经大学出版社，2010。

2. 邢天才、王玉霞：《证券投资学》，2 版，大连，东北财经大学出版社，2007。

3. 邢天才、王玉霞：《证券投资学》，大连，东北财经大学出版社，2007。

4. 王玉霞：《证券与投资》，上海，立信会计出版社，2009。

5. 刘德红：《证券投资教程》，北京，经济管理出版社，2009。

6. 邹立明、王春红：《证券投资学》，北京，清华大学出版社，2009。

7. 夏雅丽：《证券市场与股份制度研究》，北京，科学出版社，2007。

8. 陈文汉：《证券投资学》，北京，机械工业出版社，2010。

9. 江红宵、吴琪、熊侃：《破解证券市场新名词》，武汉，武汉大学出版社，2007。

10. 霍文文：《证券投资学》，2 版，北京，高等教育出版社，2004。

11. 陈保华：《证券投资原理》，2 版，上海，上海财经大学出版社，2003。

12. 吴晓求：《证券投资学》，3 版，北京，中国人民大学出版社，2009。

13. 黄良文：《投资学》，北京，中国对外经济贸易出版社，1999。

14. 曹凤岐、刘力、姚长辉：《证券投资学》，2 版，北京，北京大学出版社，2008。

15. 任淮秀：《证券投资学》，2 版，北京，高等教育出版社，2007。

16. 朱宝宪：《投资学》，北京，清华大学出版社，2002。

17. 陈松南：《投资学》，上海，复旦大学出版社，2002。

18. 陈永生：《投资学》，成都，西南财经大学出版社，2004。

19. 张仲敏、钱从龙：《投资学》，2 版，大连，东北财经大学出版社，1998。

20. 陈伟忠：《组合管理与投资基金管理》，北京，中国金融出版社，2004。

21. 陈彼得、胡建军：《债券投资》，南京，南京大学出版社，2008。

22. ［美］杰弗里·C. 胡克：《兼并与收购实用指南》，陆猛等译，北京，经济科学出版社，2000。

23. ［美］罗伯特·库恩：《投资银行学》，李申等译，北京，北京师范大学出版社，1996。

24. ［英］洛伦兹·格利茨：《金融工程学》，唐旭等译，北京，经济科学出版社，1998。

25. ［美］Robert A. Haugen，Modem Investment Theory（影印版），5 版，北京，北京大学出版社，2002。

26. ［美］弗兰克·赖利、埃德加·A. 诺顿：《投资学》，6 版，李月平译，北京，机械工业出版社，2005。

27. Zvi Bodie，Alex Kane and Alan J. Marcus，Richard D. Irwin，McGraw-Hill Companies，Inc. Investments（5th Edition），2002.

28. ［美］威廉·夏普：《证券投资理论与资本市场》，北京，中国经济出版社，1992。

29. William F. Sharpe ，G. J. Alexander and J. V. Bailey，Investments（5th Edition）Prentice Hall International Inc. ，1995.

30. ［美］弗兰克·J. 法博齐、弗郎哥·莫迪利亚尼：《资本市场：机构与工具》，3 版，唐旭译，北京，经济科学出版社，1998。

31. ［美］罗伯特·C. 希金斯：《财务管理分析》，5 版，沈艺峰等译，北京，北京大学出版社，1998。

32. Arthur J. Keown，David F. Scott，John D. Martin，Jay William Petty：《现代财务管理基础》（影印版），北京，清华大学出版社，1998。

33. ［美］汉姆·列维：《投资学》，任淮秀译，北京，北京大学出版社，2000。

34. ［美］凯斯·布朗、弗兰克·瑞利：《投资分析与投资组合管理》，5 版，李秉祥译，沈阳，辽宁教育出版社，1999。

35. ［美］罗伯特·A. 斯特朗：《衍生产品概论》，王振山等译，大连，东北财经大学出版社，2005。

36. 路透：《金融衍生工具导论》，北京，北京大学出版社，2001。

37. 刘立喜：《可转换债券》，上海，上海财经大学出版社，1999。

38. 张光平：《巴林银行倒闭与金融衍生工具》，上海，上海人民出版社，1996。

39. 中国证券业协会：证券业从业资格考试统编教材（2010）——《证券市场基础知识》、《证券发行与承销》、《证券交易》、《证券投资分析》、《证券投资基金》，北京，中国财政经济出版社，2009。

40. 郑超文：《技术分析详解》，上海，复旦大学出版社，1993。

41. 曹雪峰：《证券技术指标精解》，上海，上海财经大学出版社，2001。

42. 鲁正轩：《看盘高手》，广州，广东经济出版社，1999。

43. 乾隆电脑软件有限公司：钱龙股票投资动态分析软件操作手册暨应用法则。

44. 盖地：《财务会计学》，3 版，天津，南开大学出版社，2007。